管理类各专业适用

管理学研究方法

第五版

杨杜 等 著

Research Methods for Management Studies

5th Edition

东北财经大学出版社
Dongbei University of Finance & Economics Press
大连

图书在版编目（CIP）数据

管理学研究方法 / 杨杜等著 . —5 版 . —大连 ：东北财经大学出版社，
2025.2．—ISBN 978-7-5654-5560-5

Ⅰ.C93-3

中国国家版本馆 CIP 数据核字第 202550TX28 号

东北财经大学出版社出版

（大连市黑石礁尖山街 217 号　邮政编码　116025）

网　址：http://www.dufep.cn

读者信箱：dufep@dufe.edu.cn

大连图腾彩色印刷有限公司印刷　东北财经大学出版社发行

幅面尺寸：185mm×260mm　　字数：521 千字　　印张：25.5

2025 年 2 月第 5 版　　　　　　2025 年 2 月第 1 次印刷

责任编辑：石真珍　孙冰洁　　　　　　责任校对：赵　楠

封面设计：张智波　　　　　　　　　　版式设计：原　皓

定价：65.00 元

5TH EDITION PREFACE

第五版

前　言

人曰：书山有路勤为径，学海无涯苦作舟。

吾曰：书山有路悟为径，学海无涯法作舟。

读书治学需要勤与苦，更要掌握悟与法。悟是创新的思考，法是高效的工具。没有悟性，书山变荒山；没有方法，学海变苦海！你思故你在，你悟故你活；有法轻松活，无法苦蹉跎！

生产力的提升靠劳动工具，研究力的提升靠研究方法。

研究力有三要素：研究者、研究方法（工具）和研究对象。方法（工具）的进步就是时代的进步！想起20世纪七八十年代，本科生、硕士生的论文还是用钢笔在横格纸上一笔一画手写的，图表也要拿尺子量着一张一张自己画出来；后来才由学校负责统一打字油印；再后来基本都用电脑敲字了，于是效率极大提升，大批成果涌现；到现在又开始借助网络和人工智能（AI）工具做研究了——除非你喜欢书法，喜欢自己敲字，或者组织规定不允许用AI。

工业革命是一种体力解放运动，AI革命是一场智力解放运动。会用电脑的人把不会用电脑的人"拍在了沙滩上"，会用AI的人也一定会把不会用AI的人"拍在沙滩上"！谁知道只会用AI的人将来会被用什么新方法、新"武器"的人再"拍在沙滩上"呢？既然有无人机、无人化工厂、无人化运输，就会有无人化研究。研究者也要跟上时代甚至引领时代。

一、做时代的研究者

在高校、科研机构学习和工作，搞研究、写论文、拿学位、升职称成为必要事项，硕士生、博士生自不用说，本科生也要学会写论文，这可不是靠"勤奋和刻苦"就能解决的问题，你要有悟性，还要会方法。本书就讨论管理学研究中的"悟"和"法"。

时代在进步，选人在升档。改革开放40多年来，政府机关和大型国企的招人标准从本科、硕士研究生升档到了博士研究生，高科技企业和研究机构的尖子人才入职时则需要带研究成果甚至专利。国内高校招聘教师已经升了八档：1982年第一档，本科毕业就能留校任教；1985年第二档，硕士毕业留校就做讲师；1988年第三档，要求博士学位；1990年第四档，要求名校博士毕业；1995年第五档，要求"海归"博士；2000年第六档，要求名校"海归"博士；2010年第七档，名校"海归"博士还要比谁的论文多；2015年以后到了第八档，要求最好是带项目资源、论文连篇、著作等身的名师。

进门之前看行头，招聘如"相马"，指标有"四看"——看学位、看名校、看"海归"、看论文，没被看上眼就求职无门！进门之后看奋斗，考核像"赛马"，标准有"四考"——考论文、考项目、考经费、考奖项，考不达标就淘汰走人！

美国有人说中国不是市场经济体，要么是真心不懂中国国情，要么是真的别有用心！连我们的高校管理也早已导入市场机制：人才市场、论文市场、项目市场，场场有戏；排名市场、评比市场、认证市场，场场爆满！

远路没有直线，时代总是进步。近年来我们又在逐步改革过去的"旧四唯"法，实行"新四看"法——看创新、看价值、看贡献、看科研伦理，所以，你需要认真读本书，砥砺向前行。

本书讨论管理学研究的方法，这些方法有一定的普遍性，故也兼顾其他学科。这些方法可以帮助你高效搞研究、创新写论文，也可以帮助你选择职业生涯——做一个好的管理学研究者。即使做不了一个好的管理学研究者，写一篇不错的毕业论文总是可以的。要是还不行，证明你本来就不适合做研究者，只适合做管理者！另外，由于本书作者们的研究领域以企业组织为主，故本书内容和案例偏企业管理学方向。而中国小企业在追求"专精特新"，大企业走向"强优综高"、加快建设世界一流企业，因而管理学的研究也要跟上甚至要引领企业的时代步伐。

没有永远成功的研究者，只有时代的研究者。跟上时代，不仅要靠自身努力，更要靠有效方法！如果说互联网时代的管理主要靠数字化方法，那么AI时代的管理主要靠思维方法——想法。大家知道，AI的"三板斧"是数据、算力和算法。第一板斧数据，靠的是信息的规模和范围。中国、印度这样的人口大国有着规模上的天然优势，美国控制的信息操作系统和空天国际化扩展了数据获取的范围。第二板斧算力，主要靠显卡。一个"万卡"（一万张显卡）需要几十亿元人民币的投资，所以算力主要靠资本。第三板斧算法，当然需要机器学习、深度学习和强化学习等几十种算法，但更需要人的创想力、想象力、组织力、连接力等"想法"，所以，AI时代的算法（想法）主要靠聪明人的创造性思维。数据、算力和算法（想法）相比，我们可以说算法（想法）是决定性的。从AI的角度来说，研究方法其实就是一种算法（想法）。

算法（想法）主要来自脑。如果用脑来比喻研究所用器官，我们认为管理研究有四个脑：个人脑、团队脑、组织脑和AI脑。个人脑出创意，团队脑出效率，组织脑出战略，AI脑出胜利！

没有绝对对错的管理学，只有胜败的方法论！鉴于管理学的应用和实用特性，研究要引领时代，研究方法就不仅要靠科学方法，也要靠非科学方法，靠四种脑的协同——AI赋能、脑机协同。人尤其是管理者的创想、想象、组织、连接往往用的是一种非科学方法，具有主观性、思辨性和直觉性。因此，管理学研究要科学方法、非科学方法和AI方法三手抓，三手都要硬，才能提高研究成功率。简单来说，从0到1的原始创新主要靠非科学方法，从1到100的增量创新主要靠科学方法，从100到N的巨量创新主要靠AI方法。

二、方法类知识的重要性

我们把知识分为四类：内容类知识、方法类知识、规则类知识和未知类知识。内容类知识好比学生的应试存储，求记忆多，记忆准，记忆全；方法类知识好比学生的知识处理，不求记忆知识，只求能否快速找到需要的知识和知识人来解决问题；规则类知识包括知识的政治性、伦理性和制度性，界定了知识运用的不行、不该、不许等边界。从价值观排序来说，我们认为方法类知识比内容类知识重要，规则类知识比方法类知识重要，未知类知识比这三种已知类知识重要——因为未知类知识可能从时间轴上根本改变和推翻前三种知识。如果说内容类知识是"应知"，则方法类知识是"应会"，规则类知识是"应许"，未知类知识是"应创"。正如爱因斯坦的名言：教育的价值，不在于学习很多事实，而在于训练大脑会思考。

本书聚焦在方法类知识和规则类知识上面，其最终目的是有效地发现和获得未知类知识——创造性研究成果。

我们党历来重视方法和方法论问题。党的二十大报告指出，"实践告诉我们，中国共产党为什么能，中国特色社会主义为什么好，归根到底是马克思主义行，是中国化时代化的马克思主义行""只有把马克思主义基本原理同中国具体实际相结合、同中华优秀传统文化相结合，坚持运用辩证唯物主义和历史唯物主义，才能正确回答时代和实践提出的重大问题，才能始终保持马克思主义的蓬勃生机和旺盛活力"。

马克思主义如何中国化？用的是辩证唯物主义方法——"我们坚持以马克思主义为指导，是要运用其科学的世界观和方法论解决中国的问题，而不是要背诵和重复其具体结论和词句，更不能把马克思主义当成一成不变的教条。我们必须坚持解放思想、实事求是、与时俱进、求真务实，一切从实际出发，着眼解决新时代改革开放和社会主义现代化建设的实际问题，不断回答中国之问、世界之问、人民之问、时代之问，作出符合中国实际和时代要求的正确回答，得出符合客观规律的科学认识，形成与时俱进的理论成果，更好指导中国实践"。

马克思主义如何时代化？用的是历史唯物主义方法——"只有植根本国、本民族历史文化沃土，马克思主义真理之树才能根深叶茂。中华优秀传统文化源远流长、博大精深，是中华文明的智慧结晶，其中蕴含的天下为公、民为邦本、为政以德、革故鼎新、任人唯贤、天人合一、自强不息、厚德载物、讲信修睦、亲仁善邻等，是中国人民在长期生产生活中积累的宇宙观、天下观、社会观、道德观的重要体现，同科学社会主义价值观主张具有高度契合性"。

换个角度讲，中国以马克思主义作为理论大前提，以中国化、时代化作为小前提，回答出中国共产党为什么能和中国特色社会主义为什么好的结论，这运用的是形式逻辑方法。而"实践告诉我们"，则是运用"实践是检验真理的唯一标准"的中国式方法，是从实践结果倒推理论原因的方法。中国的道路自信、理论自信、制度自信、文化自信，底层都有着方法论的支持。

从方法类知识不断推进到规则类、未知类知识，也是我们党的一贯作风。党的二十大报告指出："十年来，我们坚持马克思列宁主义、毛泽东思想、邓小平理论、'三个代表'重要思想、科学发展观，全面贯彻新时代中国特色社会主义思想。"这段大家耳熟能详的话，就是我党历代领导人坚持马克思列宁主义，并不断把马克思主义中国化、时代化的精彩写照。党的二十大报告还指出："实践没有止境，理论创新也没有止境。不断谱写马克思主义中国化时代化新篇章，是当代中国共产党人的庄严历史责任。继续推进实践基础上的理论创新，首先要把握好新时代中国特色社会主义思想的世界观和方法论，坚持好、运用好贯穿其中的立场观点方法。"同时，指出了其重要的六个"必须坚持"：必须坚持人民至上，必须坚持自信自立，必须坚持守正创新，必须坚持问题导向，必须坚持系统观念，必须坚持胸怀天下。

不断创新，探索未来知识，设计未来世界，在党的二十大报告中有着明确体现，这就是中国式现代化的建设。中国式现代化，是中国共产党领导的社会主义现代化，既有各国现代化的共同特征，更有基于自己国情的中国特色。在国家层面，党的二十大报告指出了中国式现代化的五个特征：人口规模巨大的现代化；全体人民共同富裕的现代化；物质文明和精神文明相协调的现代化；人与自然和谐共生的现代化；走和平发展道路的现代化。在企业层面，中国式企业现代化也有相应的五个特征：市场规模巨大；全体员工共同富裕；物质价值和精神价值共创；经济责任与社会责任共担；走开放合作共享道路的现代化。在管理层面，爱国敬业、艰苦奋斗、创新发展、敢于担当、服务社会是现代管理者的核心特征。

我们认为，在中国式现代化管理学研究层面，其本质要求是：坚持中国共产党领导，坚持中国特色社会主义，实现高质量可持续成长，丰富理论世界，实现共同富裕，创造管理文明新形态。随着中国企业和中国管理模式的成功实践，中国式管理模式和方法一定会走向世界舞台，并成为世界管理学舞台上的主角，成为世界管理学理论与方法的主要贡献者，为解决人类面临的"管理"共同问题提供更多更好的中国智慧、中国方案、中国力量。中国式现代化管理上的成功经验给了我们"四个自信"——道路自信、理论自信、制度自信、文化自信。展望未来，我们的使命就是为世界的管理学研究提供"四个创新"——道路创新、理论创新、制度创新和文化创新，最终要作出的是"四个贡献"——道路贡献、理论贡献、制度贡献和文化贡献。

三、对研究方法的持续思考

曾几何时，受"西法东渐"的影响，大学开始流行研究方法或者研究方法论的课程，硕士生的方法类课程有"社会科学研究概论""数理分析方法与技术""现代统计方法与应用""科学思想与科学方法"等，博士生的方法类课程有"优化方法""经济模型""科学与逻辑方法论""计量经济分析""统计模型与应用""时间序列分析""抽样调查的理论与方法"等。我历来对思考和表述问题的过程感兴趣，也赶时髦给研究生开设了"管理研究方法论"的课程，一晃十来年时间，积累了一些有关管理研究方法的资料，也有了些许自己的想法，于是就有了这部书稿的第一版（2009年）、第二版（2013年）、第三版（2018年）和第四版（2022年）。

大方向对了，坚持走下去就行了。出版社告诉我本书比较受欢迎，转眼三年过去，管理学领域进步神速，可以再出第五版了。三为多，四为长，五为久，这种方法论类别的书本来就不是畅销书，能成为长销书，也是作者之大幸！再次感谢东北财经大学出版社工作人员的长期付出，再次感谢爱用此书的老师和读者朋友们的认可。第五版保持基本结构不变，适应时代的变化要求，对前言和各相关章节的几十处内容做了修改、增补和删减，比较大的变化是在第5章增加了效率性研究及适用研究方法一节，适应管理学研究的数智化要求，对AI赋能研究做了探讨。

研究者为什么要重视研究方法？我的认识是：方法是一种效率因素，掌握了研究方法可以高效地产出研究成果。信息、知识、智慧的关系是：知识是处理信息的方法，智慧是处理知识的方法。

其实，方法的重要性古人早就领悟到了："工欲善其事，必先利其器""磨刀不误砍柴工""授人以鱼，不如授人以渔"等。什么叫方法？方法是指关于思想、说话、行动等问题的门路、程序等。除了门路、程序，与方法相近或相关的概念还有方式、形式、形态、途径、办法、法子、工具、手段、手法、诀窍、技巧、技能、道道儿等，有这么多的说法和名词，可见人们对此已经思考了很多。

做了这么多年学者，硕士、博士学位都拿到了，也发表了一些论文和著述，自认为是在做研究，但和近些年流行的所谓科学研究或者实证研究，也就是用科学方法或统计方法所进行的研究相比，好像不大相同。于是我开始思考：研究工作的方法到底是什么？做研究是否也有多种方法和方法论呢？

尽管以前的研究工作不太讲究所谓的方法，但我也隐隐约约感到其中有些奥秘，比如我有时候能够产生一些与人不同但能够使人认可的观点，有时候使用的语言表述能够较为深刻地触及管理的实质，有时候用自己的思维模式能梳理一些杂乱的管理现象，还发表了100多篇论文并出版了50多本书，其中3本还是分别用《成长的逻辑》《文化的逻辑》《伦理的逻辑》命名的，证明脑子里和研究中是有一些方法的。既然如此，将它们整理并写出来可能会对年轻的研究者有所助益。从高尚的角度讲，研究方法可以帮助我们比较正确地进行研究，以使我们的研究成果更可信、更多和更有普遍意义；从世俗的角度讲，研究方法还可以帮助我们完成时下流行的必须发表一定数量论文的考核指标，以拿到学位和保住岗位。

四、研究者需要的五个基本条件

但是，书稿一直写下来，我慢慢发现研究方法是必要的，但并不像原来想象的那样重要了。方法是做一个优秀研究和研究者的重要因素之一而不是全部。

有艺术家说："你什么都没有的时候，就讲究技法，如果你有了情感、意图，那技法就不重要了。"情感和意图是产生成果的另一条件，尤其是在艺术领域和非自然科学领域。有艺术家还说："跟谈恋爱一样，你喜欢一个姑娘，如果'热烈追求'的话没有哪个姑娘能够挡得住，因为你有浓烈的情感。可你要玩技法，那肯定是太差的情况下才去玩，而且这也不太好玩啊！"这是艺术家说的，不是研究者说的，这是在提醒我们，方法或者技法虽然重要，但并不是说没方法就不能出结果，搞管理研究最关键的还是看结果，不是看方法！

之前我认为做研究者要具备兴趣、才能和方法三个条件，现在看来已经不够了！随着认识的深入，我认为做有效的管理学研究者，还需要加上观念和运气，一共满足五个基本条件：

第一，做研究是需要"三观"端正的。你需要站在创新的立场（世界观）、管理者的立场（人生观）和组织的立场（价值观），而不是站在"山寨"的立场、员工的立场和个人的立场。创新的立场和自然科学研究的目的是一样的，还好办一些。而站在管理者的立场和组织的立场相对较难，因为很多管理学研究者并没有当过管理者、领导者的经验，又找不到高层管理者深度交流，所以，研究的对象往往是中基层员工等非管理者，得出来的结论可想而知——不仅是脱离管理和落后于管理，甚至是批评管理和对抗管理。另外，为适应课程思政建设的要求，在第四版中我们专门增加了管理学研究者的"三观"与"三正"一节。

第二，做研究是需要情感和兴趣的。你真的喜欢做研究才行，因为搞研究比较孤独，有时需要独立地苦思冥想，而且还不见得出成果。但是，一旦发现了新知识和想明白了什么，你会异常地兴奋或满足。有了这种搞研究的兴趣，不管有无考核指标，有无学术奖励，你都是非要做的——因有自赏。

第三，做研究是需要天生才能的。你没有一定的洞察力、创新力和想象力，面对杂乱无章的现实和浩如烟海的文献，将会束手无策。搞研究需要创造力、解决复杂问题的能力和独立工作的能力，没有高智商，别揽研究活儿。正所谓：智商更高的人适合做研究者，情商更高的人适合做管理者，有使命感和奉献精神的人适合做公务员。智商太高的人做管理者，可能像诸葛亮一样，施计谋出主意可以，真正干起来会把自己累坏却不能领导别人。

第四，做研究是需要一定方法的。尽管我们的研究不能搞成"没思想，有数据；没方法，有工具；没逻辑，有统计；没贡献，有收益；没人看，有人捧；没创新，有数量"的研究，但你也必须会运用一些基本的方法和工具来提高研究的效率，表现你的科研能力，产出足够多的研究成果。

第五，做研究是需要一些运气的。做研究要创新，新东西往往来自闪念和偶然，没点运气不行。如果你想做一个真正有创新、有名望的研究者，那就更需要运气了，没些贵人相助、生逢其时的机遇不行。

五、管理学研究的六个判断标准

这本书如果仅写所谓的科学研究方法，可能只是给初学研究的人看的——何况这类方法论书籍已经有一些了，而对那些悟性高的或者属于性情中人的研究者，也就是不靠科学方法就能洞察世界的人来说，就没有太大意义了，所以，本书和某些专门写科学方法论的书有所区别，我们希望通过对主观、思辨、直觉等非科学方法的讨论，对有一定经验的研究者也能有所启发。当然，本书也不是写给天才看的：天才不需要读本书。

我们不迷信科学，也不迷信科学方法，"为达目的，不择手段"容易让人们产生误解，我们提倡"为达结果，不择方法"。做研究关键是出结果，不能为方法而方法。想当初，我们做研究，也没有读过研究方法论方面的书，跟着导师边做边摸索，有点"摸着石头过河"的意思，尽管方法不甚科学，但成果也出来了。回想起来，主要靠着喜欢思考些问题的脾气秉性在做，顺便说一句，我喜欢用逻辑和概念的方法思考问题，不喜欢用数字和统计方法验证问题——不能把科学方法挤轧成数学或统计方法——尽管我也很喜欢数学。这一特点，读者诸君从本书中会感觉得到。

"条条道路通罗马"，罗马只有一个，但通向罗马的路不像登上华山的路。在自然世界中，真理是唯一的，但认识真理的方法可以有多种；在管理学中，真理是多样的，达到真理的路径更可以有多条。

一项研究成果，人们需要用科学方法来验证，才能判断其信度和效度如何，但也仅此而已。从科学研究的四个特性来看，客观、实证、规范和普遍，只能证明研究结果更科学，并不能证明它更正确和更有价值，因为从科学研究的本质来讲，这个成果无论是否经过某种方法验证，都只是假说而已。科学的假说并不等于正确的和有价值的假说。

要证明一个结论正确与否，一般有六个判断标准，即数理、事实、逻辑、力量、程序、价值观或信仰。

数理标准主要用于数学和统计学，正确的东西必须符合某种计算公式和定理；事实标准主要用于化学和物理学等，讲究"实验是检验真理的唯一标准"，讲究"事实胜于雄辩"；逻辑标准主要用于哲学和逻辑学，我们认为它也适用于管理学——所以MBA入学考试要考逻辑，这种标准认为符合逻辑的推理过程才能得出正确的结论；力量标准主要用于军事学和政治学，通行"拿实力说话""胜者王侯败者寇"的原则；程序标准主要用于法学和行政学，提倡"一切以法律为准绳"的原则，重视"一切走流程"；最后，价值观或信仰也是衡量正确与否的标准之一，"你认为什么或相信什么，什么就是正确的"。

科学方法比较重视数理、事实和逻辑标准，非科学方法则重视力量、程序、价值观或信仰标准。如果你认同我们这"六个标准"的观点，你就会认为科学方法并不等于全部正确，也不是绝对的高价值。

　　至于管理学研究正确与否的判断标准，我们认为可以更包容一些，六个标准全用上：以逻辑为根本，以事实为依据，以数理为辅助，以程序为靠山，以力量为武器，以信仰为自圆。如果有所倾向，则在管理学研究中，我们认为应该以价值判断为主，以事实判断为辅；用语言思考，用数理行动；用直觉判断，用理性评估；以非科学方法为主，以科学方法为辅。而且，越是大师级研究者，或者越是级别高的管理者，这种倾向应该越明显。很显然，这是我对待管理学研究的个人价值观，一定有人持不同的看法。价值观不同的人之间不用吵架，因为大家只有不同，没有不对！

　　研究和教育机构要重视"思政"，也就是首先必须确定正确的价值理念，才能更好地发挥方法的作用。多年前我们就把管理学分为事理学、组织管理学、组织治理学、管理文化学、管理伦理学、管理哲学等六个层次，它们之间的关系是逐次升阶，而思政管理内容应该是融在组织治理学、管理文化学、管理伦理学三个层次之中的。毛泽东曾为中国人民抗日军事政治大学题写教育方针：坚定正确的政治方向，艰苦朴素的工作作风，灵活机动的战略战术。这种方向和作风在前、战略和战术在后的思想，是指导中国革命取得胜利的法宝。

　　我们认为，研究方法是效率因素，研究者或管理者的世界观、人生观和价值观则是思政因素。"三观"不正，方法何用？为此，我们早在第一版的第3章中就专门详细、严肃地讨论了学术伦理，第四版又在此基础上，增加了学术思政的内容。研究必须首先解决"为了谁？依靠谁？"的思政问题，然后才是怎么研究的方法问题。

　　六、与众不同的本书内容和结构

　　本书共分10章。

　　第1章是绪论：研究与研究方法论，讨论什么是研究、什么是好的研究，并分别讨论科学研究和非科学研究的特点和关系。我们的与众不同的观点是：民主在政治上是个好东西，在管理上不见得是个好东西；科学方法在自然科学研究上是个好东西，在管理学研究上不见得是个好东西等。

　　第2章是管理学研究方法概要，分析了管理学的研究定位，现代管理学研究的基本范式，管理学研究的历史观、主要框架与未来课题，以及中国的管理学研究等内容。

　　第3章是管理学研究的学术思政、学术伦理和学术制度，探讨了管理研究者的"三观"与"三正"、研究的基本伦理原则、与研究对象相关的伦理原则、科学研究中的反伦理行为，以及研究成果的权利保护等问题。

　　第4章是研究选题方法，探讨了管理研究的选题原则、什么是好题目、创新性选题方法、构建研究和研究的时间管理方法等。

　　第5章是研究计划和研究方法选择，介绍了研究计划的一般内容，并分别就探索性研究及其适用研究方法、描述性研究及其适用研究方法、解释性研究及其适用研究方法、效率性研究及其适用方法进行了讨论，并简要解释了对策性研究和创造性研究及其方法。

第6章是定性研究工具，在讨论了定性研究和定量研究的基本知识之后，分别探讨了实地研究法、案例研究法、扎根理论法和QCA法等常用工具。

第7章是定量研究工具，首先讨论了定量研究的基础知识，然后对线性回归分析、结构方程模型、多层线性模型和社会网络分析等进行了介绍和分析。

第8章是研究论文撰写，这是研究成果的表述和发表。本章分别就本科、硕士和博士学位论文的撰写进行了讨论，并对学术期刊论文的撰写进行了分析。

第9章是非学术论文撰写，这是第四版增加的一章。社会在发展，研究成果的表现形式不断多样化，并不局限于撰写学位论文和发表在学术期刊上。我们甚至认为，各种形式的报告、文件以至于自媒体上的研究成果有时具有比论文更重要的作用，而它们使用不同于学术论文的研究方法。

第10章是跟管理学大师学研究，讨论能够开拓一个领域的大师级的管理研究者是如何研究的。除了早期欧美的管理学大师，我们还特别增加了对中国和日本的管理学大师研究方法的探讨。这一章对于力图在管理学领域占有一席之地，而不是甘于解释他人观点、搞个问卷或统计分析、多发几篇文章拿点奖励的人，可能有所启发。有几位管理学大家看到这一章都表示很有新意。

关于定性和定量研究，其实还有很多种方法，比如大数据文本分析法、元分析法、量法等，根据不同研究题目、不同研究对象可以组合出名目繁多的方法，本书不求全，请读者朋友通过网络搜索其他参考书籍。

在第五版的修改过程中，我们参考了其他管理学研究方法、管理研究方法、管理科学研究方法等的书籍（在第1章参考文献处有罗列），经过对比，得出本书在六个方面的与众不同之处：

1.既关注科学的研究方法，又关注非科学研究方法。

2.既关注学者的常用方法，又关注管理大师的方法。

3.既关注定性定量的方法，又关注定维换维的方法。

4.既关注理论的研究方法，又关注实践的研究方法。

5.既关注学术论文的写作，又关注非学术论文的写作。

6.既关注管理学研究方法，又关注管理学研究规则。

这么创新和复杂的任务靠个人是很难完成的，本书一开始采取的就是效率性研究的一种——团队研究方法，作者们都有写过本科、硕士和博士论文的亲身体验，并且是成功体验，发挥每人特长就比较容易出成果，这也是笔者几十年来一直秉承的团队合作职业宗旨。本书写作的具体分工如下：

第1、2、4章，杨杜。

第3章，张国春、杨杜。

第5章，王长斌、杨杜。

第6章，卢君、杨杜、耿冬梅。

第7章，李宁、朱丽。

第8章，徐尚昆。

第9章，高蕊。

第10章，耿冬梅、杨杜。

各章由杨杜统稿。

七、感谢

感谢本书所引用的各种文献的原作者！感谢东北财经大学出版社为本书的出版给予热忱帮助的石真珍老师和各位朋友！感谢陈杰老师对我写作的一贯支持！

十五年前完成第一版，又先后修订第二版、第三版、第四版，如今低头完成第五版，举头重温座右铭——爱心对待家人，宽容对待他人，认真对待学问，快乐对待人生，依然是一番感慨！十几年磨一书，说说容易，写出很难，能够坚持，职业使然！

方法论的书很不好写，如果书中有错误或不完善之处，敬请海涵并指正！

如果本书能够对各位读者朋友有些许帮助，我将不胜荣幸！

如果本书能够在大家努力下持续改版下去，我将十分欣慰！

先追长大，后求力强，现要互助，定会长久！

杨　杜

2024年12月修改于上河村

目　录

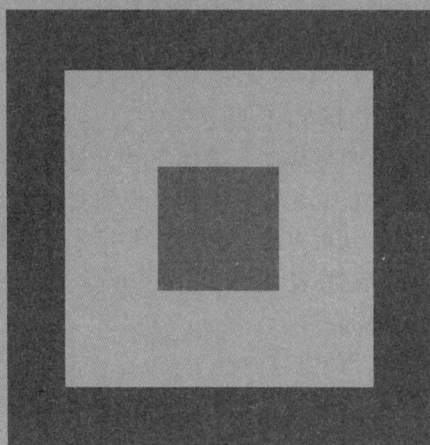

第1章 绪论：研究与研究方法论

第1章 绪论：研究与研究方法论

▶▶ 1.1 什么是研究

人生不同阶段所要求的能力是不一样的。进入大学尤其是研究生阶段，人的基本能力要求已经由应试能力、学习能力转向研究能力以至创造能力为主，要开始思考自己将来走向社会所需要的基本能力和素质。

如果说目前高中阶段主要是在培养学生的应试能力和应试方法的话，那么，大学阶段则应该是要转向自学能力和自学方法的培养，而到了硕士研究生阶段则主要是培养人的研究能力和研究方法，博士研究生阶段就开始要求创造能力了。打个比方，高中生是知识搬运工，大学生是知识收集工，硕士生是知识处理者，博士生应该是知识创造者。

高中时代就那么十几门课，大学阶段可是有几十门甚至上百门课。高中生要挑战的是做不完的习题，大学生要挑战的则是学不完的知识。在人称"知识爆炸"的时代，如果你不掌握学习能力和学习方法，上大学就可能像"愚公移山"，那不仅是一个人干不完的事，甚至是一代人都干不完的事——更何况知识这座山比愚公一家要移的太行山和王屋山要大得多，而且还在高速成长。即使不是如此，在网络不离身、手机不离手的现代信息社会，你很难摆脱信息的"病毒性"入侵，你要想从中找到有价值的知识或者研究出一点有价值的新知识出来，也是越来越难。尤其是对某些男士而言，你很难像某些女士那样能长时间坐下来"搬运和处理知识"，因此，单纯从学习成绩看，你可能永远不如她们好。你必须另辟蹊径，掌握方法！

对于一般的大学生，学校和社会并不要求多高的研究能力和多难的研究方法，但我们认为，大学时代可以说是培养研究能力和研究方法的初级阶段，因为不管你将来是进入研究生阶段，还是走向社会工作岗位，总要或多或少地从事思考和创造的工作，而不能仅仅嚼别人嚼过的馍，仅仅从他人那里汲取和模仿。

那么，什么是研究呢？研究能力和研究方法又是什么呢？

●● 1.1.1 研究=思考+表述

按照词典上的说文解字："研"指审查、细磨；"究"指穷尽、追根求底。通俗讲，即掰开了揉碎了，想找出点什么来。英文"research"＝"re"＋"search"，也就是反反复复寻找的意思。所以，研究指人对事物的真相、性质、规律等进行的积极探索，由无知变为有知，由知少变为知多的过程。研究就是通过动眼、动手、动嘴、动脑，发现眼耳鼻舌身所感知的现象背后所隐藏着的原理、原则的过程，是创造新知识的过程。我们认为这个过程包括思考和表述两个阶段，正所谓：研究=思考+表述。

思考是动脑筋，表述是动口笔；

思考是由无知到有知的过程，表述是由自知到他知的过程；

思考是提出假说、推演假说、验证假说和得出结论的过程，表述则是将假说、结论等用语言、文字和（或）符号等以一定的格式、顺序表达出来的过程。

硅谷创业之父保罗·格雷厄姆说，AI时代的聪明人是会写作、会思考的人。他认为，这么多人写作困难的原因是，写作本质上是困难的。要写得好，你必须思维清晰，而清晰地思考是困难的。两种强大的对立力量——对写作的普遍期望和写作的不可降低的难度——创造了巨大的压力。这也是为什么一些著名教授最终被揭露出有抄袭行为。

他认为，人工智能已经改变了这个世界。几乎所有的写作压力都开始消失了。这导致的最终结果将是一个分为"书写者"和"不会书写者"的世界。

写作就是思考。事实上，有一种思考只能通过写作来完成。没有人比莱斯利·兰波特更好地阐述了这一点：如果你不写作，你就只是在自欺欺人地思考，所以，一个分为"书写者"和"不会书写者"的世界，比听起来要更危险：它将是一个分为"思考者"和"不会思考者"的世界。

做管理学研究，需要我们扩展一下他所说的"写作"的概念，那就是"表述"。表述=写作（文字、代码、图形）+口述（音频、视频）。表述能力和思维能力密切相关，AI的崛起将减轻表述的压力，但也可能使那些不主动锻炼表述能力和方法的人丧失深度思考的能力。AI时代仍将有很多聪明人，他们是通过表述来锻炼和提升思考能力的人。

1）思考过程

思考过程本质上是将人的感性认识上升到理性认识的过程。思考过程与人的实践活动形成间接关系，主要是根据已经获得的信息、资料、认识等进行大脑的加工，从而创造新知识，特别是理性知识的过程。思考过程不合理，就很难形成令人称道的成果，偶尔有些创新观点，也可能是"瞎猫碰上死耗子"，撞大运撞出来的。有些研究生的所谓论文不像论文而像"编文"，就是因为看不出思考过程，没有假说，没有推演验证，仅仅有现象描述和主观判断。好不容易靠天资聪慧悟出个不错的观点，但放在一篇没有清晰思考过程的论文里，也就变得让人半信半疑了。

思考过程也并不总是在那里苦思冥想，它可以分为逻辑思考过程和非逻辑思考过程。就像巴纳德描述的一样，我们平时是在逻辑过程中进行思考的，但在不少的紧急场合，在我们不自觉和下意识的时候，我们是用非逻辑过程思考的。人们在运用创想法而不是演绎法和归纳法时，实际是在较多地发挥非逻辑思考的作用。实际上，思考过程中逻辑与非逻辑的过程可能是密不可分的，只是为了表述清楚，我们才将其分为两个过程。应该注意的是，这里所说的非逻辑思考并不是违反逻辑的思考，而是无逻辑的思考。无逻辑思考即不按我们平时所形成的逻辑思维定式而进行的思考。

2）表述过程

表述过程本质上是将人的大脑已得的潜在知识转化为可以传递、保存、扩散的显在知识的过程。思考过程可以离开语言（或文字，或符号，或音像）[①]，但表述过程不能离开语言（或文字，或符号，或音像）。

表述的目的在于将知识记载下来和传递给他人。记载可以使隐含、潜在的知识找到一种形式，从而变得可保留和更清晰。在此意义上讲，表述也能促进思考。传递给他人是为了实现知识的价值或知识共享。

表述之重要，甚至影响着人类社会的进程。人类的历史可以说是表述方式的进步史。其经历了实物、符号、文字、图画、图像、录音、影像、扩展现实（extended reality，XR）、元宇宙（metaverse）、AI的发展阶段，见表1-1。

表1-1 人类表述方式的发展

表述方式	具体手段举例
AI	AI和生成式AI
元宇宙	超宇宙的实虚融合体
XR	VR、AR、MR等虚拟现实
影像	电影、录像
录音	唱片、磁带
图像	照片
图画	清明上河图、慈禧画像
文字	甲骨文、竹简文、苏美尔的楔形文字
符号	陶片、山岩上的刻画符号
实物	石器、化石、金字塔、长城

3）根植于理论的研究与根植于实践的研究

思考和表述可以是循环于纯学术研究圈子里的活动，也可以是与社会和管理实践相结合的活动。

[①] 有关思考与语言的关系问题还有争论。一种观点是思考可以不依赖语言进行，但一些经典著作认为语言和思考是不可分的，离开语言材料的赤裸裸的思考是不存在的。最新的一些对先天性聋哑人的思维情况的研究，又重新提出了思维与语言并不是密不可分的观点，生来就失去发音器官、没有语言的聋哑人，却有十分发达的思维能力。

（1）华莱士模型及其扩展

华莱士（Wallace，1971）在《社会学中的科学逻辑》一书中提出的科学环模型认为，科学研究过程是一个理论和研究之间相互作用、不断循环的过程。科学研究的前提假定研究者已经选择了一个具有意义的研究问题，并且已经进行了相关的文献回顾。一旦研究者认为问题很重要且有研究价值，并且已有的文献对该问题不能提供合理全面的回答时，研究过程将从理论开始，或者从观察开始。从理论开始的研究被认为是演绎的检验假说的研究，而从观察开始的研究则被认为是归纳并建立理论的研究。华莱士模型主要讨论的是研究中的思考过程，表述过程主要存在于由实证概括到建构理论的阶段。它可以说是"始于理论，终于理论"的学术研究模型，与现实的联系只存在于观察方法。

在华莱士模型中，如果你的研究起始于理论，则其是根植于理论的研究，研究成果的价值也主要是学术价值。比如，有研究者做的是纯理论研究，就成了华莱士模型的上半部循环：T—H—E—T，即从理论出发，通过文献回顾和主观臆测提出假说，再通过经验数据进行概括，然后推导出理论。做这样的研究，如果研究者具备良好的理论研究功底或思辨能力，是可以得出相当有价值的理论成果的。但是有的时候，运用这种连观察都省略了的研究方法，研究者没有找到有价值的假说，只在过去的文献中推演出还少有人碰过的所谓命题，就开始做问卷，由一定数量的人填表（比较容易的是找正在上课的 MBA 学生帮忙），然后开始进行数据处理，得出结论。这看起来好像是在做实证研究，实际上他们并没到现场看过一眼，也没和被研究者见过面，研究的逻辑过程无懈可击，但研究结果可能没有多大意义。我们把这种研究叫作理论断路。

反过来，如果你的研究起始于观察，经过经验概括，提出预定的实施方案（也就是假说），然后再用于现实之中，这就成了以解决实际问题为主要目的的根植于实践的研究，其价值不在于学术而在于实用。

有些重视应用价值的研究者，特别是有些初入研究之门的 MBA 学生的研究，属于华莱士模型的下半部循环：O—E—H—O，即从观察出发，通过调研得到经验数据，再通过实证数据概括，提出解决方案或若干对策就结束了，缺乏概念能力和形成新命题的能力，推导不出有价值的理论。他们像管理咨询师一样在做方案，而不是做研究。如果这样的方案不能交给管理者去做决策，工作的意义也就荡然无存了。我们把这种研究叫作应用断路。华莱士模型及其可能的断路如图 1-1 所示。

实际上，华莱士模型的重要性在于做实证研究就要实现整个循环。观察最终要能形成理论，理论最终要能指导实践。但是，在理论—假说—观察—实证概括—理论这样的概念中，我们很容易忽视理论与实际、理论与应用的结合。

让我们来扩展一下华莱士模型，增加理论用于实践的再检验、再观察环节，就可能使研究过程变得更加完整，至少减少断路的可能性，如图 1-2 所示。我们做这个扩展的依据是知识管理的基本理论。扩展后的华莱士模型包括知识创造、共享和应用的全过程，其中有知识的创新、知识的表述、知识的发表、知识的应用和销售各个阶段。

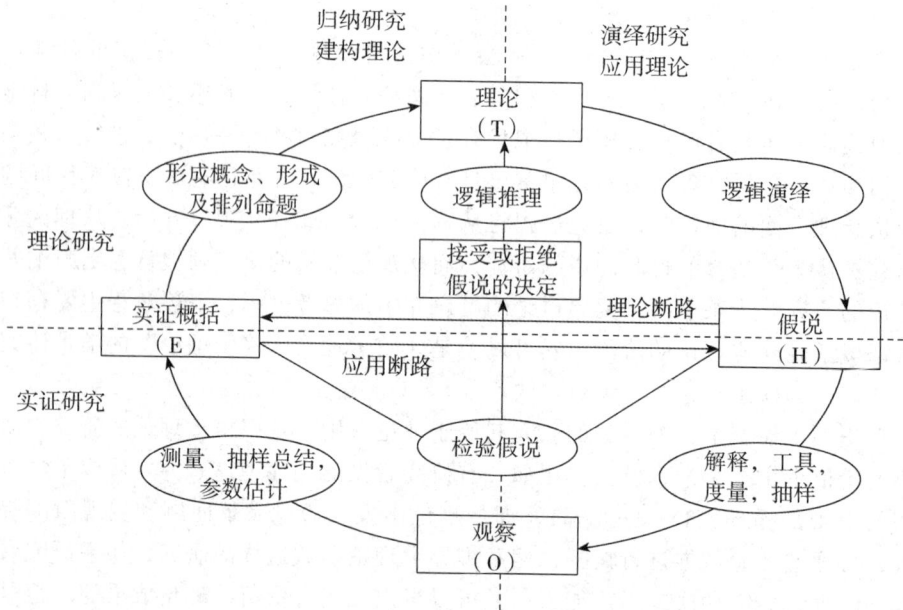

图 1-1　华莱士模型及其可能的断路

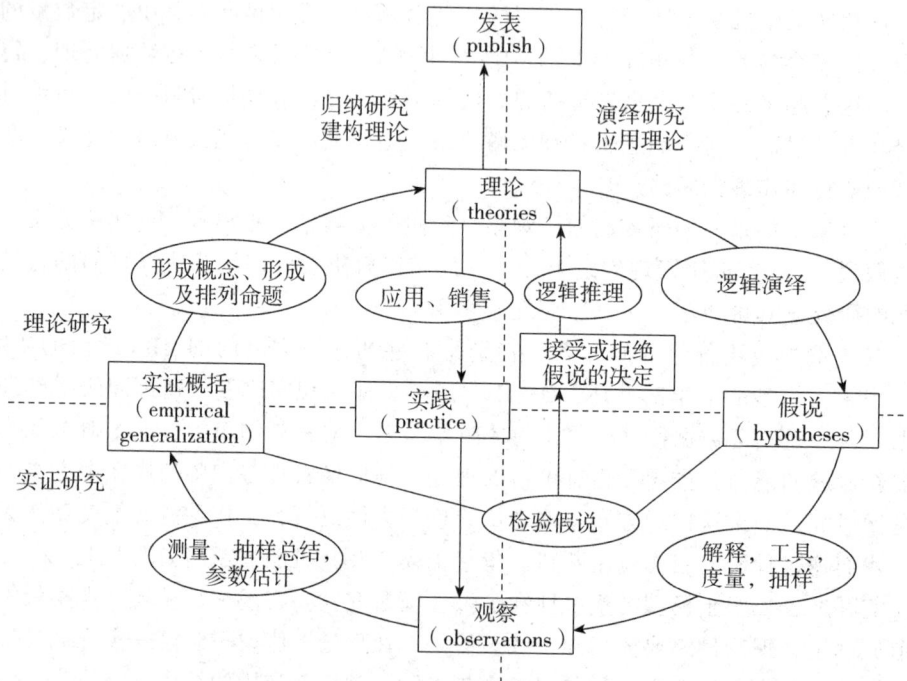

图 1-2　华莱士模型的扩展模型

　　这个模型的重要扩展点之一是解决应用断路，理论不再仅仅进入新的假说，而且被用于实践过程，这个途径可能是通过理论为管理者所应用，或者是研究者对理论的销售而进行的。重要的是，在这个知识应用化或知识价值化的过程中，理论得到了更深层次并且是不同立场的人的观察和检验。这比较符合"实践是检验真理的唯一标准"的思想。

这个模型的重要扩展点之二是解决理论断路，理论不再仅仅依据既有定理和主观心理问卷进行统计推理，而是依据对管理实践行为的现象观察和业绩结果进行悟性归纳，不再太在乎样本的多少和结论的普遍性，而是更在乎样本的代表性和结论的价值性。

这个模型的重要扩展点之三是突破研究者的自娱自乐，使研究成果尽快进入公布于社会的过程，这个途径可能是通过理论转化为著作权或专利权为他人所共享而进行的，发表的目的在于避免他人再浪费资源进行重复研究，也给他人提供继续深入研究或质疑此项研究的基础平台。想来这已经是研究者的常识，现代人很少像当时的牛顿那样，只管研究，不管发表。因为不发表而让其他研究者在著作权上抢了先，在研究领域的竞争也日益激烈的今天，还是很让人沮丧的。如果你像牛顿一样研究能力非凡，你不发表别人也研究不出来，那么不发表对你没有什么不利影响。

如何发表和以什么形式发表研究成果，已经涉及研究者战略问题了。我们会在第8章 "8.4 学术期刊论文的撰写" 和第9章 "非学术论文撰写" 中介绍。

（2）开放性研究模型

包含了知识的表述、知识的发表、知识的应用和销售的模型，已经不是从理论到理论的闭环了。这是个开放性研究模型，之所以要建立这个开放性研究模型，是考虑到管理学和经济学或物理学科一样——理论管理学和应用管理学同时存在，并且应用管理学有更重要的社会价值，至少目前在中国是如此。

在开放性研究模型中，我们主要应该关注理论的明天——理论的去向。我们认为理论有三个去向，如图1-3所示。

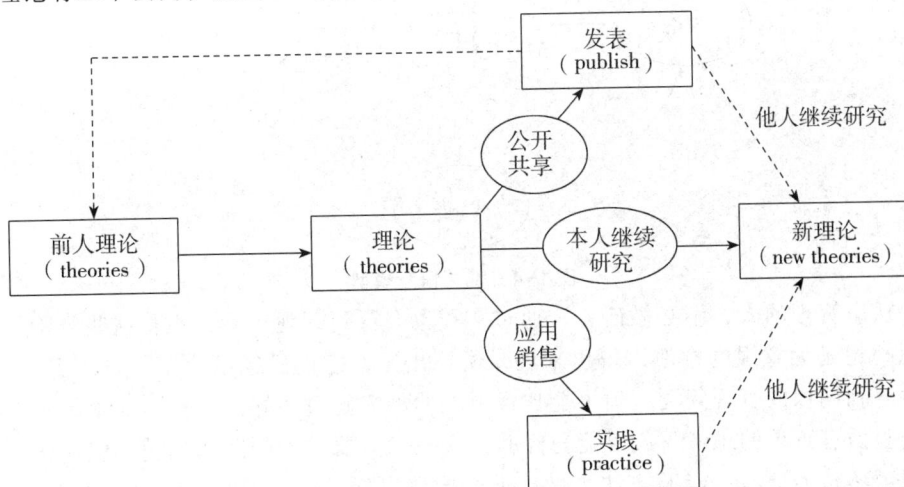

图1-3 开放性研究系统中的理论的三个去向

第一，本人继续研究。该理论的研究者今后继续研究，不断推出新的、升级的研究成果，这种成果可以是完善，可以是质疑，也可以是推翻原来的假说。比如，核心竞争力理论发表后形成了各种核心竞争力概念和模型。有的研究者就是一生一世在一个领域持续研究的。

第二，公开共享。研究者通过发表落实自己的著作权等权益，并为同行提供继续研究的前提。比如，在期刊上发表后为同行所引用，同行利用该研究的问卷或其他方法在不同情境下做验证，减少重复研究。能公开共享的成果应该不涉及国家或组织的商业或技术秘密。

第三，应用销售。研究者通过将其理论应用于实践实现知识的价值，并使实践者在实践中检验和推进理论。极端一些讲，知识本身没有价值，知识必须变为非知识才有价值。比如，平衡计分卡理论在企业管理实践中不断完善，继而形成战略地图等成果并用于企业管理实践；又如，管理技术的专利化、授权化就变为价值。

人类的知识库就是这样不断累积、丰富和变为价值的。

（3）唯"悟"模型

如果将实践要素加到研究模型中来，可能更容易为中国人所理解和赞同，理由有三。理由之一是中国人自古以来推崇的"知行合一"的思维模式（如王阳明）；理由之二是中国人向来提倡理论与实践相结合（如毛泽东）；理由之三是管理学的行重于知的本质特征（如德鲁克）。这就产生了我们基于"唯'悟'主义"立场的实践、经验、思考、理论的模型，简称"唯'悟'模型"，如图1-4所示。

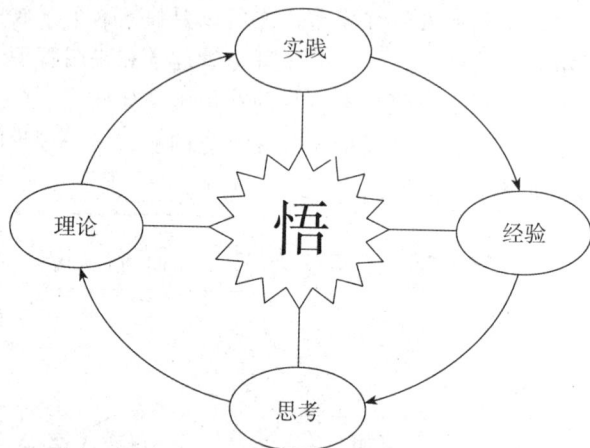

图1-4 唯"悟"模型

从事管理的人，不必做研究，通过实践也会得到管理经验，不管这些经验是有意识的还是无意识的，他讲得出来还是讲不出来，它们已经融合在了管理者身上，以后遇到同样的管理问题，他可能比没有经验的人解决得好。但是，如果他不对这些经验做有意识的思考，就可能犯经验主义——只要出现的问题稍稍有些变化，他可能依然按照原有的经验方法去做，就会导致出现错误。同时，如果他不做思考，也就无法回答"你是如何成功的？"这样的问题，既无法共享经验，也难以培养下属。

善于思考和善于实践的人一样，只不过实践的结果是经验，思考的结果是理论，善于思考的人能够举一反三，能够通过反思将自己的经验进行整理、条理化并理论化，这实际上是个研究过程。

反过来，有的人善于研究，著作等身，也讲得清楚，但做不了管理者，因为他善于思考而不善于行动，讲得头头是道但做的时候没魄力，过于理想或墨守成规，在管理实践中往往犯教条主义，把实际问题往理论框架中套。

能够把实践和思考合一，把经验总结为自己的理论、把别人的理论与自己的具体实际相结合的管理者，一般悟性很高。我们把"悟"字放在这个模型的中央，就是力图强调悟性的重要性。悟性是将实践—经验—思考—理论—再实践循环起来的基本能力。管理学中的很多经典著作和观点就是这些同时具有优秀的实践能力和思考能力的悟性极高的管理者完成的，比如法约尔，比如巴纳德，比如松下幸之助，比如韦尔奇，比如任正非。毛泽东则是在当时的政治领导者中同时具有卓越实践能力和思考能力的人，以至于他的著作对现代的企业管理者也影响巨大。中国共产党的百年历史证明，我们党之所以能够在革命、建设、改革中不断取得伟大成就，关键在于不断将马克思主义基本原理与中国实际及中华优秀传统文化相结合，不断推进马克思主义中国化。

我们将悟性看作是一种灵透的思维模式。在许多时候悟性表现为一种跳跃性思维，一种发散性思维，一种90度思维。这种思维不仅仅是天生就有的，也是可以后天培养的。学习研究方法论，也是培养和提高悟性的重要途径之一。佛学中的因明辩论法、参禅、偈语等都是提高悟性的后天方法。最著名的一些偈语，比如，针对神秀悟禅偈"身是菩提树，心如明镜台。时时勤拂拭，勿使惹尘埃"，慧能的悟禅偈为"菩提本无树，明镜亦非台。本来无一物，何处惹尘埃？"你反复用心思考偈语含义，就会提高悟性。我斗胆来了个杨杜偈："身化菩提树，心相明镜台。本来精进意，末那惹尘埃"。大家从我的偈中悟到什么呢？

另举一例来说悟性。不同立场、价值观和视野，看待"酒、色、财、气"的功用就很不同。我们曾经做过一个五咏"酒色财气"的比较。

①佛家：酒色财气四堵墙，人人都在里面藏。谁能跳出圈外头，不活百岁寿也长。

②儒家：饮酒不醉是英豪，恋色不迷最为高。爱财不贪乃儒商，有气不急气自消。

③官家：席无酒香不成仪，人少色欲路人稀。世厌财富民不奋，国靠气魄焕生机。

④帝家：酒助礼乐社稷康，色育生灵重纲常。财足粮丰家国盛，气凝太极定阴阳。

⑤商家：酒逢客户千杯少，色斩订单两刃刀。财聚营收流水旺，气贯商界义利高。

你一定看得出，我们修改了一下儒家和官家，增添了商家。请问：你又怎么有悟性地看待酒色财气呢？

悟性提升需要充满活力的心态，充足的经验和阅历，远阔的视野和胸怀，用心地感受生活，以及对他人话语和心意的敏感反应。

悟性是加快"唯'悟'模型"循环，并有效创新知识的要素。我们认为悟性有五种表现形式：

①触类旁通。在读书看报、看电视、与人闲聊时，或在休息、旅游中，甚至在洗澡时或睡觉时，都可以将许多眼见、耳听、触摸、心想甚至梦境的东西联想到自己的工作、学习和研究。触类旁通的人具有很强的类比能力（不是归纳和演绎能力），这可能是悟性最重要的表现形式。

②举一反三。具有很强的联想能力，很清楚一事物与他事物的微妙联系和区别。

③心有灵犀。俗话说，心有灵犀一点通，有悟性的人往往可以在不经意间明白许多事理，掌握事物发展的本质和精髓。

④未卜先知。未卜先知可以说是具备悟性的人所必备的基本素质和能力之一。未卜先知也可以说是一种洞察力。

⑤去伪存真。具备悟性的人善于从纷繁复杂的环境中发现事情的根源，抓住最本质的东西。

想一想，你平时有过悟的感觉吗？这可是做优秀研究者所必需的能力之一。

4）你适合做什么样的研究者

一般认为，人有三大基本能力：思考能力、表述能力和实践（行动）能力。人在这三大能力的结构上往往是不平衡的。有人能思，有人善辩，有人会写，有人擅行。思考能力是表述能力的基础，没有内容就无法表现，否则光说空话就成了"山间竹笋，嘴尖皮厚腹中空"，但思考能力的优秀与否又必须靠表述能力或行动能力表现出来，否则也会变成"杨家有女初长成，养在深闺人未识"。

至于人的表述能力重要，还是行动能力重要，就是仁者见仁，智者见智了。这可能和你的职业相关——管理学者要会讲、会写，管理实践能力可以差些，而管理者反之，如果行动能力、决策能力很差，写得再好也不会是一个好的管理者，管理业绩不好就大概只会总结一些管理失败的教训。本书主要讨论的是研究问题，因此不对行动能力展开介绍，只想引用组织学派代表人物巴纳德的一段话，表明我们的观点——能说的和能干的，谁都不要轻视谁。巴纳德说："我认识的最有头脑和最能干有为的人中，有一些几乎不能清晰地表达自己的思想感情。我认为这很有意义。他们的精神力量不是表现在他们所讲的方面，而是表现在他们所做的方面。许多能言善辩的演说家（谈话家）和写作家不能理解这些人，把他们的沉默理解为智力低下或心术不正。"他认为这种误解是不应该有的。

在表述能力上，人也有很大差别。有的人能写不能讲，有的人却能讲不能写。搞研究，不能讲可以，不能写就有些麻烦了。会思考，是做研究的必要能力；能写，是做研究的充分能力。如果你能想能写，还能说能做，那就不是天才也是大师了。

●●1.1.2 研究的目的

我指导的研究生，尤其是MBA学生，刚开始写毕业论文时很苦恼，我问："有什么好苦恼的？"学生答曰："不会写，但又必须编一篇出来，否则毕不了业！"我问："你为什么写论文？"学生沉默，看我面善，迟疑片刻有些不好意思地说："不就是为了毕业拿学位吗？"我说："那你肯定要苦恼！"学生不解。

如果仅仅是为了被动地满足学校的要求，交一篇毕业论文完事，大概谁也会感到写论文这事不爽！"要你干"不如"你要干"来得快乐！

1）多给自己几个写论文的目的

其实仔细想来，写论文搞科研不会是单一目的，我们认为至少有三大目的：一是为发现新知识，有价值于社会；二是为提升你自己，真正掌握科学或系统地发现问题、分析事物、表述观点和解决问题的能力；三是为拿文凭、评职称或者拿科研奖金（要记住有的大学，发一篇A类或B类核心期刊论文给的奖金可是几千元、几万元、十几万元的，很诱人）。实际上还会有第四个目的：优秀的研究成果还可以作为知识资本或技术资本为你开拓将来的事业。想想这些好处，写论文的时候苦恼就少些了吧？实在不行，你还可以找到第五个目的，即选择一个自己确实有兴趣爱好的领域和题目，有兴趣爱好支撑着，自得其乐，总会减轻些写论文的苦恼吧！

我们的意思是，多给自己几个写论文的目的，就可以做到"写并快乐着"！

2）享受"求知"的快乐

实际上，对于一个好的研究者，其研究工作本身就是快乐的！因为明白些什么的"求知"过程和结果也是人所追求的。西方有句格言说，人类一思考，上帝就发笑！我不知道上帝为什么发笑，也不知上帝到底在笑什么，但人类依然在不断地思考。古人云，"食色性也"，可能讲的是求吃和求偶是人的本性，我们认为，求知大概也是动物当然也包括人的天性吧。有人做过一个试验：把一只饥饿的小白鼠放在一个陌生的箱子里面，箱子中间有小白鼠喜欢吃的食物，小白鼠进去后不是马上跑到食物那里开吃，而是饿着肚子先在箱子内壁四周观察一番，才去吃食物。我们不是小白鼠，不知它在想什么（安全？），但可以看出，小白鼠的行为顺序是先"求知"，再"求吃"。

结合前面的写论文的目的，我们可以列举搞研究的六大目的：①提升能力；②拿文凭、评职称；③创造知识；④积累知识资本；⑤满足兴趣；⑥享受求知快乐。

多数研究者认为研究的目的就是创造新知识，我们认为，创造知识确实是研究的最本质目的，对于初涉研究的人来讲，这未免太过困难，他（她）们能达到提升能力和获得文凭、职称等世俗目的，能在学术界立足就已经不错了。有了这个基础，再追求创造知识和实现知识资本的目的，就已经对学术研究有所贡献了。如果你特别享受个人的研究兴趣特别是求知过程本身的快乐，那你可能就是一个天生适合做研究者的人了。祝贺你！

3）研究是一种天职

为什么要研究？可能有很多影响因素：价值观、有趣、可操作性、受欢迎、容易发表，或实践中很重要、理论上很重要，等等。研究也一定有应对考核的目的，如果你不是天才和圣人，那么恐怕在目前的考核机制下，你很难摆脱大学、各种研究机构中来自职位和职称考核的压力①。

其实，这些研究的动力都是来自回报甚至交易的目的，不管是外部回报（名利与权位）还是内部回报（内在兴趣）。我认为，要成为一个好的管理学研究者，最重要的可能是职业精神——你是干这个的，就得作出应有的贡献！如果出于回报的目的，那就可能对回报尤其是外部回报产生失望——搞管理学研究发不了什么大财，当不了什么大官的。研究者是一种职业，研究是研究者的天职，不是为了换来什么别的东西而呕心沥血的。这样可能更容易获得研究者的卓越感受。

职业精神换来的是敬业。敬业，就是尊敬、尊崇自己的职业。如果一个人以一种尊敬、虔诚的心灵对待职业，甚至对职业有一种敬畏的态度，他就已经具有敬业精神。但是，他的敬畏心态如果没有上升到敬畏这个冥冥之中的神圣安排，没有上升到视自己职业为天职的高度，那么他的敬业精神就还不彻底。天职的观念使研究者对自己的职业具有神圣感和使命感，也使自己的生命信仰与自己的工作联系在了一起。只有将自己的职业视为自己的生命信仰，那才是真正掌握了敬业的本质——别胡思乱想了，你一辈子注定是做管理学研究的命。

有了天职观念，研究者还在乎考核和回报吗？你问他研究的目的是什么，他可能会说：研究的目的就是研究！他会畅游在自由的研究的海洋，实现他的职业梦想。

接近天职观的研究者的职业标准是什么？我们不进行具体研究，只提出5个方面，大家去对号入座吧：①以敬业为标准的职业精神；②以成果为标准的职业水平；③以诚信为标准的职业道德；④以专业为标准的职业技能；⑤以得体为标准的职业形象。

●● 1.1.3　研究的方法

对于现代理性人而言，求知可能是最基本的活动之一。但是，人们也深刻体会到，求知在很多时候并不是一件简单快乐的事情。为此，古人给我们一副对子：书山有路勤为径，学海无涯苦作舟。不勤不苦是学不到东西的，更是研究不出新知

① 陈晓萍，徐淑英，樊景立，等. 组织与管理研究的实证方法［M］. 北京：北京大学出版社，2008：29.

识的！

研究工作确实不轻松。我经常说，读博士不是好玩的，要完成一篇不错的博士论文，可能需要把脸色由红写黄，至少要写成灰绿色才行。也有人很喜欢搞研究，而且出成果还很多。我在日本读博士时的导师加护野忠男教授就是这么一位，每年的研究成果都是质高量多，能同时进行几篇文章或几本书籍的写作，好像也乐在其中。有位教授评价他说："我是因为干不了别的才在大学搞研究的，人家加护野忠男教授是真正地喜欢搞研究才在大学的！"

观察加护野忠男教授的工作过程，似乎他能够完成别人不可能完成的工作量，这恐怕光用喜欢研究是解释不了的，做事最好要有兴趣，但如果没有一定的研究方法，大概也不会有高效的研究。因此，我们认为，研究重要，怎样研究更重要。掌握研究方法（技巧、工具等）才能更有效地从事研究工作，才能不在低水平上重复，有了好的成果和成就感，才能乐在其中。我们不但要重视知识，更要重视如何创造知识的方法，至少，方法是提高新知识创造效率的要素。因此，我们开宗明义就把古人的对子修改了一下：书山有路悟为径，学海无涯法作舟。这里的"悟"就是思考的方法，这里的"法"就是研究的工具。没有悟和法，你大概是很难登上书山，也渡不过学海的。看来，消极地讲，掌握好的研究方法也是减少写论文之苦恼的一剂药。

科研能力或科研水平高的人，就是掌握了有效研究方法的人。

1）方法：技能、工具、知识

所谓方法，是指关于思考、说话、行动等的门路、程序等。与方法相近、相关的概念有很多，比如方式、形式、形态、途径、道道儿、办法、工具、手段、手法、诀窍、技巧、技能等。

方法中包括了技能。所谓的科研能力也就是做科研的核心技能，有思考和解决问题技能、文案写作技能、演示表述技能、调研访谈技能、主持项目技能（组成科研小组而不是独自研究时）、时间管理技能等。

方法中包含了工具，其中有研究工具和表述工具。研究工具分为定性工具和定量工具两类，我们在本书的第6章和第7章分别介绍。定性研究的基本工具有观察法、交流法、访谈法、焦点小组法等实地研究，还有案例研究法和扎根理论法。定量研究的基本工具有概念化和测量、指标和量表、抽样、统计检验等，还有线性回归分析、结构方程模型、多层线性模型等。表述工具有文字、符号、图表、实物和PowerPoint文档（简称PPT）等。文字、符号、图表等表述工具基本上贯穿了本书。

更重要的，方法其实也是一类知识。有人把知识分为四类：事实类知识、原理类知识、技能类知识和人际类知识。我们在以前有关知识管理的研究成果中又增加了两类，即制度类知识和伦理类知识。这种对知识内涵的扩张，使我们得到知识的一个新的分类：①事实类知识和原理类知识被称作内容类知识；②技能类知识和人际类知识被称作方法类知识；③制度类知识和伦理类知识被称作规则类知识（前言中说过，这三类知识之外的知识叫未知类知识）。

内容类知识是指我们人类知识库里存放的知识，是关于"是什么"和"为什么"的知识。这些知识比较接近于我们平时所讲的科学技术、学术知识，比如历史史实、物理学定理、数学公式、管理学原理等。

方法类知识是指我们发现和处理内容类知识的方法、技能或工具等。方法类知识是关于"怎么样"及"谁来做"的知识，是关于分析方法、思维方法、学习方法、管理方法等的知识，比如研究历史的断代法、逻辑推理法、记忆法、TQC 管理法等。

内容类知识相当于理论，是解释和分析事物的，方法类知识是处理和解决事务的。做个比喻：内容类知识好比是水，方法类知识好比是装水的桶；内容类知识好比是鱼，方法类知识好比是渔。

换句话说，研究就是通过事实知识归纳出原理知识，从原理知识演绎出新原理知识。研究方法论就是探讨"如何"通过事实知识归纳出原理知识和"如何"从原理知识演绎出新原理知识的方法。

做研究绝不能不顾规则类知识。如果说方法类知识是"渔"，这个"渔"至少有两种，一种是打鱼之法，一种是养鱼之法。我们必须有约束方法的规则和标准，那就是"渔"的规则——不能胡乱打鱼，也不能胡乱养鱼。乱打鱼会破坏生态平衡，乱养鱼会影响鱼的质量。比如用 AI 的方法和工具写论文，用大模型的方法搜资料、出方案，可能几天时间就把过去由人研究的题目几乎全部研究完，让研究者无事可做，也可以基于某种目的用 AI 和大模型方法和工具发布左右甚至控制人们的政治、社会倾向或心理的覆盖全网络的报告、新闻、消息等。

规则类知识不但约束了怎么做事，更是约束了可不可做事；约束了什么人做事，更重要的是约束了研究同行和竞争对手：你能这样做，不能那样做。研究者应该认识到：知识产权比知识本身重要，学术标准比学术本身重要。知识产权是知识价值的权利化、资本化；学术标准是学术成果的规范化、标准化。如果我们不能在知识产权和学术标准上有所作为，就不可能掌握真正的竞争优势，就可能永远受制于人。可以说，在当今的世界里，谁掌握了制定规则的权力（即规则类知识），谁就有了"带领别人一起玩儿"的地位。培根说：知识就是力量。我们说：规则类知识是最强的力量。这也正是欧美等国家的标准化组织、协会组织拼命抓标准制定权、抓资格认证权的目的所在。

研究规则对研究举足轻重，除了约束人可不可做事，还可约束人该不该做事，这就是科研伦理规则了。我们将在科研伦理部分从研究者的言行准则和知识产权保护的角度作出分析。

2）方法类知识的重要性

因为本书的主题是方法，所以我们还是聚焦在方法类知识上。平时我们似乎很重视内容类知识，确实，学术研究的核心产品是最终的理论观点，但本书的观点是方法类知识并不比内容类知识次要，这与主流看法有些不同。我们的理由如下：

首先，我们认为，只有发育了方法类知识，一个学科领域才能真正独立出来。从科学理论的发展规律看，一个理论领域的方法类知识比内容类知识高一级。纵览某种理论的完整发展过程，一般是遵循从"是什么""为什么""怎么办"到"应该怎么办"的过程发展、成熟、完善的。一个新理论诞生的初级阶段主要研究"是什么""为什么"的问题。比如研究知识管理，最初总是先定义什么是知识管理，为什么要研究知识管理。到了中级阶段则开始研究"怎么办"的课题，也就是开始研究如何进行知识管理，知识管理的组织和管理主体，如何测量知识管理的效果等。最后发展到高级阶段则研究"应该怎么办"的问题，比如知识管理的规则，知识管理者和研究者的行为自律等。至此，这一研究领域才成熟完善并逐渐"冷"下来。

其次，方法是内容的效率要素。也就是说，有了方法，内容类知识会被高效地发现和创造出来。从这一角度看，方法类知识则比内容类知识重要。人常讲"授人以鱼，不如授人以渔"的道理，科学技术发展史也证明"方法的突破才是真正的突破"。管理学理论的发展似乎也是由于不断产生新的研究方法才一步步推向前进的。比如：管理学界习惯按照管理研究的方法来划分管理理论学派。最著名的可能是孔茨等人提出的"管理理论的丛林"说。为了给丛林般盘根错节、纵横交织的管理理论流派分别贴上一个比较适当的标签，孔茨将发展到他所在的时代为止的管理学，按研究方法的不同分成了12大类，为人们指点了进出"丛林"的标识，这是他对管理理论发展的一大贡献。这12种方法包括：①经验方法；②人际关系方法；③组织行为方法；④社会协作系统方法；⑤社会技术系统方法；⑥决策方法；⑦系统方法；⑧数理方法；⑨权变方法；⑩角色方法；⑪7S方法；⑫管理过程方法。

创新了一种方法，就创新了一个学派，可见方法之重要。已故李占祥教授倡导的矛盾管理学研究，使用矛盾方法展开管理现象，进行研究，这是当代中国人很习惯的一种思维方法，系统用在管理学研究上，是一种较大的创新，矛盾方法，应该是现代管理理论的第13种方法，尤其是在中国崇尚辩证思维的这片土地上。

现如今是数智化社会，AI已经开始进入人们的日常工作，自然也包括管理学的研究工作。运用各种大模型提出问题，搜集资料，分析数据和得出研究结果，AI已经可以帮助我们更高效地从事研究工作，一般复杂程度的论文命题完全可以交由AI帮助思考和写作了。现实的管理场景中，AI可以赋能甚至可以替代管理者进行决策，并且，AI研究技术和方法的迭代极其迅速，我们甚至难以预测在不远的将来，AI方法是否会完全替代管理学的研究工作。AI方法，用前面的数理方法是包含不了的，所以成为我们要重视的第14种方法。

于是，孔茨等人提出的"管理理论的丛林"名单就要丰富如下：⑬矛盾方法；⑭AI方法。

正是因为认识到了研究方法对于理论创新如此之重要，本书作者才在20年前开始讲授管理研究方法论课程，也才舍得如此花时间编写本书来探讨管理学研究方法问题。

当然，本书并不想系统、全面地讲述全部的方法类知识，一是没必要，二是没可能。没必要是因为各位读者肯定已经有很多不错的方法掌握在手，没必要面面俱到。没可能是因为方法论研究一直处在快速发展之中，我们无从将这些方法类的技能、工具和知识一网打尽。我们在此主要是对大学生、硕士和博士研究生以及年轻教师在进行管理学学术研究和应用研究时必要的研究方法、技能和工具进行探讨和介绍。

3）人类知识因何而来？

李怀祖在《管理研究方法论》一书中认为，人类直接和间接的求知途径可细分为5种：①来自人们历史共识和约定俗成说法的因袭方法；②来自心目中的权威，比如父母、老师、圣贤、名家的权威法；③来自人们根据以往经验和直接感受的常识法；④来自系统调查、观测和试验的科学方法；⑤来自直觉判断和个人洞察的思辨方法。[①]

细细想来，李怀祖的分类方法基本涵盖了人类获取知识的基本方法，给人启发，但从研究方法论的角度看，却有些不妥当，因为按照其《管理研究方法论》第二章第八节分类所讲的原则来看，首先是这种分类方法有跳跃逻辑等级之嫌，其次是常识法应该被称为经验法，否则容易和因袭方法混同，最后是这5种方法只是罗列而不符合完备性。

首先，因袭法、权威法这前2种方法，应该同属于传承知识的方法，而经验（常识）法、科学法和思辨法这后3种方法则同属于发现知识的方法。前2种方法主要是做注释、诠释，或证明自己知识来源的合理性，是对过去已有的知识——不管是哪种前人（权威名人还是世人）说过的，不管是客观的还是主观的——进行学习、传承和普及，由他人的知识共享为自己的知识。虽然这一过程中享有这种知识的人数增加了，但人类对世界认知所得的知识总量并没有增加。

研究方法论主要关注的是后3种方法，因为只有这3种方法主要是在做研究和创新而不是学习和传承。人类正是通过它们才在此领域由无知变为有知，并增加人类的知识库总存量的。所以李怀祖的这种分类方法混同了5种方法中存在的传承知识和发现知识两个不同大类，这种跳跃逻辑等级之嫌使我们不能更具体地理解发现和研究知识的方法，而只是泛泛地了解知识获取的途径。关于这一点，他在第3页也说过："个人求知，总的说来有两种途径：一是认同别人的知识；二是直接观察体验。"这种思想大概继承了毛泽东《实践论》中"一个人的知识，不外直接经验的和间接经验的两部分"的观念，但"直接观察体验"这个表述确认了他自己在后面提出的科学法，却又漏掉了同样是他提出的不具备"直接观察体验"特征的思辨法。

其次，直觉法是人类获取知识的基本方法之一。李怀祖用思辨法涵盖了思辨法

---

① 李怀祖. 管理研究方法论［M］. 2版. 西安：西安交通大学出版社，2004：3-10.

和直觉法这两种不同的方法。我们认为，思辨法是具有一定的思维或推理过程的"半科学"方法，只是它没有像科学法一样通过观察、调查和试验，没有通过眼耳鼻舌身的感知，但它通过了人的明显意识的思考过程，比如管理哲学的研究就是如此。但直觉法却是通过"人的意识无法明显感知的思考"而得出结果。

有明显意识的思考过程为思辨法，无明显意识的思考为直觉法，这一"有没有明显意识"的区别对管理学研究很重要，应该按照这种区别对认知方法加以分类，否则无法理解和解释管理学中很多大师级的重要成果。因为他们往往更靠直觉法，不是思辨法，更不是科学法。"凡人理解不了伟人，常人理解不了大师"的道理，就在于此。

李怀祖是较早进行方法论研究的权威，他的书是管理研究方法论领域很不错的教材，但他写书时也会出现"方法上的"令人质疑之处，由此可见掌握研究方法论之困难了！本书大概也会有此类问题，望读者不吝赐教。

因此，我们可以在李怀祖分类的基础上，将人类的求知途径的类别进行如下调整——将因袭法、权威法称为传承知识方法，将经验法、科学法、思辨法和直觉法叫作发现知识方法，如图1-5所示，在此提醒读者注意学习管理研究方法的重点应在发现知识的四种方法上。

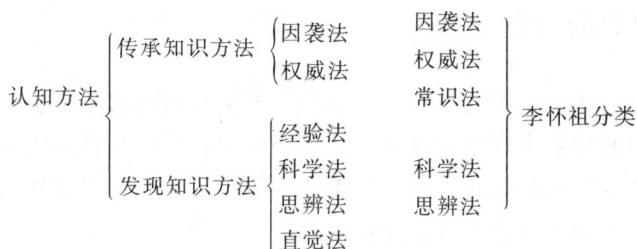
图1-5 认知方法分类

4）学习研究方法的目的

研究方法论是使研究生区别于本科生的重要知识之一，其本质特点是不再一味吸收知识，而是要掌握创造知识和运用知识的方法。

（1）萌生研究意识和学会思考

一直习惯读书的人，总是在学习，读谁的书都觉得很好，没有研究意识和质疑能力，提不出新问题。更差的结果是，读这个人的观点觉得很对，读另一个人的观点也觉得不错，但自己又很清楚他们之间的观点是矛盾的，于是陷入迷茫之中，不知信谁的好。孔子曰，学而不思则罔，可自己也思了，依旧"照罔不悟"。看来这不是"思不思"的问题，而是思考方法的问题了。研究方法论的主要内容之一就是讲思考方法问题的。当然，不是你读一本书就能成为一个高素质的研究者，而是希望增强你使用有效研究方法的意识和掌握一定方法。有了这些研究意识和思考方法，一可以帮助你提高发现新知识的能力，二可以帮助你有效地学习和思考。

（2）学会深度求知和换位求知

学习研究方法将使你注意在读书时不仅要看内容和观点，还会关注作者的研究形式和过程是否合理，帮助你判断其观点的可信度，以及他的观点是如何创新的等，使你能透过表面文字观察其研究过程，我们把这个叫"深度求知"法，是俗话讲的"力透纸背"的功夫。"深度求知"有些像佛学的"四依四不依"：①依法不依人；②依义不依语；③依了义不依不了义；④依智不依识。

掌握了一定的方法类知识，你就可以试着改变求知方法，做到换位求知。比如：你可以尝试站在作者的角度看书，你还可以尝试站在讲师的角度听课，你甚至可以尝试跳出自己看自己，跳出管理看管理——不就是"给你个支点，你就可以撬起地球"吗！

（3）应用和价值化

管理学研究方法不仅用于理论研究，而且可以用于解决现实问题的管理咨询。这是因为各种收集和处理资料的方法是企业管理咨询必不可少的调研方法，而撰写和发表各种咨询报告同样需要很强的文字和语言能力。自然，管理学研究方法就可以在实践中应用和价值化了。

1.1.4 研究的过程

论证一个命题也好，推导一个结论也好，欲使研究得出一个正确的结论，就要求思考、表述过程中各个环节的联系，尤其是运用科学法和思辨法时，必须清晰地反映出相应的事物之间的联系。源于古希腊的逻辑、源于古印度的因明和源于中国的名辩之学，三者都是有关推理、论证的方法。

1）逻辑方法

这里所谓的逻辑，主要是讲形式逻辑。归纳与演绎是科学研究中常用的两种基本逻辑方法。人们经常说的科学研究方法，一般是指应用正确的归纳和演绎方法的研究方法。归纳和演绎的关系如图1-6所示。

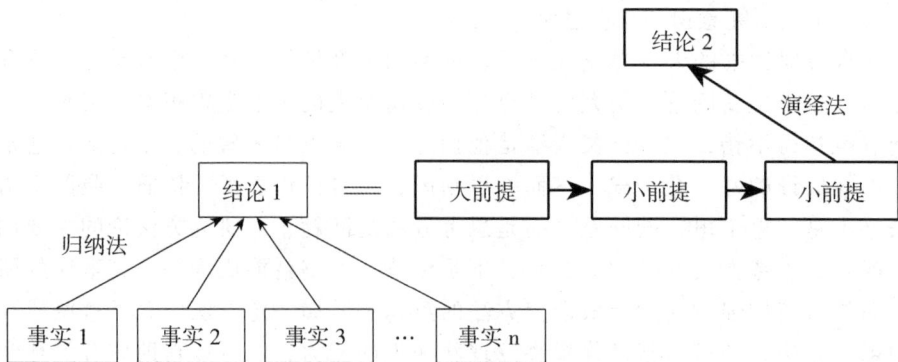

图1-6 研究过程中的归纳与演绎的关系

如果是实证研究，则研究是从观察事实、现象开始的，也就是从归纳法开始的。如果是理论研究，可以从大前提或某个原理开始，也就是从演绎法开始。不过，大前提或某个原理一般也是来源于前人的归纳。所以，研究的最初起点应该是归纳法。在归纳性结论增多之后，演绎法的应用就会增多和方便起来。我们在第5章要讲到，这就是由探索性研究，到描述性研究，再到解释性研究的研究发展规律。

归纳方法的问题是有时会漏掉一些重要事实，导致结论出现重大偏差。演绎方法也是一种单纯化方法，用在研究"无情物"上比较适合，但用在人和人群组织这些"有情物"上，就很容易出现将不能假设掉的东西假设掉，或者依据很不完整的假设作出推理等问题。

说归纳和演绎是两种基本逻辑方法，是因为形式逻辑中还有一种一般人不太注意的类比方法，类比方法不如演绎方法和归纳方法那么严密，但却是最容易产生大创意和创新的方法。在某种意义上，类比方法接近于非科学方法。这一点请读者注意。

2）因明方法

因明方法是指源于古印度的一种论证方法，称为三支作法。因明的三支作法和演绎的三段论法形式一致，但次序正好相反。演绎是先立大前提，再立小前提，最后立结论。因明则是先出宗，次出因，最后出喻。

我们举例说明其异同。

逻辑三段论法

　　大前提：凡金属物皆能导电

　　小前提：铁是金属物

　　结　论：故铁能导电

因明三支作法

　　宗：铁能导电

　　因：因铁是金属物

　　喻：现见所有金属物皆能导电，比如铜——同喻（喻体）

　　　　现见不导电者皆非金属物，比如瓷——异喻（喻依）

逻辑三段论法和因明三支作法中，除大前提和喻稍有不同外，其余都一样。这里的不同，意义重大。演绎中的大前提讲"凡"，比较武断，事先承认一个普遍的原理或定理，然后推论个别。如果这个普遍的原理和定理有问题，则结论易出问题。欧美等国流行逻辑三段论法，因而容易产生"世界上有普世价值观"的想法。因明中的喻则在结论处留有余地，避免"凡"字，用"现见"一词，灵活而无过错。这种留有质疑的做法，似乎更符合开放性的科学方法。

在因明中，宗是依因、喻建立的，因贯通三处（宗及同异二喻），而喻则显示因所以能立宗之相。喻有前后两部分，前一部分叫喻体，即同喻，后一部分叫喻依，即异喻。三段论中三个命题的任何一个，都无法包容因明喻中的喻依，而这正是二者的关键区别之所在。

逻辑三段论法就其性质而言，是纯演绎的，而因明三支作法却介乎演绎与归纳之间，在演绎过程中附有归纳的因素。从"以喻体显因，因成所以立宗"这条线索来看，其过程也是演绎，但喻依和宗的前陈之间分明也有一种关系存在着。这个关系如果是直接的，其性质当是类比（古因明五分作法中就是如此），但二者在新因明三支作法中的关系不是直接实现的，而是经过喻依到喻体，再经喻体和因的媒介而联系于宗的曲折道路，所以这又不是类比。从喻支内部来看，喻依和喻体的关系显然是特殊与一般的关系，特殊性命题喻依乃是一般性命题喻体的立足点，而这正是归纳，虽然这个归纳过程没有完全展开。所以，因明和逻辑一样，似乎都有统合（归纳）、推因（演绎）和比喻（类比）的因素存在。

因明方法是从现象出发而不是如演绎一样从定理出发，因明的精髓在于通过现象对原因探求、研究，所以产生了佛学的因果学说。演绎的精髓则在于得出结论，是由原因推演结果的思维方法。

总结而言，因明的三支作法和逻辑的三段论法的不同在于：①三段论法是思维范式，以思维正确为目的；三支作法是辩论范式，以辩论胜利为目的。②三段论法是在理清自己，三支作法是在觉悟他人。③三段论法是在演绎，只要有了真实前提，遵循一定规则，就可达到自己的目的；三支作法是在证明，因而为了达成悟他的目的，就必须包括促使他人当下领悟的喻依部分。

我们似乎可以说，因明方法与实证研究方法更接近，至少与实证方法的表述形式更接近。简单地说，逻辑更适用于思考，因明更适用于表述。读者可以根据自己的情况和要解决的问题选择不同方法。

3）辩证方法

读者可以根据自己的情况和要解决的问题选择不同方法——这句话可能更能体现辩证思维的方法。辩证方法，对于中国人而言可能是更为熟悉和习惯的一种方法了。

尽管人们对于辩证方法是逻辑，是方法论，还是认识论有着各种不同的看法，不管你是把它归为科学方法还是非科学方法（如果叫作思辨法，那么本书在前面已经将其归为非科学方法了），辩证方法在中国是学界、政界也是企业界很习惯的一种思维或研究方法，这一点受毛泽东的影响很大，也符合中国古人提倡的思维模式。李瑞环出过一本《辩证法随谈》，是他数十年来学哲学、用哲学，特别是运用辩证思维指导实践的丰硕成果的概括与总结。书中"解决经济问题，不能只就经济谈经济，见物不见人，而必须从政治上看问题，从人的积极性上看问题""考虑问题，不但要里里外外、方方面面，而且要颠来倒去、反反复复。这看起来是麻烦，但实际上可以减少麻烦"等论述充满了辩证的睿智。

如果认为辩证也是有逻辑的，那么，逻辑就分为形式逻辑和辩证逻辑。辩证逻辑的方法是辩证思维的逻辑工具，是人们对辩证逻辑基本规律的认识和运用，是科学研究中不可缺少的理论思维手段。辩证逻辑的基本方法主要有：从抽象上升到具体，归纳与演绎的统一，分析与综合的统一，以及逻辑与历史的统一，如图1-7所示。这些方法涵盖了前面所讲形式逻辑方法的内容，又有了很大的拓展。

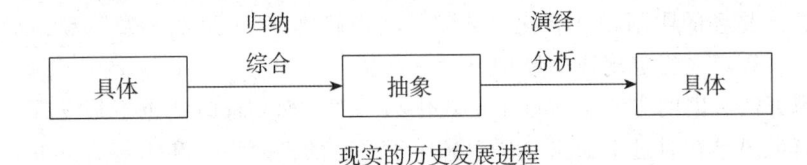

```
          归纳                  演绎
        综合                  分析
 ┌──────┐        ┌──────┐        ┌──────┐
 │ 具体 │──────→ │ 抽象 │──────→ │ 具体 │
 └──────┘        └──────┘        └──────┘

          现实的历史发展进程
 ═══════════════════════════════════════→
```

图1-7 辩证方法的过程

从具体到抽象，再从抽象上升到具体，是辩证逻辑最主要的方法。抽象是指事物某一方面的本质规定在思维中的反映，它作为逻辑的起点表现在思维过程中。具体是指思维对事物各方面的本质规定的完整的反映。现实中的具体，是直观和表象的起点；思维中的具体，则在思维过程中表现为结果或逻辑的终点。从抽象上升到具体的方法要求人们客观地分析、研究对象各个方面的本质规定及内在联系，以便在概念或范畴的相互联结上，从起点经过中介到达终点，形成一个反映客观必然联系的逻辑体系。这种方法反映了科学的认识从具体到抽象，再从抽象上升到具体的发展过程。它不仅要求把具体事实作为科学抽象的依据和前提，而且要求从抽象上升到具体，使对客观事物抽象的规定在思维过程中导出具体的再现。

由具体到抽象，再从抽象上升到具体的过程，实际已经包含了归纳和演绎的统一、分析与综合的统一。辩证逻辑从人的认识是在实践基础上由个别到一般，又由一般到个别的完整的认识过程出发，把归纳和演绎看作相互联系、相互渗透和相互转化的辩证统一的方法。这表示辩证方法包含逻辑方法的全部，也涵盖了因明方法。逻辑方法和因明方法成了辩证方法成立的基石。

辩证方法的一个重要特点是，它不是从静态上，而是以认识内容的变化、发展的实际过程为依据去研究推理，要求思维或理论的逻辑进程与现实的历史发展进程相一致，与思维或理论的发展历史相一致。在确定推理结论的真实性时，辩证方法要求用实践检验，要求逻辑证明和实践证明是相统一的，以至提出"实践是检验真理的唯一标准""中国特色管理思想"这样的看法。

赫拉克利特是古希腊朴素的唯物辩证法奠基人之一，他以主张"一切皆流，无物常住"的哲学观点而闻名于世，他有两句名言："人不能两次踏进同一条河流""太阳每天都是新的"。中国的老子认为"道可道，非常道。名可名，非常名"，也是同样的思想。

现代的唯物辩证法认同的三大规律有对立统一规律、量变质变规律、否定之否定规律。道家思想的"有无相生，难易相成，长短相形""反者，道之动；弱者，道之用""万物负阴而抱阳，冲气以为和""祸兮福之所倚，福兮祸之所伏""柔弱胜刚强"等名言，则是对立统一思想的原型。位列世界十大军事经典之首的《孙子兵法》，更是丰富运用辩证法。书中探讨了与战争有关的一系列矛盾的对立和转化，如敌我、主客、众寡、强弱、攻守、进退、胜败、奇正、虚实、勇怯、劳逸、动静、迂直、利患、生死等。书中所说"知彼知己，百战不殆"和"因敌而制胜"，代表了朴素的"主观要符合客观"的唯物思想和"具体问题具体分析"的辩证法思想。易经的阴阳相互转化，儒家的"中庸之道""过犹不及"等，都是量变质变规律、否定之否定规律的原型。

逻辑方法和因明方法可能过于形式化和严谨，而辩证方法也不是没有缺点。中国人的辩证思维有时过于膨胀，从而排斥了严密的概念系统和固定的逻辑关系。善于用"周易"思维模式绕来绕去地辩证，什么事情都要用实践或事实去验证一番，忽视了纯形式和纯学理的极端重要性，也贻害不少。

比如，老子的"道可道，非常道"，我们都认可。万物在变，但是"不变的是变化本身"也是对的。恒常的东西一定是有的。古代有两位名家精通名辩之学，思考名与实之间的关系：惠施强调实际事物是可变的、相对的这个事实，而公孙龙则强调名是不变的、绝对的这个事实。他们提出一些观点，乐于与人辩论，别人否定的他们偏要肯定，别人肯定的他们偏要否定，他们实际上用的是朴素的逻辑或辩证方法，但往往被人称为诡辩，没有成为中国学问的主流。中国人的分类学是很厉害的，但逻辑学不大行，包括中国古人的名辩之学，似乎只在名实之间思考，没有在名和名之间（以及实与实之间）思考。这些古代的聪明人，只是不自觉地使用这套思维方式，没有去研究思维本身的规律，甚至意识不到它的存在，更不会把它总结为学问向全民推广了。直到今天，不少中国人还是不大重视形式、现象，总认为内容和本质才是重要的，总认为没有或不能经过实践验证的东西就是不对的。其实，这可能是暂时的不对！随着社会与组织的发展和技术或方法的进步，以前认为不对的东西可能会对，以前认为对的东西也可能会不对。

4）实证研究的步骤

实证研究的过程模型（如图1-8所示）强调从观察现象开始，从观察现象的过程中形成设想，然后，结合数据分析和假说检验，如假说经过检验被证实，则充实了原有理论并用以臆测现实现象，假说未被证实时，就需要修改原有的假说甚至拒绝原假说。

在实际研究过程中，缺乏经验的研究者往往在第4阶段的假说到第5阶段的系统观测及数据收集上出问题。图1-9中的程序可以帮助你细化这一阶段。

上述实证研究过程图主要是表示研究中的思考和行动过程之顺序，研究结果出来后，写作论文和报告的过程，也就是表述过程，其顺序与研究过程的顺序可以是不一致的。举个最简单的例子，人们按1、2、3、4的顺序思考，但可以按3、1、4、2的顺序表述。马克思的《资本论》就是将思考过程和表述过程倒过来写的——他把后来思考出来的商品一节放在了最开始来表述。我们在介绍金字塔原理和论文写作时还会涉及如何表述的问题。这里面有学术规范要求，有研究者的习惯和喜好，也有适宜读者或听者理解的要求。

1. 现象

2. 观察/假说

3. 文献阅读

4. 假说

5. 系统观测及数据收集

6. 数据分析

7. 假说检验

8. 实证假说

9. 理论

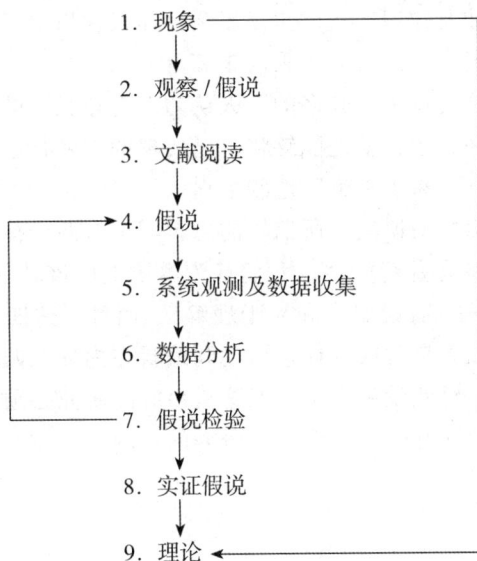

图1-8 实证研究过程

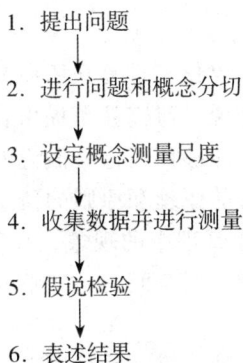

1. 提出问题

2. 进行问题和概念分切

3. 设定概念测量尺度

4. 收集数据并进行测量

5. 假说检验

6. 表述结果

图1-9 扩张了概念分切和测量工作的实证研究过程

>> 1.2 什么是好的研究

如果说研究=思考+表述，那么，好的研究要求就高些，好的研究由好的思考、好的表述、好的结果构成。我们用"好的"，而不用"科学的"概念来说，就是因为很多好的论文刚开始常会引起"结论科学与否"的争议甚至非议。有关科学和非科学，科学方法和非科学方法的问题，我们在本章1.3节会做详细论述。本书的观点是：科学的不一定是好的，好的一定是科学的。好的研究一定不是束之高阁的，而要用于实践并产生结果，而且不能是违规违法的。我们用"好孩子"比喻好的结果，于是好研究的公式如下：

好研究=（好思考+好表述）×"好孩子"

好思考和好表述的打分区间是0~100，"好孩子"的打分区间是-100~100。因为是不是"好孩子"涉及知识产权的法规事项，如果这里出了问题，就不但没有价值，还可能成负价值了，所以我们用乘法来算。

所谓好思考，就是发现了"较多的"人认为"有意义"的原理和原则的"有创造性"的思考。所谓好表述，就是能够将自己发现的或者自己认为是真理的原理和原则"有说服力"并且"易于理解"地阐述出来。

我们很赞成伊丹敬之的说法，所谓好的思考至少有两个标准——有意义和有创造性（伊丹敬之用的概念是巧妙性，我们认为本质上应该是创造性），所谓好的表述也至少有两个标准——有说服力和易于理解[①]，而且，这四点都必须能够为较多的人认同而不只是你孤芳自赏或仅仅包括期刊编辑在内的三四个人认同。具体认同你的人数为多少合适，对此没有定论，但这是由好的研究必须具备一定的普遍性原则所要求的。下面我们展开介绍一下好的研究的标准。

●● 1.2.1　好思考

1）有意义的假说

研究需要新发现，研究结论仅仅是重复众所周知的既定的旧知识，一般认为是没有意义的研究。从这个角度来说，研究就是提出新发现的过程。研究需要建立说明某种现象的新假说，然后提出能够证明这个假说的证据。

新假说来自对某种现象背后的原理和原则的猜想，这种猜想就是思考。你所研究的对象特别是社会现象或企业管理中的现象，往往是片断的、零碎的、动态的、片面的，你不可能靠眼耳鼻舌身掌握全面的、完整的信息和事实，你只能靠意识来思考。

从假说的角度看，研究有三种：第一种是提出假说，第二种是验证假说，第三种是既提出又验证假说。举个例子，哥德巴赫提出哥德巴赫猜想就是提出假说，而陈景润是验证假说。为数众多的硕士、博士论文似乎是既提出假说又验证假说——厉害了！

回到研究中来，你提出和验证的假说应该也必须是被较多的人认为是有意义的和有创造性的。无意义甚至无聊的假说，你就没有必要向别人宣扬，也没必要花费那么多精力去验证。不可思议的是，在现实中，我们却看到了很多竭尽全力去论证"毫无意义"的假说的论文。这种现象倒是个值得研究的课题！写这种论文的人也并不傻，因为这么做可能有另一种"意义"——凡是存在的就是合理的！

因此，研究的意义就和我们前面所谈研究的目的相关了。你的有意义的假说可以是以下几种：①能创造新知识；②能提升自我能力；③有利于拿文凭或职称；④可以成为知识资本；⑤能满足自我兴趣；⑥研究本身要有求知快乐。尽管各自意义不同，但只要具备其中一条，你就可以说假说是有意义的了。具体你追求什么，

① 伊丹敬之. 创造性论文的写法 [M]. 吕莉，张舒英，译. 北京：社会科学文献出版社，2004：2-5.

悉听尊便！

2）有创造性的假说

无论如何，创造性都是好研究的最重要的标准。

想到一个好的假说是一种开悟，是一种新假说或观点的创造过程。在验证一个假说的过程中提出某种新方法、新工具等也是一种创造，将这种假说或观点用一种新模型或新图示传达给他人也是一种创造。

有创造性的研究，就是提出有新意的假说和使用有新意的假说论证方法的研究。也就是要有新观点或者新方法，两者必备其一。两者都了无新意，仅仅从国外文献上找了个新词，翻译成一个中文词（有时还说不清）就开始导入中国情景，构建假说，这不能说是有创造性的研究。

学习党的二十大精神，思考其中有关中国式现代化的假设，以及对中国式现代化的五个特征的描述，你会看到其中完全不同于美欧式现代化的创造性内容。你也会思考中国管理学研究的创造性领域和机会。

第一，"中国式现代化是人口规模巨大的现代化。我国十四亿多人口整体迈进现代化社会，规模超过现有发达国家人口的总和，艰巨性和复杂性前所未有，发展途径和推进方式也必然具有自己的特点"。而具体的方法，就是"我们始终从国情出发想问题、作决策、办事情，既不好高骛远，也不因循守旧，保持历史耐心，坚持稳中求进、循序渐进、持续推进"。

第二，"中国式现代化是全体人民共同富裕的现代化。共同富裕是中国特色社会主义的本质要求，也是一个长期的历史过程。我们坚持把实现人民对美好生活的向往作为现代化建设的出发点和落脚点，着力维护和促进社会公平正义，着力促进全体人民共同富裕，坚决防止两极分化"。这和资本主义国家贫者愈贫、富者愈富，顺其资本规律的发展方式和方法有着本质上的不同。

第三，"中国式现代化是物质文明和精神文明相协调的现代化。物质富足、精神富有是社会主义现代化的根本要求。物质贫困不是社会主义，精神贫乏也不是社会主义。我们不断厚植现代化的物质基础，不断夯实人民幸福生活的物质条件，同时大力发展社会主义先进文化，加强理想信念教育，传承中华文明，促进物的全面丰富和人的全面发展"。人是物质的，更是精神的，中国式现代化的实现方法之一，就是着力建设好推动物质文明和精神文明协调发展的基础——治理文明或管理文明。

第四，"中国式现代化是人与自然和谐共生的现代化。人与自然是生命共同体，无止境地向自然索取甚至破坏自然必然会遭到大自然的报复。我们坚持可持续发展，坚持节约优先、保护优先、自然恢复为主的方针，像保护眼睛一样保护自然和生态环境，坚定不移走生产发展、生活富裕、生态良好的文明发展道路，实现中华民族永续发展"。基于此基本假设，管理学研究重视组织的社会责任，重视绿色生态管理，重视可持续成长，就成为必然的任务和使命。

第五，"中国式现代化是走和平发展道路的现代化。我国不走一些国家通过战争、殖民、掠夺等方式实现现代化的老路，那种损人利己、充满血腥罪恶的老路给广大发展中国家人民带来深重苦难。我们坚定站在历史正确的一边、站在人类文明进步的一边，高举和平、发展、合作、共赢旗帜，在坚定维护世界和平与发展中谋求自身发展，又以自身发展更好维护世界和平与发展"。基于此，管理学研究者应该研究的是非战争、非殖民、非掠夺，以致反战争、反殖民、反掠夺的，符合人类命运共同体建设的、正确导向的、创新的管理理论。

●● 1.2.2 好表述

但是，尽管你的研究具备了上述的意义和创造性，如果你不能很好地将它们表述出来传递给他人，那也不具备现实和社会意义上的价值。

好的研究在表述上具备两个特征：一是易于理解；二是有说服力。

1）易于理解的表述

所谓易于理解是指易于被读者理解，因为论文不是写给自己孤芳自赏，而是写给别人看的。研究成果要通过论文等手段传递出去。研究是使自己明白，表述是使别人明白。所以，是否易于理解就成为论文表述好坏的首要条件。

写出易于理解的论文需要技巧。这个技巧是建立在对读者阅读习惯的了解之上的。世界是三维立体的，研究设计和思考过程一般也会有三个以上的变量，但是表述研究结果时却不能总是用三维立体的方法——搬来实物。一般写管理论文多是用一维的文字方式和二维的图表方式。

你现在阅读本书，应该是从左到右，然后换下一行，再从左到右地进行的，并通过文字将其中的含义吸收到大脑中去。我们平时在生活中用二维方式看图画，用三维方式看街道楼房，是因为我们人类有模式识别的能力。阅读文章是完全不同的，读文章的人无法一眼就把握整篇文章的内容，他只能一个词一个词或一个词组一个词组地按照顺序阅读。写作者不考虑阅读者的这一特征，文章就难以让人理解。

论文表述的最大难点就是要用一维的方式来展现三维的世界，所以你必须认真考虑和设计文章的结构和文字流。

思考用三维，文字用一维，图形用二维。图形可以更好地表述你的想法，因此，我们提倡写论文要善于使用和多用图表方法，比如论文结构图、管理组织图、销售收入变化规律图等，这更接近于人们的形象思维，便于读者理解。

不过，对于论文是否需要易于理解，人们有不同观点。有人认为论文应该表述得深入浅出，最好让外行的人也能理解。现实世界是很复杂的，理论研究就是要将复杂问题简单化，理论问题通俗化。有人认为这才是研究的真正任务。有句话说："简单化复杂是腐朽，复杂化简单是神奇。"据说白居易写诗，要常常先念给老婆婆听，修改到老婆婆听懂为止。

当然，这个和这首诗要写给谁有关系，李白的《将进酒》要是读给老婆婆听，老婆婆可能听不明白，如果能听明白，也可能让老婆婆担心死了。管理学的论文是给谁看的？是给管理学者看的，还是给学管理的学生看的？是给管理者看的，还是给一般员工看的？不同的定位，就有不同的内容和表述方式。所以，有人认为，论文的表述一定要有深度，真正有价值的论文的观点，不是很多人能理解的，更不是外行人容易理解的，他们甚至认为一眼就能看懂的论文应该是没有什么水平的论文。

还有的人思路很奇怪，他们认为论文要写得不能一眼就看明白，这样才能调动人的好奇心，使人很用心地去看，去推敲，这样才有利于对论文深刻理解。但是，也竟然有人为了达到这一目的，或者故意将概念换成符号，或者使用一些晦涩的学术概念，以表现自己的学术水平高。久而久之成习惯了，就使学术界陷入了一个可怜的怪圈，那就是尽量把本来简单的事情变复杂。

所以，从另一个角度讲，好的研究应该是"想得复杂，写得简单"的深入浅出的研究，以便让更多的人接受和应用这些新知识。同理，好的管理应该是"想得复杂，做得简单"的正确高效的管理，以便让员工容易接受并创造更多价值。

2）有说服力的表述

你写的东西能让读者明白，但观点和行文缺乏说服力也不行。有说服力的论文能够使读者接受你的观点，或者是口不服心服，不得不接受你的观点。

写论文不是要卖弄你的知识，更不能自吹自擂，反复强调自己的论文多么系统、全面、创新。有说服力的论文一般具备三个要点：一是论据充分、资料确凿、"人赃俱获"，这是事实说服力；二是论点正确、立论妥当、数据丰富，这是内容说服力；三是逻辑正确、用词奇特、图文并茂，这是形式说服力。不要忽视形式说服力的作用，有的论文论据很充分，但出现概念不当、层次不清、语句不通、错别字百出等问题，也会让读者感到缺少说服力。

我们推荐大家看一下《金字塔原理》这本书，书中对有说服力的表述技巧的"表述"很有借鉴价值。

●● 1.2.3 "好孩子"

写论文搞研究，就像十月怀胎的过程，有时候很痛苦。我有时会调侃学生，你写完的论文还想再看几遍吗？被论文搞得一脸愁容的学生回答：太痛苦了，不想再看了！试想，你自己都不想再看和再欣赏的研究成果，别人会喜欢吗，会有社会价值吗？从另一层意义上说，好论文应该是你百看不厌的论文，至少是写完后还想多看几遍、创新观点让你很得意的论文。论文应该是你生育、你喜欢的"好孩子"！

为什么人们经常说谁谁是某某理论之父？这不仅是对该理论创立者的感情上的

尊敬，而且具有更深的含义。研究成果是不是"好孩子"，和知识产权相关法规有密切关系。

1）"法文"

研究成果，比如一篇有创新观点的论文，就好比自己生的孩子，一旦孕育或发表，它就有生命了，就成了独立于作者这个自然人的另一个自主的存在。打个比方，我们将现代公司叫作"法人"，设立了公司，公司就是一个有相应权利的存在，它区别于自然人。所以，既然你成立了公司，你就不能虚假出资、抽逃资金和挪用资金，因为它不是你的而是法人的了——尽管你可能是百分之百的出资人。

同样，我们也可以将现代论文叫作"法文"，写出了论文，特别是公开发表了它，这篇论文就成了一个自主的存在，有了著作权法、知识产权法的约束和保护。从这种意义上说，有创造性的论文就是有自主知识产权的论文。

同理，以公司等组织、团队研究或发布的研究成果，比如某某公司研究报告，某某职务发明，同样是"法文"式的存在。

2）当孩子生，当宝贝看

既然论文是研究者的孩子，就要注意四点"生养"措施：

一是要优生优育，不能胡乱生养，不能假造，不能马虎；

二是要管理研究，不能不管研究成果的去向和价值实现，不顾可能涉及的国家秘密、商业秘密而随意公开发表；

三是自力更生，不能把别人的孩子领来当自己的孩子，不能抄袭，不能剽窃；

四是要保护自己研究成果的知识产权，不能让自己的孩子被别人拐走。

总之，好的论文是有权利和生命力的论文，是能够作为你和人类的知识资产传宗接代下去的孩子。

》》 1.3 科学研究与非科学研究

●● 1.3.1 科学研究

一个研究是否科学，主要是根据其使用的方法来区分的。科学研究就是以科学方法进行的研究，反之，非科学研究就是以非科学方法进行的研究。这里强调的含义是：不要认为非科学方法就不能进行研究。科学的定义有很多，《牛津英语大词典》的定义是：科学是通过观察、调查和试验而得到的系统的知识。所以，观察、调查和试验就是科学研究的一般方法。

1）科学方法的四个特性

科学方法是人类求知方式的一种，用科学方法得到的知识是科学知识。科学方法具有客观性、实证性、规范性和普遍性等四个基本特性。[①]

（1）客观性

所谓客观是指现实世界存在的不以人的意志为转移的事实。科学研究以事实为依据，在研究中尽量地排除价值观和主观偏好的影响，价值观和偏好不同的人在重复此项研究时应能够得出同样的结果。当然，在选择研究题目时，再客观的研究者也往往受价值观、主观偏好以至兴趣的影响。这里的客观性主要是指研究依据和过程的客观性，不是研究选题的客观性。比如我们强调管理学研究主要是为管理者服务的，而不是为非管理者服务的，就是立场和选题的主观性使然。

（2）实证性

科学研究建立在直接观测现实世界的基础上。直接观测主要是通过人的眼耳鼻舌身意进行的。《红楼梦》中的家族管理、唯物唯心主义、上帝是否存在、管理者的道德观等问题因为不能被直接观测而不属于科学范畴问题。文学、艺术、哲学和宗教等不具备可观察、调查和试验的科学特征，因而不是科学。管理学具有实证性，因为你可以到现场观测、调查管理行为和数据，你可以像霍桑实验一样进行实验样本比对。

（3）规范性

科学研究的程序和步骤是有序、清晰和结构化的，并能为其他研究人员所了解。科学研究一定是符合逻辑的可知性工作，这就需要科学研究以逻辑为根本，以数据为辅助。研究者能用文字、语言或数据清楚地报告研究结果及其产生的整个过程，使其他研究人员能够据此判断观测数据的获取和分析结果以及导出的结论是否可靠。并且，科学研究要求结果具有可重复性，也就是其他人要能够应用相同的程序和方法得出相同的结果。管理学中形成的各种管理工具和模型，可以看出其规范性研究和应用过程。

（4）普遍性

科学研究是在有限时空和特定环境下进行的，是以个性推断共性，以样本推断整体的过程，但是，科学研究的结果要适用于更广泛的范围才有价值。假如你研究的"日清日结"管理法只适用于海尔公司，而其他公司没有借鉴该管理法的条件，那这样的研究就没有科学价值。一般认为，结果越具有普遍性，研究的价值就越大。管理学经典成果中，泰罗的时间研究、动作研究，苹果公司的生态管理，丰田公司的精益生产模式，海尔公司的人单合一模式，稻盛和夫的阿米巴，波特的五力战略管理模型，华为公司基本法等等，普遍性就很高。

科学研究方法可能要同时具备这四种特征才行，如果只具备其中三个或两个，

① 李怀祖. 管理研究方法论［M］. 2版. 西安：西安交通大学出版社，2004：6-9.

其研究的科学性就要打折扣。实际上，由于各种条件限制，人们在进行科学研究时，纵然没有短缺哪种特性，但达成这四种特性的程度的差别却是不小的。

2) 人类知识进步的"三部曲"

事实上，人们不通过科学方法也能得到各种知识，人类的知识库中存在可能比科学知识的数量还要庞大得多的非科学知识，比如文学、艺术、哲学和宗教知识等。浩如烟海的宗教经卷，汗牛充栋的《四库全书》，还有堆积如山的《永乐大典》，其中，经、史、子、集、释庄、道经、戏剧、平话、工技、农艺、医卜、文学等，无所不包，但以非科学知识居多。一般认为，不同时具备客观性、实证性、规范性和普遍性的见解可以被称为"主张"或"主义"，不一定能被称为"科学知识"。

从历史上看，人类知识的进步可以说是从宗教开始，再进入哲学，然后进入科学的，如图1-10所示。

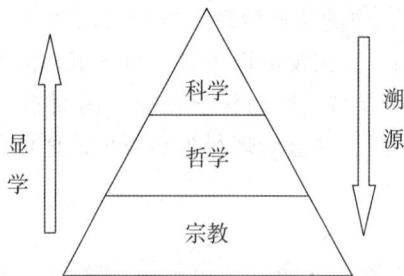

图1-10　人类知识进步的"三部曲"

（1）宗教阶段

在上古时代，人类的认知能力和知识还未普遍发达，无论东方还是西方，人们要想寻求某些复杂问题的根本答案，只有投向某种神话或迷信解释，所以有人说，人类最早的职业研究者或者说思想工作者就是巫师。后来，人类又开始投向宗教解释和宗教信仰，把心灵托付于坚定的信念而不必再深究。这种不必再深究的想法具有不可忽视的功能，那就是使人们能够得到心灵上的一种解脱和平静。各种宗教信仰也好，崇拜领袖权威也好，现代的"追星族"也好，世间所说的"迷信"也好，其功能大都是能使人有个心灵的港湾，在大风大浪来临时有个退避之所，平和之地。

但是，信念大体是偏重情感的作用，求知毕竟是来源于理智的要求。情感和理智，在人类的心理中往往互相碰撞，理智的求知常常会怀疑情感信念的可靠性。因此，运用思想、智慧以求知的要求，使得人类在知识累积到一定程度后，便如脱缰之马奋力跳出宗教的领域，运用自己的体系和方法去探求宇宙和人生奥秘。这就进入了人类认知的哲学阶段。

（2）哲学阶段

哲学使人类由"托付"于信念、信仰转向"解释"宇宙、人生，借用王国维等人的思想来说，哲学就是形而上学，即对宇宙、人生作出解释，目的是解除我们灵魂中的困惑。他由哲学的这个性质得出了两个极重要的推论。其一，既然哲学寻求的是天下万世之真理，非一时之真理，所以哲学的价值必定是非实用的，也不可能是符合当世之用的。这不说明哲学没有价值，相反它具有最神圣、最尊贵的精神价值。无用之用胜于有用之用，精神价值高于实用价值，因为哲学满足的是人的灵魂的需要。从这一点看来，哲学知识确实是接续宗教知识而促进人类知识进步的。其二，坚持哲学的独立品格，不可把哲学当作政治和道德的手段。推而广之，发生于哲学基础的一切学术或科学都如此，唯以求真为使命，不可用作任何其他事情的功利性手段。哲学便是由此而建立起它的权威的，以至于宗教的教义也需要运用哲学的解释来增加它的真实性，人的世界观、方法论、思维模式、人生观、伦理观、生活意义等，也靠哲学来确定它的善恶标准。

还是那句话：人类一思考，上帝就发笑！推崇思想、思考、思辨久了，人们对于哲学本身的可靠性又产生了怀疑。因此，人们开始缩小范围，研究思想本身和运用思想方法的逻辑学、伦理学等，由此便产生了哲学中的专门学问。可是关于宇宙与人生的种种奥秘，人类并不因为有了逻辑的运用而求得了明确的答案，所以科学便从哲学的口袋里脱颖而出，到自然的物理世界与现有世界的物质中去探求究竟。

（3）科学阶段

科学并不是凭空而来的。各门科学都同宗教和哲学有着千丝万缕的联系——医学起源于巫术，天文学起源于占星术，化学起源于炼丹术等。这说明了科学本身有个发展过程，有的理论观点不甚科学，大部分是受研究方法和工具的限制。一些古老的理论，像炼丹术、占星术、八卦、气功、各种巫术等在当今仍存在，主要原因是有一部分人的信念和知识还停留在该水平上，不知道它是陈旧过时的东西。好比你看到的阳光不是现在的太阳发出的光线一样（是8分19秒之前的），你看到的某些人也不是活在今天的人，从信念和知识看，他（她）可能是一百年前的人，也可能是一千年以前的人。你非要和他理论一番现代科学知识，就有些像"关公战秦琼"了。

到目前为止的科学研究成果，不仅使人们懂得了关于自然、物理世界和人自身的大量知识，而且可以部分把握、运用和创造物质。但是，理解和重视科学，不是仅仅向人们大量灌输科学结论，而是首先让人们知道科学的严格定义是什么，然后让人们知道科学是用什么方法探求真理的，最后也可能是更重要的，那就是让人们真正理解和掌握科学精神。

什么是科学精神？

科学精神的核心是怀疑精神。这和宗教精神的核心——寄托精神——确实相悖（注意：不是相反。另：寄托精神是本书的观点）。科学是规范的，怀疑不止的，也是宽容的，科学对宗教的态度就是一个典型。可以说科学每前进一步，都是与宗教不停斗争的结果。而且，历史上宗教有对科学的阻碍作用，也有对科学的启发和激励影响。除了科学，没有其他理论像宗教那样，把所有的知识纳入它的体系。从天地的形成、人类的起源、语言分化到各种自然现象，许多宗教都有详细的说明，科学家无一不为《圣经》、《古兰经》、佛经中知识体系的庞大而赞叹，牛顿力学的决定论体系正是受宗教强烈影响所致。布鲁诺、维萨里、伽利略等科学家被残酷迫害，科学正是在这样严肃甚至严酷的环境中萌芽、成长的。仅仅从这个意义上讲，科学应感谢宗教。如今，科学节节胜利，宗教节节败退，几乎退到了只剩心灵问题这块领地，但强大的科学没有像宗教早先对待科学那样对待宗教，科学提倡信仰自由，很多优秀的科学家也同时是某种宗教的虔诚信徒。现代宗教也在改变原有固执的态度，不断修改自己的教条戒律，以适应社会的变化。现代的宗教几乎没有公开与科学唱对台戏的，而且一些开明的宗教还总是力图用科学来解释其教义。

●● 1.3.2 非科学研究

抓把香灰是宗教疗法，来个针灸是中医疗法，做个B超就是西医疗法。香灰治病靠信仰，信则灵，不信则不灵。针灸治病靠哲学，对症下针则见效，不对症则调整。B超治病靠科学，照出来哪儿有病就在哪儿做手术。研究出香灰疗法和针灸疗法的过程，到目前为止还不能像科学研究一样规范地表述，因而可以将其叫作非科学研究。

1）非科学方法的四个特性

非科学方法也是人类普遍采用的求知方式，用非科学方法得到的知识是非科学知识。非科学方法具有主观性、思辨性、直觉性和普遍性等四个基本特性。

（1）主观性

所谓主观是指现实世界存在的人的意志。和科学研究不同，非科学研究也以事实为依据，但在研究中不排除价值观和主观偏好的影响，因为事实本身是受观察和处理事实的人的价值观和偏好影响的，而不是绝对独立于人之外的。

主观性造成的研究结果是：价值观和偏好不同的人在重复此项研究时不能得出同样结果，但价值观和偏好相同的人在重复此项研究时能得出同样结果，尤其是包含管理学在内的社会科学研究者，其研究过程往往受价值观、主观偏好的影响。但是，这种主观性能够影响研究对象的意识和行为，因而也能或者反而能得出真实的结果。比如，我们以后要讲到的相当于咨询式研究的参与性观察法，研究者此时成了研究对象的一部分。

（2）思辨性

非科学研究不建立在对现实世界进行直接观测的基础上。所谓思辨，当然也通过人的眼耳鼻舌身收集资料，但研究过程主要是靠意识，靠研究者对现象的高度概括，靠对概念的分拆、分类、比较，靠演绎和类比方法等得出结论。思辨法基本不具备观察、调查和试验的科学特征，即使对事物有资料证明，但那些资料既不全面，也缺乏代表性，没有统计上的意义，甚至有些资料连真假都有问题，研究者却依然能靠强大的思辨能力推导出真实的研究结论。

（3）直觉性

非科学研究主要是靠潜意识或下意识，对其研究过程几乎不能清晰表述，他的思考不是线性的，也不是非线性的，甚至几乎没有过程可言。它是一种顿悟，一种心有灵犀，一种无师自通，直觉性也可以说就是悟性，只凭自由心证，没有去找资料证明。譬如：读书多的人一定呆，漂亮女孩一定花；红颜薄命；男人有钱就变坏，女人变坏就有钱等。直觉方法的结论经常是格言式的。比如：《道德经》的"道生一，一生二，二生三，三生万物"；《大学》的"知止而后有定，定而后能静，静而后能安，安而后能虑，虑而后能得"等。

古人是如何得出这些结论的，我们不得而知。现代大科学家们似乎也有靠直觉的。爱因斯坦写道："无论是在写作的时候，还是在论述的时候，所使用的单词或语言对于我正在进行的思维活动几乎不起丝毫作用，作为思维元素的心理实体只是某些符号以及时而清楚、时而模糊的意象，它们可以'自愿地再生和复合'"，"对我来说，上面所说的思维元素是形象的，并且在这种思维过程中，往往还伴随着一些无意识动作。只有当这种思维的前因后果已为我所完全确定并能再现的时候，我才去努力寻找表达思想的语言或符号"。数学家高斯写道："有一个花费了好几年没有证明出来的算术定理，但在两天前，我突然证出来了，这简直不是我自己努力的结果，而是由于上帝的恩赐。如同一道闪电那样突然出现在我脑海中，而且问题就这样解决了，我自己也说不清楚现在这种思路与我以前认为颇有成功希望的想法之间究竟存在什么联系。"[1]

（4）普遍性

非科学研究的程序和步骤不是有序、清晰和结构化的，难以为其他人所了解，但其结论却是可以被人理解的，并且具有一定的普遍意义。这一特性和科学研究一样，如果不具备任何普遍性，一件事情的原理或发生的原因是"前无古人，后无来者"，那无论采取科学方法还是非科学方法，都是没有研究价值的。

于是，我们可以用表1-2来说明科学方法和非科学方法的特性的异同。

表1-2　　　　　　　　　科学方法与非科学方法特性的异同

科学方法四特性	非科学方法四特性
客观性	主观性
实证性	思辨性
规范性	直觉性
普遍性	

2）非科学方法也不是个坏东西

知识越多，未知的领域越大。尽管科学的"市场占有率"在提升，但哲学、宗

① 李怀祖. 管理研究方法论［M］. 2版. 西安：西安交通大学出版社，2004：9-10.

教，包括文学、艺术等非科学领域的知识产出并没有减少，正像电脑代替不了人脑一样，科学也代替不了非科学。

尽管现代科学已经发达到远远超出我们儿时的想象，人类可以上天、入地、72变，但我们距离完全理解宇宙和人生的奥秘依然还很远，芸芸众生，熙熙攘攘，虽然兢兢业业，依然浑浑噩噩，过着莫名其妙的人生。

比如佛学讲大千世界，认为以须弥山为中心，以铁围山为外廓，在同一日月照耀下的这一个空间，便是一个小世界。积一千个小世界为小千世界，积一千个小千世界为一个中千世界，积一千个中千世界为大千世界。根据现代天文学，一个太阳系所围绕的银河系的中心即佛说的须弥山，是一个小世界，一千个银河系为一个小千世界，大千世界是 1 000×1 000×1 000 个银河系，这就是佛学所讲释迦牟尼佛国土的范围，我们人类才仅仅是登上了地球的卫星月球，仅仅是派了几辆车到了火星而已，所以宇宙之广大，非我们现有的科学手段和知识量所能比。我们知道越多，困惑可能就越大，这又需要心灵有个寄托，于是宗教精神又成为某些人之必需，包括科学家。

即使在伦理道德领域，在文化价值观方面，在情感心理领域，甚至在经济管理领域，科学也还是脆弱的，甚至是无能为力的。因此，科学及其方法可以进入这些领域，但科学的本质不会强迫人们排斥非科学和非科学方法。假如科学本身强迫人们只相信科学和科学方法，而排斥所有非科学，那么，科学本身就会因此变为宗教，科学本身也就消失了。因此，科学精神的核心是怀疑精神——科学连对自己的结论也是怀疑的——所有的科学结论都是暂定的假说而已。

总之，宗教是个好东西，非宗教也不是个坏东西；科学是个好东西，非科学也不是个坏东西。我们不赞成的是唯宗教和唯科学，我们反对的是伪宗教和伪科学，因为那种极端主义和虚假主义才可能是个坏东西。

●● 1.3.3　科学研究和非科学研究的兄弟关系

与科学发源于宗教和哲学但又独立于宗教和哲学一样，科学方法在很多情况下与非科学方法也是密不可分的。比如，在研究的初始阶段，研究者的思绪可能是模糊不清的，假说是靠直觉提出的，只是到了研究的后期才逐渐清晰起来，才变得结构化。因此，我们需要在研究中处理好科学研究和非科学研究的关系。

1）对非科学研究不能完全排斥

说一种研究是非科学的，是指他没有用科学方法而用的是非科学方法，但并不是说他的研究结果不对。

非科学方法可能得出偏见、道听途说或不真实的见解，但也可以导出正确结论。事实上，科学不仅来自非科学，而且始终从非科学中汲取养料，因为在历史进展中，科学对世界的重大影响是最近百年才发生的事情，大量的人类经验保存在各民族的文化和知识库中，这些文化和知识遗产大多还没有被科学化。说那些文化和知识遗产是非科学的，是说它们的理论体系和所用方法不是科学的，并不是说这大量的经验和观点是完全错误的。事实上，正是那些有用的经验陈述，使那些民族及其文化保存至今，并始终启发和刺激着现代科学的发展，比如莱布尼茨就是从八卦中发现了二进制，从而引发了计算机科学、数字化社会和网络经济的发展。事实上，如前面的靠直觉研究一样，很多伟大的发现是以灵光一现甚至研究中的失误或错误为契机的。在自然科学领域，可以"蚂蚁缘槐夸大国"，在管理学领域，可以"蚍蜉撼树"，非科学方法不但是有效的，而且是必需的。

2）不要迷信科学

反过来，现实中也存在用科学方法导出的伪科学。因此，不要迷信科学！邓小平同志说科学技术是第一生产力，这就意味着还有第二、第三、第四生产力。胡锦涛同志说科学发展观，并不否定邓小平的"发展是硬道理"，只是说硬发展没有道理，不顾环保和安全地硬发展更没有道理！科学不代表正确，更不代表真理。科学知识总是有局限性的，不是绝对正确，不是绝对真理。科学在本质上具有"可被证明是谬误"的特性，科学是可以而且一定是能够被批判的，否则科学就成了宗教。

我们比较一下科学方法和思辨方法，就可以知道它们都是研究方法，不必厚此薄彼。

如果说科学方法是精确的，那么思辨方法就是模糊的。

如果说科学方法以逻辑思维为主，主要运用观测、试验和数据分析来获取知识，那么思辨方法则以非逻辑思维为主，主要运用直觉判断和个人洞察来获取知识。

如果说科学方法以语言、文字或符号为媒介通过归纳、演绎等方式抽象地进行逻辑思维，概念为逻辑思维的细胞，那么思辨方法则以图像、故事、形状或形象为媒介，通过直觉、感悟、体味等形式形象地进行非逻辑思维，心象为非逻辑思维的细胞。

如果说科学方法在数学、自然科学等领域和验证知识方面比思辨方法更有效，那么思辨方法用在研究价值观和偏好领域以及发现新知识方面，往往比科学方法更有效。

3）科学并不都是严肃的

不要把搞科学研究的都想象成一群不苟言笑的科学家，抱着充满科学术语和符号的没几个人看得懂的大部头报告的情景。科学是充满乐趣的，贴近生活的。科学研究报告也是可以讲有趣故事的，甚至科学研究成果本身就是幽默的。

IG诺贝尔奖就是一种体现科学之幽默的活动。IG诺贝尔奖由幽默科学杂志《不可思议研究年报》（Annals of Improbable Research）赞助，其宗旨是"表彰那些成就不可能或不应该被重复的科学成果"，每年与真正的诺贝尔奖评选同期举行。

看看下面这些获奖的研究成果，你可能也会由衷一笑。

2001年经济学奖颁给的研究是：一个人死得早还是晚，对他所应缴纳的房地产遗产税有很大的影响。2002年的奖项颁给了安然、世通、安达信公司，理由是：把虚幻数字的数学概念改编使用于经营企业。2008年营养学奖得主证明了：好听的食物，也会比较好吃，吃薯片的时候听到咔滋咔滋的声音，会让食物变得更好吃。2017年一项获奖研究是：猫能否同时处于固态和液态——即使再肥的猫咪也能完全躺进一个很小的盒子里，所以猫咪是固态的还是液态的，还是练了"缩骨功"？来自多国的研究者用流体力学分析了猫咪的状态，获得了物理学奖。2024年的一项研究因演示和解释死鳟鱼的游泳能力而获得物理学奖，人口统计学奖因"通过侦探式工作发现许多以长寿而著称的人实际生活在出生和死亡记录管理不善的地方"而获得。

4）不必非把非科学研究搞成科学研究

不是科学的，就是伪科学的，这种两分法实在是过于简单，以至于非科学的东西失去立足之地，不按科学的方法来研究似乎就成了伪科学。

其实，在管理学中，大师级人物的研究往往是思辨或者直觉研究，如德鲁克、马斯洛、巴纳德、西蒙、赫茨伯格、波特等。你无法清晰地了解这类大师级人物研究成果的创作过程，甚至不能用实验和观测数据来证实其观点，他们主要靠个人洞察力和思辨取得成果。善用科学方法的研究者根本不承认这些大师的研究是科学研究，这是对的，但他们又不得不承认这些大师们研究的结论是正确的，而且是划时代的，构成了他们做科学研究的基础。

不能非把非科学研究搞成科学研究，这一点对于管理学的某些研究领域至关重要。比如领导学、企业文化、企业伦理等，就不适于用过于严密的科学方法做研究。如果为了强调管理学的科学性，硬把非科学的管理学说成科学，则可能把原本是非科学而不是伪科学的管理学推上了伪科学的位置——越是用科学方法研究的管理学，越远离真正的管理学，最后，管理研究成了模型、符号、公式或者方程推导，成了管理学者看不懂、管理者不屑一顾的东西。

再比如中医，本来是中国古代医学经验的结晶，其理论是非常朴素原始的，但记录了大量治疗秘方。然而，以弘扬民族精神和文化为名义，硬把它与现代医学等同，曲解政府的政策，维持其特殊地位，则无形中把它推向了伪科学那边。从科学哲学的角度来分析，中医有其特设性假说，如阴阳五行等朴素、简单的假说。中医看病，不是只根据其阴阳理论，更重要的是根据临床经验用药。至于厂家大打磁疗电疗产品战，更让中医蒙冤受屈，中医从来没有把气功归为自己的分支，从来没有运"气"、控制电磁场治病之说，然而磁疗电疗厂家却总打着中医的理论旗号来推销自己的产品。当然，磁疗电疗不是说没有一点道理，问题是部分厂家为了推销产品，把不成熟的东西冠以科学理论之名招摇撞骗。可见，只有全社会把求真知而不是只把科学的方法放到至高无上的地位，才能有真正的良好的社会风尚，也只有这样，伪科学才会没有市场，非科学才会有应有的地位。

5）先做科学研究，再做思辨研究

科学研究有方法论，而思辨研究没有一般的方法可循。开创性的公理的发现，要靠研究者的洞察力和直觉判断，有时还靠运气，这不是一般研究者力所能及的。

如果我们把研究对象看成一头大象，非科学方法是"心眼观象"法研究，研究者主要依据自己的洞察力、想象力来研究大象的特质。由于大象的复杂性，你可以从动物学、力学、形态学、心理学、经济学、管理学、生育学、气候学等各种角度研究大象，要处理的要素或变量会很多，对研究能力要求较高。

科学方法可以被称为"盲人摸象"法，研究者假定某个立场或前提条件，将某些特征舍象掉，使研究对象简化，运用合适的工具对大象的一个或几个方面的特质进行研究，得出一个或几个可以质疑的、"片面的"研究结果，但可以在自己的假定条件下自圆其说，这样比较容易出成果。

一般说来，研究者应该首先锻炼科学研究能力，掌握科学研究方法和工具，科研水平有所累积之后，再着手非科学研究。如果你一直沉溺在科学研究方法中，相信你是很难出什么突破性成果的。

▶▶ 关键词

研究／研究方法／思考／表述／华莱士模型／华莱士模型的扩展模型／唯"悟"模型／悟性／天职观念／认知方法／因袭法／权威法／经验法／科学法／思辨法／直觉法／逻辑方法／因明方法／辩证方法／"法文"／科学研究／非科学研究

▶▶ 参考文献

［1］李怀祖. 管理研究方法论［M］. 3版. 西安：西安交通大学出版社，2017.

［2］毛泽东. 实践论［M］//毛泽东. 毛泽东选集：第1卷. 北京：人民出版社，1966.

［3］杨杜. 现代管理理论［M］. 北京：经济管理出版社，2013.

［4］伊丹敬之. 创造性论文的写法［M］. 吕莉，张舒英，译. 北京：社会科学文献出版社，2004.

［5］塔雷诺. 管理研究方法［M］. 王永贵，译. 北京：清华大学出版社，2015.

［6］塞克拉，鲍吉. 企业研究方法［M］. 蓝波涛，张乐群，译. 5版. 北京：清华大学出版社，2013.

［7］WALLACE W L. The logic of science in sociology［M］. New York：Aldine Atherton，1971.

［8］闫海峰，关涛，杜伟宇. 管理学研究方法［M］. 上海：华东理工大学出版社，2008.

［9］马庆国. 管理科学研究方法［M］. 北京：高等教育出版社，2008.

［10］吕力. 管理学案例研究方法［M］. 北京：经济管理出版社，2013.

［11］赵卫宏. 管理科学研究方法［M］. 北京：经济管理出版社，2018.

［12］向永胜，古家军. 现代管理研究方法与论文写作［M］. 杭州：浙江大学出版社，2020.

［13］王永贵. 管理研究方法［M］. 北京：中国人民大学出版社，2023.

［14］王海峰. 管理学研究方法导论［M］. 上海：上海交通大学出版社，2023.

拓展阅读：华为基本法

第2章 管理学研究方法概要

第2章　管理学研究方法概要

　　人和人不一样，同样是读书，学生为求知，管理者为求用，研究者为求新。也就是说，同样一本书，不同的读者可能因不同的目的而关注不同的地方：学生关注概念和内容以应对考试，管理者关注观点和技巧以应对顾客，研究者关注过程和方法以创造新知识。

　　研究者对知识的兴奋点是这些成果产生的过程、使用的方法和依据的事实。但是，我们读了那么多管理学著作，看了那么多管理的论文，听了那么多管理的课，知道了那么多管理的知识，但仔细想一想可能会发现，你对这些让你激动、让你拍案的观点是怎样研究出来的可能不甚了解。除了某些纯学术期刊论文和硕博士论文，大部分研究对研究过程的详细叙述并不太多。那些优秀的管理学家并没有在他们同样优秀的著作中花很多篇幅告诉我们：他们的理论是怎样形成的。是他们忽视了这个问题，还是认为没有这个必要，或者是他们不想说？我们能接受的理由之一是，他们的研究本来就不是写给研究者的。

　　你可能会想，人家是大家嘛，只要相信和拿来用就行了！如果你是研究者，这样就不行，研究者不能没有好奇意识和怀疑精神！

　　其实，不是为研究者所写的规范的研究成果，作者是不会详细告诉你他的研究方法和研究过程的。大多数管理学著作和论文展现给我们的是"内容类知识"，即"what"和"why"类知识，而"方法类知识"，即"how"和"who"类知识阐述得并不够。那么，就让我们在本章通过自己的眼睛和思考来考察一下他们是站在怎样的立场、用什么样的框架来创造和表述管理学理论的，从中大概会"看"出一些管理学研究的规律来，以指导研究者的研究。

　　本章我们首先介绍管理学的研究定位，然后讨论现代管理学研究的基本范式，随后回顾管理学研究历史观、主要框架和讨论未来研究课题，最后讨论中国的管理学研究。

》 2.1　管理学的研究定位

　　我们认为，要做好管理学研究首先要定好位，也就是明白管理学的基本性质、基本立场和所处学术史阶段。这就是管理人假说、组织本位和丛林状态。

●● 2.1.1　"管理人"假说

1）"管理人"和"经济人"

现代管理学特别是企业管理学主要是从经济学分离出来的，因此经济学对管理学的影响最为深远。本书合作作者中的年轻人获得的是管理学学位，而杨杜教授在国内从学士到博士拿的都是经济学学位，虽然他后来主要学习和研究的是管理学，因为那时中国还没有管理学学位。这里主要把经济学和管理学研究的区别作一说明。

与主流经济学的完全理性的"经济人"基本假说不同，管理学的基本假说是"管理人"。"管理人"是指遵循满意准则进行经济活动的主体。人的理性是有限的，不可能作出最优的决策，而只在可能的范围内作出相对令人满意的决策。"管理人"假说最早是由西蒙提出的。有限理性和满意准则是"管理人"假说的两个基本要素。

有限理性（bounded rationality）的概念本来是经济学的概念，最初是由经济学家阿罗（Kenneth J. Arrow）提出的，他认为有限理性就是人的行为"是有意识的理性的，但这种理性又是有限的"。一是环境是复杂的，在非个人交换形式中，人们面临的是一个复杂的、不确定的世界，而且交易越多，不确定性就越大，信息也就越不完全；二是人对环境的计算能力和认识能力是有限的，人不可能无所不知。

20世纪40年代，是经济学家同时又被认为是管理学家的西蒙详尽而深刻地指出了新古典经济学理论的不现实之处，分析了它在前提假说上的两个致命弱点：一是假说目前状况与未来变化具有必然的一致性；二是假说全部可供选择的"备选方案"和"策略"的可能结果都是已知的。事实上这两个假说都是不可能的。西蒙的分析结论使整个新古典经济学理论和管理学理论失去了存在的基础。西蒙指出传统经济理论假定了一种"经济人"。他们具有"经济"特征，具备的关于所处环境的知识即使不是绝对完备，至少也相当丰富和透彻；他们还具有一个很有条理的、稳定的偏好体系，并拥有很强的计算能力，靠此能计算出在他们的备选行动方案中，哪个可以达到目标上的最高点。西蒙认为人们在决定过程中寻找的并非"最大"或"最优"的标准，而只是"满意"的标准。

以稻草堆中寻针为例，"经济人"和"管理人"的区别在于："经济人"企求找到最锋利的针，即从可为他所用的一切备选方案当中，择其最优解；而"管理人"只要找到足以缝衣服的针就满足了，即寻求满意解，寻求一个令人满意的或足够好的行动程序。西蒙的有限理性和满意准则这两个命题纠正了传统的理性选择理论的偏激，拉近了理性选择的预设条件与现实生活的距离。

"管理人"有点像"不管白猫黑猫，抓住耗子就是好猫"的思维模式。"管理人"的揭示，使西蒙为管理学找到一个典型的人性假说。"管理人"的行动取决于有限理性，心理因素影响着管理人的最终决策——差不多就行了！这使得理性和感性产生了融合，"管理人"更像现实生活中的人。

对管理者的行为，人们似乎有一种共识，认为管理行为既是科学，又是艺术，这正是理性和感性结合的另一种说法。研究对象如此，作为研究主体的管理学的研究者也是有限理性的，其研究方法自然就既要用到科学方法，又要用到艺术方法或非科学方法，研究成果大概也需要适用满意标准。

《追求卓越》一书（75页）中写道："1934年一位白人教授莱皮尔（Lapiere）带着他的妻子和一个年轻的中国学生游历了整个美国。他们总共在66家旅馆（或汽车旅馆）和184家餐厅停留过，只有一家旅馆（或汽车旅馆）没有给他们提供房间，没有一家餐厅拒绝为他们提供服务。后来不久，他给每家旅馆和餐厅去了一封信，询问他们是否愿意为中国人提供膳食和住宿（在那时，美国有很强的反华倾向），结果92%的旅馆和餐厅说他们不愿意。莱皮尔及许多后来的研究者解释这个发现时说，这反映了人们态度和行为在很大程度上的不一致性。几乎所有的店主行动上比较宽容，但当被调查时，他们都表现出不宽容的态度。"这似乎反映了人有意无意地在"管理"（或控制）自己的言行。

从这个例子看，我们疑惑，那些靠问卷进行研究的方法，到底得出了什么结果。我们要研究的东西可以分为多个层次，比如是被调查者头脑中想的，或是嘴巴上说的，或是行动上做的。发出去的问卷，尽管作了信度和效度等测试，也确实将问卷回答者的态度和意见收集了回来，但是，我们可能并没有把回答者所采取的行动的事实收集回来。通过问卷得到的店主们的反华态度是真实的，在实际行动中几乎每个店主都给这个中国人提供了服务也是真实的。问卷调查的是人们嘴上说的，但可能是也可能不是人们心里想的，也不能确切代表人们就是这么做的。那么，那时的美国人到底反华不反华呢？如果你仅仅根据问卷判断，那结果就是反华，但如果考虑到行动，那就是不反华。所以，结论似乎应该是态度反华、行动不反华。

当然，这个结论还是个假说而已，因为事情似乎没这么简单——旅馆和餐厅老板在态度和行动上的不一致，可能受到这个中国学生和美国白人教授在一起的影响，如果这个中国学生独自再游历一遍美国，结果又会怎么样呢？这只能再做一次对比调研，才能得出进一步的结论。但是，如果对比调研在三个月之后才做，结果还有可能不真实，因为三个月后美国人的态度可能有了显著变化。

社会现象、管理现象和自然现象一样，都是非常复杂的，但研究自然现象可以限定前提条件，采用静止的、片面的、局部的方法进行研究，但研究社会现象和管理现象要做到这一点很难，其客观性和可重复性较差，因而在某些场合只能进行有限理性的科学和非科学研究。

2）经济学方法和管理学方法

一般的经济学方法有四个基本特点：一是使用函数，就是把人们决策前的经济环境用数学函数描述，如用效用函数描述人的嗜好和欲望，用博弈论中的博弈规则描述经济制度，用生产函数描述生产条件等。二是比较静态分析，比如决策的比较静态分析，即用数学中的最优决策理论分析人的自利行为。再如均衡的比较静态分析，即用均衡概念分析不同人的自利行为的相互作用形成的结果。三是比较动态分析，在进行比较静态分析时加上时间因素，变为决策的比较动态分析和均衡的比较动态分析。这三点都是实证分析，即只做事实判断不做价值判断，只说明在什么条件下出现什么结果。四是与价值判断有关的所谓福利分析或规范分析，研究人们自利行为的相互作用形成的结果是否对社会有利。贯穿经济学研究的主要分析工具就是数学。经济学的研究方法使经济学与其他社会科学相比，内在逻辑统一，论证严密，知识可积累性强，更符合科学性原则。

管理学方法则与经济学方法不同。经济学是力图用"一套方法解释所有"社会经济现象，而管理学则似乎是在用"各种方法处理一种"管理现象。为了对组织进行科学有效的管理，管理学必须考虑组织内外的多种错综复杂的政治、经济、社会、文化、科学技术、心理等方面的因素，针对组织中的各类管理问题，运用经济学、数学、运筹学、工程技术、心理学、社会学、系统工程、控制论、信息论等多种学科的方法和研究成果，对管理活动进行定性描述和定量分析。这就决定了管理学研究方法的多学科移植交叉性。孔茨等人提出的"管理理论的丛林"一说，就从一个侧面表现了管理学方法的多样性和综合性。我们提出的矛盾方法和 AI 方法更是增加了这种多样性和综合性。

世界的复杂性在很大程度上产生于世界上万事万物的普遍联系性质，对于科学研究来说，这一性质的意义在于任何因果关系都必须在一定的限制条件下才会成立。也就是说，科学命题往往表现为这样的结构：在一定的条件下，如果 A，则有 B。这"一定的条件"可宽可严，经济学里的一个标准的分析表述就是"给定其他条件不变"。

"给定其他条件不变"的主要危害发生在这种情况下：它不仅是逻辑推理当中的必要处理，而且成了分析思考问题的一个方便的假说。以商品的价格和需求量之间的关系为例，这一范式的表述就是"在其他一切条件不变的前提下，商品的需求量和价格反方向变动"。于是被批评者挖苦说："如果什么都不变，那价格怎么会变呢？"这种恶劣的传统可以一直追溯到"李嘉图恶习"。熊彼特在《经济分析史》中写道："他（李嘉图）的兴趣在于具有直接实际意义的明确的结果。为了获得这种结果，他把那个总的体系切成一片一片的，尽可能把它的大部分包捆起来，放进冷藏室里，以便使尽可能多的东西冻结起来，成为既定的。"最后，熊彼特说这种分析"几乎就像同义反复那样"。

从逻辑上来说，如果这一前提条件是演绎的基础，那么不会产生新的知识，而如果这一条件是观察的基础，虽然能够引进新的经验，但由于是特殊的经验，或者说是特殊理论而用处不大。前提应该是可以并且必须推翻的，这是理论发展的必需。前面讲到，西蒙就是否定了新古典经济学中两个不能假设掉的、不真实的假设而发展了决策理论。

但是，经济学为了追求方法或方法的科学性，有时是不惜代价的。比如在早期的经济思想中，企业家是作为生产、流通、分配过程的关键角色的，但随着新古典主义经济学的兴起，企业家就在经济理论中消失了。主流经济理论之所以抛弃企业家，是因为任何把企业家引入主流经济理论体系的尝试都会破坏理论模型的内在逻辑的一致性，而为了追求经济理论体系本身的完美，他们宁可对企业家"清理门户"，因为他们认为，牺牲经济学的现实性、复杂性，建立经济数学模型，追求经济学研究方法的科学性，从长期来看对经济学的发展更为有利。

经济学这样做也可能是对的！如果可以把经济学比喻为一只鸡，企业家在经济学那里就好比一个鸡蛋，如果要这只鸡作出取舍以保持它的科学性，抛弃企业家的经济学牺牲的只是一个鸡蛋。但是，企业家在管理学那里就像一只鸡头，如果要这只鸡作出取舍以保持其科学性，抛弃企业家的管理学牺牲的可能就是影响自身生命的鸡头了。

以企业家为核心的管理者群体，是管理学研究的生命线。管理者的行为是科学的，更是艺术的，去掉了艺术性，管理者就成僵尸了。管理者每天都在处理悖论，处理如何做都不是最优的、同时存在多个正确解的情况，但有不少管理学者秉承了经济学的完全理性方法，当非理性因素干扰他们的研究时，为保持逻辑一致，就用假说把非理性因素或悖论排除在研究之外。我们认为这种假定对于管理学是不合理的，因为它正好舍弃掉了管理学的灵魂。这种不承认管理学应该建立在有限理性的"管理人"假说基础上的做法，往往使得其研究价值减弱甚至无用。对优秀的管理学研究者来讲，研究方法和工具不能代替人的思考，研究理性不能压倒人的智慧，缜密的分析不能妨碍管理的行动。

从管理学理论的实践意义来看，命题有无意义要看给定不变的前提条件能否实现。这显示了管理学等社会科学和自然科学的一个重要的区别所在。在管理学里，设定不可实现的假说的命题是不能直接使用的，或者说是没有应用价值的，只是理解管理的参照系，是认识复杂管理系统的起点而已。这是因为你不能假定其他一切条件不变，那些条件不是你所能掌控的。在自然科学里，由于可以进行控制下的实验，给定不变的条件不仅仅是一种理论抽象，也是可以构建的。例如，物理学里的真空假说不仅是认识空气阻力的起点，也是实践的依据，因为真空环境是可以人为构建的。

更重要的是，对这类命题的分析说明了管理学的验证上的困难，逻辑推演离不开对特定条件的限定，而如果这些条件无法在现实中实现，就产生了验证上的困难，这种困难是管理学的科学性的最重要局限。

管理学的科学性必须坚持以理论接受事实的验证的原则，这解释了管理学为什么不能接受假说前提的工具主义方法论思想，而接受现实主义思想，原因就在于管理学中的假说前提的现实性是进行科学验证的要求。

总之，经济学方法中的假定可以是不需要实现的，但管理学不行，管理学中的假定应该能在现实中实现——因为管理学比较接近实务。

3）人类的四种精神活动

我们根据逻辑性和非逻辑性维度，刚性和柔性维度将人类的精神活动分为四种，这就是科学活动、实务活动、艺术活动和主义活动，如图 2-1 所示。科学活动是用刚性和逻辑的理性来说服他人，比如数学和自然科学；实务活动是用柔性和逻辑对现实进行判断和运用，包括日常事务的经营管理；艺术活动则是用柔性和非逻辑的空想和情绪来表达自己，比如写诗歌和讲故事；主义活动是用刚性和非逻辑的自己的体系和信条来说服他人，比如思想意识和宗教。

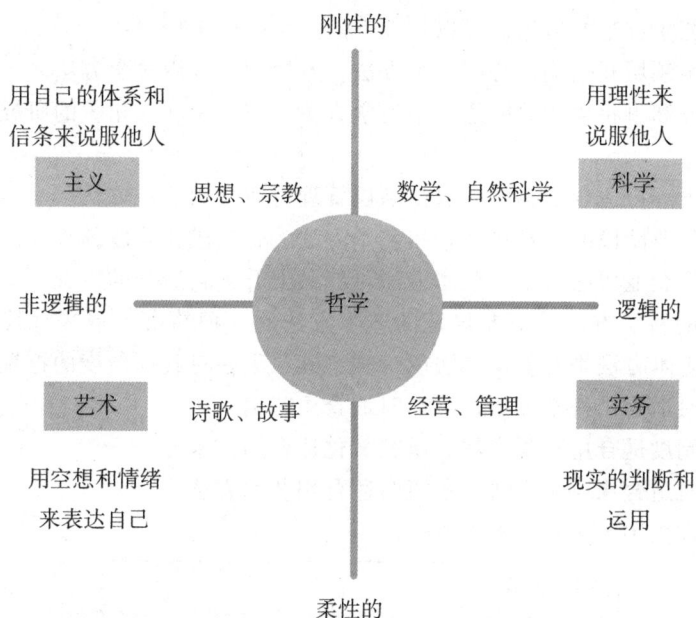

图 2-1　人类的四种精神活动

管理学就处于科学和艺术中间，理论与应用中间，还有不少哲学的味道，甚至和意识形态、宗教都有着密切的联系。管理学是综合学科，它融合了其他学科的各种方法、概念和工具。

科学研究讲究客观性。所谓客观是指现实世界存在的不以人的意志为转移的事实。但是，管理学中的很多事实是可以以管理者的意志为转移和变化的，因此，管理学中某些研究不具备完全的客观性。

可以说，管理者是用语言思考，用数字行动；用直觉判断，用理性评价；用民主决策，用权威执行。管理学研究必须适应管理者的这种行为特征和需求。

4）科学方法和艺术方法

现在的人们都已承认管理学既是科学，又是艺术。一个优秀的管理研究者可能需要具备处理这两方面问题的知识和能力。也就是说，要同时掌握科学方法和艺术方法。

上一章我们讲到了科学方法和非科学方法各自的四个特性，这里我们换个角度，分析一下它们的适用性，不过这里将非科学方法换成了艺术方法，我们认为两者内涵上是一致的。

科学方法是管理知识规范化的必经之路。科学方法注重自然规律、客观数据、定量分析、程序化、规范、规则、惯例、理性体验、同一性和经验运用等。艺术方法则是管理知识创新的关键途径。艺术方法注重的是灵活多变、逆向思维、创新创造、情感认知、审美感悟和直觉判断等。

科学方法主要体现为程序化和逻辑化，艺术方法主要体现为非程序化和非逻辑化。科学与艺术方法的适用性可以从以下的几个角度来理解：

①新学术领域开拓期适合用艺术方法，发展期适合用科学方法。

②与业务和事相关的研究适合用科学方法，与组织和人相关的研究适合用艺术方法。

③基层管理更适合用科学方法，高层管理更适合用艺术方法。

④企业创业阶段的管理更适合用艺术方法，企业成长阶段的管理研究更适合科学方法，而到企业成熟阶段，艺术方法可能又上升到较适合的位置。

⑤规范的科学方法是对非规范的艺术方法的一种约束，重在对其约束度的把握；反之，艺术方法是对科学方法的一种突破，重在对其创新度的把握。

⑥筹划时适合用科学方法，行动时适合用艺术方法。

⑦研究制度适合用科学方法，研究文化适合用艺术方法。

⑧稳定时适合用科学方法，危机时适合用艺术方法。

我们可以用图2-2来表现这些特点。

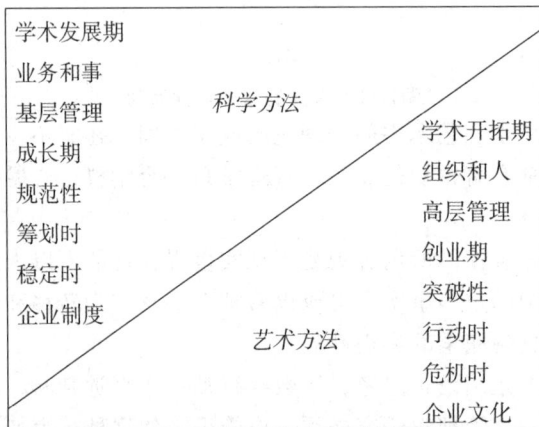

图2-2 科学方法和艺术方法的适用性

管理的科学与艺术之争，主要是因为论者所站角度或立场的差异造成的。强调管理是科学，是因为论者重视事实知识与原理知识，较多站在管理学者立场的结果；认为管理是艺术，是因为论者重视技能知识与人际知识，更多站在管理者立场的结果。

我们认为，管理知识的结构与冰山的结构一样，是不断变化和浮动的，重要的不仅是认识到管理实践需要各种管理知识的结合，还应认识到艺术化知识正是科学化知识的源泉，要善于不断地将艺术化知识转化为科学化知识，以求更好地指导自己的管理实践。换句话说，我们必须重视一线管理者的直觉、悟性或经验，研究他们的案例，从中感悟和提炼科学化的管理知识。没有他们的直觉、悟性、经验或案例，恐怕会在很大程度上失去创造管理学新观点和新理论的源泉。

爱因斯坦曾经说过，他的科学发现所依赖的不是严密的逻辑推理，而是一种直觉和想象。他甚至把审美（简单性、和谐性、对称性等）作为科学发现的一个标准，他认为想象力概括着世界上的一切，推动着进步，并且是知识进化的源泉。在步入知识经济时代的今天，对企业管理所要求的大概"不是最好，不是更好，而是创新"。

将具有主观、思辨、直觉和想象力的艺术方法用于研究更有利于创新。

●● 2.1.2　组织本位

企业管理学的知识体系是围绕企业组织生存和发展这一企业管理目标而建立的，也就是说，企业管理学研究的问题是具体的企业组织在生存和发展中面临的各种管理问题，其研究内容涉及解决这些问题的思想、理论、具体方法、手段等。

1）管理是头象

这头象是复杂的。你可以摸象（用手接触象）、话象（用嘴表述象），还可以形象（用故事比喻象）、抽象（用数字计量象）。曹冲称象，就是用科学方法，将象变为石头，用静态的、可分割的石头代替活的大象，从而取得了大象的体重数据。我们在研究管理学的时候又该怎么做呢？

看来研究者要向曹冲学习。

但是，你如果要研究象群的生活习性和感情联系，曹冲的办法可能就不行了。科学方法就是倾向于用眼耳鼻舌身来研究大象，非科学方法就是倾向于用意识和潜意识等来研究大象。

管理到底是什么？有关管理的概念复杂多样。研究者由于目的、立场、方法、知识背景、嗜好等的不同，有着五花八门的理解和解释。现实中的管理者也因自己的经验领域不同，所持思维范式与价值观不同，从而提出不同的管理观点。如青岛海尔公司张瑞敏的斜坡球体理论，四川长虹公司倪润峰的价格竞争理论，联想集团公司柳传志的管理三要素理论，华为公司的任正非则认为管理就是流程化组织建设，等等。

这种情况恰似盲人摸象的故事所比喻的：第一个盲人摸到大象的躯干就说它像堵墙；第二个盲人摸到大象的腿就说它像根柱子；第三个盲人摸到大象的鼻子就说它像根粗绳子；第四个盲人摸到大象的耳朵就说它像个大簸箕。盲人们所摸到的都是同一头大象，他们所得出的不同认识取决于他们各自所站的不同位置。人们在研究管理时得出不同的认识，同样是因为他们所依据的思维"范式"或经验或价值观或目的等不同。

管理者与研究者同样都是在从不同的角度去努力观察企业这头"大象"，在不断为描绘和凸现企业这头"大象"的真面目作出自己那一点贡献。

聪明的明眼人可能会说，我退后几步，一看就知道大象的模样了，或者说，让一个盲人把大象上上下下、前前后后都摸一下不就得了。确实，管理学发展史上有几位曾经做过这样的努力，但都没有取得应有的成功。看来，洞悉企业组织或管理理论的整体并不像退后几步观察大象那样简单。企业组织是个庞大复杂的、部分无形的、开放的有机系统，描述这一系统的管理知识体系，靠某个人或某些个人，用有限的方法、有限的时间，是很难做到的。

何况，企业是在不断成长着的，你描述了今天，明天又变了。不仅组织结构在变，战略方案在变，成员观念在变，而且以往较长期通行的管理原则或所谓的管理规律也在变。

管理这头大象是极其复杂的，我们的研究只能是不断地接近其真谛，但可能永远也穷尽不了其真谛。

2）组织也是头象

管理者的任务就是实现组织目标，管理研究的就是组织。管理学的研究对象大致有四个层次：个体层次、团体层次、组织层次和组织间层次。个体关系是团体，团体关系是组织，组织关系是组织间，比如行业、社区、社会。管理学研究是以组织为核心，上接组织间，下接团体和个体的研究。因此，我们把管理学研究的范式叫作组织本位。

组织本位的要求与管理的目标以及管理者的天职和使命是相关的，管理者的任务就是达成组织目标，所以，个体层次、团体层次和组织间层次的研究，都应该服从组织层次的研究。管理学中有组织行为学，其中包括了个体行为、团体行为，产业组织是组织间关系研究，也是围绕组织进行的。这和经济学也有很大不同，经济学虽然是宏观的，但其认为决策是个体的不是组织的，创新也是个体的不是组织的。管理学则非常关心决策和创新个体的周边要素及其与组织绩效的关联。

组织本位与研究方法的应用和效果有密切关系。总体上说，管理学中越接近科学方法的研究成果，在操作层效果显著，对职能层有一定作用，对领导层则收效不大，甚至领导层对此类研究丝毫不感兴趣。原因可能是领导层需要的是更接近管理的艺术特色。我们可以说，对于组织高层的管理行为，叫领导艺术比叫领导科学似乎更确切，对于组织中层的管理行为，称管理科学和管理艺术相结合较合适，对于组织基层的管理行为，称作管理科学与工程最合适。所以，管理学的核心偏重研究组织高层。

高层不是个体吗？即使是研究领导者（或企业家）这个个体，也因为他的目标是组织目标而离不开组织本位。

经济学研究要素（函数），管理学研究组织（运营）。企业管理学同样追求效率，但不是社会范围内的资源配置效率，而是研究如何有效配置企业的资源，改进企业的经营管理效率，服务于企业组织目标。

管理学站在一个具体企业的角度上，研究如何有效组织、运营、管理企业，使企业适应社会经济外部环境，不断发展，实现企业组织的目标。如果从系统管理学派来看，企业就是一个独立的开放的社会技术系统，整个社会经济是企业系统的环境，管理学研究的是企业系统的内部构成、要素配置、运行机制，以及如何适应系统的外部环境，实现系统的功能，达到企业系统的目标。

一切都离不开组织，这就是为什么德鲁克把现代组织的出现看作人类社会的一大发明的理由。他认为没有组织就没有管理，而没有管理也就没有组织。管理部门是现代组织的特殊器官，正是依靠这种器官的活动，才有职能的执行和组织的生存。

关注组织层次，以组织为本位的管理学研究，要关注组织内的人、财、物、知识和时间等各种要素，以及它们的整合和有效性，而不是仅仅关注其中一个部分。这也预示着管理学研究的难点，它不容易像经济学那样进行定量的和比较静态分析。

●● 2.1.3　丛林状态

总体来讲，管理学研究还处于有定义还不清晰、有领域正在开拓、有模型正在建立的阶段。

1）管理丛林里热闹非凡

一百年的管理学历史，产生了精彩纷呈的管理学派、学说、理论、方法和工具，让人感到管理的"博大精深"，孔茨将这种现象称为"管理丛林"，但丛林虽然茂盛，长得确实杂乱了一些。我们认为，这些高高矮矮、大大小小、疏疏密密的管理之树的形成，主要是因为管理学对各种研究方法过于包容所致。

正是由于这种研究方法上的宽容，持有各种思维"范式"的研究者们，好像各路"大侠"，带着刀枪剑棍十八般武艺，都在往管理学领域里挤，好像谁都能分到一杯羹。于是管理丛林中向来是热闹非凡，层出不穷的"管理学新苗"和口若悬河的"管理学大师"不断冒将出来。

这并不是完全不好的现象。百年管理学说史，就是在以企业为中心的管理实践的推动下，在各学派管理学者互相探讨与论争、合作与摩擦的过程中，沿着一条曲折道路走过来的。一个时期科学管理兴旺发达，另一个时期行为科学大行其道；一段时间系统管理理论登上舞台，另一段时间决策管理理论占尽风头；权变管理刚刚偃旗息鼓，文化管理又粉墨登场；GE 公司推出了 PPM 模型，麦肯锡公司则扯起 7S

大旗；有人对领导学感兴趣，有人则关注一般员工；有人研究劳动价值，有人研究知识管理；有人研究必用公式、方程，有人则喜欢讲个故事；有人认为文化重要，有人认为制度重要；有人努力推行管理制度，有人则强调企业伦理作用。

实际上，这种情况与很多科学或理论的发展轨迹极为相似。正像马克思所讲的，在科学上没有平坦的大道。这条坎坷曲折之路上自然包含着科学或理论之间的磕磕碰碰。现实中，假如一门理论一直被一种势力支配着，那就该出问题了。反过来，同一理论领域的各种学派互不相干地长期并存，也是值得怀疑的现象。在前一种情形下，这种理论可能被一个僵化的教条长期困扰；在后一种情况下，我们可能会迷失在"丛林"之中，为一种理论有如此多的观点和学派而怀疑其科学性和理论性。事实上，管理学研究之所以到今天依然蓬勃发展，管理学的书籍之所以卖得如此之"火"，与管理学领域总是不断地进来一些"外人"，总能够不断冒出崭新的观念和创意，并对既存理论提出挑战有极大关系。

管理学界习惯于将管理理论分为古典管理理论、行为科学理论和当代管理理论。一般认为：古典管理中有代表性的内容包括三大块，即以泰罗为首的科学管理、法约尔的一般管理和韦伯的行政管理等；行为科学则含有四部分，即人际关系学说、个体行为理论、团体行为理论和组织行为理论等；至于当代管理，人们一般按照八大学派来理解，即管理过程学派、社会系统学派、决策理论学派、系统管理学派、经验主义学派、权变管理学派、组织行为学派和管理科学（数理）学派。按照这种分法，将来产生的管理新学派，就只有不断往上追加了。你要搞研究，不外乎两条路：一是加入哪一学派；二是另立学派。我们在后面要谈到的矛盾管理学，就是另立学派。

2）名目繁多的管理学学科

管理学可以说是当今社会科学领域中发展最快，也最庞杂的学科群之一了，颇有从社会科学中分离出来成为独立领域的趋势，学士学位中有工商管理、公共事业管理、工程管理、信息管理、财务管理、人力资源管理、行政管理、土地资源管理等几十种管理相关学位，而以某某管理学或管理某某学命名的学科领域更是多如牛毛。

管理学从各种基础学科分有管理哲学、管理心理学、管理社会学、管理伦理学、管理行为学、管理史学、管理统计学、计量管理学、管理数学、管理会计学、管理法学等。

管理学从各种管理职能分有市场管理学、组织管理学、战略管理学、人力资源管理学、财务管理学、金融管理学、设备管理学、生产管理学、科研管理学、领导学、计划管理学、信息管理学、知识管理学、物资管理学、物流管理学、工程管理学、项目管理学、质量管理学、品牌管理学、文化管理学、广告管理学、知识产权管理学、区域管理学、经济管理学、环境管理学、和谐管理学、问题管理学、矛盾管理学等。

管理学从各种组织性质分有工商管理学、公共管理学、城市管理学、政府管理学、学校管理学、医院管理学、军队管理学、家庭管理学、旅游管理学、饭店管理学、行政管理学、工商行政管理学等。

此外，还有所谓的东方管理学、西方管理学等，不一而足。这已经有50多种了，看来您要想另立门户，还真不知道哪里能再找到块处女地。

2.2　现代管理学研究的基本范式

"范式"（paradigm）的概念为科学发展史专家库恩所创（Kuhn，1962，《科学革命的结构》）。其意思包含三个层次：一是指自然科学家群体中共有的一种思考前提；二是指社会科学家群体中普遍遵守的信念、价值观等集合体，或共同体特有的文化；三是最狭义的，指科学研究者共同体中创出的具体业绩或者说范例。

这种"范式"一方面指导学者专家们如何去提出问题、界定问题，如何行动去攻克自己的研究对象；另一方面又会束缚研究者的思维，将思维引向一个特定的方向或领域，而或多或少地忽视其他一些可能有效的方向或领域。每个管理学派的理论展开都是依据其思维"范式"进行的，明白了各学派的思维"范式"，可以说就基本掌握了理解其理论的指南。

我们在此讨论现代管理学研究的三对基本范式，即科学主义观与人本主义观，理论管理观与应用管理观，定量管理观与定性管理观。

2.2.1　科学主义观与人本主义观

本书根据研究方法的特性分了科学方法和非科学方法，根据研究方法的适用性分了科学方法和艺术方法，这里我们再根据研究方法的对象是"事"还是"人"将其分为科学主义观和人本主义观，以区别两种研究范式。

科学主义观是指以科学的世界观和方法论，以研究管理中的"事"为中心的管理学流派群。人本主义观则是指用人文的世界观和方法论，以研究管理中的"人"为中心的管理学流派群。在现代管理学发展演变的历史长河中，一段时间科学主义观呈现强势，另一段时间人本主义观又攻占了主阵地，正是两大研究范式力量的此起彼伏，才构成了异彩纷呈的管理学发展史。

中国人似乎对人本主义观情有独钟，"以人为本"正成为现在社会的流行概念，对管理学研究影响深远，但中国人对科学主义观也一点也没有轻视，"科学发展观"在全党全国的学习浪潮已经充分证明。可见两者并不矛盾。科学和人本本来就不是一对矛盾概念。"以人为本"的矛盾概念是什么？好像还没有人明确提出过。是"以物为本"？我们以前的研究讲到过，表面上好像是，但这种看法是经不住推敲的。管理的对象要素包括人、财、物、知识和时间，那么，物包括什么呢？土地、设备、机械、原材料等吗？这些并不是管理学认为的很重要的管理对象。扩张一下物的概念，将资本也列入物的范畴，又有些牵强。要那么说，人也是物呀！动物嘛！

由于以人为本的概念过于宽泛，所以我们认为其只能作为一种研究范式。要操作化就要弄清企业中谁是人的问题。换句话说，是要弄清谁是企业发展最可依靠的人的问题。这样的问题看来简单，但在目前看来，并没有很好地得到解决。这是因为，第一，企业越来越是个边界虚拟的组织。顾客是组织成员吗？供应商是组织成员吗？员工家属是组织成员吗？组织成员的边界要很好地得以界定才能进行研究。第二，企业的成员对组织的贡献有所不同，并不是所有成员都是组织的财富，有的甚至是组织的包袱，你总不能以包袱为本吧？等等。

考察和反思迄今为止管理学的发展过程，我们认为人本主义观可以成为这一过程中的一条重要脉络或基本范式，不用特意强调也很少有人会忽视或轻视它。

管理学研究中的另一重大脉络或基本范式，就是来源于泰罗并一直发展至今的以科学管理为代表的科学主义观。我们认为科学才是能够与人本相对应（但不是矛盾）的概念。科学管理的本质不是以"物"为中心，而是以"事"为中心。以"事"为中心的管理也可以叫作"事理"或"事本管理"，为了符合人们熟悉和习惯的概念，我们在此使用科学管理的概念。

科学主义观范式是以研究组织（主要是企业组织）中所要处理的事务或业务活动的本质规律性及偶然性为中心的管理学主线。它不仅仅指泰罗的科学管理，也包括研究组织中的人要处理的工作、事务、业务、信息等所有的"事"及事与事之间的规律及偶然性的管理理论阵营。

与"事理"或"事本管理"相对，以人为中心的管理是在研究"人理"，即做人之理，用人之理，育人之理，所以才叫"人本管理"。管理，就是管人理事，说得更明确一些是"让人做事"，因此必须研究人理与事理。

但是，科学主义观和人本主义观并不是完全独立、不相往来的。在管理学的发展历程中，试图将科学主义观和人本主义观综合起来的学者大有人在，如组织理论、权变管理、成长理论和最新动向的矛盾管理与知识管理理论等。我们认为，能够将科学和人本综合起来研究的根据是科学方法也可以用于研究"人"，虽然这比研究"事"要难得多。人本方法也可用于研究"事"的各种人为因素，虽然这可能只是情境因素。这种综合主义管理理论的特点之一是站得更高，更重视研究管理的方法论，更重视组织的整合性和管理知识的系统性。综合主义观的研究假定相对于科学方法更接近实践，因而其理论在实践中更加实用，内容也较新。科学主义观与人本主义观的比较见表2-1。

表 2-1　　　　　　　　　　　　　　科学主义观与人本主义观的比较

项目	科学主义观	人本主义观
课题来源	来自工作内容	来自组织成员
课题性质	科学性的	人文性的
研究目的	在于提高各种工作的效率和效益	在于揭示组织成员的理念、心理和组织氛围特征
内容表现	解释性的、无价值判断的、理性的、归纳演绎式的	提示性的、有价值判断的、悟性的、类比式的
理论标准	真实性	满意性
理论领域	科学管理、系统管理、决策理论、战略管理、企业再造、信息系统等	行为科学、管理心理、组织行为、文化管理、五项修炼、企业伦理等

●● 2.2.2　理论管理观与应用管理观

我们曾在《现代管理理论》[①]一书中，第一次将管理学分为了理论管理学和应用管理学，这两种管理学研究的价值偏好有所不同。理论管理学的价值偏好在于发现和创造知识；应用管理学的价值偏好在于选择和运用知识，终极目的是创造财富价值。在选择研究立场和研究方向时，似乎应该首先确定你的价值偏好是理论还是应用（当然也可以两者并重），这个决策将会直接影响你的研究方法的选择——理论管理学则要偏向选用科学研究法，应用管理学则可以选择非科学研究法。

理论是相互依存的概念、判断和原则系统组合起来的某种知识的模型、框架或体系。理论化就是管理知识的科学化过程。互不联系的信息构不成知识，同样，互不联系的知识也构不成理论。理论的最低形式是一种分类，是一套格子架，是一个文件柜，用以有条理地储存知识。

以研究对象分，有了上述的科学主义观和人本主义观，但是，任何研究又都是有其目的性的，研究目的是构成研究特色的重大要素。一般而论，人们的研究目的分为理论目的与应用目的两大类。从研究范式上，我们把管理学分成理论管理观和应用管理观两个基本范式。持理论管理观的研究者侧重于对组织的活动进行描述、解释和预测，以发现管理的规律、原则，以形成管理理论体系为主要目的；持应用管理观的研究者则侧重于对管理政策、管理方案的研究，以总结经验、教训，以解决问题和运用管理理论中的规律与原则为主要目的。

现实中，大多数人认为管理学应属于应用学科或实践性学科，纯粹的理论管理学是不存在的，至少也是实践价值比较低的。这就是工商管理硕士（MBA）能够

---

① 杨杜. 现代管理理论 [M]. 2 版. 北京：经济管理出版社，2013.

设立并流行的原因，也是本不是工商管理硕士的管理学硕士（MM）也倾向于多学习一些实用管理知识的原因，同时也说明了管理学还是一个年轻的学科，还不像经济学那样，因有较长期的研究历史而形成了比较完善的理论经济学体系。

应用管理观认为，管理应该是一门工艺学，管理要重视管理技能、管理行为和经验，而不必去建立一个完整严密的理论体系，也没有必要去寻求管理中的所谓普遍真理。他们认为管理学更接近于艺术而不是科学，工艺性的管理学带有技艺性质而不是像科学那样带有哲学性质。他们如此将艺术与科学截然分开，其实并不是反对管理中的科学方法，他们只是对纯粹的"完全脱离实践的所谓理论抱有反感，他们提倡的实际是相当于理论与实践相结合的'应用管理学'"。抱有"学以致用"和"实践是检验真理的唯一标准"之观念的中国人大概不会对他们的应用主义观提出太多的异议。

今天，如果有人提出"为管理学的管理学"的纯学术观点，也许会引起很多人的反对：管理学不为实践服务又价值何在呢？但是，管理学作为一门学问或科学，确实也有其唯知性目的的存在。我们不能完全否认纯粹为解释世界而存在的管理学研究的价值。理论管理观认为管理学"必须放弃对实际活动的干预，它的唯一使命就是对自在之物的研究和抽象概说"。理论管理观的方法追求完善的理性，排斥非理性因素。理论管理学的研究兴趣不是放在对企业的结构和运行进行准确而客观的描述和解释上，而是把注意力放在怎样按理性原则来改善企业现有的结构。

倾向于研究管理规律与原则的理论管理学的体系一般是完整的，也许正是因为理论体系太完整了，因而产生了一种封闭性。确实，设定一个相对狭小的课题并从理论上进行抽象推导论证，对适合用定量分析的问题（如通过问卷调查来研究一个变量（员工满意度）和另一个变量（离职率）之间的关系等）是很有帮助的。理论的方法往往采用假说前提与抽象法，这样可以将难以解决的价值观问题排除在外，达到理论推导的合逻辑性和严密性。但是，这样又容易陷入典型的柏拉图主义，因为它的逻辑前提（比如将盈利看作唯一目标、利润最大化等）有脱离实际的危险，还存在诱使研究者牺牲研究内容的价值去追求理论形式的完美的可能（比如研究必须有十个假定条件才能成立的理论模型等）。

不过，从理论管理学研究者设定研究目标的初衷来看，他们并不认为理论脱离实际和一部分研究成果没有实用价值有什么不对，因为他们认为理论的任务是解释世界，而不是出于实践的目的去改造世界。纯粹的理论管理学有点像形式逻辑学，只要求理论推理的正确和自成系统，既不管理论的具体内容，也不管理论与实践之间的关系，甚至不涉及理论的辩证发展。他们追求的是理论的普遍性、无阶级性。他们要做的就是使已有的理论能够作出更细化的、更合乎逻辑的解释。

我们认为，理论管理学的研究者们完全可以把一些在现有组织或企业中还不起作用或处于次要地位的课题提出来讨论。这样做说不定会有一些意料不到的结果出现，即在管理实践中还几乎不可能或根本不可能出现的课题，也可能会成为未来某种管理模式的基础。不可否定，理论管理学研究者们的求知冲动，也是推动管理理论向前发展的重要动力之一。这好比理论物理学与应用物理学的关系和作用一样。

看一看管理学者与管理者们的争论，就明白唯知性目的和实用性目的的并存的情况了。管理学者们更倾向于追求唯知性目的（当然也不能排除研究是为评定职称、写文章是为了凑工作量的目的等），而管理者们（包括积极深入企业的应用管理学者）则更重视实用性目的。前者关心的主要是各种学说、假说能否成立，是否真实和系统，而后者常常从效率和效用的观念出发，关心的主要是理论在组织（企业）中的实际应用成果及其大小。那些"唯我独尊"的理论家们和"全知全能"的实践家们有时很难说到一起，前者说"你那里没理论"，后者说"你那理论没有用"。

管理学家所讲的"管理学"和实践中管理者们所用的"管理"确实有着一定的距离。不少的管理理论是管理学者的理论而不是管理者的理论，是产品而不是"商品"，只能发表在期刊上供学者在自己的圈子里用一套别人听不懂的术语交流和享受。其实，这没什么不好，只要有人享受就行！

反过来，管理者也不是只顾实践，一点也没有自己的理论！没有理论就没有行动。不管他意识到了还是没意识到，总结出来了还是没总结出来，一线管理者同样有着自己的管理理论。我们可以把这些理论叫作"管理者的理论"，以区别于"管理学者的理论"。

管理学者的理论与管理者的理论的不同，主要取决于其目标的不同。一般而言，管理学者的目标是唯知性的；而管理者的目标是应用性的，因而是应用管理学。

似乎难以否认，现今应用管理观念位居主流。由于企业管理者们的关心和影响，管理理论的发展和作用好像可以用达尔文的"适者生存"的进化理论来解释，最为人们所推崇并获得了最多实践机会的管理学派，不是最好的，而是最有适应能力的学派。人们经常说理论是为实践服务的，科学是实践的"仆人"。马克思也批评以往的理论家只知道"解释世界"，却不明白更重要的应该是"改造世界"。

表 2-2 给我们一个有关理论管理观与应用管理观的大致区别。不过，这种单纯的两元比较法虽然形式上比较完美，但仔细分析起来，有些比较确切，有些则不大妥当。比如，实践中也完全可能产生理论管理问题，而不仅仅产生应用管理的课题。再比如，虽然理论科学的总体目标是对真理的追求，而实践者、应用者的兴趣在于有效地解决具体问题，但是追求真理与解决问题之间的共同点还是很多的，因而我们必须对具体理论学说做具体讨论。与表 2-1 相比，理论管理观基本相当于科学主义观，应用管理观则和人本主义观区别较大。

表 2-2　　　　　　　　　　　理论管理观与应用管理观的比较

项目	理论管理观	应用管理观
课题来源	来自理论本身	来自实践现场
课题性质	学术性的	非学术性的

续表

项目	理论管理观	应用管理观
研究目的	在于检验和发展理论，并对各种现象作出解释	在于设计出解决实际问题的方案
内容表现	描述性的、无价值判断的、理性的、归纳演绎式的、系统的	指标性的、有价值判断的、有悟性的、警句式的、零散的
理论标准	真实性	功利性
理论进步标准	理论的普遍适用性、真实程度、解释能力和预测能力	各种模式和规则解决实际问题的能力

● ● 2.2.3 定性管理观与定量管理观

有人说，能定量的事情不需要管理，有人说不能定量的事情无法管理。有人说只能通过量化模型才能得出科学的答案，有人说对于已知答案和你觉得可能性极大而又合理的事情，决不花一分钟去将其量化。可见，人们的定性管理观和定量管理观有着多么大的不同。

人们常说，成功需要99%的汗水和1%的运气。我们设问一下：那你认为对于成功来讲，是汗水重要呢，还是运气重要？很多人会回答汗水重要，因为平时老师就是那么教导我们的，老师们希望我们学习努力再努力。另一部分人会回答运气重要，因为没有那1%的运气还是成功不了。回答汗水重要的一部分人想一想之后，也开始认为运气重要。

面对不同但都有道理的回答，有人则开始思考，其实设问"哪个更重要？"这个问题本身就有问题。如果成功是100%的话，100%=99%+1%，对于成功来讲，汗水和运气都是必要的。这是必要性问题，而不是重要性问题。对问题本身提出疑问，这就是分析问题，而不仅是解答问题。中学生做习题主要是解答问题，不是做研究，分析问题则是研究的必要工作。在这个例子中，是99%还是1%是定量分析，是必要性问题还是重要性问题则是定性分析。

在第1章，我们讨论了科学方法和非科学方法，简单来讲，定性研究更接近于非科学方法，定量研究则接近于科学方法。换句话说，定性研究一般具有主观性、思辨性、直觉性；定量研究则一般具有客观性、实证性、规范性；结论的普遍性是它们的共同特征。

1）做定性研究的管理大师

很有意思的是，历史上很多管理学经典的成果和重要人物中，基本是采用定性研究方法，较少有做定量研究的。他们的工作具有以下几个特点：

第一，管理大师级人物是在勾画草图，他们是总设计师，不是某个细节的设计人员，更不是方案的实施人员。就好比德鲁克所讲，管理研究人员的任务是提出问题，而不是解释问题。提出问题是解决"有无"的定性问题，还远没有到达"多少"的定量问题。

第二，他们的研究不严谨，甚至有很多漏洞，但正是这些漏洞才表现了他们的洞察力。他们很有思想，靠聪慧的头脑，而不是靠大多数人常用的技巧和工具来创造知识。

第三，他们在构建理论，不是在验证理论。他们的研究中只有概念和命题，很少有变量和假说。

第四，他们是在提出管理学新问题，开拓管理学新领域，揭示管理学的新方法论，开发管理学研究新工具。他们只做第一人，而不是跟在别人后面的哪怕第二人。

第五，在管理学领域，他们似乎不是在发现真理，而是在发明真理。他们的思想很显然在改变着组织的运作，至少是推动着这些改变。组织在按照他们的设想而修改或再造。这和自然科学领域的某些研究有些相似——他们不是在发现新物质，而是在创造新物质。

第六，他们的研究方法难以描述和规范化，因而也难以共享。我们大多只能根据他们优秀的研究结果来推测其一定有优秀的方法，但我们很难说清楚。就好比我们只能根据优秀组织的表现来归纳其之所以优秀的理由，只能根据企业家的优秀表现来推测其领导力要素一样。但是，这样做的结果大都不能让人满意：今天的优秀企业家，明天可能一败涂地；今天的优秀企业，10 年后很可能不知所终；大师级的管理学者的地位相对牢固一些，但他们的研究方法我们也不容易学到。

卓越的研究者总是想方设法使研究在复杂的环境和条件下保持结构的简单，保持用高质量的研究成果满足解决现实管理问题的需要，并与管理者和学生保持良好的关系。他们认真听取其他研究者尤其是被研究对象的意见，他们引导但不控制研究的方向，更不去控制研究经费的分配和使用，不在别人的研究成果上写上自己的名字，虽然这样做可能有利于别人作品的发表——拿出名气也是一种"名誉资本"的付出呀！他们给予有创新精神的研究者以较大的空间，而不是做"学阀"。他们关注研究成果的真正贡献，而不是非要上所谓的核心期刊。他们关注探索性的重大研究，而不是仅仅看其中有无数据模型和公式。他们欣赏逻辑还不清晰的创新性、萌芽性观点，而不是对别人提出的观点商榷再商榷，检验再检验。

2）多数人和初学者宜做定量研究

多数人是靠定量研究吃饭的。

每当有一个新的管理领域为大师级的管理学者所开拓，就会出现一大批验证该理论的定量研究者，初学研究的硕士、博士一般是这一队伍中的一员。定量研究的流行和论文发表数量要求也迫使他们进入定量研究者的行列。有管理学院的学生透露，现在写论文，如果没有处理一些数据，做一下数量分析，就可能会冒论文不能通过的风险，这后果对他们来说可是承担不了的。他们必须学习一些统计知识，要学会做多元线性回归分析，学习如何对模型进行设定和检验，学习联立方程、时间序列分析和动态模型，还要学习结构方程等，还要会用 SPSS 的 25.0 版（以后不知会升级到多少版，2017 年是 25.0 版，被 IBM 公司收购后每年升级一版）进行统计分析等。

请不要误解，我们不是反对在管理学研究中做定量分析，我们只是不赞成做管理者毫不关心的、只为自得其乐的分析；不赞成做管理上无价值的、只是证明你学会了应用统计方法的分析；不赞成做太过复杂、需要 N 多假设条件而没有实际用途的分析；不赞成做太过精细需要小数点后面保留 5 位数字，而现实中根本不可能存在的分析；不赞成做那些试图证明某些不可知现象（比如在生产线这头把香肠放进去，那头就会出来一头活猪）的研究。

但是，为什么我们声称不赞成的那样的分析还会存在呢？原因是这种分析非但不是没有用处，反而有时还用处颇大。

首先，在研究的主流范式倾向于这种量化研究的时期，喜欢和习惯这种分析的人，会感到研究者有一定的建模或科研功力，至少学会了一些基本科研工具的使用，至少有很认真地对待研究工作的态度。

其次，这样的研究还让审查其论文的人要花不少精力才能弄懂他的研究过程和观点，这可是审查者不愿付出的成本，但要提出不同意见或批评，你又得花不少时间。审查者的心里可能想：这种折磨人的论文赶紧让它过去算了。于是，我们推测，这可能是这种类型的论文容易通过的真正原因。

最后，现在的科研考核规定是按照发表论文数量来计算绩效的，而且论文必须发表在所谓的核心期刊上，尽管某些核心期刊是量化研究范式的追随者，是只发行几百本至上千本的学界自娱自乐的舞台，但只要发表这样的论文，就会有不菲的科研成果奖励，这可是和经济利益相联系的。发表了论文才能有申请学位、申请副教授或教授的资格，这更是和利益、地位密切相关的。

我们并不认为这有什么不好，研究者也是要吃饭的，做学生更是要毕业证的，不会每个人都能像比尔·盖茨那样，不要毕业证也能成为世界首富。你怎么考核科研成果，人们（当然不是所有人）就怎样进行科研。于是人们不再看你论文的内容，而只看你在哪个期刊上发了文章，不再看你得出的是什么观点和思想，只看你论文的逻辑和形式。

正因为搞科研有了这样那样的考核压力和利益，正因为定量方法也就那么一些，比较容易掌握和使用，可以"工业化生产"，所以，社会上出现专业帮人写论文和发表论文的公司也就不足为奇了。不信你在网上敲出几个关键词，比如"购买论文""代写论文""代发论文"等，谷歌一下、百度一下或搜狗一下，保证你不会失望——不过，你真要这么做，就要承担东窗事发或被别人当"人质"的风险。你说，那也总要自己出个题目吧。那也没问题，社会上又诞生了专门替研究者搞各种调研数据和分析的公司，只要研究者能拿到项目，有钱就可以雇人搞研究、出成果，以至于学生搞研究也很快进入团队研究的阶段——请不同专业的学生分担不同的研究工作，最后由他整合在一起，再找一代发论文的人，一篇科研成果就出来了！

对组织他人帮忙研究的方式，管理学研究领域似乎不应该有太大抵触，因为我们是研究管理的，在科研工作中学习管理有什么不好呢？管理学的论文必须由自己写，本人还要郑重声明：所呈交的论文是"我个人"在导师指导下进行的研究工作及取得的研究成果等——提出这样规定的人好像是没有理解管理学的真谛！君不见那些有了些名气的研究者，一般不再亲自写论文或著作，或只管靠名气和资格申请项目，或只担任一些前言后记的主编，或者只管署名，或者署名都不用自己说别人就帮忙署上了。这还不算最厉害的，最厉害的应该是只管分配研究经费，这才是对管理学研究最大的"贡献"呀！就像经济学中人们对"价值到底是劳动者创造的，还是出资者创造的？"各执一词一样，关于知识是研究者创造的，还是项目组织者创造的，或者是投资者创造的，也没有取得统一意见。看来，做"研究管理"的人还是不如"管理研究"的人功劳大。

3）先定性后定量的研究发展规律

对研究者来讲是先学定量，再学定性，但对于理论的发展规律来讲，却是先定性，后定量。

开拓一个新学科，先是弄清楚是什么，然后研究为什么，随后再研究如何，最后定出规范，于是这一学科就规范了，也就成熟了。

考察一下管理学中的定量研究，实际上，定量研究基本上是在定性研究成果的基础上，为其做解释、细化、补充、完善的。定量研究主要靠的是精细的技巧、科学的工具，不像定性研究那样靠洞察力、思辨力和直觉，因而定量研究一般不会像定性研究那样有划时代的、开创性的成果。这恰好符合了研究的一般发展规律：先是探索性、描述性研究，再是解释性、规范性研究；先是由一人或少数人开拓一个管理学新领域，再是由大量研究者从各种角度做该领域的细化研究。比如，当某人提出一个新的理论观点后，后人则在其基础上开发其变量，进行细化研究，或者进行不同国度或组织情境下的相关研究，或者增加新变量进行补充性研究等。

由定性走到定量，这是管理学研究和知识成长的基本规律之一。

4）定量分析依赖定性分析而存在

定性分析可以单独存在，而定量分析一般是和定性分析分不开的。也就是说，可以有完全的定性研究，但没有完全的定量研究。完全的定性研究出现在一个研究现象的萌芽期，此时人们还无法对该现象作出明确的界定，更无从提出变量和指标，因而只能做定性研究。当某个现象已经表现得比较充分，人们对其有了一定认识之后，才开始做比较精细的定量研究，这种定量研究一定是在原有定性研究的基础上进行的，所以定量研究一定离不开定性研究。

在用词习惯上，定性和定量的不同是，定性描述多用形容词、名词，而定量描述多在名词基础上再用数词、量词。

定性的表述一般有事实性和价值观两种。事实性的包括有无、是否、多少、大小、高低、长短、涨跌、盈亏、进出、攻守等；价值观的包括好坏、善恶、满意、喜欢、认同、适合、重要性、决定性等。

定性和定量的转换逻辑是：现象—假说—构念—变量—指标—数据—结果。变量是定性分析转化为定量分析的关键。

举个例子：

现象：中资电信设备企业销售额比外资同业增长得快，利润额比外资同业增长得慢。

假说：成长战略影响成长模式。

构念：成长战略是如何影响成长模式的？

变量：市场占有率战略，投资额，价格，成长模式。

指标：销售额成长率，利润额成长率，市场占有率，投资增长率，价格水平。

数据：中外资电信设备企业 20×4—20×8 年销售额、利润额、价格水平和投资额等数据。

结果：中资电信设备企业实施市场占有率战略，并通过大规模投资和低价策略，实现了扩张型成长模式。

5）变量模型

变量设计是将定性研究转化为定量研究的关键环节。参考陈晓萍等人主编的《组织与管理研究的实证方法》提出的理论模型中的变量类型一图[1]，我们经过少许改进得到图2-3。

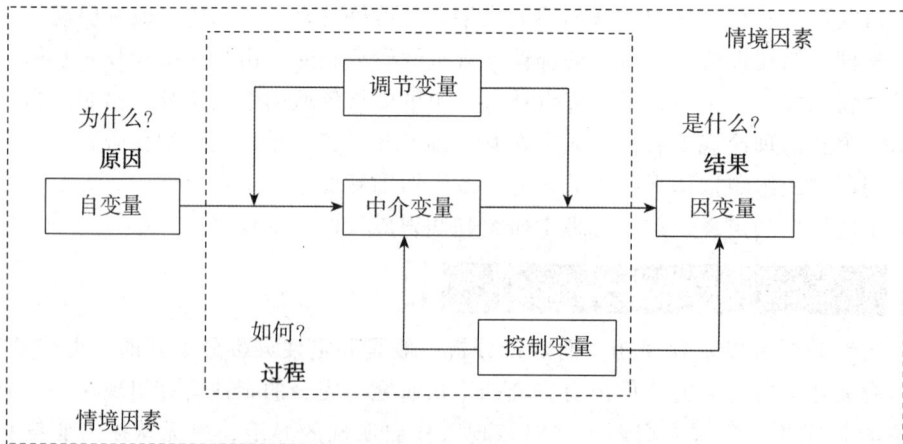

图2-3 理论模型中的变量类型及情境因素

---

① 陈晓萍，徐淑英，樊景立，等. 组织与管理研究的实证方法 [M]. 北京：北京大学出版社，2008：20.

这是统计学方法被引入管理学之后的理论模型，算是一个方法论派别。变量模型研究管理可以让我们较清晰地理解一个因素和另一个因素的关系及其强弱程度，是解释性研究的基本方法。这种方法严谨、演绎逻辑性强，但同时过于量化、细化和理性，而管理中有很多重要因素是不能量化、细化和理性处理的。因此，这种方法一般有两个问题：一是在自变量这一前提下，忽视掉管理者的主观和个性要素，而这种要素在管理中几乎是不能忽视的；二是提出的观点理论价值和现实价值不大，却花费了很多精力去研究。换句话说，这类研究的中间逻辑分析部分很具理性和说服力，但在前提和结论上容易出问题。如果我们同意德鲁克的观点——管理学研究者的任务不是解答问题，而是提出问题，从这个观点来理解的话，这类依据变量所进行的解释性研究的问题就更大了。

但是，如果你喜欢或者你习惯这种方式，好比库恩说的，你有你的特定研究范式，那就各随其便了。毛泽东有"五岭逶迤腾细浪，乌蒙磅礴走泥丸"的豪迈，也总有人关注"小桥边的石缝里，一只不知名的小虫在鸣叫"之细节，正所谓"萝卜青菜，各有所爱"，这是管理研究者的立场、价值观和嗜好问题。喜欢大构想，还是喜欢小细节，喜欢管理者还是喜欢被管理者，喜欢定性还是喜欢定量，这类问题只可分析，不可争论。

事实上，人类的知识体系发展到今天，对一个事情的看法和角度已经细化和复杂到相当程度了。我国的台湾大学教授张文亮写了一个小册子叫《牵一只蜗牛去散步》，其中有一篇散文《是谁丢出那一块石头》，我把它稍作修改放在这里，或许可以让人明白对同样一件事情，不同的学者是怎么思考问题的。

当一块石头丢出去，

石头运动的轨迹如何？——这是物理学的问题。

石头打到人了！——这是法律学的问题。

喂！你干吗丢石头？——这是心理学的问题。

难道我没有权利丢石头？——这是政治学的问题。

反正，你乱丢石头就是不对。——这是伦理学的问题。

用哪部分的肌肉来丢可以最远？——这是生物学的问题。

肌肉里会进行什么样的反应？——这是化学的问题。

咦？这块石头的组成成分是什么？——这是地质学的问题。

丢石头是自变量，打到人是因变量，空气是中介变量。——这是统计学问题。

为什么石头打到A，没打到B？——这是数学的问题。

干吗有事没事讨论这问题？——这是哲学的问题。

丢砖头会不会比丢石头更赚钱？——这是经济学的问题。

吃了什么食物，才有这种力气丢石头？——这是食品学的问题。

是不是不同人种对石头有不同的丢法？——这是人类学的问题。

那么，古人是怎么丢石头的？——这是考古学的问题。

老兄，省省力，我设计一个机械替你丢石头。——这是工程学的问题。

把你丢石头的感受用文字写下来吧！——这是文学的问题。

今天，大学里面的许多科目，都是被这块石头打出来的。

但是，最基本的一个问题是：

起初是谁让谁把那块石头丢出来的？——这是管理学的问题。

不就一块石头吗？吃饱了撑的！——这是管理者的问题。

6）系统模型

其实，相对于来自统计学的变量模型，管理学研究还有更早的模型，那就是来自系统控制论方法的模型。系统控制论方法模型可能更容易让我们理解企业组织的构成和运作。这里我们参考一下李怀祖的工程系统和管理系统模型。

工程系统"由输入（I）、处理（P）、输出（O）组成，系统本体和环境关系主要通过反馈环节（F）以求适应环境变化，整个系统处于环境（W）之中"，如图2-4所示。这里也有变量的概念，"输入变量视为外界给定，系统和处理模式一旦构造出来则固定不变，并可重复得出预期的输出结果"[①]。一个设备装置化的化工厂最容易让人们理解工程系统。

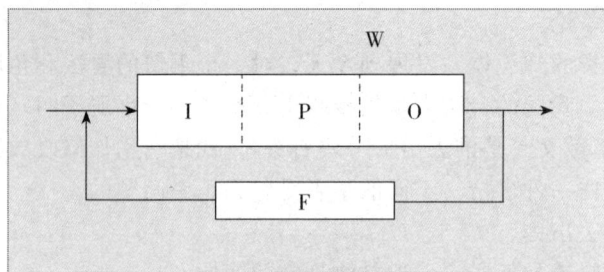

图2-4 工程系统

管理系统的输入包括了人、财、物、知识、时间、思维模式等各种要素，与工程系统不同的是其中的主观性要素，如图2-5所示。因而，"管理系统要复杂得多，人们无法将系统本体和环境隔离处理。管理离不开人的因素，决策者在自己的知识结构（和价值观、思维模式）引导下，对系统的输入、处理和输出作出判断（包括事实判断和价值判断），而系统本体和决策者又总处在某种工作环境（W）之中。思维模式（S，包括价值观和知识结构）和工作环境（W）之总和构成了管理系统的管理情境（C=W∪S），管理情境可理解为系统本体所处的主客观背景。"[②]（原著中有些意思不完整，括号内文字为本书作者所加）

因此，具有管理情境的系统是一个嵌入性系统，即S（思维模式，包括管理者的价值观和知识结构）作为嵌入模块嵌入到了系统本体和工作环境之内。这种嵌入构成了管理系统的混沌状态，使得科学研究中的定量甚至定性分析方法在管理学的某些方面几乎成为不可能。

[①] 李怀祖. 管理研究方法论［M］. 2版. 西安：西安交通大学出版社，2004：21.

[②] 李怀祖. 管理研究方法论［M］. 2版. 西安：西安交通大学出版社，2004：22.

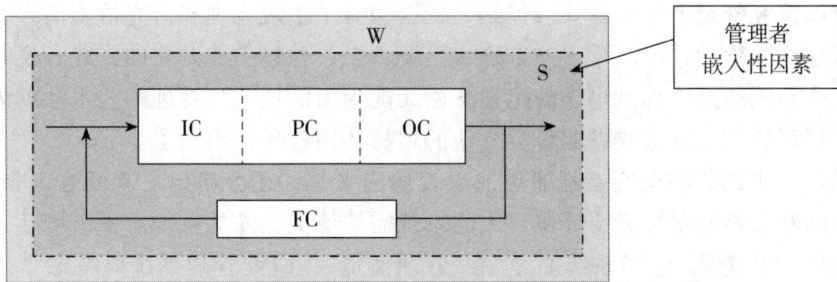

图2-5　管理系统

注：IC——管理情境下的输入；PC——管理情境下的处理；OC——管理情境下的输出；FC——管理情境下的反馈；S——主观管理情境；W——客观工作环境；C——主客观管理情境。

事实上，在研究者观察调研处于管理情境下的管理系统时，特别是研究者参与管理系统时，事情则更为复杂，如图2-6所示。李怀祖讲道："设想来了一位外部观测者，这位观测者可以是政府部门来的视察人员、审核人员，可以是大学管理学院的教师或咨询机构的研究人员。这些外部观测者有着自己的主观管理情境S，所处的客观环境W也和企业主管不一样……自觉不自觉地按自己的思维模式和时空环境来诠释所观察的企业，构成自己有关企业的'心象'……作为管理研究人员，如不采用'角色互换'的办法去体验和弄清所研究对象的情境，就很难切中要害地发现问题，作出正确的判断。然而，真要去了解并描绘清楚企业主观的思维模式和具体背景，然后作出符合实际的判断，这种研究工作的难度很大，规范性、重复性和共性很差，这便是管理情境带来的难题。"[①]

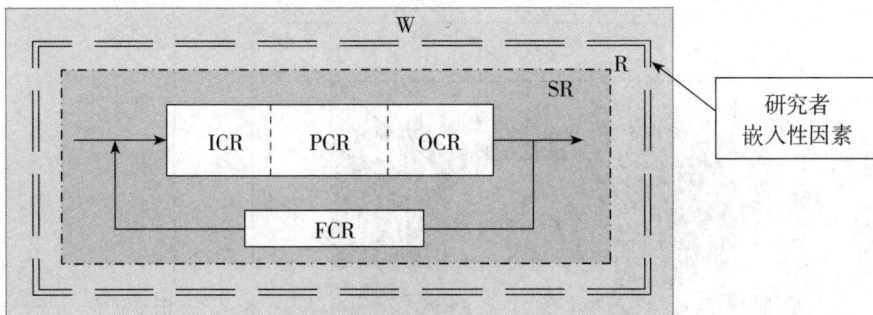

图2-6　研究情境下的管理系统

注：ICR——被研究的管理情境下的输入；PCR——被研究的管理情境下的处理；OCR——被研究的管理情境下的输出；FCR——被研究的管理情境下的反馈；SR——被研究的主观管理情境；W——客观工作环境；CR——被研究的主客观管理情境；R——主观研究情境。

7）价值判断就是事实判断

由于管理系统的研究工作不可避免地要嵌入管理者主观管理情境和研究者主观研究情境因素，因此，管理系统的本体和情境是一体化、不可分的，所以不研究情

① 李怀祖. 管理研究方法论［M］. 2版. 西安：西安交通大学出版社，2004：26-27.

境就难以探究管理系统的真谛。但是，正因为有了主观管理和研究情境的存在，我们能够理解的管理系统就是千差万别、千姿百态，并且千变万化的，或者说其是独具个性的系统。这恰恰是科学的定量方法无能为力的地方。管理的艺术性就体现在这里，管理的定性方法或者非科学方法的独特作用就显现出来了。

更进一步说，在研究者把研究成果表述出来时，还会遇到"道可道，非'真'道"的问题，物的系统需要环境，人的系统需要情境，知的系统需要语境。企业系统要考虑"环境"，管理系统要考虑"管理情境"，研究管理系统要考虑"研究情境"，表述研究成果还要考虑"语境"。透过环境+管理情境+研究情境+语境，然后才是本体，可见发现真理是多么困难！

管理学研究的根本可以说是人的系统。价值判断成为管理学研究中的一个不可缺少的要素，而不能只考虑事实判断。甚至可以说，价值判断在管理学研究中就是事实判断。

●● 2.2.4 管理学研究的三维框架

我们可以用研究对象和研究目的二维平面空间来描述管理知识的整体框架，再加上研究方法，即构成三维框架，研究者可以在其中选择自己的研究空间定位，如图2-7所示。如果再加上一个时间维度，你就可以做区别于截面研究的历时研究了。

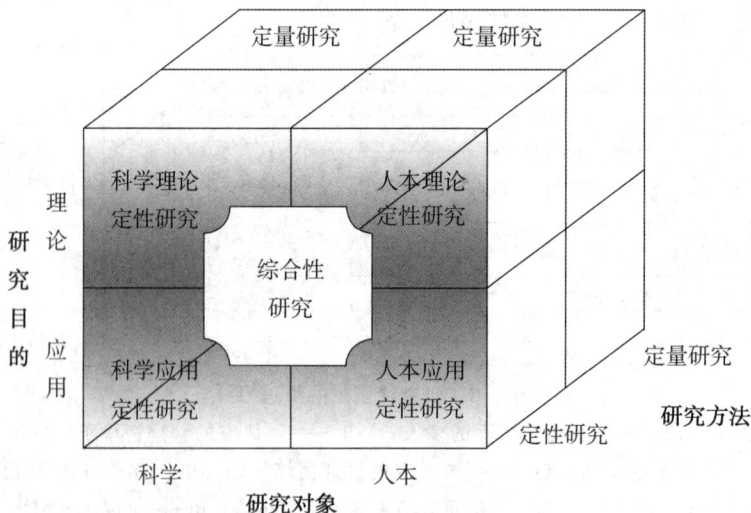

图2-7 管理学知识的三维分析框架

研究对象一维分为科学与人本，研究目的一维分为理论与应用，研究方法一维分为定性和定量。这样，我们就可以用这三维将管理学研究理论的框架分为九个部分：①科学·理论·定性研究部分；②科学·应用·定性研究部分；③人本·理论·定性研究部分；④人本·应用·定性研究部分；⑤科学·理论·定量研究部分；⑥科学·应用·定量研究部分；⑦人本·理论·定量研究部分；⑧人本·应用·定量研究部分；⑨居于中间位置的综合性研究部分。

》 2.3　管理学研究的历史观、主要框架与未来课题

本节的目的是帮助读者理解现代管理学的核心成果产生的历史，并指导未来研究者的命题和模型选择。尽管我们也知道这是很难完成的任务，但无论如何都要做，因为只有了解了管理学的学说史，才有利于后来的研究者作出知识新贡献，而不要重复前人的研究，才有利于借鉴前人的模型、方法用于新领域的研究，而不要全部从零开始。

前面讲到由定性走到定量，是管理学研究的基本规律之一，更基本的规律则是追随企业组织的发展而发展，换句话说，就是企业管理实践的进步推动了管理研究的进步。其他组织的管理及其理论，也基本上是以企业管理理论为基础发展的，不管你认为现代管理学的建立是从泰罗开始的还是从德鲁克开始的，可以说，现代管理研究始于现代企业组织的诞生。

●● 2.3.1　管理学研究的历史观

如前所述，后来的管理学者在梳理各种管理理论成果时，一般是按其研究方法、内容或产生时期分为各个学派的，比如最常见的方法是把它们分为古典管理理论、行为科学理论和当代管理理论丛林。人们较多关注理论与理论之间的关系和脉络，但较少跳出管理理论的圈子"鸟瞰"管理的整体及其与活生生的企业组织成长的关系。

理论来自实践，又是为实践服务的，倾向于应用科学的企业管理学更是如此。但是，第一，人们虽然有时也谈到管理理论的源泉，但一般只是停留在议论理论来源于实践而已，即较少从管理学产生的背景原因、管理学研究的现实对象出发，来审视管理学作为一个理论学科的发展的规律性和偶然性。第二，人们比较注意"分析"而不是"统合"，比较习惯于孤立地看待某一种或几种管理理论，而对各种理论发展过程中的连带关系及相互间的本质异同缺乏一个比较明晰的背景平台。第三，人们比较局限在学者圈子里，关注理论的逻辑推演，而忽视理论与企业管理实践的关联——尽管有人强调自己做的是实证研究。第四，人们只认为管理理论的创新动力来自学者的好奇心和所谓的学术价值，忽视了管理现实中问题的亟待解决也是重要的创新动力。

在这里，我们要换一个视角来"管理"我们已有的管理研究成果。我们尝试用历史的视角与实践的视角来通观管理理论，以使我们获得某种新的感觉和认知。当然，这不是要研究企业管理史或企业成长史，而是将时间要素引进来，观察管理学理论的产生、发展及企业演变的阶段特征，以及它们之间的相互关联。事实上，管

理论历史发展的主线，是与管理学研究的主要对象——企业——的演变及演变过程中所表现出来的核心课题密切相关的。我们认为，尽管优秀的管理理论成果"影响着"企业成长的实践，但企业成长的实践却"最终决定着"管理理论的发展。

很明显，我们在这里所采用的分析方法，是第1章所讲到的辩证方法。

现代企业诞生至今的演变可以用五个历史阶段来概括，现代企业管理学研究基本上是适应这五个阶段而发展过来的。这五个阶段是：现代企业制度的确立与普及阶段；大企业体制的形成阶段；多元化·国际化战略的展开阶段；事业重构运动的兴起阶段；企业制度与管理再造的思潮阶段。企业演变的每一个阶段都有其共同的、区别于其他阶段的核心管理课题，解决这些课题的现实需求催生了与之相应的管理理论。

1）现代企业制度与企业论、企业制度论研究

19世纪中叶至19世纪末的大约50年，是以股份公司制度为代表的"共有制"的现代企业制度确立与普及的时期。股份公司最初萌芽在英国、荷兰等西欧国家，以后逐渐扩展到北美、亚洲等地。股份公司制度的出现和确立，从根本制度上克服了传统企业制度对企业持续成长的人为界限，为后来企业相当长期的持续发展提供了一个坚实的制度平台。

与现代企业制度的确立和普及相适应，这段时期的管理学研究主要集中在企业论或企业制度论方面，提出了法人组织、营利企业、企业家、所有权与经营权分离等一些最基本的概念体系。这时的管理学研究还没有完全独立，大多数内容还交融在经济学理论之中，尤其是和经济学中的企业理论、个体资本理论等交融在一起。这时的研究者也基本上是经济学者兼管理学者。例如凡勃仑等人就是如此，他们所研究的管理理论一般集中在包括企业动机、目的、方法、效果在内的有关企业行为的领域，这与我国已故蒋一苇先生1979年所提出的"企业本位论"的研究有相当的一致性。我国对企业本质目的、动机、政企分开、治理结构、股份制等现代企业基本制度的实践及研究，（抛开1949年以前不说）可以说从蒋一苇等开始一直到今天，依然属于"正在进行时"。从最基本的意义上讲，在我国，具有现代意义的企业，在20世纪30年代到40年代刚刚有一些很弱小的萌芽就被历史淹没了，一直到20世纪80年代改革开放以后，才真正开始进行现代企业制度建设。因此，与老牌资本主义国家相比，基本上晚了一个世纪。自然，这段时间的落后对我国管理学的发展历程产生了重大的影响。比如，从我们目前的认识水平来讲，现代企业制度就是股份公司制度，与此相应的基本理念、概念和运作方法，基本上都要从头学起和做起。我们可以做得快些，但很难跳跃过去。而且，依然占据主流地位的国企治理结构问题、国企的本质属性问题、国企的目的性问题等中国特有的普遍性的企业制度问题，还是没有得到应有的解决。

2）大企业体制与古典管理理论

从20世纪初到20世纪50年代，大约也有50年的时间，这是现代企业"由小到大"的成长壮大时期。由于股份公司制度为企业扩张提供了制度平台，突破了企业发展过程中的人为界限，所有权与经营权的分离为企业组织的大型化创造了条件。特别是第一次、第二次世界大战的爆发大大刺激了新兴资本主义国家——如美国——的汽车、石油、化学、钢铁等重化学工业企业的大规模扩张。进入20世纪后，现代企业在美国企业的带领下，开始进入以大企业为主导的"大企业体制"的时期。大企业体制的主要特点是，每个主要行业里面都有几个到十几个大型企业形成寡占，从而控制整个行业的市场游戏规则，并在一定程度上影响政府的行为。现代企业组织开始成为这个社会的主流力量。

在大企业体制的建立过程中，经济学中的"规模经济"论成为这一时期的主导理论，人们以研究生产规模与经济效益的关系为中心，推出了一系列的研究成果。可以说，现代管理学研究正是在这一时期逐渐从经济学理论中分离出来，成为一门独立的学科的。在管理理论建立的初期，与企业由小到大的规模发展和"规模经济"理论相适应，早期管理学主要是建立在生产理论上的，以提高效率为主要研究课题，因为这也是企业迫切需要解决的问题。其特征有以下几点：①着眼点集中在企业内部；②以研究效率的提高为核心；③以基层和专业（职能）管理为重点。我们熟知的古典管理理论——如以泰罗为代表的科学管理等——是如此，法约尔的一般管理也是对企业内部管理的研究。20世纪30年代到50年代发展起来的从霍桑试验到后来的行为科学研究，虽然与泰罗等人更重视"做事效率"的研究角度不同，但本质上也是研究如何激发人的工作积极性，以提高团队效率为核心目的的管理理论。巴纳德的社会组织理论也属于企业内部的组织理论。

我国在20世纪50年代学习和引进苏联的工厂管理知识和技能，可以说采取了很多与泰罗的科学管理基本相同的管理方式方法，如果这些能不受国际环境和政治因素的影响而坚持下来的话，可以说中国的管理水平会在短期内大幅提升。但是，历史没有如果，环境因素的巨大动荡，使那10年中国的工厂管理处于忽左忽右的运动之中，极大地阻碍了组织管理水平的提高，那时的管理很有些军队管理的味道。很自然，当时现代管理学研究受政治和局势的影响无法展开。

3）多元化·国际化战略与当代管理理论

自20世纪60年代初中期开始到70年代中后期，各国企业的经营环境出现了较大转变。一方面，技术进步使大量生产体系高效产出商品造成市场日趋饱和，企业的预期增长率越来越低。同时，行业内的生产集中度提高，成长的不确定性增加，以及政府反垄断措施的强化等，都使得企业在主业范围内的成长空间日益缩小。另一方面，受资本增值本性和企业家精神的牵引，企业的成长和扩张又是必须持续的、不能停顿甚至是不能放缓的。因此，为寻找持续成长的空间和机会，企业普遍采取了跨行业的多元化经营（diversification）和跨国界的国际化经营两大发展战略。到20世纪70年代末，"由小到大"的现代企业开始普遍走向一条"由少到多"的典型道路。工业发达国家的大企业在这一阶段，或自我投资，或兼并收购，大规模地进行跨行业扩张，经营多个行业、控制多个事业单位的巨象型企业集团成为这一时期的典型形式。同时，以往限制企业扩张的国境线也开始为企业的飞速扩张所突破，大企业的触角在全球延伸，在多个国家拥有市场、工厂和投资的跨国公司（也叫全球公司、多国籍公司等）也在这一时期兴盛起来。

适应企业成长模式的重大变化，这一时期的管理学研究也取得了众多的创新和长足的发展。首先，了解市场，了解竞争对手，整合好企业经营资源与环境的关系成为企业经营的核心课题，以研究内部效率性为主的管理理论开始向研究企业对外部环境的适应性偏移，人们开始重视研究环境与战略方面的课题。其次，随着企业管理的重心由基层转向高层，研究重点课题开始由专业（职能）性管理转向了综合性管理。再次，企业的多元化经营的现实也对以往的与"规模经济"理论相适应的管理理论提出了挑战，因为多元化经营已不仅仅是个规模问题，还是多种业务之间的经营资源配置问题以及相应的组织设置问题，所以多元化经济、战略与组织、企业决策与领导行为等理论被提了出来。最后，出现了否定以往一般管理理论中的所谓普遍性原则，重视因时、因地、因人、因事权衡利弊的权变管理。安瑟夫的企业战略理论，钱德勒的组织结构服从战略的假说，西蒙的决策理论，以劳伦斯、洛希为代表的权变理论等，构成了当代管理学理论的基础。

此时的中国，正好处在10年的动荡时期，可圈可点的东西实在太少，就不说了。

4）资源配置管理与企业集团、企业文化的研究

20世纪70年代末至80年代末，在国际上，企业成长进入了一个新的阶段。如果说企业以前追求多元化经营和国际化经营依然是"大的就是好的"这一思路的延续的话，那么，资源配置管理的出现则是企业发展历程中由追求量的扩张到追求质的变革的一次大转轨。业务重组往往是新事业的增加与旧事业的放弃同时进行，其目的不再是企业的"大"和事业的"多"，而是企业投资结构和战略布局的"完善"与"优化"。

这时的企业逐渐明白有所不为才能有所为，从而将"经营战略"推进到"战略经营"的阶段。考虑和规划经营资源整体结构及如何应对环境变化成为经营者的首要课题。研究企业如何从原有事业领域撤退，使得减量经营理论也应运而生。资源配置管理的兴起预示着单纯追求规模扩张和事业领域扩张的发展思路已经走到了尽头。与这一阶段相适应的主要管理学研究领域分为两个。一个研究领域是企业集团理论、网络组织理论及资源配置的PPM模型等。其中，研究日本的企业系列、中间组织等特殊企业间关系现象的理论取得了不少成果，对环境→战略→组织→效果链式相关关系的研究也比较流行。另一个研究领域是更加盛行的有关企业文化的研

究。有所为有所不为的企业观、事业观促进了企业文化理论的研究，以人为中心的管理观念在继承行为科学理论的基础上得到了蓬勃发展。领导学（领导艺术）等被大力提倡和宣扬，对卓越公司管理经验的研究风行。

此时的中国企业还处于改革开放的第一阶段（1978—1991 年）。这个阶段的主导思想是"两权分离"，即企业资产的所有权与经营权相分离。这是学习了国外企业 100 多年前的经验后，开始进行的企业制度变革。在这种指导思想下，先后搞了"放权让利""利改税""拨改贷"，后来又搞了"承包制"等改革。1979 年提出的"企业本位论"，可以算是中国真正研究企业理论的开始吧。只是到了 20 世纪 90 年代中后期，才有比较前卫的中国公司采取资源配置管理，如深圳华为公司的永不进入信息服务业战略、深圳华侨城集团的退出战略、万科的减法经营等。1999 年中国共产党十五届四中全会的决定也在此时提出了国有企业要进行战略性调整，要有进有退地部署。

5）企业及其制度再造与代理、治理理论

进入 20 世纪 90 年代，美日等国开始对 100 多年来曾对经济和企业发展起过重大作用的股份公司制度提出疑问。一方面，由于一部分经营者利用对经营权的控制专权妄断、牟取私利和世袭等所谓"内部人控制"问题的出现，股东们感到了利益的损害和地位受到威胁，于是股东反攻夺权、要求改革董事会和股份公司制度的呼声迭起，出现了反股份公司、反企业本位的思潮。另一方面，人们还感到，仅仅进行企业内部的事业重构似乎已难以解决现代企业所面临的可持续成长问题，于是开始思索如何才能使企业再完成一次根本的革命。这两方面的要求，促使企业再造思潮诞生，使管理学的革新与发展又回到了企业整体的层次。这就是由资源配置（restructure portfolio）①到企业再造（reengineering 或 recorporation）的思路大转换。

一个多世纪以前现代企业制度的确立与普及，是对社会生产力的一次大解放，它为企业的高速发展和扩张提供了制度性的条件，其后（除社会主义制度内的工厂制以外）很长一个时期基本上没有再对企业制度提出过明确的质疑，显示了以股份公司为代表的现代企业制度的极大包容性。但是，20 世纪 90 年代以来企业再造思潮的出现，使企业制度进入了继续创新的阶段，有人已经提出了"后现代企业制度"的观点。

问题大概出在"所有权与经营权的分离"这一企业管理理论的中心课题上。现代企业制度建立以来，实践与理论大都集中在如何使所有权与经营权尽可能分离的思路之中，目的是强化经营者的地位，使企业发展尽可能地摆脱所有者的制约或束缚。其前提或假说是，所有者虽然有资本，但他们不如经营者那样拥有更有效地经营企业的知识和能力，两者的分离能更好地发挥经营者的知识和能力而使资本增值，从而也更有利于资本所有者的利益。现在，由于某些经营者的作为，所有权与

---

① restructure portfolio 直译为重组投资组合，本书意译为资源配置。——编者注

经营权分离的思路开始受到怀疑，人们开始认为，为了实现现代企业的可持续发展，所有者与经营者之间的关系已不仅仅是分离，更不是越分离越好，反过来，也不是要简单地回到传统企业的两权统一——员工身份和股权绑定。人们已经认识到，最重要的是探索两权变四权——所有权、经营权、分配权和投资权，以及四权合理错位和有效结合的实现形式。

代理理论（Agency Theory）是研究企业制度创新的重要理论之一。代理理论把所有者与经营者等的关系，用一种法律的概念即"本人—代理人"来表示，并把研究焦点放在如何解决两者矛盾的机制之上。这一立脚点既不同于"所有者与经营者完全结合"的新古典派企业理论，又不同于"所有权与经营权完全分离"的经营者派企业理论。代理理论把企业看作一个由签订着一系列代理契约的人所形成的组织体，分析的焦点是企业的内在均衡过程。它一方面重视投资风险的承担与经营决策职能的分离，另一方面又强调代理关系的存在，重视对经营者机会主义行为的制约机制，因此具有折中主义的色彩。

治理结构理论则从另一个角度来研究制度创新，比如目前国有企业的混合所有制改革，其中的经理期权与员工持股制度是人们对治理结构理论的具体应用之一。经理期权与员工持股制度的本质，是使经营者与员工也成为所有者，他们的双重身份，使所有者与经营者、员工形成利益共同体或命运共同体，从而在一定程度上解决代理问题、激励问题、人才稳定性问题和企业可持续成长的动力问题。对这一问题的研究还创造了新的分配理论，提出了区别于按劳分配原则、按资分配原则的"按知识分配"新原则，在一定程度上解释了"所有权决定经营权，但什么决定所有权呢？"的重大课题，即知识贡献决定出资权（或认股权），即前面讲到的"两权变四权"。这就使现代企业制度到达了股东选择企业与企业选择股东相结合的新阶段。

以海默（Hammer）和钱皮（Champy）为代表的企业业务流程重整（Business Process Reengineering，BPR）的研究，融合了以往的理论研究结果和企业实践经验，是力图从流程而不是从职能分工上根本改善企业的经营导向和工作目标的重要研究之一。

与业务流程重整相应的领域产生了一系列新的管理理论方法和运动。比如ISO 9000质量保证体系认证运动，尽管很多企业人士承认只是拿到了中英文两张证书，管理水平和内容并没有多大的实质性提高，但这似乎成了企业的"市场准入证"，很是热了一阵子，正好应了"管理也是一种流行"这句话。类似的还有生产资源计划（MRP、MRPⅡ）、企业资源计划（ERP）等。

从现实中寻找管理学研究课题，并通过解决管理问题实现研究课题的价值，是不同于纯学术研究的方法和道路，有兴趣者可以试试。

●● 2.3.2　管理学研究的主要框架

管理学研究成果已经相当庞杂，要梳理出常用的、有价值的框架不太容易。我们在此做一尝试。

思考需要框架，行动需要焦点。所谓研究框架，是指研究者思考和表述自己的观点或研究成果的某种结构或系统。我们认为主要的研究框架有线性框架、分层框架、曲线框架、循环框架、平面四分框架和金字塔框架六种。

1）线性框架举例

线性框架又分一分为二框架和一分为多框架。

（1）一分为二框架

在管理学研究中，常见的一分为二框架有：

①双因素理论，分为激励因素和保健因素；

②人性理论，分为 X 理论和 Y 理论；

③成熟理论，分为成熟和不成熟；

④组织理论，分为正式组织和非正式组织；

⑤决策理论，分为程序化决策和非程序化决策；

⑥权变理论，分为机械组织和有机组织。

一分为二框架比较为熟悉一分为二思维模式的中国人所理解。比如，我们将意识形态分为社会主义和资本主义，将经济体制分为计划经济与市场经济，将所有制分为公有制与私有制，将分配原则分为按劳分配与按资分配等。

（2）一分为多框架

管理学研究中，常见的一分为多框架有：

①人性假说四分法，即经济人、社会人、自我实现人、复杂人；

②管理职能五分法，即计划、组织、指挥、协调、控制；

③领导方式四分法，即专权独裁型、温和独裁型、协商型、参与型；

④管理要素七分法，即结构、战略、人员、管理风格、体制与程序、领导观、价值观；

⑤竞争力五分法，即供应商交涉能力、购买者交涉能力、潜在竞争者进入能力、替代品替代能力、行业内竞争者现有竞争能力等；

⑥管理决策五性法，即必要性、可能性、重要性、必然性、偶然性。

2）分层框架举例

管理学研究中常见的分层框架有：

（1）需求理论分层框架

第五层——自我实现需求

第四层——尊重需求

第三层——社交需求

第二层——安全需求

第一层——生理需求

（2）管理手段分层框架

第五层——信仰手段

第四层——伦理手段

第三层——文化手段

第二层——制度手段

第一层——法律手段

（3）企业文化分层框架

第四层——精神层

第三层——行为层

第二层——制度层

第一层——物质层

（4）企业利益相关群体分层框架

第五层——社会需求

第四层——政府需求

第三层——员工需求

第二层——股东需求

第一层——顾客需求

（5）组织分层框架

第四层——组织间

第三层——组织

第二层——团体

第一层——个体

（6）社会责任分层框架

第四层——慈善责任

第三层——伦理责任

第二层——法律责任

第一层——经济责任

3）曲线框架举例

（1）韦尔奇活力曲线框架（如图 2-8 所示）

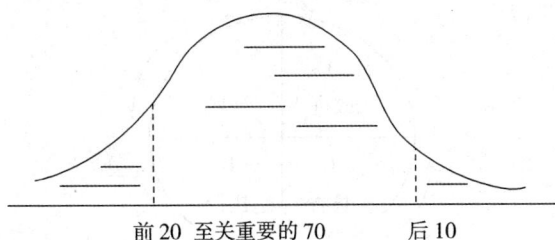

前 20　至关重要的 70　后 10

图 2-8　活力曲线图

（2）S 曲线框架（如图 2-9 所示）

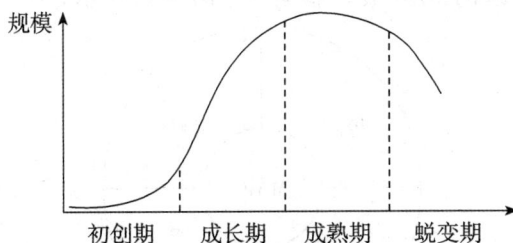

规模

初创期　成长期　成熟期　蜕变期

图 2-9　S 曲线图

（3）微笑曲线框架（如图 2-10 所示）

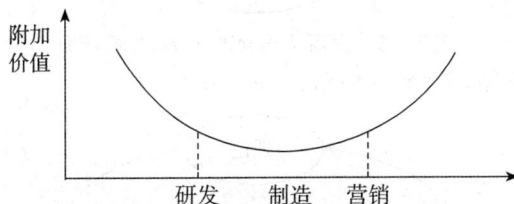

附加
价值

研发　制造　营销

图 2-10　微笑曲线图

（4）企业成长规律曲线框架（如图 2-11 所示）

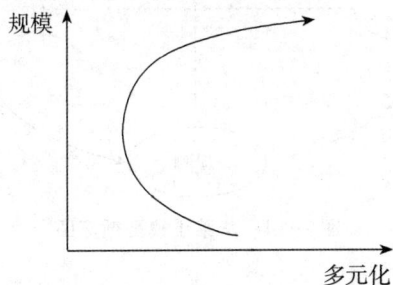

规模

多元化

图 2-11　企业成长规律曲线图

4）循环框架举例

（1）PDCA循环框架（如图2-12所示）

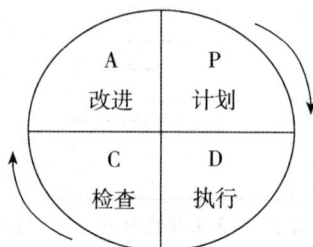

图2-12　PDCA循环图

（2）六西格玛管理的MAIC循环框架（如图2-13所示）

图2-13　六西格玛管理的MAIC循环图

（3）华莱士模型循环框架（如图2-14所示）

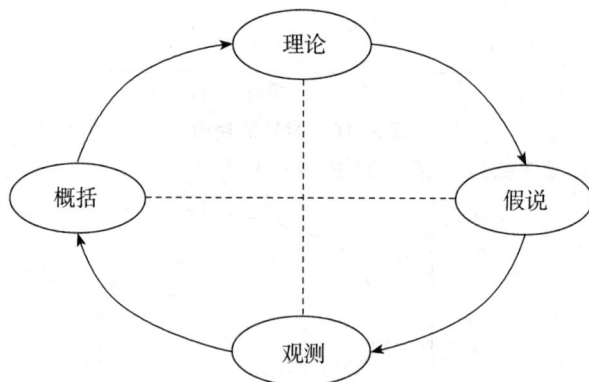

图2-14　华莱士模型循环图

5）平面四分框架举例

（1）杨杜企业成长模式框架（如图2-15所示）

	短 时间 长
企业规模 大	巨婴型 / 持续型
小	夭折型 / 百年小店型

图2-15 杨杜企业成长模式图

（2）安瑟夫战略矩阵框架（如图2-16所示）

	老产品 产品 新产品
市场 新市场	市场开发 / 多角化经营
老市场	市场渗透 / 产品延伸

图2-16 安瑟夫战略矩阵图

（3）BCG矩阵框架（如图2-17所示）

	低 相对市场份额 高
行业增长率 高	问题 / 明星
低	瘦狗 / 金牛

图2-17 BCG矩阵图

（4）GE矩阵框架（BCG矩阵的细化）（如图2-18所示）

行业吸引力	高 竞争力 中 低
高	扩张主导 / 细分主导 / 专业并购
中	细分投入 / 细分专业 / 专业小份额
低	维持地位 / 减少投资 / 集中或放弃

图2-18 GE矩阵图

6) 金字塔框架举例

（1）一般金字塔框架（如图2-19所示）

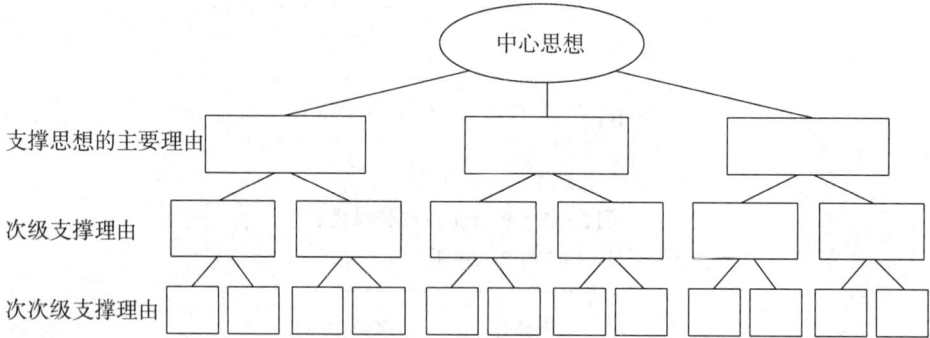

图2-19　一般金字塔图

金字塔框架实际上是一个归纳法框架，按麦肯锡咨询的方法就是以高层管理为立场，以事实为基础，以MECE为原理，以假设为导向，以解决问题为目标。

（2）鱼刺图框架（如图2-20所示）

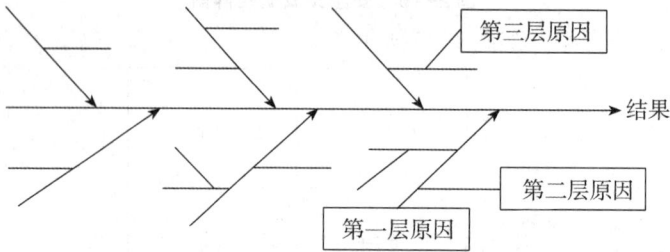

图2-20　鱼刺图

鱼刺图也是一种类似金字塔的框架，有点像躺倒的金字塔。

（3）逻辑金字塔框架

我们把第1章图1-6的归纳法和演绎法整合，可得到逻辑金字塔框架，如图2-21所示。

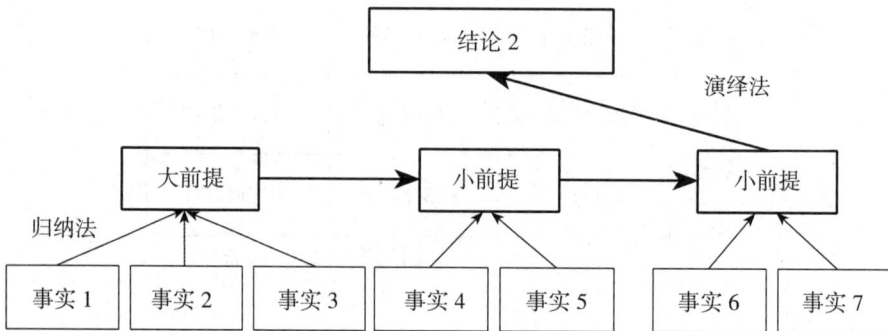

图2-21　逻辑金字塔图

当然，你也可以用流程图、散点图、图片或动图、链接以至更时髦的三维、四维视频等超文本的方式来表示你的研究框架。从零维到四维框架，从简单到复杂，是管理学研究框架的进化。

●● 2.3.3 管理学研究的未来课题

1）如何出重大研究成果

在中国，如果你希望作出某些重大的管理学研究成果，可考虑如下几点建议：

第一，要有雄心解释重大的管理问题，而不是技术性的细节问题。在别人的构念或观点基础上增加些变量，或用别人的问卷或工具进行一些所谓的发现，在某些所谓核心期刊上发发文章，完成考核还是可以的，在那个圈子里也会有些影响，但多数情况下只会给人抬轿子，不会有大作为。

第二，要关注中国情境，深入了解和分析与企业管理行为有关的中国政治、经济、历史、法律、社会和文化等背景因素。正所谓跳出管理研究管理才能真正理解管理，也才能产生重大成果。

第三，通过对中国管理及其相关环境和历史的深入理解，依靠洞察力、直觉力形成判断，而不是运用固有模型来解释数据。不要幻想通过研究小数点后面三位数之精确的结果之间的差异，来创造重大理论。

第四，将通过前三步得到的关于中国企业管理的解释进行国别比较，或进行能够推翻最权威理论观点的比较，得出普适性和创新性的理论，拿到国际上发表，融入学术主流。

第五，能否真正突破学术圈子，形成超越学界的重大管理学成果，最终要看中国企业管理的业绩，也就是要等待中国企业家的优秀成绩单。中国企业普遍走向世界之时，就是中国人的管理学重大成果走向世界之日。

有原因不一定有结果，但有结果就一定有原因。只要中国企业成为世界上的一股重要力量，中国人在管理学界的重大贡献就一定能够使其自立于世界民族之林。

2）最有可能出重大成果的人

有一个现象令人值得思考，那就是，企业管理者的言论甚至比大学的管理学者的理论在社会上更有影响力。联系我们在研究世界管理学的发展史时得出的结论——早期的管理学大家往往来自企业界，而不是学界，后期才逐渐产生于学界或咨询界。先有泰罗、法约尔、巴纳德，后有西蒙、森吉、波特等人——泰罗、法约尔、巴纳德等都先是企业家，再是管理学家。

我们是否可以说，中国的管理学大家也可能不会产生于目前的管理学界，而会出现在有丰富管理经验，有成功的企业做背景，又有一定理论和研究素质的企业家群体之中呢？他们有近水楼台先得月的条件，他们对管理才最有感觉，毕竟理论来自实践，知识的成长有赖于企业的成长。唯一的问题是，他们有没有兴趣和能力去写出来。

那么，谁是中国管理学大家的候选人呢？华为公司的任正非先生如果愿意将自己的讲话系统化为管理思想公开发表，他就可能是一位。海尔的张瑞敏先生如果能把自己实践的人单合一模式、有关儒、道、兵以及现代西方管理的东西有条理地整合出来，也可能是一位。被人们称为"教父"的柳传志先生如果能将自己讲的各种故事的道理有学术味地加工一下，再配上他的管理三要素，也可能是一位，不过这要等他把自己和联想集团的舆论困境撑过去才行。不过，这三位企业家喜欢讲话，不喜欢写作。喜欢写作的是管理过中国建材集团和国药集团的宋志平先生和管理过华润、中粮和中国中化集团的宁高宁先生。还有很多管理大家，不能一一列举。中国人喜欢著作，已经出版自己的管理学著作（而且有的已经差不多等身了）的企业家不在少数，不过他们要等自己的业绩更大一些，才能为世界管理学界所承认和传颂。这一点，我们在第 10 章的跟管理学大师学研究会有涉及。

3）有价值的选题领域

管理学研究依然处于丛林当中。这片茂密的丛林中又如雨后春笋般不断冒出各种新的研究成果，并且各个领域都在往管理领域突进。所以，我们很难确定未来重要的管理课题领域，但也有一些研究方向和领域是比较活跃的。我们认为比较有价值的领域包括十二个：

一是有关知识创新的知识管理理论；

二是有关成长模式创新的企业成长理论；

三是有关管理哲学创新的矛盾管理理论；

四是有关管理观念创新的文化管理理论；

五是有关领导行为创新的领导模式理论；

六是有关企业社会关系的社会责任理论；

七是有关思维创新的管理思维模式理论；

八是有关中国特色管理模式与体系理论；

九是基于互联网、物联网、区块链的商业模式理论；

十是有关创新本身的理论；

十一是基于量子理论的管理和组织模式理论；

十二是企业的数智化转型管理理论。

当然，还有数不清的其他或细小选题领域，读者请自便。

另一个思路是关注企业在管理上的创新动向。企业进行的解决管理问题的研究，也可帮助研究者选题。近年来我国一些优秀企业关注的管理创新领域有：

标准与规则管理；

大型企业技术改造；

产品升级；

老字号品牌创新；

市场导向的结构调整；

市场导向的技术引进；

长线产品竞争力；

提升核心竞争力；

低成本战略；

创业管理；

风险管理（危机管理）；

商誉管理；

项目管理；

人力资本战略；

培训管理；

学习型组织；

以客户为导向的管理；

客户满意度管理；

以股东为导向的管理；

事业合伙人模式；

整合核心价值观；

整合管理；

边缘经营；

共享经济模式；

虚拟经营（裂变式发展）；

聚变式发展；

内部市场化；

各种类型的公司法人治理结构；

混合所有制；

党的领导与管理；

国际化经营；

共建"一带一路"倡议带来的战略机遇；

多元化经营；

业务流程再造；

供应链管理；

数智化时代的管理；

可视化管理；

绿色管理等。

》2.4 中国的管理学研究

●● 2.4.1 困难，但应该有所创造了

尽管中国已经有些企业在管理实践上取得了不错的成绩，尽管人们都感知到中国企业近二十年的成功背后隐隐约约有着自己的理论，但毋庸置疑，在管理知识理论化这一点上，我们中国管理学界就只能甘拜下风了。首先是由于中国的现代企业很晚才"初见端倪"，而社会的动荡又使其还没成形就夭折了。从20世纪80年代起，中国人才开始真正摸索着建立现代企业制度，这就使我们对现代企业管理及其理论的关心落后了相当长的一段时间。例如，现代管理理论的古典著作出版70年后到20世纪80年代中期才被我们翻译成中文，得以传播普及。在管理、管理理论以及管理方法上，我们基本上还处于一个"学习引进的阶段"，学着模仿国外的管理观念、管理方法来"管理"中国的企业，以至模仿国外的研究方法来研究管理。有人说，我们努力的目标是建立中国特色的管理理论，但是，这不是我们单靠努力就能做到的事情，我们首先要形成有实力、有竞争力的企业，然后去研究，去总结，去上升为理论。能否形成有中国特色的管理理论，要看中国企业是否在学习和运用你的理论和方法；是否能成为世界级的管理理论，则要看包括中国企业在内的众多国际企业是否欣赏你的"东西"。看来路还很长。

无论如何，中国经济和中国企业近三十年的成功，使中国的管理学研究有了由"理论与方法进口"阶段向"理论与方法创造"阶段转化的条件和理由，正如我们提出的建设创新型国家一样。

在我国，现代管理学作为一门学科从经济学、工业经济学中独立出来的时间还不长，大学开始授予管理学学位也还是近年来的事。当然，有关管理研究的历史要长得多，管理学相关书籍的出版量增长确实迅猛异常，尤其是近十几年，管理学方面的相关书籍可以说是汗牛充栋，去书店买书也会让人挑花了眼，但是，目前介绍翻译的国外管理书籍依然占有较大的比例。尽管国人写的一些教材类和经验类管理书籍的发行量不少，但搜寻真正有分量的管理学著作，还需要费些力气。因此，也难以说谁是中国的管理大家，哪本管理学著作可以成为中国管理学经典。有人费了一番功夫，排了一个包含中国一些商学院领导的中国管理学大家的名单，也真够取巧和滑稽的。造成这一难题的另一原因，是中国的企业管理实践还不够，时间还比较短，不足以总结出成体系、有深度、耐考验的管理理论来，当然你还可以另辟蹊径，从儒家、道家、佛家、兵家、法家、周易、三国、西游那里研究或"水煮"出一些理论来，但总不能让人信服地将其称作中国式管理理论创新。

●● 2.4.2 要不要建立中国式管理理论体系

要创造，但是要不要创造中国式的？"怎么做"之前首先是"要不要做"的问题。

一直以来，建立中国式或中国特色的管理理论体系的言论就不绝于耳。笔者经过广泛调研，发现这方面的成果还真的不多。什么叫中国式？我们认为不外乎是受国家、民族、文化等要素影响所形成的中国特色的管理理念、体制或行为。比如，美国学者比较日本和美国企业的做法，总结出日本式的管理就是"三件神器"——年功序列、终身雇佣和企业工会。

中国有没有具有自己特色的管理理论体系呢？我们先看企业界，经常见诸报纸、杂志、图书的一些著名企业家的言论，尽管还不太成系统，但已经有了一些理论的雏形。但是，尽管企业界在尽力营造着自己独有的管理体系、企业文化，却对建立中国特色的管理体系和理论少有呼应。华为公司任正非先生就不大赞成搞中国版的管理，更不赞成搞华为版的管理，尽管华为公司的管理非常有特色。企业家的考虑可能是"求特色不如求有效，求所有不如求所用"。这也难怪，因为他们的主要使命是创造效益而不是创造思想，尤其不是去创造那些放之四海而皆准，但离企业实际较远的思想体系。

管理学界也有不同观点。一部分人认为管理实践尽管受国家、民族、文化的深刻影响，但作为一种学问，总有它内在的、普遍的规律，没必要刻意去强调国家、民族、文化带来的特性。

管理学界依然有人在积极努力。中国人民大学李占祥教授等推出了《矛盾管理学》，力图形成中国自己的管理学派，其影响正在形成。尹毅夫教授完成了《中国管理学》，用大部头的著作表述了自己的研究体系。来自中国台湾的中国式管理大师在电视、光盘中滔滔不绝地讲一些中国的管理真谛。政府学界也在推动这一领域的研究，比如"中国式企业管理科学基础研究"课题，于 2005 年正式启动，由国务院批准支持，发改委、财政部通过国资委立项实施，由国务院发展研究中心、中国企业联合会、清华大学三个单位联合组成专项课题组，在 2012 年 12 月召开了结题报告会。学产官合作的世界管理论坛暨东方管理论坛到 2021 年已经举办了二十五届，几代管理学者用中国管理理论阐述中国管理实践，用中国管理实践升华中国管理理论，结出了累累硕果。在高校，一大批精明强干的年轻学者则通过专著、博士论文等形式在不断提出新的观点和见解。

中国企业有好的做法，将其总结出来，宣传出去，有利于世界了解中国企业，还能为中国企业树立形象，赢得利益，当然是可以做的一项工作。美国管理学者总结美国企业的成功经验，提出所谓卓越公司、基业长青公司的特征，提出学习型组织、知识管理等理论和观点，不就是如此这般的工作吗？因此，我们并不对建立中国式管理理论体系持反对态度，只是认为这项工作绝不轻松容易。要做好中国的管理研究，可能需要注意以下几个问题：

1）要有体系结构

这个体系可能要包括两个层面：一是实践层面，形成有代表性、有普遍意义的企业管理体系；二是理论层面，形成科学的、系统的管理理论体系。要有中国的管理理论，一定要有成功的中国企业。应用性较强的管理理论需要结果导向，没有好的管理业绩作证明，管理理论就没有影响力。事实上，当美国企业业绩好的时候，人们就推崇美国式管理，当日本企业业绩好的时候，人们就开始推崇日本的管理；等美国企业业绩又好了，人们又转身赞扬美国式管理了；美国金融危机了，人们甚至开始批评整个自由市场体系，《资本论》又"火"了起来。看来我们不得不说：业绩好，才是真的好；企业好，理论才能好！

2）要有相当的耐性

罗马城不是一天建成的，中国的现代管理体系不是短期就能建立起来的。企业形成有效的管理体系是一个漫长的累积和变革过程，就像华为公司，已经花了近十年的时间，只是建立了管理基础，还依然在没完没了的改良变革之中。形成科学、系统的管理理论体系更是一个漫长的过程。它可能需要管理学界和管理界的通力合作，形成一个甚至几个理论学派才能奠定基础，不像写一本书一样，有了一个框架就成了体系。我们不能用一本书的知识体系代替管理理论体系，更无法代替现实企业的管理体系。

3）需要一支强大的管理学研究队伍

这支队伍在各主要管理学领域都有若干团队的支撑，能不断提出能够影响中国企业甚至世界企业的创新性观点。他们是合作的，不是吵架的；是互补的，不是拆台的；是有学术良知的，不是为某个利益群体服务的。当然，他们的立场应该是比较偏向管理者、企业一方，而不是偏向被管理者、非企业一方的。

4）区分理论管理学和应用管理学

管理理论体系可能要包括理论管理学和应用管理学两个领域。学者有自己的知识背景、立场和偏好。区别这样两个研究领域，至少可以让大家都找到自己的位置，并形成学问上的互补。实践是经验的源泉，经验是应用研究的源泉，应用研究又可以成为理论研究的源泉，科学的理论研究又可以指导实践。因此，应用研究不必要指责理论研究丝毫没有用处，理论研究也不必要评价应用研究根本不像研究。

5）处理好中国化与国际化的关系

现代化的管理体系必须具有开放性。这种开放性是指要不断学习、借鉴国外的先进经验，尤其是经济发达国家在企业管理方面已积累了丰富的经验，更值得我们认真研究。我们坚持中国特色，并不排斥学习外国现代化的生产技术和经营管理方法；我们从中国传统管理思想中汲取营养，并不是要排斥借鉴先进的管理理论和管理思想。

崇洋和媚外是两码事，凡是有效的特别是有竞争力的管理观念、技巧，我们就不能认为是人家的而采取排斥态度，而应以拿来主义思想做指导，尽快变为自己的东西。对某些先进的管理，如果一时不能理解和改进，那么照搬照抄也没什么不好，认认真真地学、老老实实地学可能是我们应采取的态度，华为公司提出的"先僵化，再优化，后固化"的学习机制有其合理性。我们中国人学不好外国人的东西，不是因为不聪明，而往往是因为太聪明，还没弄明白就开始改造，结果改成了"四不像"，反过来又因为要面子而指责人家的东西"本来就不怎么样"。

6）最终是不存在中国式管理的

已故中国人民大学老校长袁宝华先生早在 1983 年就提出过管理工作的十六字方针：以我为主，博采众长，融合提炼，自成一家。"自成一家"就是要有中国特色的企业管理理论和模式。前面所讲的华为公司"先僵化，后优化，再固化"的"三化"方针，不是为了中国式、华为式，而是为了有效性和价值性。立场不同，目标不同，认知自然不同。

成功的中国企业最终是要走向国际化、全球化的，对于企业来讲，那时再强调所谓中国式管理就没有太大必要，甚至有狭隘之嫌了。你的业务在美国，自然要适应美国的社会文化环境；在英国，就要去适应英国的社会文化环境；在日本，就要适应日本的社会文化环境。否则你的工厂怎么运作，你的产品又怎么会有市场呢？青岛海尔的电冰箱在欧洲生产和销售，员工也用的是欧洲人，还能讲适应中国社会文化环境吗？这样也就不需要搞中国特色了。企业仅在一国之内经营时，较受限于一国文化，形成一国特色，但企业走向跨国经营时，会突破一国文化模式的束缚，形成跨文化模式。那时的管理学研究，既是为了"与众不同"的特色，更是为了"高人一筹"的升维，研究必须兼顾到这种趋势。

●●2.4.3　未来有价值的管理学研究领域

前面我们提出了比较有价值的十二个领域，那么，在中国，我们需要研究的、有价值的理论领域主要又有哪些呢？与前面十二个领域有交叉，我们在此提出七个并作简略介绍。

1）中国的企业观与管理观研究

随着中国市场经济体制的日益完善，无论是国有企业还是民营企业，都越来越像因市场和竞争力量的变化而变动的企业，而不再是政府机构的附属物，企业在中国历史上从来没有像现在这样成为社会发展的核心和主流，发挥如此巨大的影响力。企业不仅在创造财富，还在创造新文化，创造新理念，创造新人才，创造新规则。

由于历史上流传甚广的无商不奸、无奸不商的传统观念依然有着巨大的影响力，再加上目前确实有一些不法和无德企业的存在，人们依然用大一统的社会伦理观在看待现代企业，因此，我们可能需要对企业进行重新定义，需要重建企业伦理，并提出中国式的企业社会责任、企业公民概念和理论。

管理者的讲话，是说给自己听的，还是说给他人听的？管理者的目标，是要做正确的事，还是做成功的事？管理者的选择，是做重要的事，还是做可行的事？管理者的思维，是倾向于逻辑思维，还是非逻辑思维？是倾向于破坏性思维，还是建设性思维？是倾向于讲道理的思维，还是想办法的思维？是倾向于排他性思维，还是兼容性思维？是擅长于两极思维，还是灰度思维？这些都是值得研究的课题。

2）企业成长理论及战略管理研究

改革开放40多年，中国企业的飞速发展受世人瞩目，尤其是冲进世界500强的大企业崛起和"专精特新"中小企业（包括中国式家族企业）的遍地生根令人惊叹。这里边一定蕴藏着很深的道理，需要我们去和企业家们一起理解、感悟和提升。

企业为什么能活？其生命力在哪里？核心竞争力是什么？这些都是管理中的重要课题。经济的发展加剧了企业之间的竞争，使现代企业面临着瞬息万变、危机四伏的外部环境，很多企业家包括目前业绩优秀的企业家都声称自己"是在走钢丝"，这证明企业成长管理的功能在日益突出。成长管理与战略管理是管理中最基本也是最重要的方面之一，是从现时和未来的角度分析企业的外部环境和内部资源条件，在此基础上制定达到目标的战略并执行既定的行动计划的过程。成长战略管理的运用，可以为企业提出清晰的发展方向和目标，可以将企业的决策过程和外部环境联系起来，使决策更加科学化和规律化。在成长战略管理方面，要注重以下一些方面的课题：

①可持续成长战略；
②发展专业化与实行多元化的选择；
③资产负债结构和筹资方式的选择；
④产业、金融、贸易三者结合的安排；
⑤扩大规模和效益优先的选择；
⑥围绕产品开发、服务进行的分战略，包括市场营销、人才开发、技术创新等分战略；
⑦企业传承研究。

3）科学管理理论研究

无论如何，作为我们研究对象的大多数中国企业还属于工业经济时代的生产加工型企业，还需要在科学管理、质量管理等方面得到切实的加强，企业的内部管理功夫不到家，在日益公平、公开的市场竞争面前同样会找不到生存空间。经济体制转轨和企业改革的深化，使市场体系更加完善，竞争秩序更加规范，这对我国企业管理提出了面向市场经济的更高要求。竞争日益激烈的国际、国内环境，要求我国企业内部管理体系不断创新。这套科学的管理体系包括：

①以经营战略目标为依据的计划管理体系；
②以客户为中心的运营管理体系；
③以专家群体为中心的经营决策体系；
④寻求企业新增长的技术创新体系；
⑤以质量为重点的生产管理体系；
⑥以价值为中心的财务会计管理体系；
⑦以职工素质为主的人力资源管理体系；
⑧以管理优化为重点的基础管理体系；
⑨以奋斗者为本的用人和分配体系；
⑩以价值观整合为核心的企业文化培育体系；
⑪以计算机和网络为主要手段的信息管理体系；
⑫以知识战略为核心的技术标准和知识产权管理体系。

4）企业文化管理或价值观管理研究

中华民族是世界上历史最悠久的民族之一，它在长期的生产实践中形成了许多固有的民族传统和民族精神，因此，研究具有中国特色的管理，就不能不考虑中华民族传统文化的影响，应从古代管理思想和民族资本主义企业的经营思想中汲取有效因素，运用到现代企业的管理之中。但是，中国式的现代商业精神是什么？我们将儒、道、释、兵、法，晋商、徽商经验等结合起来就是中国特色的管理理论了吗？这需要我们作出妥当的回答。

文化管理是依据企业的共同价值观、文化和精神氛围进行的重视人员作用的人性化管理。中国人的基本人性研究是中国管理学界的重要任务之一，"以人为本"也好，"天人合一"也好，应该有一个基本的中国式管理理论模型。

5）知识创新管理特别是规则类知识研究

现代经济社会中，智力、知识、信息将成为最核心的生产要素，由高度智慧结晶所形成的无形资产将比传统的有形资产在生产经营中发挥更大的作用。

党的二十大报告指出，"教育、科技、人才是全面建设社会主义现代化国家的基础性、战略性支撑。必须坚持科技是第一生产力、人才是第一资源、创新是第一动力，深入实施科教兴国战略、人才强国战略、创新驱动发展战略，开辟发展新领域新赛道，不断塑造发展新动能新优势""我们要坚持教育优先发展、科技自立自强、人才引领驱动，加快建设教育强国、科技强国、人才强国，坚持为党育人、为国育才，全面提高人才自主培养质量，着力造就拔尖创新人才，聚天下英才而用之"。

知识创新管理的落地在于普通劳动向高智力劳动转换，在于体力劳动向知识劳动升级，在于勤奋劳动向价值劳动升维。

高智力劳动、知识劳动、价值劳动具有超常性，富于个性，富于开拓精神、独创性与灵活性，适宜作为生产核心因素等特点。在中国企业仅依靠"劳本"不能实现产业升级，仅依靠"资本"核心竞争力不足的情况下，实行"知本主义"的管理模式，可能有助于形成一种使每个人的聪明才智得以充分发挥的机制和广阔的天地，真正使中国企业形成世界一流的核心竞争力。中国企业只有拥有了世界一流的核心竞争力，才能在全球竞争中不被"卡脖子"，才能在广聚优秀人才、持续创新的基础上立于不败之地。

与知识管理相关的实务性研究还包括企业内的 ERP、IPD、ISC、财务 IT 建设，更重要的是，要重视行业规则、国际规则、标准战略和知识产权战略等领域的研究和布局，未来中国需要更多地参与国际规则的制定，需要更多地创造规则类知识。

6）中国管理者思维范式研究

现代管理学培养和研究的是现代管理者而非封建官员，虽然国学很热，西方思维范式、方法和工具也很热，但我们认为靠国学并不能很好地解决培养现代管理者的问题，简单地将西方成功的思维范式搬来似乎也不行。

不少研究都出自这个假说：思路决定出路，思维模式决定管理模式。管理者有管理者的思维模式，非管理者（包括被管理者和学者）有非管理者的思维模式。企业管理不仅要研究管理实践，研究管理理论，还需要研究管理者的思维模式，这可能更有利于管理者找准自己的角色定位，更有效地处理管理问题。换句话说，管理者要知道如何做事，要知道如何管人，还要知道如何思考。

人与其说受制于工具，不如说受制于视野。要想提高我们工作的效能，需要反思我们看待世界的角度。看待世界的角度就是我们的思维模式，就是我们对事情所做的假说。这方面研究还有很长的路要走。

7）矛盾管理理论的深入研究

在已有的中国管理的成果中，应用了当代中国辩证思维模式的矛盾管理理论研究应有较大前途。

矛盾分析方法是我们认识和研究世界一切事物的根本方法之一。唯物辩证法认为，世界上任何事物都充满着矛盾，一切事物都是在自身的矛盾运动中发展、前进的。矛盾是一切事物发展的动力，也是企业及其管理发展的动力。按这种方法论去思考我们本章所讲的企业的成长和管理理论的发展，就会了解，企业管理的历史演变过程始终充满着矛盾的运动，而且在不同发展阶段都有其主要矛盾。管理行为及管理理论的任务，就是要解决与缓和这些矛盾。在解决和缓和某些矛盾的同时，又会产生或激化某些新的矛盾，因而，企业和管理理论的发展就呈现出了阶段性。

矛盾管理理论与业务流程重整理论相比，它们重视整合而不是分工的观点是一脉相承的，因而矛盾管理力图在突破长期以来形成的职能管理体系上有所作为。矛盾管理理论还有一个更重要的创新点，即重视企业可持续成长动力的研究。管理者的管理行为，本质上是在对围绕企业的各种矛盾进行识别、判断、处理和创造的过程中，寻找、控制和利用成长原动力的行为。矛盾管理理论认为环境的持续变化，人的不断学习，甚至企业的成功等原因，都会造成企业发展过程中的不平衡。解决矛盾就是制造矛盾，如果管理者不对矛盾的本质及规律有一个清醒的理解，势必产生方法和心态上的问题。

矛盾管理理论不仅针对企业实际，还针对企业管理理论本身的发展提出了辩证思考。在以往管理理论的研究中，人们创造了很多相互对立的概念，往往使学习者无所适从。比如同样是经营战略，有计划式战略和随机应变战略；比如组织，有突出个人的单兵组织和突出集体的团队组织；比如系统，有命令式系统和自主式系统；比如领导行为，有权威型领导和民主型领导；比如成果评价，有硬性指标和柔性指标；比如竞争力，有超强能力和最灵活能力等。如果研究者或学习者各执一词，就会陷入无谓的理论或概念论争，如果说两者兼顾，但实际上又确实有很多经营问题是不可调和的两难和必须解决的麻烦。比如，我们在上一章将现代管理学研究范式分为科学主义观与人本主义观，理论管理观与应用管理观，主要是为了理解而不是为了应用。从矛盾管理的观点来看，理论上矛盾的东西，来自研究者所持有的研究角度、价值理念甚至是嗜好的区别，也正是这些区别、冲突和矛盾，促进了人们对企业管理的多方面观察，促进了理论的创新和发展。一个学派对另一个学派的批评，学者对管理者行为的批评，以及管理者对学者的批评，在矛盾管理理论看来，都是再正常不过的现象，都是推动企业成长和管理学研究发展的必不可少的动力。

现实的管理世界是对立统一的，各种管理理论也是对立统一的，包括我们认知问题的方式也是对立统一的。分析这三个对立统一关系有助于我们更好地研究理论和解决问题。应该注意的是，矛盾管理理论所用的对立统一方法或者说辩证分析方法，已经不是简单的二分法，而是更复杂的四分法，并加入了时间的动态概念。

引入矛盾方法的矛盾管理理论形成了自己独有的基本观点——现代企业是一个充满矛盾运动的组织实体，管理者就是在对企业内外无时无刻不存在的矛盾的管理过程中履行自己的职业使命。对立统一规律和矛盾是一切事物发展动力的原理，是矛盾管理理论的思想和方法基础。矛盾管理理论就是应用唯物辩证法的宇宙观和矛盾动力学原理，来观察和分析企业的矛盾运动，来研究解决矛盾的方法，从而推动企业的可持续成长和长寿。

与管理学主流学派——法约尔的职能管理理论——的研究对象、研究内容、研究目的、方法和基本观点对比来看，矛盾管理理论确实是有特色概念、有独有方法和有体系的管理理论，它一改过去企业管理以追求利润和效率为终极目标的宗旨，提出现代企业要为可持续成长而管理，为企业整体效能最优化而管理，为企业长寿而管理。从各方面看，这都是区别于职能管理理论，又对职能管理理论有着重大补充和发展，自成一家的新管理学派，所以其被称为第一次将矛盾理论和方法系统地引进现代管理学中的新学派——矛盾管理学派。矛盾管理理论应该是中国管理学界对现代管理理论发展的重要贡献之一，因为其抓住了包括中国企业在内的现代企业的共同课题，也利用了普遍性极高的哲学层次的方法论。由于矛盾方法的自然严谨性和企业追求长寿的现实需要，相信矛盾管理理论会在未来的管理理论中占有一席之地。

▶▶ 关键词

管理人假说／组织本位／丛林状态／有限理性／满意准则／经济学方法／管理学方法／四种精神活动／艺术方法／古典管理理论／行为科学理论／当代管理理论／人际关系学说／个体行为理论／团体行为理论／组织行为理论／管理过程学派／社会系统学派／决策理论学派／系统管理学派／经验主义学派／权变管理学派／组织行为学派／管理科学（数理）学派／矛盾管理学派／科学主义观／人本主义观／理论管理观／应用管理观／定量管理观／定性管理观／管理大师／变量模型／系统模型／管理情境／价值判断／事实判断／线性框架／分层框架／曲线框架／循环框架／平面四分框架／金字塔框架／逻辑金字塔框架／中国式管理／日本式管理

▶▶ 参考文献

［1］张文亮. 牵一只蜗牛去散步［M］. 北京：中国工人出版社，2004.

［2］李占祥. 矛盾管理学［M］. 北京：经济管理出版社，2000.

［3］李怀祖. 管理研究方法论［M］. 3版. 西安：西安交通大学出版社，2017.

［4］马庆国. 管理统计［M］. 北京：科学出版社，2002.

［5］格里斯利. 管理学方法论批判——管理理论效用与真实性的哲学探讨［M］. 刘庆林，王群勇，译. 北京：人民邮电出版社，2006.

［6］殷. 案例研究：设计与方法［M］. 周海涛，李永贤，张蘅，译. 3版. 重庆：重庆大学出版社，2004.

［7］赛卡瑞安. 企业研究方法［M］. 祝道松，林家五，译. 4版. 北京：清华大学出版社，2005.

［8］巴比 A. 社会研究方法［M］. 邱泽奇，译. 10版. 北京：华夏出版社，2005.

［9］埃思里奇. 应用经济学研究方法论［M］. 北京：经济科学出版社，1998.

［10］克雷斯威尔 J W. 研究设计与写作指导：定性、定量与混合研究的路径［M］. 崔延强，主译. 重庆：重庆大学出版社，2007.

[11] 孙国强. 管理研究方法 [M]. 3 版. 上海：上海人民出版社，2019.

[12] 中国企业管理研究会. 管理学发展及其方法论研究 [M]. 北京：中国财政经济出版社，2005.

[13] 桑德斯，刘易斯，桑希尔. 研究方法教程 [M]. 杨晓燕，等译. 北京：中国商务出版社，2004.

[14] 林桂军. 论文规范指导与研究方法 [M]. 北京：对外经济贸易大学出版社，2004.

[15] 刘军. 管理研究方法：原理与应用 [M]. 北京：中国人民大学出版社，2008.

[16] 陈晓萍，徐淑英，樊景立，等. 组织与管理研究的实证方法 [M]. 2 版. 北京：北京大学出版社，2012.

[17] 杨杜. 现代管理理论 [M]. 2 版. 北京：经济管理出版社，2013.

[18] 杨学儒，董保宝，叶文平. 管理学研究方法和论文写作 [M]. 北京：机械工业出版社，2019.

[19] 陈晓萍，沈伟. 组织与管理研究的实证方法 [M]. 4 版. 北京：北京大学出版社，2023.

拓展阅读：管理学知识的平面分析框架中的主要代表人物

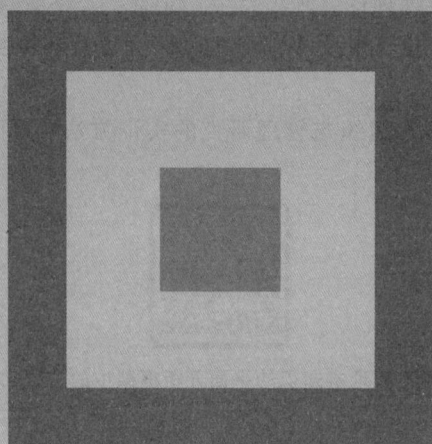

第3章 管理学研究的学术思政、学术伦理和学术制度

第3章 管理学研究的学术思政、学术伦理和学术制度

在学习具体的研究方法之前，本章先讨论研究立场和政治、伦理规则。本章的本质是定维，决定着后面第4章至第9章有关研究选题、研究计划、定性定量研究方法选择和研究成果的表述公开等研究者的具体行为决策方向和原则。

在第1章，我们讲到了研究中的规则类知识的极端重要性。规则类知识包括三类：一类是政治类知识；一类是伦理类知识；一类是制度类知识。本章我们从这三个角度介绍管理学研究中的规则。

管理学研究涉及组织，说大了包括国际组织、政府组织、非政府组织、政治组织，说小了有企业组织、行业组织、利益相关群体组织等。如果研究者站在组织管理者的立场搞研究，则离不开组织的政治性。就像经济学中有政治经济学一样，管理学中也有"政治管理学"。我们不能离开思想政治搞管理学研究，就像西方信教研究者不能离开宗教信仰研究管理学一样。

人人都知道违反科研伦理是不对的，那么为什么这样的事情却屡禁不止呢？这有主客观的原因。主观上讲，原因可能有两个：一是对科研伦理的标准了解不够，伦理意识淡薄；二是对违反科研伦理的后果认识不足，抱有侥幸心理。客观上讲，原因也有两个：一是组织对研究者成果的考评压力过大，考评要求不符合研究的基本规律；二是发表制度不健全甚至不道德，比如一稿不能两投的"杂志垄断"制度。但是不管是哪一种原因，为了让我们的研究工作能够在符合伦理标准的范围内顺利进行，首先我们必须对科研伦理的内容和违反科研伦理的危害有足够的认识和了解。在第1章中，我们提到了论文要当孩子生，当宝贝看，提出要注意四点：一是要"优生优育"，不能"胡乱生养"，不能假造，不能马虎；二是不能不管研究成果的去向和价值实现或者可能涉及的国家秘密、商业秘密而随意公开发表；三是决不能把别人的"孩子"领来当自己的"孩子"，不能抄袭，不能剽窃；四是要保护自己研究成果的知识产权，不能让自己的"孩子"被别人"拐走"。

在这一章里，我们首先要讨论管理学研究者确定"三观"的方法。"三观"不正，方法何用？换句话说，就是研究工作中的"思政"问题。

其次，我们将结合国内外主要的协会、大学等研究型机构公布的有关科研伦理的规定，重点讨论研究中的基本伦理准则和需要注意的伦理问题。

≫ 3.1　管理学研究者的"三观"与"三正"

●● 3.1.1　管理学的变维世界观

1）管理学研究需要变维看世界

学过马克思主义哲学基本原理的人都知道"量变质变规律"。这一规律认为事物的发展变化存在两种基本形式，即量变和质变。前者表现为事物及其特性在数量上的增加或减少，是一种连续的、不显著的变化；后者是事物根本性质的变化，是渐进过程的中断，是由一种质的形态向另一种质的形态的突变。比如人们常说，"病来如山倒，病去如抽丝"，就是指的这个质变量变过程及其不同。

在事物内部矛盾的作用下，事物的发展从量变开始，当量变达到一定的界限时，量变就转化为质变，事物的性质发生了变化，旧质事物就变成了新质事物。这是量变向质变的转化。在新质的基础上又开始了新的量变。这是质变向量变的转化。量变引起质变，质变又引起新的量变，循环往复以至无穷，构成了事物无限发展的过程。

2）管理学研究需要从"两变"到"三变"

把事物的发展变化分为量变和质变，是辩证法的两分法。而搞管理学研究的我们在此提出"超辩证法"的三分法：质变、量变和维变。

虽然事物发展的客观规律是量变质变，但认识这种客观规律离不开人的主观认知，人的主观认知规律，就是增减或改变认知维度的维变，维变不同于量变、质变。换个维度看问题，会产生不同的量变质变规律认知。

量变是质变的必要准备，质变是量变的必然结果，维变则是量变、质变的必有前提。质量互变规律体现了事物渐进性和飞跃性的统一，但是，有了维变的概念，我们就可以在事物发展的渐进性和飞跃性之外，加上对事物认知的变维性，形成客观事物渐进性、飞跃性和主观认知变维性的三统一。

辩证法的基本思维方式是两分法和对立统一法，但我们认为，来自三维动态世界的动态三分法才更接近真实，以三分法得出的结论才更接近管理。这就是我们在本书要讨论的"新世界观"。

于是，传统的"质量互变"规律，就发展成了我们认为的"质、量、维互变"规律。

质、量、维互变规律的方法论意义在于，在认识和处理问题上：第一，要正确把握维度和维变的原则和方法。第二，要注意正确处理维变、量变和质变的关系。第三，要正确把握底线、边界和适度的原则和方法。

更重要的是要知道在量变、质变之外，还有维变的存在。改变认知维度，就能产生看事物的质、量和质量互变的新的立场和角度。

3）管理学方法需要从"两定"到"三定"

把研究事物发展变化的方法分为定量和定性，是基于量变质变的两分法。我们在此提出"超量质法"的三分法：定性、定量和定维。

在科学研究中，确定事物的定义及其结构、性质和状态叫作定性研究；对事物进行数量分析、计算和测定则是定量研究。我们认为，确定认识事物的立场、角度和价值观是定维研究。定性是定量的基础，定量是定性的精确化，定维则是定性和定量的前提。

传统定质定量观点认为，质的规定性与事物的存在是直接统一的，某一事物失去了自己的质，该事物就变成了他事物。量的规定性则不同，同一事物可以有不同的量。在一定的范围内，量的增减并不影响事物的质。

我们认为，质的规定性与事物的存在也不是直接统一的，从维的规定性看，一个事物可以有多个质。某一事物失去了自己的一个质，该事物不一定就变成了他事物。

一个维有多个质。质的规定性是多方面的。例如，一个人，从他（她）的存在维度看，既有自然属性（作为动物人）方面的质，也有社会属性（作为社会人）方面的质，有知识属性（作为知能人）方面的质，还有思维属性（作为思考人）方面的质。如果脑死亡了，就只是失去了作为思考人方面的质。

再比如一个企业，从利益相关群体的维度看，就有投资者、管理者、客户、政府、学者等看到的不同的多个质。投资者把企业看成价值符号，管理者把企业看成地位载体，客户把企业看成品质保证，政府把企业看成纳税对象，学者把企业看成研究对象，不一而足。

一个质有多个量。量的规定性是多方面的。有内涵的量与外延的量、精确的量与模糊的量、要素的量与结构的量等。内涵的量标志某种程度，如温度的高低，颜色的深浅、硬度的大小。外延的量标志质的规模，如物的数量、体积、重量。

一个维有多个质，和一个质有多个量，是同样的思维形式。维把不同的质区别开来，同维的事物可以有不同的质。质把不同事物区别开来，量则进一步把同质的事物从量上区别开来，同质的事物可以有不同的量。

4）管理学研究需要具体组织应用

维决定质，质决定量。这一规律在管理组织中是如何作用的呢？

最简单讲，按照组织层次：高层靠维，中层靠质，基层靠量。按照管理者成熟度：成熟看维，半熟看质，幼稚看量。按照事情重要性：大事看维，中事看质，小事看量。按照成果导向：大成看维，中成看质，小成看量。

管理就是由维、质、量定位的！

量影响质，质影响维。这一规律又是如何在管理组织中作用的呢？

最简单讲，按照事情顺序：执行靠量，计划靠质，思考靠维。按照所用工具：测量看量，分析看质，视野看维。按照劳动要素：体能看量，技能看质，知识看维。按照业务选择：要干看量，干啥看质，不干看维。

管理就是由量、质、维构成的！

我们在本书讨论了定性研究、定量研究之外，还讨论了管理学大师的研究，大师们的研究就是定维研究。这是本书和很多管理学研究方法书籍的不同之处。

●● 3.1.2　管理学的创造价值观

1）管理创造大价值

管理是劳动，而且是复杂的智力劳动，所以管理劳动比一般体力劳动创造更大的价值。

管理学研究成果用在企业能够大幅提升价值创造的效率，比如泰罗的科学管理理论和方法，他并没有为增加一个人手而亲自参与工人劳动，而是通过时间研究和动作研究提升了整个组织的生产效率。华为公司创始人任正非认为自己只是提着"一桶糨糊"，把大家粘在了一起。他实际上是创造了一个激发组织活力的机制。

《华为公司基本法》在有关价值创造的第十六条写道：我们认为，劳动、知识、企业家和资本创造了公司的全部价值。把知识和企业家合起来，就是企业家所有的管理学知识，加上劳动和资本要素，创造了公司的全部价值，而且，在以知识和技术为核心竞争力的高科技企业，企业的管理知识具有更重要的价值，这正像邓小平所说的，科学技术是第一生产力。

管理创造价值，而且创造大价值，因而管理学中一直以价值管理作为重要的一个研究领域。

2）"吴春波模型"及其扩展

我们在此介绍并扩展一个"吴春波模型"。中国人民大学教授吴春波，通过在华为公司的几十年的长期管理咨询实践，创造了一个企业价值管理模型，这个模型由三个基本要素构成，即价值创造、价值评价和价值分配。创造是目的，评价是基础，分配是手段。这个模型很有价值，是企业价值管理的重大创新。大家有时间可以在网上收集相关文章阅读。

这里对吴春波模型做个扩展。

第一，价值管理的三要素到四要素。

跳出要素看结构，吴春波模型中应该隐含着一个前提，那就是价值定义，或者叫价值观念、价值主张。这是价值管理模型的大前提，所以，吴春波模型可以扩展成四要素模型。这四要素的简单的因果关系是：价值观念→价值评价→价值分配→

价值创造→价值观念→……也就是：价值观念影响价值评价，价值评价影响价值分配，价值分配影响价值创造，价值创造又影响价值观念……

第二，价值管理具有管理者的主观性。

价值观念是主观的，因此有正确的价值和不正确的价值判断之分。把正确与否的判断嵌入前面的单一因果关系，就是如下表述：

只有有正确的价值观念，才有正确的价值评价；

只有有正确的价值评价，才有正确的价值分配；

只有有正确的价值分配，才有正确的价值创造；

只有有正确的价值创造，才有正确的价值观念。

第三，价值主观离不开价值客观。

何为正确？表面上看，正确是主观的，但深一层看，正确是由客观、主观同时支撑的，而且客观排序在前。

客观分两个。一是结果或业绩证明。你认为自己价值观正确，但你的人生结果或工作业绩不好，那就是自以为是了！二是社会或客户认可。比如，以前客户价值观是喜欢便宜货，但现在人们追求的是优质优价，所以国人到外国去买日用品。你再像以前一样坚守卖便宜货的价值观，那就是自以为是，客户就离你而去了，业绩自然也不会好。社会或客户价值观就是你的价值观，你就容易出业绩。

马克思讲，有价值的劳动必须是社会必要劳动，而不是就你自己喜欢的劳动。同理，有价值的研究必须是社会必要研究，而不是只有你自得其乐的研究。

第四，客户价值观是多样的。

再深入一步分析，你知道客户的价值观是多样的，有要便宜的，有要高端的；有要品牌的，有要好用的；有要态度的，有要速度的。作为一个组织的管理者，你不可能把所有人都当成客户——你只能为客户服务，不能为所有人服务。因此，优秀企业，第一会选择价值观相同的客户，于是就形成了以价值观为核心的企业协作链。第二会选择价值观相同的干部和员工，于是就有了不同的企业文化伦理追求。物以类聚，人以群分。各为其客，各为其主。

3）华为公司的四要素价值管理案例

有关华为的三要素价值管理，可参考黄卫伟教授的《以奋斗者为本》全书，有关华为的四要素价值管理，可参考《以客户为中心》一书第二章华为的价值主张。

首先看华为价值观的演变。

"华为的价值主张实际上是由客户的价值主张决定的。通常我们把价值主张看作企业向客户提供的满足客户利益的一种陈述。客户的价值主张归根结底就是要质量好、服务好、价格低、速度快，这是客户朴素的价值观。它决定了华为的价值观。"

"在最近一两年的讲话里，任总多次提到，性价比的概念已经不适用于华为了，华为现在应该奉行的是优质优价。在早年的时候，华为还没有能力把产品质量做到完美，而且在竞争压力下，可能不得不为了赶时间去快速推出产品。当时是靠着两点在市场上立足，一是及时的服务，一是来自低成本的低价格"（黄卫伟）。这是"性价比"时代。

"但是性价比这个概念现在已经不适合华为了。因为性价比只是一个比率，可以是优质优价；也可以是质量打了折扣，来用低价追求性价比。华为今天已经抛弃了后者。所谓优质优价，也不是用优质来获得高溢价，而是用优质获得合理的价格，这就是华为解决高质量和低成本这个矛盾的管理方针"（黄卫伟）。

其次看华为价值观的实现。

认识到环境和客户价值观的变化，如何适应这种变化呢？靠矛盾管理学！

"质量和成本看起来是一对矛盾，要做到高质量，就要加大成本的投入。但其实，要降低成本，可能需要更好的质量，只有高质量才能带来低成本。这看起来是矛盾的一对事物，实际上是辩证的。这里，'成本'的概念不是交易过程中的成本，而是产品在客户手上全生命周期的成本。这个'成本'一定要靠高质量来保证，其中包含了产品本身的成本，还有维护的成本、服务的成本、退换货的成本、质量保证的成本，所以，能够一次把事情做对、把产品做好，做到高质量，从整个生命周期来看，实际是低成本。另外，华为的产品追求，体现在利用产品帮助顾客用较少的投入、较低的成本获得更大的商业成功。华为追求低成本的方式，是提供更好的质量，以降低产品到达顾客手中的整个生命周期成本，和顾客使用华为产品来获得商业成功的成本。"（黄卫伟）

吴、黄两位教授的价值管理研究是不是很到位？既有方法论的高度，又有接地气的深度。

●● 3.1.3　管理研究者的人生观

我们在第1章列举过搞研究的六大目的：①提升能力；②拿文凭、评职称；③创造知识；④积累知识资本；⑤满足兴趣；⑥享受求知快乐。把什么目的排在前面，和你的人生观有密切关系。

比如享乐主义人生观。它从人的生物本能出发，将人的生活归结为满足人的生理需要的过程，把追求感官快乐，最大限度地满足物质生活享受作为人生的唯一目的。作为管理学研究者，你把研究当作满足物质享受的手段？或者本身就喜欢研究，把研究当作享受求知快乐的手段？过去看到自己的成果印成铅字，闻着墨香就高兴！现在发个论文或朋友圈，看到"被引"和"点赞"就兴奋！

比如禁欲主义人生观。读书忍得寒窗苦，研究面壁二十年。禁欲主义的研究者主张灭绝人欲，实行苦修。尤其是社会学科的文人，以生活上的禁欲和清贫为傲。不为官，不为商，不唯上，不唯书，甚至不为名，不为利，只为著书立说，发明创造。不过，著书立说、发明创造也好像是一种欲望呀！

比如厌世主义人生观。论文搞不出来，考核完不成，在高校成了"青椒"，生活模式成了"996""007","躺平"不甘,"内卷"不行,一边写论文,一边心中充满烦恼与痛苦,总想脱俗灭欲求解脱,有了厌世主义人生观。拿不起,还不如干脆放下,断舍离,换个人生赛道试一试。

还有乐观主义人生观。道路虽是曲折的,但前途总是光明的;苦乐都是相对的,人生总会过去的。乐观主义研究者认为社会发展的前途是光明的,天生"你"才必有用的。管理问题总会有办法解决的,研究结果成败都是有价值的。因而对人生、对研究抱着积极乐观的态度。

还有奋斗主义人生观。人生的价值和意义在于对社会、对组织尽责任和做贡献,研究出有价值的管理学成果就是尽职业责任和做贡献。管理学研究者的人生也是追求幸福的,而幸福都是奋斗出来的!

选择做研究和做研究的过程,也是研究者确定和确立人生观的过程。人干事,事更能影响人。做一个好的研究者,要先想好自己的人生观,再选好管理学研究的领域和方向,然后坚定不移地干下去。

●● 3.1.4 管理研究者的"三正"

1)管理研究者要思想正

不能不怀好意,不能见不得别人好!不能只搜集甚至编造证明自己观点正确的数据和资料,更不能胡乱预测,大放厥词。最典型的是日本的长谷川庆太郎和美国的章家敦之流,几十年如一日唱衰中国,结果中国还没崩溃,崩溃论就自己先崩溃了。研究者不能把自己研究成世间的笑柄!

研究者要有担当,要问题导向但不能推诿责任,更不能牢骚满腹、发泄私愤,甚至利用文字和语言联名上书,鼓动闹事。研究题目和结果一定要有助于问题界定和问题解决。

《弟子规》说,"道人善,即是善……扬人恶,即是恶"。你可能赞成"扬善除恶""除暴安良",甚至"劫富济贫""锄强扶弱",但怎么听着你像进不了城里的"绿林好汉"呢?你就不能聚精会神只扬善,只安良,还有时间再济贫、扶弱吗?搞研究,特别是管理学研究,要关注和研究管理者和组织做得好的经验,总结成易于传播的模式去普惠社会。你可能认为这是唱赞歌,唱赞歌总比奏哀乐要好吧?!你可能以为这是赞美,赞美总比褒渎好吧?!君不见,某些研究者或学者就是偏好"揭短""指责""审丑""发泄"的研究和写作。

党的二十大报告从思想的正面归纳出:"中华优秀传统文化源远流长、博大精深,是中华文明的智慧结晶,其中蕴含的天下为公、民为邦本、为政以德、革故鼎新、任人唯贤、天人合一、自强不息、厚德载物、讲信修睦、亲仁善邻等,是中国人民在长期生产生活中积累的宇宙观、天下观、社会观、道德观的重要体现,同科学社会主义价值观主张具有高度契合性。"作为管理学的研究者,我们要不遗余力地继承、发扬和创新这些理论。

2）管理研究者要能量正

比如，奥巴马2010年4月15日在白宫接受"澳大利亚电视台"的专访时说道："如果超过10亿中国人的生活方式和澳大利亚人和美国人一样，那么我们所有人都将陷于一个非常悲惨的境地，地球无法承受，所以他们明白，他们必须就一种更可持续的新模式作出决定，使他们能够追求他们正在追求的经济增长，同时处理这些环境后果。"

他的原话如下："… if over a billion Chinese citizens have the same living patterns as Australians and Americans do right now then all of us are in for a very miserable time, the planet just can't sustain it, so they understand that they've got to make a decision about a new model that is more sustainable that allows them to pursue the economic growth that they're pursuing while at the same time dealing with these environmental consequences."

有人看完这句话，就义愤填膺：难道中国人就该天生受穷吗？能量正，就是我们可以把他的两段话放在一起理解，并给予善意理解，我们的回答就是：中国人确实不应该过上美国人那种铺张浪费、祸害地球的生活方式，而一定要过上勤俭节约、共同富裕的生活方式。

这就是我们实现"双碳"目标，探索新能源、新生产、新生活方式，在国内建设共同富裕社会，在国际倡议共建"一带一路"、人类命运共同体的愿景。

3）管理学研究者要立场正

管理学研究的基本立场选择之一，是选择纯研究立场还是偏应用立场。

比如，研究冠状病毒的科学家王年爽认为：不要为了发文章去做你的科研。在他眼中，科研不应该文章至上，更重要的是给自己的领域带来一些突破，给社会带来一些改变。显然，他采取的是偏应用立场。给某个研究领域带来一些突破靠创新和发现，给社会带来一些改变靠产品和产业。比如发现新冠病毒的变异毒株，比如研发出新的疫苗和药品等，为抗击疫情提供了有力的武器。

据统计，这两年关于新冠病毒的研究成了科学界的新热点，全球4%的学术论文与冠状病毒有关。王年爽认为，大量的文章都是抢热点，真正具有实际价值的理论突破其实不多。多数人发文章是为了吃饭，今后文章难发了，做新冠病毒研究就会成为鸡肋，愿意专心投入研究的人会越来越少。于是，如果再出现新的病毒，人类还是懵的，然后又成热点，又出现一波发文章热潮，周而复始。

由于之前的研究成果在所谓顶级期刊发表的碰壁经历和与企业合作的经历，王年爽感受到科研成果转化的艰难和必要性，在杰森·麦克莱伦实验室工作六年之后，他决定投身于生物医药的产业化，加入了美国再生元制药公司。

他走上了一条更难也可能更有价值的路！研究成果是论文化还是产业化？其实

是研究成果花钱给"期刊公司",还是挣钱给"制药公司"？他选择的是先论文化再产业化,先"期刊公司"后"制药公司"的道路,这是他的"三观"变化使然！

其实,纯研究立场还是偏应用立场无所谓立场正否,但是,不能政治化。美国不努力去解决自己的疫情问题,而是站在"甩锅"的立场,以病毒溯源为借口,转移视线,掩盖自己的问题。这是美国的不要人命要"人权",不要道理要"霸权",不讲反思讲"甩锅"的"三观"不正使然！

总之,管理研究者的立场要讲政治,但不能政治化。要有坚定正确的政治方向,正当正念的研究立场,贡献价值的研究成果。

》》3.2　研究中的基本伦理

●●3.2.1　为什么要提倡科研伦理

伦理,指一定社会的基本人际关系规范及其相应的道德原则,讲的是人们的道德、信仰和价值标准的东西。伦理的存在,是人类社会有序运转和健康发展不可或缺的要素。学术研究作为人类追求真理、创造知识的重要科学活动,更要讲究道德和伦理,这就是我们所说的科研伦理或者说研究者的伦理,它是从事学术研究工作的人应共同遵循的道德原则和价值体系。在此,我们将科研伦理视同人们常说的学术道德。

伦理有个人伦理、组织伦理和职业伦理之分,科研伦理是研究者的职业伦理或职业道德。古语有云:"德才兼备谓之圣人,才德兼亡谓之愚人；德胜才谓之君子,才胜德谓之小人。"古代贤人的话,至今仍是选人用人做人的重要标尺,在学术研究领域也不例外,研究者的科研能力和科研伦理是不可偏废的。加强学术伦理的建设,培养道德高尚的研究型人才是各类高校、研究机构等孜孜以求的目标。近几年来,学术研究领域如火如荼地进行的严厉打击学术造假、大力提倡科研伦理的运动,也是旨在净化学术研究的环境,让一些道德水准低下的学术腐败分子现形,在大浪淘沙后留下那些德才兼备的研究型人才。如果一个研究者研究能力有限,尚有可提升进步的空间,但是如果道德缺失,则很容易摔大跟头。

当今的中国学术界,涌现出了一大批思想活跃、视野开阔、不乏建树甚至蜚声国际的研究学者,学术研究领域可谓硕果累累。但是,在数量繁荣的美好景象面前,也出现了一些违反学术科研伦理和规范的事情,诸如抄袭、剽窃、造假等现象,就算是在大学这样圣洁的知识殿堂,近几年也有违反科研伦理的案例被炒得沸沸扬扬。诚然,这样的现象只是一小撮急功近利的"学者"的冒险行径,但是这一小股学术不良之风的危害却是不能小觑的,我们之所以在这里开章明义地提出管理学的科研伦理,不是要把坏人改造成好人,而是希望大家认真思考一下做研究者和做研究的伦理准则,然后确定自己的行为底线。

●●3.2.2 违反科研伦理的问题

1）压力或诱惑容易造成违反科研伦理问题

研究的本质目的是创造知识，但并不是每个研究者都没有功利之心。况且，在知识经济社会，知识和经济利益是直接相关的。很多研究者从事研究工作不是出于"唯知"的目的，研究动机和动力往往与个人利益相连，包括地位、名声、职称、金钱等，至少也是和自己的兴趣爱好相关的。大学生写毕业论文，也不能排除拿学位的功利目的。迫于考核压力也好，源于利益驱动也好，追求学术竞争也好，纯粹兴趣使然也罢，一些研究者总会想尽办法快出结果，多发文章，这样难免会在资料的收集、数据的分析和结果的解释等工作中走"捷径"，采用一些投机取巧，甚至违反科研伦理的手法。要保证学术成果的质量，很难完全依靠研究者个人的伦理自律。

2）违反科研伦理将制造学术垃圾

任何公开的研究成果都是一种社会资源，都可能在后人的研究中被参考借鉴。那么，如果一些弄虚作假的学术垃圾存在于学术界，没有被及时地发现和清理，其将会严重污染学术研究的环境。同时，如果后来的学者在这个"研究成果"的基础上继续研究，势必导致错误的人力和财力的投入，将对有限的研究资源造成极大浪费。

3）违反科研伦理有损学术声誉

一个研究者或者一项成果的价值，关键体现在社会的接受和认可程度上。学术事业的发展有赖于社会的信任。但是弄虚作假、粗制滥造的风气不除，会对学术声誉造成极其恶劣的影响，大大降低人们对学术研究的信任。曾有学生说："我要写论文，看了不少杂志上发表的论文，还是所谓的核心期刊呢，真是天下文章一大抄，没看到几篇好的东西。"这正应了社会流行的一个段子：小学靠念，中学靠写，大学靠抄，研究生靠编。如此下去，研究也就失去了赖以生存发展的社会基础。对于研究者个人来讲，学术声誉更是其职业发展的命脉，一旦违反科研伦理导致学术声誉受损，无疑将断送自己的前程。

4）学术的繁荣与发展有赖于科研伦理

在很多研究领域，西方国家的起步都比我国要早，无论是在理论上还是在研究方法和工具上都已经有了大量的积累。发展我们的学术研究事业，就必须学习和借鉴西方社会的研究成果，在坚持学术规范的基础上积极地与国外学术界最新的研究成果进行对话交流。但是，学术腐败和学术失范的行为将会阻碍国际学术界与我们进行学术交流的意愿，更严重地讲，还会侵蚀社会进步和民族创新的动力。

学术腐败、学术失范的后果如此严重，不得不引起我们高度的注意和深层次的思考。没有完善的规范体系、良好的研究风气，学术研究活动是没有出路的。但是，并不是有了学术规范，学术就能规范了，不管外在约束多么强大，没有内在的自律机制也是难以实施的。所以，我们需要在这里用单独一章来讲研究的伦理，最直接的目的，就是能够使读者在研究开始前就对科研伦理的基本准则有所了解，对违反科研伦理的危害性后果有所警示，从而努力做一个称职的研究者。

》 3.3　研究的基本伦理原则

科研伦理可以说是贯穿研究过程的始终的，研究过程中的每一步都要考虑伦理的问题，正如 Gravetter（2005）在他的《行为科学研究方法》中指出："伦理问题是最高的准则，你在研究的每一步作决策时都必须记住这一点。"但是，在很多时候，我们并不能把一种违反科研伦理的行为严格地划分到研究活动的某一个阶段，所以，纵览国内外的科研伦理准则，大多是从以下三个方面对科研伦理问题进行阐述：第一，什么样的品质和行为是符合科研伦理的基本准则的，是被鼓励和提倡的；第二，界定了违反科研伦理的行为并提及了一些示例；第三，提供了一些有关违反科研伦理问题的处理办法。

正如我们前面提到，科研伦理规定的是道德、价值观等学术研究者应该具备的内在修为，尽管在伦理准则中往往以什么该做、什么不该做这种外在的形式表现出来，但最为核心的还是其基本学术原则，而科研伦理准则的各项规定也是建立在这些基本原则之上的。这些基本原则应该包括：

● 3.3.1　诚实客观原则（objectivity & honesty）

知之为知之，不知为不知，是知也。学术研究来不得半点虚假，一就是一，二就是二，自己思考到什么样的程度，也就表达到什么样的程度。学术研究是与真实、脚踏实地联系在一起的。没有了真实、诚信，也就没有了学术的生命。研究者是真理的代言人，在提出命题、开展研究、分析解释数据和报告结果等研究的各个阶段，诚实客观都是不允许有任何质疑的最基本的伦理原则。诚实客观在学术研究中又可以体现在不同的方面，包括：在获取数据时要忠实于数据的原貌；在解释数据分析的结果时不夸大成果的学术、经济和社会价值；不能编造成果，不能无中生有；不能以任何理由伪造学术证明等。在学术研究中，为了避免对研究的客观性和真实性的争议，有一些科研伦理准则会对研究所采用的原始资料、数据的保存提出要求，也会要求研究者对研究的目的、方法和结果都做详尽的说明，以帮助读者判断报告的真实性。

3.3.2　合作共享原则（collegiality & sharing）

知识不是凭空而来的，任何有重要价值的发现和发明，几乎都需要建立在他人的研究发现的基础之上。促进整个学术界的共同繁荣和知识创新应该是不分国家、地区的所有的研究者义不容辞的责任，这就要求研究者用合作的态度和开放的心态对待自己和他人的研究，也就是要坚持合作共享原则。坚持合作共享原则应该包含两个方面的意思：一方面要乐于公开和分享自己的学术资源，在他人尤其是学术新人的学术研究活动中，能够起到启发和推进的作用；另一方面，也要以开放和包容的心态接纳不同的学术观点和来自学术同仁们对自己研究的评价、指正甚至是批评。在学科综合化、相互渗透的背景下，研究者不仅要在自己的领域内开展合作，也要及时与相关的学科、领域进行交流。

3.3.3　知识产权原则（intellectual property）

在倡导科研伦理的合作共享原则的同时，我们不得不强调研究者在共享自己的资源时也要注意保护自身的利益。研究者是在充分保护自己的知识产权的前提下，尽可能将研究所用的材料、信息和采用的方法与其他研究者共享，促进该研究领域的繁荣。保护知识产权和开放合作看起来矛盾，在研究实践中却是互相促进的。其核心就是研究者要自觉地尊重和不损害别人的知识产权。应该注意的是，研究者之间也是竞争博弈关系，这种关系和合作共享关系一样，也是促进学术繁荣和知识创新的力量之一。

3.3.4　平等原则（fairness）

学术的繁荣离不开学术的平等。所有从事研究活动的人，他们之间的关系都应该建立在互相尊重和平等的基础之上，法律面前人人平等，知识面前也是人人平等。学术平等的内涵就是指从事学术研究的人员，无论他的年龄、性别、地域和地位等如何，在学术面前都应该受到平等的对待；无论是在学术争论、学术成果的评价还是在荣誉的归属、责任的承担等问题上都没有高低贵贱之分，都应该始终贯彻平等的原则。学术规范的很多行为准则都是建立在学术平等原则的基础之上的。学术界一些不符合平等原则的事情，主要源于一些研究者或机构滥用自己行政上的权力或者学术上的权威，例如学术作品中的署名权侵害问题、出版者对研究者正当权利的侵害问题等。

>> 3.4 与研究对象相关的伦理原则

在研究的各个环节中，研究者所从事的都不可能是一项完全私人的工作。在确定新研究设想和提出可检验的假说时，你可能只需要一个人待在图书馆或者运用网络搜索相关的资料就可以了，但是这个时候你正在利用他人的研究成果。在后面的研究阶段，你可能需要进行实验或者访谈，通过观察、测量和分析某些人在你设定的研究背景下的反应或者询问他们对某个问题的看法来佐证你的研究假说。这个时候你的研究中就纳入了研究对象，也就不得不考虑与研究对象有关的伦理问题。对研究中的人类和非人类被研究（包括被测试、被调查、被观察、被分析、被实验等，以下简称被研究）者负责是研究者的基本伦理责任（Frederick J. Gravetter，2005）。在研究的情景中，研究者处于一种主动的控制地位，而被研究者则相对处于被动的受控地位。研究者在研究中的这种地位是不是使他可以为所欲为了呢？恰恰相反，这种相对的权力意味着研究者要对被研究者负起责任，保证被研究者的生理和心理不受到伤害，保证被研究者的安全和尊严。

管理学研究，在多数情况下是针对人的研究，因此我们在此仅对人类被研究者的伦理问题展开介绍。

第二次世界大战结束后，日德法西斯用战俘进行残酷的"医学实验"的事实被揭露，包括一次次打断被实验者的骨头，只为了观察相隔多长时间能够康复，把被实验者放到极冷或者极热的水中观察能存活多长时间等。这类暴行令人发指，人们在强烈谴责法西斯分子的残酷暴行的同时，也开始反思和探索，研究者开始建立起一系列的伦理标准和对研究中的人类被研究者的保护措施。

管理学领域违反伦理的研究产生的后果可能并不像自然科学研究的危害那么显而易见。有时我们在实验中需要做的可能只是要求被研究者填写一下问卷或者回答我们的几个问题，但是如果研究的方式不当也会给参与者带来极大的危害，例如进行涉及被调查者隐私或者商业机密的研究，如果泄露这些信息给竞争对手或他的上司，对被调查者造成的精神或者经济损失可能是难以估量的。

1947年，在第二次世界大战中犯下暴行的战犯在德国的纽伦堡受到了审判，同时也引出了《纽伦堡条例》（Nuremberg Code）。该条例由研究中对待人类被研究者的10条伦理准则组成，可以说是今天制定心理学、医学和其他领域对待人类被研究者的科研伦理的一个蓝本。在后来的几十年里，欧美国家又建立了一系列的伦理准则来保护研究中的人类被研究者不受伤害。根据国外发展的经验，对待人类被研究者应该遵循的主要原则包括以下几点。

●● 3.4.1 无害性原则

在研究过程中，研究者有责任保护被研究者不受到伤害，包括生理上的伤害和心理上的伤害。在人文社会科学研究中，对生理的伤害可能性不大，对心理的伤害却十分常见，如可能给被研究者带来的焦虑、压力和自尊心的打击等。有时候出于研究的需要，研究者可能故意设置这样的情景，观察被研究对象的心理变化。如果是这种情况，那么研究者应该在事先准确地告诉被研究者该做什么，为什么这么做，或者在实验结束后提供详细合理的解释。

要保证研究过程的无害性，研究者应该在研究开始之前对研究的危害性进行评估。对于任何危害性行为都应该有合理的解释，例如研究的科学价值远远超过其可能带来的暂时性微小伤害等。在任何情况下，研究者都应该将研究潜在的危险告知被研究者，如果伤害是不可避免的，那么也要采取必要的措施将伤害降到最低。

● 3.4.2　知情同意原则

知情同意的一般含义是指人类被研究者应该完全地被告知有关研究以及他在其中的作用的信息，他们应该理解这些信息，然后自愿地决定参加或者不参加这个实验（Frederick J. Gravetter，2005）。在对方不知情的情况下进行观察和研究，或者未经允许使用他人的资料进行研究都是不合乎伦理的行为。

在不同的研究中，获得知情同意的方法各有不同，这取决于信息呈现的复杂性和研究中的风险程度（Frederick J. Gravetter，2005）。在大部分情况下，研究者可以采用书面的形式，告知被研究者他们需要获得的全部信息，并要获得被研究者的签字确认。在危害性较小的情况下，获得被研究者口头上的同意就可以了。

但是实际研究中，"知情同意——完全暴露研究者的身份和研究的目的——将会断送掉许多研究项目"（Punch，1994）。在被研究者参与研究前完整地告诉他有关一项研究的信息是比较困难的，研究者不得不让被研究者对实验在一定程度上保持"盲"的状态。这个两难的问题，我们将在下面的无欺骗原则中加以讨论。

● 3.4.3　保密性原则

保密，就是指个人或者组织达成协议，究竟对其材料做什么以及不会做些什么（Sieber，1992）。在人文社会科学研究中邀请被研究者加入到研究中的主要目的就是获取信息。对于某些人来说，这些信息可能是非常私密的，不希望被公之于众，例如受试者的年龄、收入、价值取向等，研究者要确保被研究者的隐私权得到充分的尊重。

在研究中，最常用的保密的方法就是记录的匿名性，被研究者的名字会被一个代码取代，而不会与他所提供的信息直接相连，在数据记录中不出现姓名或者其他的身份信息。这种方法适用于不需要将单个被研究者作为个案分析的情况。在个案的研究中还要对所有可能使人们"对号入座"的信息加以关注。例如某研究声称"以本市规模在 5 000 人以上的一家企业为例"，本市人数超过 5 000 人的企业只有一家，那么这个时候即使隐去了该企业的名字，对于了解情况的人，该企业也不是保密的。

● 3.4.4　无欺骗原则

一项研究通常是为了观察被研究者在"正常情况下"的行为反应。有时研究者为了防止被研究者为迎合研究的目的刻意改变自己的行为或者隐瞒一些信息使自己表现得比实际要好一些，会对被研究者隐瞒研究的真实目的。这种欺骗是不可避免的，但是欺骗行为必须有其存在的必要性和合理性。美国心理学会制定的指南区分了在研究必须采用欺骗行为的情况下研究者的三个具体的责任范围（转引自我国于2005年翻译出版的 Frederick J. Gravetter 所著《行为科学研究方法》一书）：

①必须说明欺骗的合理性，欺骗所带来的好处必须超过被研究者所承担的风险。研究者必须对所有可选择的欺骗方法进行比较，并对不采用某些程序作出合理性解释。

②不能对被研究者隐瞒研究的重要方面，比如身体危险等可能会影响被研究者参与意愿的信息。

③在被研究者参加完研究后，尽快为他们提供有关研究的完整解释。

国外的研究型机构有一系列的措施来保护研究中人类被研究者的权益，包括成文的伦理准则和严格的监督审查机制。在我国，我们通过文献调查发现只有少数的学术研究机构已经将有关人类被研究者的伦理问题纳入学术伦理的体系中。所以说在这一方面，我们还有较长的一段路要走。表3-1列出了清华大学教师学术道德守则（试行）部分规定。

表3-1　　　　　　　　　　清华大学教师学术道德守则(试行)部分规定

第九章　严格管理以人类为对象的实验

第四十三条　在所有涉及人类被研究的实验中，研究过程本身应体现对人的尊重和保护。

1.禁止在实验中使被研究人承受不适当的或本可以避免的危险。

2.所有实验必须在被研究人或其合法代表人知情、同意的前提下进行。

3.不能使用强迫或欺骗、利诱等手段使被研究人参与实验。

4.必须尊重被研究人的隐私权和自由参加或退出实验的权利。

资料来源　清华大学. 清华大学教师学术道德守则（试行）[EB/OL]. [2024-12-23]. https://www.tsinghua.edu.cn/info/1145/1322.htm.

≫ 3.5　科学研究的反伦理行为

● 3.5.1　剽窃和抄袭（plagiarism）

剽窃和抄袭行为是违反学术科研伦理的重要问题之一，一直为有良知的研究者所不齿，曾受剽窃和抄袭之害的研究者更是对其深恶痛绝。剽窃和抄袭不仅仅是违背伦理，由于著作权法的存在，严重的剽窃、抄袭行为还会涉及违法。对于什么是剽窃和抄袭，无论是学术界还是法律界似乎没有什么太大的歧义：把别人的思想和语言作为自己的发表就是剽窃和抄袭。然而在现实情况中，判定剽窃和抄袭行为的确是一个令人很头疼的问题。随着科学研究的积累和发展，任何人的研究中都不可避免地会引用别人的一些文献，这是一些对研究者的思想和写作产生重要影响的他人的思想和成果，但不管什么时候直接引用或者诠释他人的成果时都应该加以注明。那么，是否只要指出了被引用作品的作者与作品名称，就不会构成剽窃、抄袭的侵权行为呢？还是不一定。

在有些情况下，随着研究问题的深入，研究者对最初参考借鉴的一些观点甚至是表述会感到深切的赞同，以至到最后都很难区分到底是自己的观点还是借鉴了前人的观点；在另外一些情况下，即使从未听闻过某个人的观念，也会发现英雄所见竟是惊人地相同，比如有人关于"社会"有个新观点，旁边有人听完后说，你这算什么新观点，孔子两千年以前早就说过了，修身、齐家、治国、平天下，齐家、治国就是"社会"的概念，那么这个人是否剽窃了孔子的观点呢？再比如我说，三流管理者自己做事，二流管理者带人做事，一流管理者让人做事，超一流管理者让人思考，有人则说，你的观点和韩非子的基本上是一样的：下君尽己之能，中君尽人之力，上君尽人之智。这下君、中君和上君，不就分别是你说的三流、一流和超一流吗？不过没有你说的二流！仔细一想，也真是！尽管你之前没有看过《韩非子》，文字上除了"人"字之外没有相同，但一旦说出来，也少不了观点意义上的剽窃和抄袭之嫌！

区分思想、观点上的剽窃和抄袭很困难，即使是文字表达，有时也很难说清是由于粗心而无意间剽窃和抄袭了别人的成果，还是有意将别人的成果占为己有。有时有的被以剽窃和抄袭定罪的学者会感到很无辜，怎么连自己都没有觉察到就掉进了剽窃和抄袭的陷阱呢？在这里，我们要对剽窃和抄袭的认定标准，以及防止剽窃和抄袭的原则作一详尽说明。

1）剽窃、抄袭行为的认定

要划清合理引用和剽窃、抄袭的界限主要是要把握一个"度"的问题，"在适当范围内引用他人的作品是合法的，一旦超过了'适当引用'的'度'就会构成侵权的剽窃、抄袭行为"。如何把握这个度，我国的著作权法中并没有做明确的规定。山西大学法学院的金帛在他的《剽窃、抄袭他人的作品是一种严重的侵权行为——兼谈对剽窃、抄袭行为的认定》一文中指出了四种在司法实践与编辑部的审稿工作中，会被认为是剽窃、抄袭"作品"的情况，我们在这里也列举这些情况供读者参考。

（1）与他人某部（篇）作品的字句完全相同或基本相同

比如仅仅作了某些删节、个别修改或结构上的调整，这种"作品"会被认定为剽窃的作品。另外，将别的作品翻译或者编译成其他的文字之后占为己有，这也是一种剽窃的行为。学术作品的主要特征之一就是它的独创性，每个作者在进行创作时都会有其独到的认识，表达方式和遣词造句上也会印着体现个人鲜明特点的烙印。如果某个人的作品与他人作品的句子、段落甚至是整篇都完全或者基本相同，很难让人相信这不是剽窃之作。表3-2列出了剽窃、抄袭行为的一些示例。

表3-2   剽窃、抄袭行为的一些示例

示例1

原文：对所有管理者而言，检讨自己用来思考的时间有多少，是一个非常有用的起点。如果不够充足，原因何在？是工作压力使我们无法排出时间？或是我们花了太多时间在不该做的事情上？不论是属于哪一种情形，能够改变的杠杆点在哪里？对某些人而言，可能需要改变个人的习惯；对另一些人而言，则可能需要缓和组织对不停工作以达"最高效率"的要求。自己以及工作伙伴管理时间的方式，将对团体的学习有很大的影响。（转引自圣吉. 第五项修炼 ［M］. 郭进隆，译. 上海：上海三联书店，2001）

比照：对所有管理者而言，检讨自己用来制订计划的时间有多少，是一个非常有用的起点。如果不够充足，原因何在？是工作压力使我们无法排出时间？或是我们花了太多时间在不该做的事情上？不论是属于哪一种情形，能够改变的杠杆点在哪里？对某些人而言，可能需要改变个人的习惯；对另一些人而言，则可能需要缓和组织对不停工作以达"最高效率"的要求。自己以及工作伙伴管理时间的方式，将对团体的学习有很大的影响。

比照上面的文字，除了将"思考的时间"变成了"制订计划的时间"，其他部分完全是复制原文。这样整段的文字都基本相同，认定为剽窃毋庸置疑了。

示例2

原文：马歇尔认为："竞争可以是建设性的，也可以是破坏性的；即当建设性的时候，竞争也没有合作那样有利。"因为"'竞争'这个名词已经充满了罪恶的意味，而且还会包含某种利己心和对别人的福利漠不关心的意思。""如将竞争与为公众利益而无私工作的有力的合作对比的话，那么，即使是最好形式的竞争也是相当地有害的；至于它的较为苛刻的和卑鄙的形式简直是可恨了。"（转引自乔洪武. 论马歇尔的经济伦理思想 ［J］. 经济评论，2000（1）：45-48）

比照：笔者认为：竞争有建设性和破坏性之分。但是，即使是建设性的竞争，因为它包含着一种利己和漠视他人利益的意思，所以也不如合作有利。尤其是将竞争与为公众利益而进行的无私合作相比，即使是最良性的竞争也是那么不受欢迎。

在比照的文字中，没有一句话与对应的译文完全相同，但是，主要观点、文句和段落的结构都是对译文的改写。作者没有引用原文的词句，故没有必要使用引号，但是，作者把马歇尔的原创观点说成是自己的，这又是一种剽窃。

这种赤裸裸的剽窃行为是比较罕见的，大多数情况下出现这类问题只是因为研究者尊重他人的知识产权的意识薄弱，认为在一篇洋洋洒洒上万字的文章中有一小段来自别人的文字也没什么了不起。在正文中，无论任何时候，如果需要直接引用前人的一些句子或者段落，那么应该将直接引用的内容纳入双引号，通过注解或者其他方式显示作者的姓名和作品来源，这样做才符合直接引用的基本原则。

（2）引用他人作品时超过了规定的篇幅

有些"作品"虽未与他人作品的字句完全相同或是基本相同，但在引用他人作品时已超过了规定的篇幅，这也是一种剽窃、抄袭。我国在著作权法颁布前的1985年，曾颁布一项《图书、期刊版权保护试行条例实施细则》，虽然它已被我国著作权法及其实施条例所替代，但其中有关认定剽窃、抄袭的量的标准还是可以供我们使用的。该细则规定：第一看被剽窃（抄袭）的作品是否依法受著作权法保护；第二看剽窃（抄袭）者使用他人作品是否超出了"适当引用"的范围。

"适当引用"是指：引用非诗词类作品不得超过2 500字或被引用作品的1/10；多次引用同一部长篇非诗词类作品，总字数不得超过1万字……凡引用一人或多人的作品，所引用的总量不得超过本人创作作品总量的1/10，专题评论和古体诗词除外。

（3）关键的部分、有价值的有特色的部分与另外一部作品相同并占到一定比重

量的标准应该是比较好把握的，但是也不是说只要不超过这个适当引用的量就万事大吉了，不能认为"总数不超过1万字，那我就引用9 999个字好啦"。有些作品，虽然引用的量没有超过上述的规定，但是关键的部分、有价值的有特色的部分与另外一部作品相同也会被认定为剽窃、抄袭的"作品"。这就是剽窃、抄袭行为的第三种类型。作品的关键部分、有价值有特色的部分与他人的先作相同，我们称之为实质相同。当然，这种实质相同也要占到作品的一定比重。比如，一篇学术论文的基本的观点、主要的论据或者论证方法与先作一样，尽管在遣词造句上不甚相同，也难逃剽窃、抄袭之嫌，除非被指控者能拿出有力的证据，证明他的作品确为自己所写，所出现的实质相同，仅仅是一种创作中的巧合而已。

（4）用他人的作品片断拼凑而成

还有一些"研究成果"，完全是他人多篇作品的片断拼凑，而非汇编。这种剽窃、抄袭的行为也是屡见不鲜的。整篇文章都是这里摘一段，那里拼一章，几乎很难找到属于作者自己的话，毫无思想和创意可言。正所谓：抄一个人文章的叫剽窃，抄十个人的文章叫综述，抄一百个人文章的叫研究。你没听见不少人调侃说"天下文章一大抄"？这其实是自欺欺人，一是自己研究能力没长进，二是抄出事了再后悔就晚了。

剽窃行为侵犯了他人的智力成果，给学术研究领域带来的危害是显而易见的。有的学者甚至认为剽窃已经不仅是道德的问题，而且是等同于偷盗的法律问题。除了积极地建立学术道德体系，培养科研伦理的意识，国内外对于剽窃的行为，从国家的法律法规到各种机构的规章制度也都规定了严格的处理办法，对那些玷污学术尊严、败坏学术风气的学术败类绝不姑息。剽窃抄袭者一旦被揭发，轻则被免职，剥夺专业资格，重则要承担法律责任，甚至是锒铛入狱，其付出的代价是极其昂贵的。屡屡听闻某著名经济学家，某知名教授、研究员就是因为剽窃而被停职。英国杜伦大学（Durham University）商学院院长托尼·安东尼奥（Tony Antoniou），甚至因被翻出20年前的两宗有关学术剽窃案的旧账而被校方开除。据了解，很多学术

网站，例如爱思唯尔、中国知网等，已具备了剽窃稽查的功能，凭借后台强大的、高质量的数据库的支持，其可以轻而易举地验证某篇文章的原创性。看来在信息技术的支持下，学术成果在世界范围内的共享越来越充分，社会化程度越来越高，学术剽窃者也越来越难以遁形了。表3-3给出了圣地亚哥大学对剽窃行为的界定。

表 3-3　　　　　　　　　　圣地亚哥大学对剽窃行为的界定

Plagiarism is defined as the act of incorporating ideas, words, or specific substance of another, whether purchased, borrowed, or otherwise obtained, and submitting same to the university as one's own work to fulfill academic requirements without giving credit to the appropriate source. Plagiarism shall include but not be limited to

(a) submitting work, either in part or in whole, completed by another;

(b) omitting footnotes for ideas, statements, facts, or conclusions that belong to another;

(c) omitting quotation marks when quoting directly from another, whether it be a paragraph, sentence, or part thereof;

(d) close and lengthy paraphrasing of the writings of another;

(e) submitting another person's artistic works, such as musical compositions, photographs, paintings, drawings, or sculptures; and

(f) submitting as one's own work papers purchased from research companies.

资料来源　SAN DIEGO STATE UNIVERSITY. Cheating and plagiarism [EB/OL]. [2021-12-23]. http://go.sdsu.edu/student_affairs/srr/cheating-plagiarism.aspx.

2）防止剽窃、抄袭的原则

金帛先生总结的四种常见的剽窃、抄袭行为的基本类型让我们知道了很多明显的或者隐蔽的剽窃、抄袭行为表现，你可能会拿自己的行为对照这些表现，突然发现"我没有犯上面提到的这些错啊，怎么也算剽窃了呢？"确实，这四种基本类型并不能涵盖所有的剽窃、抄袭的形式。为了避免剽窃、抄袭行为在你自己还不知道的时候或者无意识中发生，最好还是从预防着手。

下面一些原则可以帮助你防止剽窃、抄袭的行为发生（转引自 Myers & Hansen，1997）：

①采用完整的注释，包括对资源完整的引用、著者的姓名、发表的年代、论文的标题、杂志的名称、卷号和页码。如果是书籍，还要列明出版者及其所在的城市。

②表明任何不属于你自己的思想、语句和信息的来源。

③通过在引用的开始和结束处加引号而将直接引用区分出来。

④从其他来源获得整段语句或精彩表述，都要以引用的形式给予原著者以应有的声誉，同时要给予仔细的解释。

⑤在论文的最后要有完整的参考文献列表，参考文献要包括第①条中所列的所有信息。

⑥如果拿不准某一条引用是不是必要时，那无论如何还是引用为好。谨慎地对待这些事是没有坏处的。

诸公写论文时，最好拿这些原则对照检查一下。研究者写论文重要，保护自己的名声安全更重要，否则将来你发表什么论文，人家都要首先怀疑你的研究的可信度了。

上面提到的这些原则，或许可以告诉那些"无辜"的剽窃者，如何在自己的学术创作中正确地披露观点、信息、数据的来源，避免剽窃的嫌疑。但是，发生剽窃行为的原因是多种多样的，有时并不完全是方法的问题，有时候还是一个观念认识的问题。有的学生常常担心"引证太多"会失去自己的观点，会被认为是缺乏思考。恰恰相反，"使用引证能使你清楚地证明，你能很好地理解教材，而且，你还能清楚地区分作者的观点和你的分析"（方流芳，2005）。远离剽窃、抄袭，还要正确地认识引证的功能，掌握引证的规范。在北卡罗来纳大学（University of North Carolina）的学术诚信手册中，学生得到的规劝是：避免剽窃的第一步，就是"转变你对引证的态度"，见表3-4。

表3-4　　　　　北卡罗来纳大学学术诚信手册建议学生转变对引证的态度

How can I avoid plagiarizing?

Now that you understand what plagiarism is, you're ready to employ the following three simple steps to avoid plagiarizing in your written work.

Step 1: Accentuate the positive. Change your attitude about using citations.

Do you feel that you use too many citations? Too few? Many students worry that if they use too many citations their instructors will think that they're relying too heavily on the source material and therefore not thinking for themselves. In fact, however, using citations allows you to demonstrate clearly how well you understand the course material while also making clear distinctions between what the authors have to say and your analysis of their ideas.

Thus, rather than making your paper look less intellectually sophisticated, using citations allows you to show off your understanding of the material and the assignment. And instead of showing what you don't know, citing your sources provides evidence of what you do know and of the authority behind your knowledge. Just make sure that your paper has a point, main idea, or thesis that is your own and that you organize the source material around that point.

Are you worried that you have too few citations? Double-check your assignment to see if you have been given any indication of the number or kind of source materials expected. Then share your writing with another reader. Do you have enough evidence or proof to support the ideas you put forward? Why should the reader believe the points you have made? Would adding another, expert voice strengthen your argument? Who else agrees or disagrees with the ideas you have written? Have you paraphrased ideas that you have read or heard? If so, you need to cite them. Have you referred to or relied on course material to develop your ideas? If so, you need to cite it as well.

资料来源　THE WRITING CENTER, UNIVERSITY OF NORTH CAROLINA AT CHAPEL HILL. Plagiarism [EB/OL]. [2024-12-23]. https://writingcenter.unc.edu/tips-and-tools/plagiarism.

●● 3.5.2 欺诈（fraud）

1）区分误差与欺诈

剽窃的行为可能有时比较隐秘，很难对其进行判断，但是学术欺诈行为就很难让人相信其是无心之举了。欺诈就是研究者明显极力地进行欺骗和错误地呈现研究的数据。欺诈行为虽然在学术研究领域发生的频率相对比较低，但是其危害程度却比剽窃更为严重。剽窃只是利用不正当的手段盗用了他人的研究成果，使自己获得不该获得的荣誉，同时也损害了他人的知识产权。但是如果在研究中有欺诈的行为，伪造或者编造了研究数据而没有被发现，那么将使别人的研究建立在错误的数据、信息基础之上，从而给研究带来极大的浪费。

每一个研究者都知道研究行为应该建立在诚实信任的基础之上，都清楚欺诈的行为可能会给自己的声誉和事业，以及其他研究者带来危害，但是为什么还是有些研究者铤而走险，在研究中故意呈现错误的数据呢？这主要与研究者面临的激烈的竞争有关。一些从事研究工作的研究者都是为了经费、名声、地位，而少有出于纯粹创造知识的目的。加之一些国家的基金组织和学术机构可能设高额奖金鼓励在国际期刊上发表论文，所以尽管被发现的可能性很大，一些人也抵不住诱惑要以身试法。这些人善于玩一些数据游戏，使实验的结果看上去更"完美"，却在衡量学术欺诈的后果时用了一杆倾斜的天秤。学术欺诈的行为若想人不知，除非己莫为，否则总有东窗事发而追悔莫及的时候。无论是出于什么原因，欺诈的行为都是我们应该杜绝的。

讨论研究中欺诈的行为，首先要区分开两个概念——误差与欺诈，这是十分重要的。Frederick J. Gravetter在他的《行为科学研究方法》一书中是这样总结误差和欺诈行为的区别的：误差是在研究过程中发生的诚实的错误，相反，欺诈则是明显竭力地欺骗和呈现错误的数据。研究中可能存在着很多导致误差的机会，比如收集资料、测量记分、把数据录入计算机或者出版排版时。出现误差有时是不可避免的，但是通过反复仔细的检查将误差尽可能降到最低也是研究者的责任。欺诈则是一种有目的的、蓄意的行为。欺诈行为的主要表现就是篡改、编纂实验的数据或者结果，如果一个研究者捏造或者修改数据以迎合自己的假说，那么就构成了欺诈的行为。表3-5列出了香港大学对于滥用数据问题的界定。

2）如何避免欺诈

除了了解和遵守一些外部的预防和制约欺诈行为的机制，作为研究者本人，除非你是故意为之，否则为了避免陷入"欺诈门"的麻烦，在处理实验研究中的数据时也应当注意一些方法。

表 3-5	香港大学对于滥用数据问题的界定

3.2 Abuse of data – this includes

a）Fabrication of data – making up data and/or results where no or different data have been obtained，and publishing them as if they were real or true or representative；

b）Falsification of data – manipulating research materials，equipment，or processes，or changing or omitting data or results such that the research is not accurately represented in the research record；

c）Unethical collection of data – collecting data through exploitation of vulnerable or disadvantaged groups，or unnecessarily infringing upon the privacy of participants； the data collection process harmful to participants，or putting them at more risk than necessary；

d）Unauthorised use of data – infringing on the data ownership rights of others，or using data involving human participants without their informed consent；

e）Publication or use of irreproducible data – report of data that came out from experiments that are irreproducible or experiments that have not been optimised，unless clearly stated in the report（e.g.，as pilot data）．

资料来源　THE UNIVERSITY OF HONG KONG. Policy on research integrity［EB/OL］.［2024-12-23］. https：//www.rss.hku.hk/integrity/rcr/policy#Research%20Misconduct.

　　首先，为了避免任何形式的欺诈行为，最明智的办法就是精确而完整地保存实验中的数据。复现实验的过程是判定研究中是否有欺诈行为的一种方法，而保存实验的数据则是复现实验过程的需要。实际上，保存精确完整的实验数据，除了是证明实验结果真实可信的必要方式，同时也有利于其他的研究者在此基础之上进行更深一步的研究。

　　其次，可能在某些情况下，由于种种原因，例如受到限制的数据源使用权或者对于数据保密的协议等，研究者不能对研究所使用的原始数据进行保存或者完整的呈现，那么这个时候也要对数据的来源或者获得方式，以及整个研究的过程、方法作出比较详尽的书面解释。

　　最后，研究者一旦发现他们已发表的数据存在明显错误，就要采取适当的方法校对、撤回、勘误或以其他公开方式来纠正这些错误。表 3-6 列出了墨尔本大学对于研究数据和记录的要求。

●● 3.5.3　其他科研伦理问题

1）署名问题

　　署名看似简单，实则是学术研究中一个十分重要的问题。学术作品中的署名不仅涉及一个人在一项研究中的荣誉、产权的归属，还涉及对研究结果的责任承担问题。

　　一个比较典型的有关署名问题的争论就是应该享有作品的著作权而没有署名。例如某个教授没有征得研究生的同意而将该研究生的作品作为自己的成果发表了，

表3-6	墨尔本大学对于研究数据和记录的要求

Research Data and Records

Research workers must comply with the following requirements:

(a) data and records should be accurate, complete and in sufficient detail to enable verification of research results and to reflect what was communicated, decided or done;

(b) data (including electronic data) must be recorded in a durable and retrievable form, be appropriately indexed and comply with relevant protocols;

(c) data must be retained intact for a period of at least five years from the date of any publication which is based upon or longer than this if discussion of results continues, if there are regulatory or sponsor requirements, or if the data has historical or archival value;

(d) a research unit or department must establish procedures for retention of data and maintain a register of the data and records and their location; data and records will normally be kept in the department or unit where the research was conducted;

(e) data forming the basis of publications must be available for discussion with other research workers; where confidentiality provisions apply, the data should be kept in a way that allows reference by third parties without breaching confidentiality; and

(f) when data are obtained from limited access data bases, or via a contractual arrangement, written indication of the location of the original data, or key information regarding the database from which it was obtained, must be retained by the research worker or research unit.

资料来源　THE UNIVERSITY OF MELBOURNE. Research Integrity and Misconduct Policy (MPF1318) [EB/OL]. [2024-12-23]. https://policy.unimelb.edu.au/MPF1318#section-5.1.

这种情况，不单纯是署名的问题了，也是一种将他人学术成果据为己有的剽窃行为。这种事情在高校恐怕也时有发生。

在现实中，还有一种问题是没有参加作品的实际创作而被署名。这又分为两种情况：一种是一些人为了沽名钓誉，谋求个人的利益，利用自己的权威、地位或者权力迫使在自身未参与创作的他人的作品上署名，这种行为侵犯了作者的著作权，是著作权法所禁止的；还有一种情况可能是作者主动要求他人在自己的作品中署名。这里面可能的原因有很多，例如为了借助名人效应而邀请名人在自己的作品中署名，学生为了感谢导师而主动加上导师的名字或者导师为了帮助学生而挂上学生的名字等。这些做法都是违反学术规范的行为，即使有时候主动为他人署名是出于好心，也可能会给挂名的人带来麻烦。在阎凤桥翻译的唐纳德·肯尼迪所著的《学术责任》一书中有这样一个例子，现转引如下：

T教授在递交的一份论文摘要中署上了研究生K的名字，研究生K是第二作者。尽管发表该摘要的期刊并不进行同行评审，但人们通过其他期刊随后发表的几篇文章所引用的材料发现，该摘要中的一些专门的数据早就有其他人发表了，因此该摘要所反映的部分工作的真实性受到了怀疑。在此摘要发表的时候，K研究生已经转到了其他单位工作，在听到了消息后，他惊奇自己的名字竟然会出现在摘要上，于是立刻打电话给T教授要求解释原因。T教授的回答是因为K为这项工作出了一个好主意，并帮他做了部分的分析工作，所以才把他的名字放在其中。T教授说："那时，你已经离开了，由于你确实有一定贡献，我想帮助你，就将你的名字加到了论文中。"

T教授的这种做法非但没有给K带来荣誉，还因为剽窃、抄袭之嫌给无辜的他惹来了麻烦。所以说，在署名的问题上，还是实事求是为好。

在今天，很多研究成果都是由一个团队完成的，每个人在其中都承担了不同的角色，有的人最先提出了研究的设想，有的人设计出研究的方案并使其实现，有的人对研究的结果作出了解释……每个人对研究的结果都有显著的贡献，那么这个时候如何确定在署名中的先后顺序呢？一般来说，合理的做法是考虑个人对学术成果的学术贡献，而不应该参考个人的职位或者权威的高低。有的时候为了简单，会采用按姓氏笔画排序，那么这个时候就要作出明确的说明，因为一般情况下，人们会把作者的排序作为衡量研究者对研究所作出贡献大小的指标。研究报告或论文被其他出版物引用或者制成索引时，更多的情况也是用第一作者的名字。表3-7列出了清华大学对署名权的规定。

表3-7　　　　　　　清华大学教师学术道德守则（试行）对署名权的规定

第六章　署名权与鸣谢

第二十二条　只有对研究成果作出实质性贡献（从选题、设计、实验、计算到得出必要结论的全过程中完成重要工作）者，才有资格在论文上署名。对虽对研究有帮助但无实质性贡献的人员应予鸣谢，不宜列入作者名单。

第二十三条　对于确实在可署名成果中作出重大贡献者，除应本人要求或保密需要外，不得以任何理由剥夺其署名权。

第二十四条　对于合作研究的成果，应按照对研究成果创造性的贡献大小，或根据学科署名的惯例，确定合作成果完成单位和作者（专利发表人、成果完成人）署名顺序。

第二十五条　学生或研究助理如果在研究中作出重要贡献，应作为联合作者获得署名权。

第二十六条　署名者应为成果内容的正确性与合法性承担责任。任何成果均应在发表前经所有署名人审阅；除非明确标明不同作者的责任，否则成果因失误或欺骗而产生的责任由全部署名作者承担。

第二十七条　不得一稿多投，即不得将同一论文、作品或实质内容基本相同的论文、作品同时投寄多个出版社或会议发表。一稿多投一经发现，署名者应做公开道歉并接受出版社处罚，还应接受学校相关处理。

第二十八条　任何人不得以拥有的科技资源和条件（如经费、奇缺实验试剂、精良实验设备或者难以公开检索到的资料等）为手段，迫使因缺乏这些研究条件而不得不与他们"合作"的研究人员出让署名权。

资料来源　清华大学. 清华大学教师学术道德守则（试行）[EB/OL]. [2024-12-23]. https://www.tsinghua.edu.cn/info/1145/1322.htm.

2）一稿多投，重复发表

2020年，第三次修正的《中华人民共和国著作权法》，第三十五条规定："著作权人向报社、期刊社投稿的，自稿件发出之日起十五日内未收到报社通知决定刊登的，或者自稿件发出之日起三十日内未收到期刊社通知决定刊登的，可以将同一作品向其他报社、期刊社投稿。双方另有约定的除外。作品刊登后，除著作权人声明不得转载、摘编的外，其他报刊可以转载或者作为文摘、资料刊登，但应当按照规定向著作权人支付报酬。"这条规定表明，作者向报社投稿十五日以内或向期刊社投稿三十日以内，只能选择一个出版机构，否则即构成一稿多投的事实。出现一稿多投、重复发表的现象，无非是作者希望自己的作品有更高的命中率，更多的发表机会。从人情上说，我们可以理解某些研究者的这类做法，但是一稿多投、多发不仅浪费了资源，是不尊重编辑的劳动的行为，同时也会影响作者和编辑出版部门的声誉。一稿多投并非完全不可以，如果有特殊的原因需要这样做，那么作者必须附函向编辑部说明理由和情况。

一稿多投、重复发表有很多常见的形式，例如：有些研究者，将主要内容相同的论文巧妙地改头换面，对题目稍做变化，或者对论文的结构进行调整，在不同的刊物发表；或者将一个完整的问题分成若干个小问题单独讨论，分别发表，使发表的论文最小单元化，从而实现发表论文数量的最大化；或者对图表精心处理，如把一套数据采用不同的组合方式以多篇论文的形式发表。以上情形实质上就是一稿多投、多发现象，都是违反学术规范的行为。表3-8列出了墨尔本大学关于发表学术成果的规定。

表3-8　　　　　　　　　墨尔本大学关于发表学术成果的规定

Publications

a) Publication of more than one paper based on the same set(s) or subset(s) of data is not acceptable, except where each subsequent paper fully cross-references and acknowledges the earlier paper or papers as the case may be (for example, in a series of closely related work, or where a complete work grew out of a preliminary publication and this is fully acknowledged).

b) An author who submits substantially similar work to more than one publisher must disclose this to the publishers at the time of submission.

c) Publications must include information on the sources of financial support for the research and must include a disclosure of any potential conflicts of interest. Financial sponsorship that carries an embargo on such naming of a sponsor should be avoided.

d) Confidentiality provisions to protect intellectual property rights may be agreed between the University, the research worker and a sponsor of the research. Where such agreements limit free publication and discussion, limitations and restrictions must be explicitly agreed.

资料来源　THE UNIVERSITY OF MELBOURNE. Research Integrity and Misconduct Policy (MPF1318)[EB/OL].[2024-12-23]. https://policy.unimelb.edu.au/MPF1318#section-5.3.

3）AI替代研究

人工智能特别是生成式人工智能（AIGC）技术工具的出现和进步，为包括管理学研究在内的科学研究带来了新机遇，推动科学研究范式发生深刻变革，同时也在研究数据处理、研究成果形成、署名与知识产权归属等方面引发了新问题，引发了人们对 AI 替代研究的担心。

许多大学生开始使用人工智能赋能课程学习和研究。我们鼓励学生们进行时代性创新和尝试，但对于研究者，一定是 AI 赋能研究，不能是 AI 替代研究，任何时代要有自己的独创性，不能直接对生成式人工智能进行照搬、复制、粘贴。不能投机取巧、产生偷懒心理，更不能出现数据造假、欺骗行为。

这就需要定规矩。

国家层面，2023 年 12 月，科技部发布《负责任研究行为规范指引（2023）》，对如何依规合理使用生成式人工智能（AIGC）作出具体指引，同时提出不得使用 AIGC 直接生成申报材料，不得将 AIGC 列为成果共同完成人，不得直接使用未经核实的由 AIGC 生成的参考文献等，明确划出具体边界。

大学层面，也在规范 AI 赋能研究上不断出台文件。比如中国传媒大学发布《关于加强 2024 年毕业论文（设计）中规范使用人工智能管理的通知》。该校继续教育学院在细则中要求，学生须明确披露是否使用生成式人工智能。如果使用，须说明使用方式、细节，包括模型/软件/工具名称、版本及使用时间。涉及事实和观点引证的辅助生成内容，须明确说明其生成过程，并同时在毕业论文（设计）相应位置具体标注，确保真实准确和尊重他人知识产权。

2024 年 4 月 10 日，湖北大学本科生院发布通知，明确本届本科毕业论文（设计）将试行加入 AIGC 检测。毕业论文（设计）检测系统将识别论文是否出现"AI 代写"，并出具对应检测报告作为参考。如论文（设计）检测结果为"AI 代写高风险"，教师应指导学生进行修改。

2024 年 4 月 28 日，福州大学教务处发布通知，决定对 2024 届本科生毕业设计（论文）进行 AI 代写的检测，检测结果将作为成绩评定和校级优秀毕业设计（论文）评选参考依据。通知指出，此举是为了"进一步加强学术道德和学术诚信教育，营造良好的学术生态，规范学生科学合理使用生成式 AI 技术，杜绝人工智能代写、剽窃、伪造等学术不端行为"。

较新的文件是 2024 年 11 月 28 日，复旦大学教务处发布《复旦大学关于在本科毕业论文（设计）中使用 AI 工具的规定（试行）》（以下简称《规定》），对人工智能工具在本科毕业论文（设计）撰写过程中的使用进行了详细规范。我们在第 5 章专门讨论 AI 赋能研究如何提升效率性，会附录这个规定。

在 AI 赋能研究上，要鼓励，又要有规范，对本科生是如此，对硕士博士研究生要求的创新性和研究能力提升要求更高，AI 赋能研究的伦理规则应更为严格。

上面我们比较详细地说明了学术研究领域一些违反科研伦理的不正当的行为（research misconduct）。违反科研伦理的行为当然不仅仅限于这些，授意、指使、协助他人进行有违学术规范的行为，故意夸大研究成果的经济价值及社会影响，对资助方、学校、期刊或者研究基金等隐瞒可能会影响他们决策的一些利益的冲突，对学术评价的过程实施不正当的影响，滥用研究基金等，也都属于违反学术伦理的范畴。

3.5.4 科研伦理问题的成因

1）学术评价机制的弊端

话还是要分两头说，我们在前面谈到了很多基本的学术伦理的准则和常见的伦理问题，目的是让读者对学术伦理的体系有一个清晰的认识。问题是，屡禁不止的违反学术伦理的事件，绝对不能完全归罪于个别研究学者的科研伦理意识问题。于立生（2008）曾撰文评论海南教育期刊社《新教育》杂志被"克隆"一事，文章的题目是《鸡蛋无缝，苍蝇何处下口？》，基本意思是说，对于剽窃、弄虚作假这些学界的丑闻、诟病，治本之道，还是在于"弥合"起属于结构性问题的"鸡蛋之缝"。

确实，看看我们，高校教师需要发论文，在职者评职称需要发论文，研究生毕业得发论文，甚至一些本科学生为了评奖学金、争取保送名额也在发论文……这让我们怀疑，学术研究是不是已经到了以数量论英雄的时代。有学者把论文量化称为中国的一大特色。已有大学校长说到，简单化地进行定量考核，是当前高校粗放型管理的典型表现。

据悉中部某高校规定，有资格申请教授职称需具备以下条件：独立撰写并出版一部15万字以上高水平学术专著或参编21世纪课程教材和研究生教学用书，并具备下列条件中的一项：①以第一作者身份在国内外核心学术刊物上发表8篇以上学术论文，其中在CSSCI核心库来源期刊上发表5篇以上学术论文；②以第一作者身份在学校认定的人文社会科学一类期刊上发表1篇以上学术论文；③以第一作者身份在学校认定的人文社会科学二类期刊上发表2篇以上学术论文。北京师范大学教授陆善镇说，陈景润在10年内没有发表过一篇论文，而且其最重要的论文也是发表在国内学术刊物《中国科学》的英文版上。按照目前的评价标准，陈景润难以当上教授，但陈景润却是赫赫有名的教授、闻名世界的数学家。如果学校用一两年的短时间来要求教师取得一定数量的科研成果，搞这种学术研究的"大跃进"，那么科研工作者被逼无奈也只好是八仙过海，各显其能了。据报道，在国外就不是这样。拿教师来说，副教授就可以成为终身教授，业务上没有固定约束，即使几年不发文章，教授们仍然可以按自己的兴趣、目标潜心研究，作出真正有原创性的成果。

这种数量考核的机制一时间使期刊的版面成了稀缺资源，也为他们提供了生财之道，为发表文章而交纳"版面费"成了公开的秘密。据有关人士透露，以一篇4 000字左右的论文为例，普通学报所收的"版面费"一般是320～700元，普通中文核心期刊则上升至800～1 200元。

一方面是僵化的量化考评体系，另一方面还有"诱拐"的奖励制度，那些立场稍有不坚定的学者专家，免不了会"离家出走"。有的单位放出口风，谁能在《自然》和《科学》上发表文章，就愿意给谁100万元。无独有偶，东南沿海地区的一所知名高校曾规定，在英国《自然》杂志上发表一篇文章将获得10万元奖金，在SCI和EI上发表一篇文章可获得2万元奖金。华中地区一所高校则一度规定，凡在美国《科学》杂志发表论文可获得奖金50万元。这真是到了"知识=经济"时代了。重赏之下，手无缚鸡之力的知识分子也会变为勇夫。说不定哪一天某人的拼凑或造假论文就会蒙过《自然》《科学》杂志的编辑，而闹出丑闻。

和追求GDP指标一样，这种考评机制和激励导向，恐怕是造成学术腐败行为的最深层次的问题之一，如果不从根本上转变，即使通过正面宣传或严厉惩罚能一时压下去学术腐败的气焰，恐怕只会是"野火烧不尽，春风吹又生"。

凡事有利有弊，因为鼓励多出文章，虽然质量水平还不尽如人意，但是中国学术研究者的论文数量上去了。资料显示，以SCI论文为例，我国SCI论文增长明显，数量已由1991年的8 997篇上升到2000年的约31 040篇，2010年的约121 500篇，2015年的约304 054篇，2020年的约571 317篇。论文数量占世界份额也呈快速增长态势，由1991年的1.3%上升到2000年的34.2%，2010年的8.6%，2015年的15.2%和2020年的24%，2021年上半年论文数量已经超过美国。同时，一个值得注意的现象是，我国SCI论文总数居世界第2位，引文次数居世界第4位，引领指数排世界第9位。看来，我国科研成果和企业发展规律一样，先求做大、做快，再求做好、做强。未来的科研新时代，也需要从高速增长阶段转向高质量发展阶段。

2）生存与道德的两难决策

伦理问题在很多时候是两难问题，要良心还是要"肚子"时刻苦恼着研究者。有时候，这些研究者的处境也确实令人感到十分同情，为职称、科研经费、政绩和升迁，不得不应付这些量化评价标准，每天为完成考核东拼西凑写文章、编书，还要走关系、托门路发表……有人曾称研究者的处境是"不发文章就死"，这不免有些耸人听闻，但是多少也影射了一些现实的情况。"学术被认为是高雅的玩意儿，学术研究者在当今中国肯定也是高级知识分子，但是他们的收入却并不怎么高，有时甚至连基本生存都成了问题。"一方面是甚至涉及个人生存的巨大的制度压力，另外一方面是强硬的学术道德，决策的难处就在这里，用当今的话说，这就是眼前利益和长远利益、个人利益和学术共同体的集体利益的冲突。如果不是这种冲突的存在，决策是傻瓜都会做的事情。按照我们的教科书说的，一旦发生了这种利益的冲突当然是牺牲眼前利益保证长远利益，牺牲个人利益保证集体利益，但现实中凡是在这种两难处境中进行决策的人，多数是没有断然牺牲自己当前利益的勇气的。这就给我们的决策设计提出了一个值得思考的问题：面对决策中的两难，我们到底该怎么做呢？这个时候恐怕很难做到义利兼顾了。决策也没有绝对的对错之分，就看决策者心里的那杆秤向哪边倾斜了。伦理问题的决策者不妨考虑一下下面三个步骤，不妨先问自己三个问题：

（1）我这么做是否合法？

法律是两难决策中首先要参考的标尺。法律具有普遍性，它规定的处理问题的原则是维持这个社会秩序的最基本的要求，是人人都应该做到的，否则连基本的社会秩序都保证不了，更别谈更高的追求了。法律是道德的底线，底线之下的事情是断然不能做的了。法律只认事实，只按条文办事就行了。尽管法律有它不够完善的地方，但是，合法是最合理、最有效的决策方法。假若人人都不做违法的事儿，学术研究中都能守住这个底线的话，学术体系就基本上能够保持有序的运转。

（2）我这么做是否心理平衡，对不对得起自己的良心？

法律是道德的底线，违法的事必然不道德，但是不违法的事情不一定就合乎伦理道德，这说明伦理道德的层次包含着人们更高的诉求。法律治人于外，道德律人于心。如果从内因和外因的关系来分析的话，有时人内心的天秤倒比法律法规的天秤更有作用。所以，做两难的决策，除了不能违法，还要扪心自问一下，自己的良心是否过意得去。如果因为做了剽窃、抄袭这般违反学术伦理的事情，虽然如愿以偿拿到了毕业证，得到了晋升，拿到了加薪，但是整日生活在深深的自责中，夜不能寐，食不知味，这又何苦来呢？！俗话讲得好，"岂能尽如人意，但求无愧于心"吧！

（3）这么做的后果我能不能承担？

最后一点来自自己对行为结果进行好恶和利弊的判断。人们在进行决策时总要想到各种决策可能的行为后果，要最终作出使自己利益最大化或损失最小化的决策，不能干捡起芝麻丢了西瓜的事。不赶紧抄抄、凑凑发几篇文章就升不了职，就涨不了工资了，就真的活不下去了，那要是干了抄袭、剽窃的事情呢？没被发现自然是好，万一被发现后果怎样——赔礼道歉、通报批评、卷铺盖走人、锒铛入狱……什么样的结果是我能承担的呢？我干了违反学术伦理的事所换来的好处又能否弥补因此付出的代价呢？是宁可两袖清风、默默无闻，还是"不能名垂青史也要遗臭万年"？

"三思而后行"，如果把这三个问题都想清楚了，那么第二步就可以大胆地决策了。每个人的阅历、性格、价值取向都不同，即使面对同样的客观情况也可能作出不同的判断，即使可能的结果是一样的也还会有不同的承受程度。做多少、怎么做，就按照自己的价值标准作出认为是正确的选择就行了。最后一个步骤，就是既然作出了自己认为正确的决策，那么不管发生什么，都要勇敢、坦然地承担一切后果。

3.6 研究成果的权利保护

上面我们的论调好像一直在劝人向善，告诉学术研究者不要去当坏人，尊重别人的知识产权，可是，现实中还有大部分老实本分的研究者只知道埋头做学问，却不懂得如何保护自己的知识产权（intellectual property）。受人侵害和侵害人同样是不利于学术界的繁荣和知识创造的。在中国这么复杂的研究环境下保护自己的知识产权不受侵犯，需要你既懂得一点法律知识，又要在实践中掌握一些方法和手段。

●●3.6.1　著作权及其保护——你有"十七项"权利

研究者首先要知道如何用法律武器保护自己，要具备保护知识产权的法律意识，具体讲就是著作权保护。搞学术研究尤其是管理学研究，最终成果更多是以著作的方式为社会作出贡献，而较少有专利权、商标权、域名等知识产权的其他内容。不论你研究的领域是什么，不论你平时搞研究的时间多么紧张，我们建议，最好还是有些著作权保护的常识，否则辛苦了半天可能只是"为他人作嫁衣裳"。

在法律这一方面，最有必要了解的是自己的哪些成果是受到法律保护的。在我国，著作权是作者对其作品和作品的邻接权，也就是作品的传播而享有的权利。著作权法的所谓作品，"指文学、艺术和科学领域内具有独创性并能以一定形式表现的智力成果"。著作权法规定的受保护的对象一共有九大类，其中和我们比较密切相关的一个是以论文、小说、诗歌和散文等方式表现的文字作品，另外一个是用口头表述方式创作和表达的作品，例如演讲、讲课等讲述场合产生的讲义、录像等作品。

讲义虽然不是公开出版的，但依然具有著作权。我们来看一个案例：某著名跨国公司的一名退休工程师，投诉某名牌大学的一位知名学者"剽窃"，称对方将自己的培训讲义译成中文后，用于营利性的商业培训，从而侵犯了自己的知识产权。虽然此事最终"和气"收场，该学者主动将培训所得"归还"了这名工程师，但由此引发的"培训讲义究竟有没有知识产权"的争议，却在网上愈炒愈热。

事实上，有相当一部分人士认为，在国内培训界，培训讲义"似曾相识"是常见现象，有时甚至会在不同人的讲座上，看到几乎相同的PPT，更不用说照搬的案例分析了。在他们看来，讲义本身根本就不具备知识产权，因此没必要"小题大做"，但法学界的不少专家却认为，培训讲义从著作权的严格意义上来说，也受著作权法的保护。

关于著作权法保护的作品的范畴，我们在这里不一一展开说，读者可以通过参看著作权法自己去了解更多。这里只介绍一下著作权的完整内容，以便研究者对科研成果进行保护。

《中华人民共和国著作权法》规定，著作权包括下列人身权和财产权：

"（一）发表权，即决定作品是否公之于众的权利；

"（二）署名权，即表明作者身份，在作品上署名的权利；

"（三）修改权，即修改或者授权他人修改作品的权利；

"（四）保护作品完整权，即保护作品不受歪曲、篡改的权利；

"（五）复制权，即以印刷、复印、拓印、录音、录像、翻录、翻拍、数字化等方式将作品制作一份或者多份的权利；

"（六）发行权，即以出售或者赠与方式向公众提供作品的原件或者复制件的权利；

"（七）出租权，即有偿许可他人临时使用视听作品、计算机软件的原件或者复制件的权利，计算机软件不是出租的主要标的的除外；

"（八）展览权，即公开陈列美术作品、摄影作品的原件或者复制件的权利；

"（九）表演权，即公开表演作品，以及用各种手段公开播送作品的表演的权利；

"（十）放映权，即通过放映机、幻灯机等技术设备公开再现美术、摄影、视听作品等的权利；

"（十一）广播权，即以有线或者无线方式公开传播或者转播作品，以及通过扩音器或者其他传送符号、声音、图像的类似工具向公众传播广播的作品的权利，但不包括本款第十二项规定的权利；

"（十二）信息网络传播权，即以有线或者无线方式向公众提供，使公众可以在其选定的时间和地点获得作品的权利；

"（十三）摄制权，即以摄制视听作品的方法将作品固定在载体上的权利；

"（十四）改编权，即改变作品，创作出具有独创性的新作品的权利；

"（十五）翻译权，即将作品从一种语言文字转换成另一种语言文字的权利；

"（十六）汇编权，即将作品或者作品的片段通过选择或者编排，汇集成新作品的权利；

"（十七）应当由著作权人享有的其他权利。"

了解了这些规定，有利于作者保护自己的权利和减少侵害他人权利的可能。

研究者应该知道，法律规定：著作权人可以许可他人行使上述第（五）项至第（十七）项规定的权利，并依照约定或者著作权法有关规定获得报酬。著作权人可以全部或者部分转让上述第（五）项至第（十七）项规定的权利，并依照约定或者著作权法有关规定获得报酬。

●● 3.6.2 发表权的保护——一稿多投违法吗？

值得注意的是，在发表论文和著作时，杂志社或出版社一般有不许一稿多投的规定。这种规定似乎有理，不少人尤其是杂志社和出版社的人都认同。这和著作权法认为的发表权有关。所谓发表权，即决定作品是否公之于众的权利。有人认为，这里的"公之于众"是指作者将自己的作品"首次"与公众见面，使公众能够看到或者听到，如果是一部已经发表过的作品，再次拿出来与公众见面，就不是著作权法意义上的发表了。由此认为，发表权只能使用一次，当作品发表后，权利人就不能再次行使此项权利，也不再受法律保护。这种看法和法律解释有很大问题。

第一，发表权不能许可他人行使和转让。按照著作权法的规定，著作权人可以许可他人行使，还可以全部或者部分转让上述第（五）项至第（十七）项规定的权利，但不包括发表权。发表权在保护期间是永远归属于著作权人的。他怎么就不能再次使用呢？《中华人民共和国著作权法》规定作品的作者为自然人时，其发表权、上述第（五）项至第（十七）项规定的权利的保护期为作者终生及其死亡后 50 年。截止于作者死亡后第 50 年的 12 月 31 日。

第二，权利转让是由合同规定的。《图书、期刊版权保护试行条例实施细则》（于 1985 年颁布，目前已废止）第十三条第一款规定："作者向期刊或出版单位投稿或与出版单位签订约稿合同，不得一稿多投。因一稿多投给期刊或出版单位带来的损失，作者应予以适当赔偿。"有人认为这就是不能一稿多投的法律依据，其实错也！只有作者和出版单位签订的"约稿合同"中约定"不得一稿多投"，才成为法律依据。但这是依据《民法典》，不是依据著作权法，因为可转让的权利中依然不包括发表权。没有签订合同的，连同复制权、发行权在内的著作权在保护期限内会一直在著作权人手中。

第三，"约稿合同"或者"出版合同"中约定的，只是专有出版权。所谓专有出版权是指出版者经著作权人的授权，在合同有效期内和在合同约定的地区，享有并排除他人出版某一作品的权利，又叫独占出版权。超过这一时间和地点时，作品的复制权、发行权等著作权依然回到著作权人手中，但专有出版权依然不包括发表权。

第四，不要混淆版权、著作权和著作权中的部分权利的概念。著作权法规定，著作权就是版权。于是有人就混淆了著作权和版权的概念。有人认为，版权由出版社所有，著作权由创作者所有，这是错误的。著作权人是不能整体转让版权即著作权的，对出版社、杂志社能转让的一般只有复制权和发行权，而且是限时限地转让的，而著作权（即版权）的前四项，即发表权、署名权、修改权、保护作品完整权等是不能转让给杂志社或出版社的，只能由法定继承人继承。

一稿不能两投的规定可能是对著作者的发表权有损害的垄断性行为。有一位曾在某国际著名管理学杂志任过主编的学者写道：我"发现一些即使很有名的教授，也有这个陋习：他/她把一篇文章投到我这里，同时又把方法改一改，问题改一改，写成另一篇论文，投到另一个期刊。曾有审稿者向我报告这样的问题……于是我就把它拒绝掉了"。你的杂志又不是全世界覆盖，又不能将这篇论文的知识传递到世界的任何一个角落，甚至不能传递到一个语言圈的任何一个角落（有些杂志只发行几千本甚至几百本），凭什么可以垄断著作者的发表权呢？再者，确实是篇好论文的话，你应该抢着发。杂志的任务是发表论文的，还是发表写论文的人的人品的？著名教授都干这事，证明这种不能一稿两投的规定是有悖法律和常理的。这里是否有杂志社的垄断利益所在呢？物质产品可以复制着卖（比如电视机），知识产品可以复制着卖（比如软件程序），为什么论文就不能呢？这个规定应该是"不平等条约"，很多作者只能投你一家杂志让你挑，杂志自然就站在了优势地位，作者成了弱势群体。当然，我们并不赞成一篇文章投一百家杂志，我们的看法是，文章一稿多投并不违反法律。相关各方可以从保护自己利益的角度约定某种"符合伦理"的发表规则，文章发表的行为和规则是否符合伦理，应该是利益相关者利益平衡与博弈的结果。我们的建议是，一篇文章只能投一家于作者不公，也违法，可以投一百家不违法，但于出版者不公。可以投三家杂志可能是合理的方案。这样做可以适当保护作者的权益并使得新知识得到更广泛的传播，这虽然会影响一些出版者的利益，浪费出版资源（主要是纸张），但可以避免重复研究浪费人类更宝贵的时间、脑力等资源。比如有些十分重要的新闻，新华社会发通稿，就是供各报刊共同选用的新闻稿，几十家甚至几百家刊物一齐登出，为什么没人说一稿多投而开打官司？这是惯例，更重要的是法律允许，因为这些新闻需要让全国各地的人们都及时知道。同样，为了避免造成重复研究的浪费，至少那些"重要"的研究成果可以一稿多投吧?!

在网络上发论文看来是个很不错的渠道，可以避免杂志的弊病，不过，对于一般学者来讲，这还需要考核制度的改革——承认网络论文甚至博客论文的价值。

●● 3.6.3 著作权保护的必要技巧

除了法律之外，还要了解你所在的组织、机构给你提供了哪些保护知识产权的"武器"。一般来讲，法律规定的东西，门槛往往是比较低的，有的时候又是模棱两可的。相对而言，一些大学、研究机构、协会等规定的学术伦理准则可能更具有操作性。

但是不管怎么说，我们肯定还是更希望能够保护自己的知识产权远离被剽窃、篡改的侵犯，那么要防患于未然，除了诉诸法律、求助于相关的规章制度外，在实践中，学术研究者最好还能学会运用一些必要的技巧和手段。有以下几点：

第一，在研究的早期，就应该想到保护知识产权的问题，要注意严格保密。现在学术研究积累的成果如此丰富，能够找到有价值、有意思的突破点实在是一件很不容易的事情。如果你已经开始或者正打算开始进行一项创新性的研究，那么一定要注意严格保密你的研究方向，必要时也可以放一些"烟幕弹"出去，声东击西，迷惑他人，让别人无法知道或猜测你具体在研究什么，这样能给你争取更多的研究时间。尤其是对于你的竞争对手，你更要格外留意，因为竞争对手是最有可能侵犯你研究成果的人。

第二，研究成果要尽早发表，并且要选择有影响力的发表形式。著作权法只承认和保护最早问世和最早申请保护的作品，只要你能拿出证据证明你作品的问世时间最早，你就无可争议地成为该知识产权的拥有者和权利所有人，其他人不管能否看到你的作品，不管是否看过你的作品，非经许可使用了你的作品内容就是侵权。因此，有了研究成果一定要尽早发表，不要藏着掖着，殊不知这样正给了不法分子可乘之机。另外，研究成果第一次向社会公开时，一定要选择一个大型的场合，以向足够数量的人公开自己的作品，以证明自己作品的首发时间，如果是通过平面媒体发表，也要尽量选择有影响力的期刊。越多的人知道这是你的科研成果，你的作品就越不易被剽窃篡改。

第三，还有一点需要注意，要了解抄袭、剽窃者可能采用的手段，见招拆招，不给他们可乘之机。我们还拿讲课或者培训的讲义来说事情，有些教授、讲师，可能讲一节课，得花费三倍的时间备课，而且讲课中的很多内容，还包含了很多个人独特的东西和实践经验的总结。如此这般，如果看到别人拿着自己精心制作的讲义稍加"改头换面"就到处招摇撞骗，大敛钱财，肯定会生气。怎么办呢？那就要想办法使自己的成果不至于外传。例如讲课时不允许拍照或录音，要求参加讲座的听众签订协议，规定讲义不得外传，用不易被复制的形式保存成果等。适当地运用一下这些手段，可以降低你的成果被侵权的可能性。

上面的一些建议有些是来自实践的经验，有些是学习和总结他人的一些方法，不一定全面，可能你本身还有一些比较有效的方法、手段、技术。总之，尽管研究工作不像军事战争那样"兵不厌诈"，但学术之江湖也是充满险恶的，正所谓"害人之心不可有，防人之心不可无"，保护自己的学术成果和权益最好还是从积极的防范做起。

▶▶ 关键词

变维／定维／吴春波模型／"三正"／伦理／诚实客观原则／合作共享原则／平等原则／无害性原则／知情同意原则／保密性原则／无欺骗原则／知识产权／著作权／科研伦理／学术失范／剽窃／伪造数据／协助违规／泄密／欺诈／一稿多投／重复发表

▶▶ 参考文献

［1］克里斯琴斯 K G. 定性研究中的伦理与政治［M］//邓津 N K，林肯 Y S. 定性研究（第1卷）：方法论基础. 风笑天，等译. 重庆：重庆大学出版社，2007.

［2］肯尼迪 D. 学术责任［M］. 阎凤桥，等译. 北京：新华出版社，2002.

［3］克雷斯威尔 J W. 研究设计与写作指导：定性、定量与混合研究的路径［M］. 崔延强，主译. 重庆：重庆大学出版社，2007.

［4］格雷维特尔. 行为科学研究方法［M］. 邓铸，等译. 西安：陕西师范大学出版社，2005.

［5］埃思里奇 D. 应用经济学研究方法论［M］. 朱钢，译. 北京：经济科学出版社，2007.

［6］奥利弗 P. 学术道德学生读本［M］. 金顶兵，译. 北京：北京大学出版社，2007.

［7］陈学飞. 谈学术规范及其必要性［J］. 中国高等教育，2003（11）：23.

［8］顾海良. 学术规范与学术道德：他律与自律［J］. 社会科学论坛，2005（1）：11-15.

［9］何建良. 学术规范与研究生教育［J］. 中国高教研究，2006（7）：22-24.

［10］方流芳．学术剽窃和法律内外的对策［J］．中国法学，2006（5）：155-169．

［11］郭广，梅珍生．试探剽窃的成因与防范［J］．山西高等学校社会科学学报，2007，19（7）：28-30．

［12］金帛．剽窃、抄袭他人的作品是一种严重的侵权行为——兼谈对剽窃、抄袭行为的认定［J］．晋图书刊，2001（4）：77-78．

［13］王玉林．论学术规范的构成［J］．图书与情报，2005（6）：30-34．

［14］邢永富，吕秋芳．高等学校教师职业道德修养［M］．北京：首都师范大学出版社，2007．

［15］杨玉圣．学术腐败、学术规范与学术伦理——关于高校学术道德建设的若干问题［J］．社会科学论坛，2002（6）：28-34．

［16］杨玉圣．学术规范与论文写作［J］．社会科学论坛，2005（8）：81-96．

［17］俞吾金．重新审视学术规范［J］．科学中国人，2004（7）：13-14．

［18］叶继元，等．学术规范通论［M］．上海：华东师范大学出版社，2005．

［19］周祥森．以德治学　任重道远——就王铭铭事件谈"北大现象"［J］．社会科学论坛，2002（2）：32-35．

［20］张颖春，张慧颖，张卫滨．学术研究中的伦理、规范与制度［G］//天津市社会科学界联合会．科学·创新·和谐：天津市社会科学界第二届学术年会优秀论文集．天津：天津人民出版社，2006．

［21］中华人民共和国教育部．教育部关于印发教育部社会科学委员会《高等学校哲学社会科学研究学术规范（试行）》的通知［EB/OL］．（2004-08-16）［2024-12-23］．http：//www.moe.gov.cn/srcsite/A13/moe_2557/s3103/200408/t20040816_80540.html.

［22］李晓明，王新超，傅小兰．企业中的道德决策［J］．心理科学进展，2007，15（4）：665-673．

［23］汲慧丽．社会价值取向、反馈及惩罚对两难决策的影响［D］．兰州：西北师范大学，2007．

［24］张革新．现代著作权法［M］．北京：中国法制出版社，2006．

［25］刘春田．知识产权法［M］．北京：中国人民大学出版社，2003．

［26］王中林．美国大学教授职称和终身制的评审过程［J］．中国高等教育，2002（6）：45-46．

［27］刘江，陈钢，蔡玉高．功利侵蚀　教授称"核心期刊"像臭豆腐［N］．新华每日电讯，2006-10-21．

［28］张琰．核心期刊潜藏巨大利益链　国内学术评价机制弊端凸现［J］．瞭望东方周刊，2006（12）．

［29］黄卫伟，吴春波．走出混沌［M］．北京：人民邮电出版社，1999．

［30］黄卫伟．以奋斗者为本［M］．北京：中信出版集团，2014．

［31］黄卫伟. 以客户为中心［M］. 北京：中信出版集团，2016.

拓展阅读：科研伦理准则目录

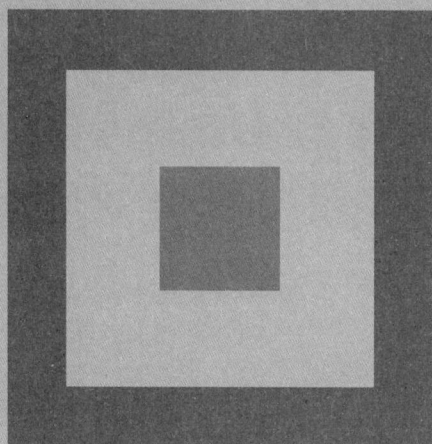

第4章 研究选题方法

第4章 研究选题方法

》 4.1 管理学研究的选题

第2章我们谈到了管理学研究的有价值领域，选领域不是选题目，更不是形成命题或假说，本章我们要讨论选题原则、什么是好的题目、创新性选题方法和构建假说的方法等内容，这实际上是管理学研究最核心的内容之一。题目选不好，无论如何是出不了好研究的。

●● 4.1.1 选题七原则

鉴于研究者的自由性，选什么题本质上应该是没有原则的，但实际研究中不可能如此。能选什么题，不能选什么题，总有一定之规。比如，研究不要涉及有政治问题的观点（论文评审中有观点是否正确一条，讲的就是这个问题）。这是研究的底线，你不可能享有不受限制的充分自由。再比如，研究主题不要偏离管理学的基本领域。你研究的是管理学，可以借鉴其他学科的方法和嫁接其他学科的观点，但不能太像经济学或心理学研究，或者整篇文章都是统计学公式，这在管理学中就说不过去。

除此之外，我们认为管理学研究选题应该考虑好奇、创新、趣味、纵深、价值、主流、合规等七项基本原则。

1）好奇

研究者的基本素质之一是好奇心强，遇到不可思议的现象总是要去追根究底。所谓不可思议的现象，就是那些靠常识和直觉不能说明的现象，因此研究者就千方百计去寻找答案，研究就开始了。比如培根说，财富是德行的累赘。巴尔扎克借主人公之口说，没有一个讽刺作家能写尽隐藏在金银珠宝底下的丑恶。但是，很多人依然是那么追求金钱，到底金钱、财富和道德有没有关系呢？这就是令人好奇的课题。

好奇心是研究的启动器，司空见惯、熟视无睹会扼杀创新的萌芽。世界著名多媒体信息公司彭博（Bloomberg）总裁迈克·布隆伯格就这一点谈道："有时，人们在接受事物后即使不理解，也会深信不疑。他们并不想一想，说'给我解释解释''再说一遍'，或者'是这个意思吗'。有时人们大谈XYZ的种种，这XYZ是个缩写或代名词，我问他们XYZ到底代表什么，这些谈话的人压根答不出来……人们很多时候机械地做事，不动脑子。这和他们的智力毫无关系，但和他们的好奇心大有关系。"

学校教育往往在这时成了被指责的对象："我们的学校大都不培养学生的逻辑思维和怀疑思想，我们只是传授事实和技巧，而不是概念和思维。我们学会接受，而不是提出问题。教育制度的这种严重失误使学生们深受其害。"[①]笔者在教学中看到，其实很多学生对管理有着极强的好奇心，他们很讨厌老师照本宣科、让学生做知识搬运工，这样的学生有着很好的研究潜质，教师应该努力培养他（她）们，不要磨灭或损害他（她）们的好奇心。

好奇选题至少有两个意义：一是使研究者的研究兴趣保持持续，因为不能调动好奇心的题目容易使人放弃；二是使研究活动产生知识贡献，因为你在解决前人没有说明的问题。

但是，对这些现象的解答也可能只有你不知道而觉得奇妙，但别人早已明白了，因此这样的现象成不了研究对象，只能是你的学习对象。如果迄今为止还没有人比较准确、系统地对这种现象做过说明，你就可以当作研究的题目来考虑了。所以，从这个意义上讲，所谓研究就是探讨不可思议的现象或事物。

2）创新

从知识创造的本质来讲，创新性是选题的必要原则之一。严格来讲，前人研究的空白才是我们研究的任务，所以，研究就是探讨他人和自己都不知道的知识的过程。但是，在世界上大批管理学同行争先恐后进行研究的现实状况下，你要想准确确定哪些是别人没有研究过的领域或题目还真不容易。也可能好不容易找到一个题目，等你研究完，别人已经发表出来了；也可能大家会在不同刊物上同时发表内容基本相同的研究成果。这种"撞车性研究"的情况时有发生，浪费研究资源和精力的现象难以避免，研究者也只能自认运气不佳，或者采取更优的研究竞争策略。

强调研究选题的创新性，对于初学研究者有些困难，对于他们来说，如果出于提升自我研究能力的目的，进行创新性的研究也是可以接受的。但严格讲，这只能叫作"学习研究"，不能叫"做研究"。对于自己知道而别人不知道的知识，研究者要做的事就是发表，对于大家都知道的知识，只要去应用就可以了。我们用图 4-1 对这四种情况做一区别。

3）趣味

奇妙是和好奇心相连的，而趣味则是和研究者求知的兴奋心相连的。好奇心强的人偏向理论性和原因，兴奋心强的人好像比较关注事情的意外性和轰动性。兴奋心强的人适合在网上参与各类热点活动，他们不是在研究事物，而主要是在高度关注事物。我们之所以把好奇选题原则放在了前面，就是因为好奇心强的人更适合做研究者。

① 布隆伯格 M. 信息就是信息 [M]. 雷鸣，顾矾，译. 北京：工商出版社，1998：220.

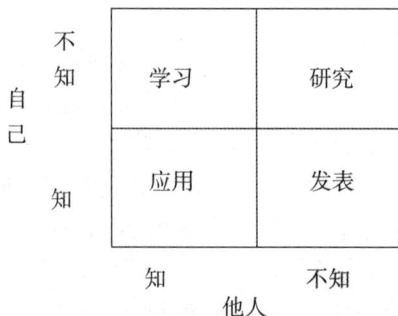

图4-1　有关知识活动的四象限

　　研究者的研究动力很多时候来自他对所做的事情的兴趣，选题有意思不但会调动自己的积极性，一般也会使其他人产生趣味，关注你的研究或一起来从事研究。世人说，男人有钱就变坏，女人变坏就有钱，而你所见的男人或女人却不是这样，这就是具有趣味性的问题。

　　由于和兴奋相关，所以趣味性太强的研究一般具有短暂性和流行性，知道了结果后这类研究大多就此而结束，因此，趣味原则应该排在好奇原则之后。如果你实在找不到不可思议的现象和问题，那就请你至少保证题目的趣味性，怕就怕选的题目既不奇妙又没趣味，折磨自己还折磨别人！

　　遵循好奇和趣味这两个原则的选题顺序是：①既好奇又有趣；②好奇但无趣；③有趣但不好奇；④既不好奇又无趣。

4）纵深

　　选题的技术性原则是入口要小，纵深要大，也可以叫作"小题目，大文章"。

　　初涉研究的我们会认为，小题目没有什么好研究的，几句话就说完了，于是总想做个大题目。其实这是错的。大题目表面上看起来有很多话要说，但涉及问题太多，这样的研究往往得不出合适的结论，进去就很难爬出来。好的研究题目一般都是入口狭窄，纵深开阔。别人不易看见，有洞察力的研究者却往往能在这里发现"新大陆"。我们可以把有纵深的题目想象成一个倒放着的扇面，如图4-2所示。

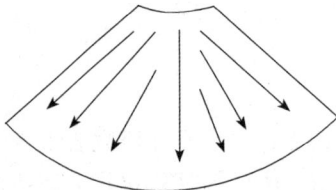

图4-2　研究题目的入口和纵深

　　事实上，入口窄的题目不需要再仔细考虑从哪里入口的问题，只需要着手收集资料开始分析，一旦开始资料收集、分析过程，就会产生很多新的信息和问题，逼着研究者向纵深发展，从而取得深入、细致的研究成果。入口很宽的题目却往往使人在众多问题面前不知所措，在确定从哪里入手的问题上花费太多时间，浏览和收集太多的资料，但始终无法进行深入分析，甚至仅仅停留在文献收集和综述阶段，得不出应有的研究成果。

常听人说，搞研究必须有钻研精神，要深入，不能总在浅层次徘徊评论，人云亦云。借鉴王国维的说法就是：入乎其内，故能研之，出乎其外，故能观之。研究者一定要入乎其内从事研究，而不能仅仅出乎其外只作评论家。

当然，也并不是只要是小题目就有纵深，研究者必须能判断，不论题目大小都必须具有研究价值，最好是有长远的、重大的社会价值。

5）价值

如果你很幸运，手头有多个既奇妙、有趣，又有纵深的题目，那就要根据它们的理论或现实价值进行选题了。价值可以是唯知的，也可以是世俗的；可以是精神的，也可以是物质的。我们在第1章列举过做研究的六大目的：①提升能力；②拿文凭、评职称；③创造知识；④积累知识资本；⑤满足兴趣；⑥享受求知快乐。其中，创造知识是理论价值，求知快乐是唯知或精神价值，其余的都可以叫作现实或世俗或物质价值。对社会有价值的研究应该是创造知识和形成知识资本两者吧。

6）主流

选题最好要考虑一下管理学的主流，别选那些几乎没有人关注的边缘课题。研究者也要学会站在巨人的肩膀上。你改变不了世界，但可以跟着可以改变世界的人，顺便改变世界。跟踪主流研究会使你很快走到某个研究领域的前沿，通过怀疑和否定某个大家的学说和观点也可以使你较快获得同行的关注。

当然，一直这样跟主流走下去，你也很难成为一个新领域的开拓者。这是两难抉择，你可以依价值观而定。

7）合规

选题必须考虑题目和内容的合规性。对我们在本书第3章所讨论的管理学研究的规则，应该在最初选题阶段就开始重视和审视。这种合规，包括了应符合政治性的、伦理性的和制度性的三类规则。落实到平时的用词，就是必须符合国法、党纪、政策、制度、伦理、习俗、各种研究机构和学会的国内国际法规等。

如果你认为某些规则不合时代，需要创新，那就从流程上去影响规则修改，绝不能以身试法——还没做成研究的大家，先做了反面教材！

● 4.1.2 选题四阶段

选题是每个研究者都感到头疼和麻烦的事情。比如现在大学里招收的硕士、博士生多了，大家都要选题，哪来那么多有意义的选题呀？！我指导学生做研究一般不指定题目，只建议他们自己去找选题，然后对他们打算做的备选题目提出咨询建议。这并不是不负责任的做法，我认为学生寻找题目的过程是真正培养其研究能力的关键时期。

如前所述，学生明白了做研究的基本目的和选题原则，就必须自己去行动。在寻找题目的既麻烦又苦恼的行动中积累的东西，是一个研究者不可或缺的。指导教授给你个题目去做被有些人看成幸运的，其实仔细想来也可能是不幸的：你可能因此而体验不到研究的整个过程。

选题过程包括四个阶段：顾盼徘徊—头脑风暴—坚定立场—价值判断。

1）顾盼徘徊

我们用类比法来介绍一下如何找题目。找题目的过程好比找工作，你脑子里先有几个基本指标和原则，比如想去的地区、行业或单位性质等，然后就要到外边去走一走，参加招聘会，收集相关资料，和企业的人交谈了解情况，参观企业等。仅从表面上看，各个企业可能都差不多，但你找工作是找岗位不是找企业，必须深入了解企业需要的岗位情况，这就需要进出多家企业，在顾盼徘徊的过程中，慢慢积累对各家企业的可能岗位的切身感觉。到最后你会有两个结果：一是在这一过程中找到了自己满意的工作单位；二是没时间了不得不确定一家单位。有人可能会说，既然最后也不得不确定一家，那就别去找了，最后随便定一家算了，这种消极被动的方法还真不行。

现在我们回到找题目上来。找题目首先要确定范围，比如在管理学研究中，你要确定是研究组织还是研究战略，是研究人力资源还是研究信息系统，是研究企业文化还是研究营销，如此等等。这会给你一个顾盼徘徊的大致范围，但是这个层次的顾盼徘徊只能帮你发现一些感兴趣的现象，还不能具体研究，因为范围不是题目，任何一个范围内都有着无数的题目，你必须像找工作一样进到企业中去了解、体验一番。换句话说，你必须对该领域中感兴趣的现象进行一定的调研思考，也就是在范围顾盼徘徊的基础上进行现象层次的顾盼徘徊。比如在组织研究领域，你发现世人根据某些现象说：一个中国人像条龙，三个中国人像条虫；一个日本人像条虫，三个日本人像条龙。这是真的吗？如果是真的，这是为什么？同样是东方文化，为什么会有这么大的差异？无论如何，你先对这些现象和说法进行应有的调研，就可能找到常识上解释不清和直觉上不对的地方，于是它就成了你可能研究的题目——比如你可能假设这是由中日两国的教育方式的不同造成的，或者是团队利益分配的原因，或者是两国企业中团队领导形成机制不同的一种表现等。

选题过程实际是分两个层次的，一是选定研究范围，二是选定研究题目。前者是理论徘徊，后者是现实徘徊。有的研究者比较在意第一步徘徊，但忽视第二步徘徊，这样的结果一是定的题目可能太大，二是定的题目可能太缺乏实证支撑，应该引起注意。

先在一定的研究范围内如此这般到处走走，然后进入一个题目里面具体看看，走完这两步一般就可以找到你中意的题目，这正是研究过程开始的重要阶段，研究者一般也是这样锻炼出来的。一般人可能认为确定题目之后才是研究的开始，我们认为选题目的过程是研究不可或缺的一部分，甚至是更重要的一部分。我们认为，在某个领域中徘徊不前和举棋不定的选题过程，是成为一个合格的研究者必然要付出的时间代价和精神成本。这一段的苦恼和努力必将对后面的研究起到应有的作用。

2）头脑风暴

找工作不能只听企业介绍，要赶紧调研、分析、观摩企业，看得多就会想得多，想得多就会发现好的工作。研究选题也是如此，遇到一个不可思议或有兴趣的现象，要动用头脑风暴法，在脑海里作出各种逻辑的和非逻辑的推测判断，比如，是这样吗？为什么会这样？什么原因造成的？是这个原因吗？还是别的原因？遇到不可思议的现象你就要考虑它为什么不可思议。逻辑上很容易解答的事情，为什么自己会认为是不可思议的现象呢？这也可以深入思考一下。开动脑筋会使你发现人们想当然的现象中会隐藏着某种前提，如果你把这种隐含的前提去掉的话，会出现什么不同的结论呢？这些都是研究者要经常做的动脑工作。

这样的头脑风暴法，可用归纳法进行，也可用演绎法进行，还可用类比法进行。比如你在企业组织中发现的现象，可以和政府机构或学校组织的同类现象做些比较分析。

当然，头脑风暴并不是一刮而过的，一般应该深入到得出答案，也就是得出研究假说。研究者也要有决断力，有的人考虑来考虑去总是得不出答案，这不是脑子不好用，转得慢，而是决断力问题。人们经常讲要大胆假说，小心求证，就是说在这一阶段不要给自己设太多限制，尽量多地形成自己的推断和假说，构建研究的框架。没有决断力的研究者，往往会在选题上浪费太多时间。

3）坚定立场

除了缺乏决断力的人之外，立场不坚定而在题目之间不断转来转去的人也往往难以确定选题，就好比找工作不断跳槽的人一样。有这种问题的研究者对问题不是往深层走，而是往旁边走。他脑子里一般总出概念但不出命题，于是思绪总是从概念联想到另一个概念，无法聚焦。我们称这种模式为"狗熊掰棒子式"选题或者叫"漂流式"选题。

研究是往深层走，正所谓"掰开了，揉碎了"，或者说像切面包，拿一个面包过来，你要做的是"横切片"，再"竖切条"，再"横切块"，再测量分析，而不能左手拿着这个面包，右手再去拿另外的面包。这样的话，你收集一堆面包也开始不了面包的研究。搞研究不是写诗，不能总是凭想象将毫无关联的东西牵到一起，然后加几个感叹词完事。"诗人失去联想，诗情将会走样"，但"研究总是联想，结果将会没样"。

所谓研究的立场，就是你的研究目标所在，不能跟着资料数据和理论概念随意改变基本目标。其意义在于防止自己过于摇摆，致使研究方向滑向没有意义的其他课题，或者挑花了眼睛，白白浪费时间。我们强调这一点，是因为选题定题本来就是一个很容易迷失方向的工作，你不注意出发时的原点，往往就转不回来了。

立场坚定并不是说永远不动，三十年如一日一定会落后于时代的。这里的立场坚定指的是在一定期间不要转移研究目标，经过一定时间后就要有意识地判断"是否要改变立场"，否则也可能陷入保守主义。这里的基本原则是"亮了东方再亮西方"，对一个题目有所了解，能够判断可行或不可行时再做其他选择。有立场的人做研究时就像拿着一个筐，一边收集观点现象、资料数据，一边往筐里装，这样会使你有所积累，也能够促使你对收集到的东西进行深入分析。有立场的人做研究就像下了锚链的船，可以有一定的活动范围，但不会轻易漂走。

总之，选择题目是要种树不要种草——以积累为目的；要挖井不要挖坑——以出水为目的。

4）价值判断

我们认为选题需要遵守"三性"原则，那就是必要性、可能性和重要性。

必要性是指题目的价值，包括理论意义和现实意义，这是研究之所以开始的依据。可能性是指你所选定的题目在有限资源的条件下能否完成，这些资源包括人、财、物、知识和时间。重要性则是指研究价值的大小。

这"三性"的顺序应该怎样排？人们可能会说，当然是重要性第一了。君不见很多研究都首先强调其重要的理论意义和现实意义。其实这有些"王婆卖瓜"的感觉，严谨的研究者是不会自己对自己的题目和成果使用评价性词语的。有的研究者可能看到评阅书、评审书上写有该论文的理论意义或现实意义一条，就想自我做些描述，其实那只是写给评阅者的。

必要性和可能性基本是客观的，重要性则容易带有主观色彩，只有当你手头有不少既有必要，又可能研究的题目时，才能在其中选择优先研究的题目，这与你的题目和成果是否重要没有太大关系。如果别人认为重要而你做了优先选择，那这种重要性已经包含在必要性之中了，也不需要特别强调。

所以，选题的价值判断主要在必要性上。

4.2　什么是好题目

选好了题目，就要把它表述出来和研究下去。那么，什么是好的题目呢？我们认为有如下几种。

4.2.1　有吸引力的题目

有吸引力的题目一定奇妙和有趣，尽量不使用干巴巴的专业词语，因为这样往往只能让很少的学者了解并关心，再好的内容也会影响其价值。在不影响题目表述的严谨性的前提下，题目应该越有吸引力越好。俗话说"看书看皮，看报看题"，就说明了一篇文章的题目是多么重要。

比如，现在做"企业核心竞争力研究"，就可能没有"中国家族企业的代际传承"更有吸引力，"电子商务环境下的 ERP 应用研究"就可能没有"企业 ERP 失败原因及对策研究"吸引力大。

●● 4.2.2　一句话能说清的题目

题目要能简明扼要地将研究内容表述出来，以利于读者尽快了解和理解你的研究。一句话能说清楚的题目需要研究者对自己的论文有深刻的理解，也需要有较强的提炼归纳能力。不能凝练地表述题目，就证明作者本人对研究内容理解的深度不够。我们有时会看到在论文答辩时还不能很好地解释自己研究题目的学生，题目写得很长，涵盖几个主题或概念，相互之间还有逻辑问题。其实这是因为他没有很好地把握研究内容的本质，只好用烦琐冗长的题目来掩盖。

其实，最本质和最美丽的东西是最简洁的。只能用复杂方法表述的事物，往往是非本质性的、琐碎的、有杂质的。

当然，这不是说只要是短句子就好，句子很简练，但不能使读者迅速准确地了解你研究的内容和重要性，不能产生浓厚兴趣的话，这句话也是徒有形式而已，也不能叫好的题目。

题目应该具有影响力。不具影响力的题目一般有两种：一是用词上的问题，即所用词语过于生僻而不能与人们形成共识，使人产生误解而不能传达你的真意；二是用词虽然没有问题，但题目所提及的主题在很多人看来并不太重要，自然不会引起人们的关注。当然，你也可以说这些人水平太低，无法理解你这"曲高和寡"的研究，在周边的人水平并不低的时候，就只能说你的研究题目可能难以给人们提供有意义的知识，不能加深我们对该问题的理解，或者作出理论贡献的可能性不大了。

●● 4.2.3　有一定挑战性的题目

好的研究题目最好能挑战一下自己的能力，也就是通过研究使自己的研究能力得以提升。研究活动不仅是为他人提供新的知识的探索活动，也是一项自我修炼活动，这一点我们在前面有关研究目的处已经讲过。

一个小学生能写一篇几百字的作文就不错了，但中学生要能写出上千字的作文。到了大学毕业，毕业论文的字数一般要求在一万到两万字，而研究生论文一般要有三万至四万字，博士论文则要求十几万到几十万字，且要在理论上有创新。每升一级都是对人的思考能力和解决问题能力的挑战。每写一篇论文也是如此，无论是篇幅还是内容和方法的复杂性，都应该有一定程度的提高，逐渐将自己磨炼成一个合格进而优秀的研究者。

当然，这里所说的一定的挑战性难以测量，如果把握不好，选了个自己难以驾驭的题目，真完不成的话，那就自讨苦吃了。这就是我们在前面所谈到的可行性选题问题了。

但是，在研究选题时将自我研究能力的提升考虑在内总是不错的。

●● 4.2.4　够吃十年的题目

好题目的特征之一是研究寿命周期长，也就是前面所讲到的有纵深的题目。"就博士论文而言，要选那些能干上十年的题目……是由于这类题目与多数人所认为的难题、本质性的问题有关，持续钻研下去，能够从多种角度把握本质性的问题。"[①]从经验看，我们希望本科选题够吃一年，硕士选题够吃三年，博士选题要够吃十年，也就是在这一年、三年或十年的期间内，与人谈起你的研究题目时，依然能引起他人的兴趣，或者还有人在研究。实际上，太短命、太流行的题目理论价值一般都不大。

请注意，这里所说的题目是一个大框架，或者说是一个研究领域，不是一篇论文的具体题目，具体而相同的论文题目是很难进行重复和长时间研究的。还是用找工作的例子来比喻，够吃十年的是那个企业，不是企业中的哪个部门或哪个岗位。

大处着眼，小处着手，才能找到够吃十年的题目。小处着手能够尽快地按期限出成果，大处着眼，则可以不断地在该领域出成果。如果你将来也想做研究工作，这种"长短期结合"的原则，可能比"小题目，大文章"的原则更有用些。

能够保证今后继续研究的有价值的题目，应该处于前瞻性的、本质性的、纵深较大的领域，你在这样的领域展开的前期研究，可以成为后续研究的累积，可以从不同的角度，用不同的方法继续下去，也可以吸引同行来共同研究。比如，你可以研究了中国的，再研究美国的、日本的；研究了电信行业的，再研究医药行业的；用了案例方法，再用问卷方法，或者再用历史的数据做动态研究，还可以再用统计学的方法做更精确的研究等。

这样一来，你可能就成了这个领域的开拓者、学术带头人甚至权威了。一般的研究者让人跟随一年，优秀的研究者让人跟随十年，卓越的研究者可以让人跟随一百年，差劲的研究者则是跟随人一辈子。

≫ 4.3　创新性选题方法

创新是研究工作的灵魂，我们不否认研究一些没有创新的主题也可以达到锻炼

---

① 伊丹敬之. 创造性论文的写法 [M]. 吕莉，张舒英，译. 北京：社会科学文献出版社，2004：119-120.

研究能力等其他目的，但是，从科研工作的本质使命来讲，没有创新，就没有做研究的必要。这里的核心问题是，如何才能提出创新性的主题和论证方法？

李怀祖认为："研究方法论在这个问题上可以说难以为力。任何方法论的著作，只能对一门学问的研究过程予以形式上的界定，不可能阐明这门学问实质性的无法形式化的创造性活动。"因为"一个真正的创新过程不是严谨的逻辑行为。创新过程存在逻辑推理的断层（logic gap），有个从无到有的飞跃"[1]。

我们不太同意这种说法，其实人们对于创新的方法做了很多的研究。前面讲到，非科学方法——靠主观、思辨、直觉等也可以得出有普遍性的研究结果，即非科学方法也是有一定规律可循的——尽管它不像科学方法那样严谨地符合逻辑的规律。

创想法就是不同于一般科学方法的提出创新性主题和论证方法的有效方法，下面我们就创想法做一讨论。

4.3.1 创想法

从逻辑上分，研究方法有两大类。一是以知识论证、处理为主的演绎法和归纳法，二是以知识创新为主的创想法。人们一般关注演绎法和归纳法，而不太关注和了解创想法。

创想法在逻辑学中一般被称为类比法。类比法可能是借用修辞学的概念，但我们认为类比法的用词无法表达知识创新所要表达的本质含义，故用创想法一词。其实，逻辑学者本身也意识到了这一问题。比如，《形式逻辑》一书就特别强调说："我们这里所说的类比，不是指修辞学中的比喻或对象之间的类似点，而是指作为认识现实的类比推理或类比法，它是启发人们思想、进行创造性思维的重要形式。"[2]

创想法与演绎法、归纳法不同，从根本上说，创想法是由特殊到特殊，或由个别到个别的思考过程。其特点在一般的逻辑学著作中已经讲得比较清楚，我们在这里想说的是，这种方法可能比演绎法和归纳法更有利于创新。

1）创想法的特点

第一，创想法的运用能使人富有联想。也就是说，人在认识一个事物或现象时，会习惯性地根据已知的其他事物或现象来推论这一事物可能有的各种属性，以创造性地认识事物和获得新知识。联想过程实际是个将存量知识与增量知识进行互动的过程。联想活动不仅是事先未曾计划好的，而且往往是完全出乎人们预料的，是在活动进行过程中靠直觉和偶然出现的。你无法为人类的创造力做好规划，你只能做到让创造力发挥出来。

① 李怀祖. 管理研究方法论［M］. 2版. 西安：西安交通大学出版社，2004：102-103.
② 中国人民大学哲学系逻辑教研室. 形式逻辑［M］. 北京：中国人民大学出版社，1984.

第二，创想法为表面上看来毫无联系的两个或两类事物或现象提供联系的桥梁。人们运用创想法往往会借用另类事物或现象来推演此类事物或现象，提出一些全新的假说。

越能将一般人看来毫无联系的两个或多个事物联系在一起，越能产生创意。越能在人们习以为常、见怪不怪的地方动脑筋，就越能浮现创新。

第三，创想法会突然开启人的智慧之门，使人闪现思想火花，突发灵感。创想法开始时往往只会产生一些看来近乎怪诞的想法，如使人像鸟一样飞天，像鱼一样入水，像孙悟空一样七十二变等想法。

实际上，创想法也不神秘，我们可以用一些方法来训练自己的创造力。比如，有一种扑克的玩法，规定每玩一次，就必须用一种新的规则，即不许用同一规则玩两次。这会逼着我们拼命去想出新规则。

创想法在创造新知识方面有极其重要的作用。之所以如此，与创想法的思维方式有关，即创想法能以通过提出假说的手段为我们提供一种不甚可靠的知识。创想法思维方式允许可能性、或然性、模糊性等的存在。创想法所得出的结论是假定性结论，是待验证性结论，是允许讨论和批判的结论，这和科学研究的本质恰恰是一致的。

2）创想与顿悟

创想法的独特性在于，它是逻辑的，又是非逻辑的；是科学的，又是非科学的。创想法作为这样一个矛盾体，在创新性选题中有着其独特的作用。

思考是概念、判断、推理、结论的过程，也可以说是一个"渐悟"过程。在很多情况下，心理过程必须很快地进行，其速度之快使我们无法用"思考"这个词来说明，而只能用"主观""直觉""思辨"，或者"顿悟"来表述。

"新想法是在不想的时候出现的"，这可能就有顿悟的成分在里面。

"悟"字很有意思，说文解字，悟即用自己的心去想事情。正所谓肉眼看有形，心眼看无形。盲人摸象故事的寓意是讽刺以偏概全的人。有形的东西用眼就可以看全。象是有形的、可以用"肉眼"看见的动物，所以长眼睛的人有机会来嘲笑盲人摸象。世界上很多事物并不像大象那么简单，比如经济现象、管理现象等，"现象"要远远复杂于"大象"，大象有形，现象无形，我们只能从各个角度去考察，综合以后，才能得出相对完整的信息。从这个意义上说，我们的许多学者在某一方面是专家，但在人类的经济活动和管理活动进程的"大象"面前，也只能是盲人摸象，瞎摸一把，瞎说一通，但只要他摸着了，说准了就行。研究的过程本来就是趋近真理的过程，不能说你已经找到了真理——我们批评一个领域的专家的观点时，可能会犯批评盲人摸象时的片面性；反之，我们认同其观点时，又可能会犯听盲人说象的错误。

盲人摸象是没有错的，它表现了人们探索未知世界的可贵精神。听盲人说象就不得不在用上七分耳朵的同时再睁开三分"心眼"，不可不信，也不可全信，唯有综合各家所说，用自己的脑和心去分析，去"悟"，方能提出自己的新看法，并通过研究接近"现象"的本来面目。

平时你可能对演绎法和归纳法运用自如，但一般人对创想法及其特点了解较少。这里对创想法做了强调和重新认识，但运用创想法要尽量避免出现以下三个问题。第一个问题是，将创想法绝对化。为了使自己的想法站住脚，过分强调创想结论的必然性、规律性和科学性，将"可能是"说成"是"。这样常常会适得其反，引得他人群起而攻之，好的创意被扼杀在萌芽状态。第二个问题是，否定别人的创想法。如不承认他人的结论是假说，不允许别人对自己的观点讨论、商榷、验证。与假说有利害关系的权威人士有时会作出如此举动。第三个问题是，用演绎法或归纳法取代创想法。不承认创想法个别到个别，特殊到特殊，并不形成明显普遍性结论的思维特点，而用"你的结论没有普遍性"来封杀创想法的进行。

●● 4.3.2 创想法的应用

应用创想法进行创新性选题的形式有多种，在此介绍反向创想、并存创想、融合创想三种基本类型，以及在此基础上形成的平面创想、立体创想等模式。

1）反向创想法

反向创想或者说逆向创想，是创想思维中最基础的思维类型。邓小平是运用反向创想巧妙、有效地解决复杂问题的伟人，当人们争论不清社会主义是什么的时候，一句"贫穷不是社会主义"就理清了人们的基本思路：既然讲不清"是什么"，就从反向去想"不是什么"。反向创想就是朝着与传统的、常识的观点所对立的方向去思考——由白想到黑，由左想到右，由是想到不是，由包容想到排除等，如图4-3所示，由白的椭圆转移到黑的椭圆。

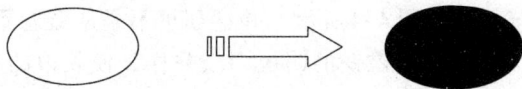

图4-3 反向创想示意图

反向创想是创造新假说的有效方法，比如：人们说企业家可以培养，你可以思考一下企业家不可培养的假说；有人在研究领导-成员交换关系，你可以研究一下领导和下属成员本来就无从沟通的假说；有人在研究管理者的成功；你可以构建一个管理者个人的成功最终即是不成功的假说；等等。

你不从理论观点出发，而是从现实现象和问题出发更有利于产生创想。比如，假定利润=收入-成本，那么，降低工资可以压低成本从而扩大利润空间，但同时可能影响员工的工作积极性，以至于影响销售收入并最终影响利润。如果从反向去想，也可以以年终发奖金的方式提高预期工资，先调动员工的积极性来扩大销售收入，成本虽然增加了，但只要销售收入增加得更多，照样可以拓宽利润空间。遇到金融危机，市场萎缩，工作量不足，企业可以解雇员工，等市场扩张、工作量饱满时再请他们回来，这是美国企业的典型做法。但是，这种做法特别影响员工的工作情绪和工作质量。运用反向创想则可以这样考虑：既然"不让工作"有弊处，那么"超时工作"可能就是解决问题的办法。新创想诞生了：如果企业能够在业务繁忙时设法不增加员工，那么当业务较清闲时也不会辞退员工。换句话说，业务繁忙时员工要承受大量的加班，所得到的回报是业务清闲时不被辞退。

反向创想可以创出全新的管理模式。生产导向型的企业运作方式是成本＋利润＝售价，相反，市场导向型的企业运作方式却是售价-成本＝利润。反向创想在管理中的应用非常广泛，比如你可以由扩张战略想到收缩战略，由多元化经营想到专业化经营，由有形资源想到无形资源，由发金牌、银牌想到发红牌、黄牌，由从成功中学习想到从失败中学习，等等。

总之，善用反向创想法者有一种理念，万事万物都有一正一反两个方面，且双方各有优劣，各有长短，他们不认为世界上只有一条道路或一种走法——"南辕北辙"照样可以走到目的地，只要地球还是圆的。只要冷静地看待和分析万事万物的这两个方面，就能创造性地提出假说和解决问题。

从解决这些现实问题的新角度出发，或者从别人的观点出发，你就可以在某个事物或观点的反向领域创立多种假说并进行研究。不过应该注意的是，你的创想不一定非要批判别人的观点而成立，切记不要成为"好斗的"研究者，搞研究的目的不是要证明你比别人聪明。其实，别人的观点——哪怕是不对的观点，也是你的创想得以诞生的"助缘"，感谢人家还来不及呢！

2）并存创想法

并存创想即对立统一创想，也叫辩证创想。并存创想不像反向创想那样做与人相反的事，用黑代替白，用一个事物的对立面来代替该事物，而是使黑白、左右同时并存，实现对立统一，如图4-4所示。并存创想不是从概念到概念，而似乎更接近现实事物。并存创想好比使磁铁的阴极阳极并存，使硬币的上下两面并存一样。还用刚才是否降低工资的例子，运用并存创想则可以使企业做到在降低工资的同时提高工资，比如通过变革考核制度，在工资总额不变的情况下可以降低业绩差者的工资，提高业绩优秀者的工资，通过此种并存的激励方式创新提升销售和利润，并最终都提高工资。改革开放初期，企业就是用这种方式破除了"干多干少一个样，干与不干一个样"的低效分配原则，实行了浮动工资制度和奖金制度。邓小平的"一国两制"思想，"社会主义也有市场，资本主义也有计划"思想的出现，可以说就是并存创想法的体现。

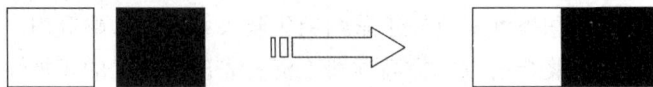

图4-4　并存创想示意图

彼得·圣吉在《第五项修炼》一书中特别强调了整合理性与直觉的重要性，认为这是系统思考的一个重要贡献。他描述了古代一个国家的故事：一个盲人在森林里迷了路，慌忙之中被东西绊倒了，他在地上摸索，发现自己被绊倒在一个少一条腿的人身上。盲人和这个少一条腿的人开始交谈，悲叹自己命运的不济。盲人说："我在这个森林里已经摸索了很久了，因为看不见路，怎么也找不到出去的路。"少一条腿的人说："我也躺在森林里很久了，因为我站不起来，也无法走出去。"他们谈着谈着，少一条腿的人突然大叫起来，他说："我想到了，你把我背在后背上，我来告诉你往哪里走，我们联合起来就能找到走出森林的路。"彼得·圣吉认为，盲人象征着理性，少一条腿的人象征着直觉，我们必须学会整合两者，才能找到解决问题的办法。企业组织中的"狼狈机制"就是由此而生发的创意。

用辩证创想来解决问题有时会产生意想不到的结果。有个案例讲到，公共汽车公司司机工会因不满公司的待遇，与资方谈判不果要举行罢工，但又担心影响民众的正常出行引起民愤，一旦造成这种局面，资方的腰板儿反而会更硬，不但利益争取不到，还极有可能弄个里外不是人。工会的领导者们运用了辩证创想的方法，做到了既罢工又不罢工，从而取得了胜利。原来工会发明了一种"积极罢工"方式——他们在罢工日照常出车，而且对乘客热情服务，只是坚决不收乘客的车费，高兴的乘客奔走相告。司机们既在罢工，又在工作岗位上。哭都来不及的却是资方，运营成本一分不少，车钱一分也收不上来，不得不退让求和。当然，乘客不会永远那么开心，等工会胜利之后，车费自然还是要交的。这是运用辩证创想的绝佳案例。

用人不疑、疑人不用的原则变革为用人要疑、疑人也用的原则，即不管任用能否信任的任何人，都要坚持监督审查制度的完善和执行，使制度和文化两个手段同时起作用，这也就是"两手抓，两手都要硬"的邓小平辩证思想。

再来看企业家是否可以培养的假说，有人假定可以培养，有人假定不可培养，你还可以去尝试研究一下小企业家可以培养成大企业家的假说。

辩证创想的典型特点是在问题的更深一层求得一致性，于是将两个在上一层次矛盾的事物在更深层次上统一起来，从而实现假说的创新。

3）融合创想法

当你通过"合"（融合、结合、混合、整合、综合）的方式使相互矛盾的两个事物、观念或一个事物的两个方面成为全新的第三种实体时，你就是在运用融合创想了。简单讲，反向创想是弃白为黑，并存创想是使黑白并存，融合创想则是融黑白为以灰色过渡的光谱状态，如图4-5所示。换句话说，融合创想类似于杂交创新模式——研究者从其他领域的理论中借鉴某个或者某些思想，将其应用到新的领域中的现象上。在管理学这个丛林中，这种形式的创想似乎很多。请再看一看我们在第2章中讲到的名目繁多的管理学学科，你就可以知道有多少人用了多少方法融合到管理学领域之中了。我们甚至可以说，管理学理论本身就是融合的、灰色的。

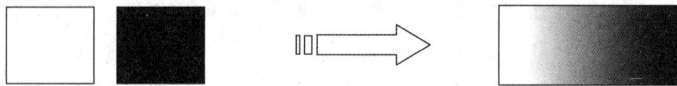

图4-5 融合创想示意图

计算机屏幕上的图片本来是一个个或圆或方的小点，但经有秩序的排列就构成了一幅精美的风景或头像；许多个小圆点，排列到一起就成了正方形；氧和氢的整合形成了性质完全不同的水。

融合创想者认为事物之间的区别更像一条光谱，在纯白与纯黑之间有一段相当长的灰色空间，这意味着我们可以有很多种不同方式、不同程度地解决问题的方法。比如：在企业领导层年轻化机制的解决上，既可以通过年轻人与年长者搭配，形成既发挥年轻人活力又利用年长人经验的整合结构，又可以将接班人和被接班人问题，经过融合转换成集体传承机制问题。将实现共产主义远大理想的道路分为多个阶段，在追求共产主义伟大理想的同时，先要摸着石头过河，走好社会主义初级阶段，"社会主义初级阶段理论"就诞生了，于是，"中国特色社会主义理论"就诞生了。

融合创想与并存创想的不同是它不但强调了对立统一，还强调其中的度，所以融合创想也可以叫作灰度创想。深圳华为公司的管理思想中，就明确而系统地体现了这种灰度创想方法。任正非认为："任何事情都不会以极端的状态出现，黑白只是哲学上的两种假设。现实中真正生活成功的，大多真正理解了灰色。""介于黑与白之间的灰度，是十分难掌握的，这就是领导与导师的水平。没有真正领会的人，不可能有灰度。""坚持均衡发展的思想，合理把握解决各种矛盾的灰度。"他认为自己的思想就是灰色的，主张每个员工都实事求是地做好自己的本职工作，汇集起来就是伟大。他主张管理要采取改良主义，不主张大刀阔斧地改革，不走极端，在灰色区域通过一种不稳定状态实现不断的优化。该公司的很多提法就是融合性的，如提倡"思想上的艰苦奋斗精神"而不简单强调物质上的艰苦奋斗，提倡"不让雷锋吃亏，奉献者定当得到合理的回报"而不强调绝对的奉献精神等，从而使公司形成了独特有效的管理模式并取得了突飞猛进的发展。

权变理论的很多观点就是融合创想，这种创想方式是通过不断改变假说的前提，来实现创新。

4）平面创想法

上述三种基本创想方式会产生三个相应结果：

一是存一，即用一方代替另一方，或留下黑，或留下白，两者择一。

二是并存，即双方求同存异，寻找统一性，容留对方的存在并整合出新的模式。

三是变异，即通过双方（或多方）融合，形成杂交效果。

但是，上述三种创想模式还只是停留在点和线性思考层次——由白想到黑是点状思考，由白想到黑白或灰是线性思考。依据人类思维的点线面体三维空间规律，我们推断，应该还有平面思考和立体思考形式存在。

实际上，用创想解决现实管理问题的最有用方法之一，是结合了上述三种基本类型的平面创想法。

平面创想法的基本方法是由两个相互关联的点想到两条相互关联的线，再由这两条线组成一个平面，通过对其中对立统一关系及其关联程度的分析，就可以将很多复杂的管理问题梳理清晰。邓小平又是纯熟运用这种平面创想的典范。计划不仅社会主义国家有，资本主义国家也有，市场不仅资本主义国家能用，社会主义国家也能用，一句话就理清了人们长期争论不休的问题。这种创想模式可以用图 4-6 表示。

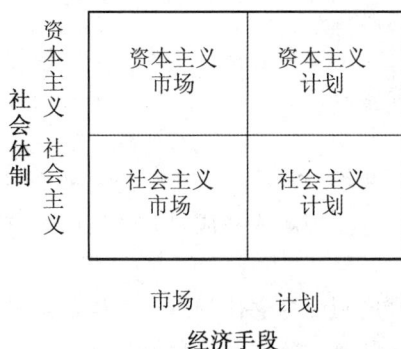

	市场	计划
资本主义	资本主义市场	资本主义计划
社会主义	社会主义市场	社会主义计划

社会体制（纵轴）　经济手段（横轴）

图 4-6　平面创想示意图 1

自从我们提出知本理论之后，有关知本的讨论一直热烈，人们争论最多的集中在"谁是知本家"之上，其实这个问题用平面创想方法可以很容易解决。如果我们可以设定知能（知识和能力）和投资两个点并把它们线性展开思考，就可以获得图 4-7 中的四种类型，明白了这四个结论，争论就自然消失了。因为他们之间本来就不是绝对孤立存在的：知能和资本都多者可以叫企业家；知能多、资本少者可以叫知本家；知能少、资本多者可以叫资本家；既无知能又无资本者当然是"无家可归"了。

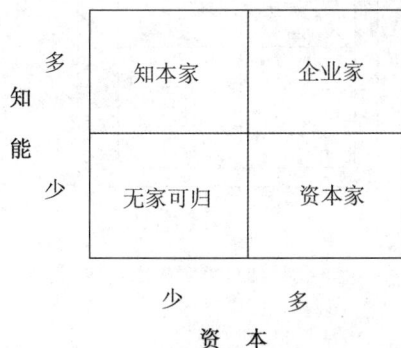

	少	多
多	知本家	企业家
少	无家可归	资本家

知能（纵轴）　资本（横轴）

图 4-7　平面创想示意图 2

这种分析方法是最简单的平面创想，在管理学理论中类似的创想不胜枚举，感兴趣的各位可以去整理一下，保准你要花几天时间。横竖各切一刀为四象限，各切两刀为九象限，各切八刀就成了布莱克和穆顿的管理方格理论了。万变不离其宗，各切一刀是基本方法。

"思"这个汉字很有意思，说文解字，思即将自己所想的事物分成四个象限。不知古人造"思"字时是如何想的。我的解释是，心上有一田字，这不是心上有田，想当地主的意思，而是心动的架构，即上面所说的平面创想法。横着想过来，竖着想过去，形成四种观点分类，就是思[①]。

平面创想的前后顺序是：第一确定分析的主要维度；第二确定与主要维度相关的次要维度；第三确定四个象限及其关系（演绎顺序、结构顺序、时间顺序、重要性顺序）；第四定量考虑和测量四个象限的四种决策之间的关系（数量关系）；第五考虑四种决策之外的其他决策。

这里需要特别注意的是，平面创想不同于由一个整体想到另一个整体，然后研究其间关系的反向、并存和整合，而是在一个整体中作切分，是深入到事物内部的研究，比如图4-6所示理论假说，整体研究的是经济社会发展模式，然后将这种模式分为社会体制和经济手段两维，再将每一维分为两种不同类型，是一个逐步细分的过程。千万不要把平面创想法理解或做成对事物做归类整理的教科书式的编写方法，那不是研究。

平面创想法再加一个维度则变为立体创想，立体创想最接近现实，但也较为复杂，这是分类的进一步深化和复杂化。最简单的是立体八分法。立体八分法是权变理论与其他不少理论归纳中常用的方法，不过，这种方法由于区别出的类型较多，有时容易混乱，因而用得不是太多。领导方式权变模型就是立体八分法的运用，如图4-8所示。

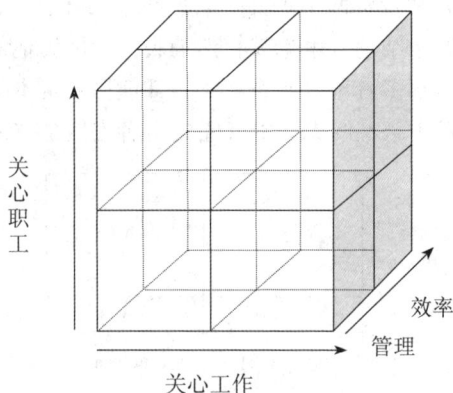

图4-8 领导方式权变模型

[①] 古文为恖，后变为思，即囟变为田。囟为脑。囟（音xìn），象形字，指婴儿左右顶骨与颅盖诸骨结合不紧密所形成的骨间隙。上脑下心，故为思。

5）比喻创想法

科学研究对语言的要求是明确、准确、合乎逻辑，这对于已有知识的系统化、理论化也就是"科学知识"来说是理所当然的要求，但对于由创想法形成的假说、推论或者"非科学知识"来讲就有些勉为其难了。

由创想法产生的具有较大价值的"新假说"，往往不能用数据、公式、符号来表达，而必须用模糊、不确定、非逻辑的形式来表达，如比喻、形体、图画等方式。创想要靠感觉、经验、悟性去进行。于是，比喻成为产生创想的重要形式。

譬如的"譬"字可能很说明问题。"譬"为辟与言所组，意为开辟创新之言，大概由于创新之物多用比喻方法的缘故，我们的祖先才造了此字吧。墨家（墨翟，约公元前 468 年—公元前 376 年）的《小取》说："譬也者，举他物而以明之也。"譬是中国古代思想家常用的思维方式。《说苑·善说》篇载惠施"善譬"，并说"譬"的作用是"以其所知，谕其所不知，而使人知之"。

比喻，特别是形象比喻，在新假说的表述中占有极其重要的地位。因为新假说刚刚萌芽，难以用准确、科学、抽象的概念或符号来表述，因此，用彼事物来比喻此事物，用形象的语言（如动物名、植物名）或符号（如图画），反比用生硬抽象的概念更接近所要说明的事物或现象的本质，避免言不达意。①

具有创造性和建设性的人很善于运用比喻的方法来推动新观念和新事物的生长。"不管黑猫白猫，能抓住耗子的就是好猫"和"摸着石头过河"等，都是邓小平用比喻来阐述自己的建设理论、改革理论观点，激励人们思想创新和行动创新的著名事例。

古往今来的智者善用"讲故事"的方式来启发人的思路，就是在利用比喻或者暗喻的方法。经济学、管理学中经常讲的鲶鱼的故事、猴子吃香蕉的故事、煮青蛙的故事等，就是利用比喻来说明某种经济和管理现象。

以上我们介绍了五种创想方法，其实还有别的方法。比如，如果在研究中考虑时间要素，则可以使静态创想变为动态创想。篇幅关系，在此我们不做探讨。

陈昭全和张志学认为作出理论贡献的途径有四种——深化、繁衍、竞争和整合②，与其比较，相同的是繁衍（我们叫融合）、竞争（我们叫反向）、整合（我们叫并存）。本书少了深化的方法，我们没做探讨，因为这主要是跟随别人做研究——用我们的说法应该叫由白扩展到更多的白的研究。本书多了平面方法和比喻方法，因为这是最接近现实的方法，也是最简单的复杂或最复杂的简单的方法。

创想法的重要性在于帮我们理清思路，消除误解和无谓的论争，找到有价值的

---

① 这里所用的比喻与我们平时所讲的比喻不同。《现代汉语词典》（第六版）中"比喻"的含义是："用某些有类似点的事物来比方想要说的某一事物，以便表达得更加生动鲜明。"这里有两层意思，一层是通过比喻将抽象的概念或思想形象化、具体化，以便加深人们对于某个概念或某一思想的理解。另一层意思是通过比喻将暂时还无法用抽象概念表达的思想、创意或感觉形象化、具体化，以使这种新创想能够表达出来。我们更重视第二层意思。

② 陈晓萍，徐淑英，樊景立，等. 组织与管理研究的实证方法 [M]. 北京：北京大学出版社，2008：69.

研究领域和命题。有句话说得好，"思路决定出路"。只有当我们认识到确定问题的正确方法不是唯一的，解决问题的正确方案不是唯一的，管理的正确思路也不是唯一的时候，我们才能善于以多样的创新思路去认识多彩的管理现实，我们才能逐步理解管理的真谛。

》》 4.4　构建研究

研究工作是需要设计和构建的，其中包括起承转结四个阶段、假说和论据的核心内容、从现实还是从理论起始的判断，以及在现实挖掘假说的途径等。

●● 4.4.1　研究过程的起承转结

研究的整个过程可以分为"起承转结"四个阶段。[①]"起"就是前面所讲的顾盼徘徊将研究题目确定下来的阶段，接下来研究过程就进入"承""转""结"的阶段。选题定题过程是个由面到点的过程，即由确定研究范围到确定题目；"承"即承题，承题是八股文中的第二股，即根据题目展开研究的基本工作，也就是构建合理的假说和搜集充分的论据。然后是第三个阶段"转"，也就是将研究的成果表述成文章。起和承是研究者创造知识的过程，转则是向他人表述知识的过程，结则是为研究画个句号，说明这个研究成果在管理学中的贡献，在学科发展中的定位。结论写得好坏能给读者很大影响，也能表明研究者本人对自己的研究的意义的认识深度。

根据四个阶段的工作性质特点，我们可以将"起承转结"称为起意—承题—转述—结论八字方针。创造知识的过程和种地差不多，起意、承题、转述、结论四阶段有点像春播、夏种、秋收、冬藏的四季循环。

这样，我们就把前面研究=思考+表述这一公式表示得更具体了：

研究=思考+表述=起意+承题+转述+结论

当然，这四个阶段并不是一条矢量直线，实际的研究过程应该是一个不断循环往复的复杂过程。比如：虽然题目已经定了，但在构建假说和寻找论据的时候，你可能觉得将题目稍作修改会更为确切和更有意义，于是从承题又回到起意阶段；在开始着手写论文的时候，也可能发现必须对原来感觉很不错的假说作出更严谨的描述，才能表述得更为顺畅，于是你又从转述回到承题，去完善原来的论据；经常发生的问题还有，到最后要写结论和提出政策建议时，发现某些论据并不足以使人接受，于是又要回到第二阶段的承题，去完善假说和论据。这一循环往复的研究过程可用图4-9来表示。

---

① 伊丹敬之. 创造性论文的写法 ［M］. 吕莉，张舒英，译. 北京：社会科学文献出版社，2004：122.

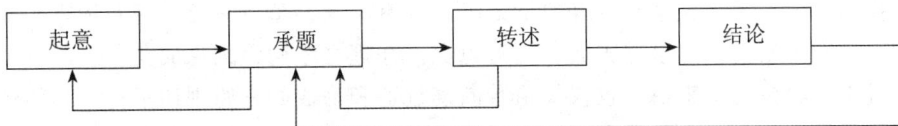

图4-9 研究的循环往复过程

●● 4.4.2 假说和论据

构建假说和搜集分析论据是研究的核心内容。

1）假说

假说也叫假设。假设有假如的意思，只是在假设条件，而假说指研究者假定的结论或解释，更接近研究的含义，故这本书前后都用假说的概念。

假说是对某一研究对象或现象的因果性、必然性或规律性所作出的一种需要进一步证明的假定解释。假说是新知识创造和理论发展的必由之路，无论是自然科学、社会科学还是思维科学都是在不断地形成假说、论证假说、确立或推翻假说、提出新的假说的过程中发展进化的。

假说构建是在人们已有知识的基础上，对在现实中观察和研究到的一些现象在理论上提出假定解释的思维方式，它是对某种旧的理论或某个认识对象提出的一种新的尚待证明的思想或观点。假说的运用是研究者提出和创新理论所必须掌握的重要思维方法。创新开始于质疑，正确有效地设定了假说，创新就成功了一半，哥德巴赫的伟大就在于哥德巴赫猜想的设立。

华为公司任正非是个很有思想的企业家，他讲过一句很有意思的话：没有正确的假设，就没有正确的方向；没有正确的方向，就没有正确的思想；没有正确的思想，就没有正确的理论；没有正确的理论，就没有正确的战略。如果你相信他说的，那么，做研究的假设能力和方法可就成为关键的起始点了。

日本学者内田和成写的《假说思考法》有参考价值，它与《金字塔原理》相似，讲的是管理咨询公司BCG（波士顿咨询）式的发现问题和解决问题的方法论。其主要观点有：①并不是拥有的信息越多，就越能作出好的、正确的决策。有效的研究与其说是取决于收集信息的能力，不如说是取决于舍弃信息的能力。②在查找问题原因的时候，不是先做调查再下结论，而是先下结论再做调查。其实研究是个假说—调研—结论（这个结论依然是假说，是被这次研究证明同时又等待被推翻的假说）的过程。

研究者需要预见力和判断力，你选定了一个题目，这个题目的研究可能产生什么结果，你应该有先见之明。很多学生在听到这句话时茫然不知所措，因为假说思考法是需要人的悟性或灵性的。一般学生总是从收集资料开始，资料越多越乱，最后不得不靠容易操控的问卷方法，从主观答卷到主观结论，找出相关关系了事。

我们扩展一下《大学》的经典话语吧。物有本末，事有终始，理有逻辑。知物之主次，则善断矣。知事之先后，则近道矣。知理之结构，则易成矣。

对于经验少的人来讲，仅仅知道善断、近道和易成的三原则还不行，具体还是不知如何做。这一点各位读者可以去看本章前面关于反向、并存、融合、平面和比喻等五种创想法的内容，以及本书后面有关管理学大师的思维方法的内容。内田和成的书里面也有几点建议。比如三个换位思考法做假说，走出主观而站在客户、读者的位置；走出研究室站在现场野外的位置；走出自我站在竞争对手的位置。假说思考能力高低有天生的因素，但后天多练练也会提高水平。

假说可以被验证，也可以不被验证。没被验证的假说也不是无用功，比较让人怀疑的研究是，提出了十个假说，全部被验证了——验证了作者有着超强的提出假说能力！

研究假说有好的，也有不太好的。我们认为好的假说一般有五条标准：

①研究假说的提出有一定理论或事实，或经验为依据和前提，不能是纯粹的臆测和猜想。比如你可以根据某领导者的事必躬亲行为模式提出假说。

②研究假说一般应对两个或两个以上的要素或变量间的关系作出推测判断。比如你可以假设某领导者的事必躬亲行为可能是由于他对下级的不放心、原有工作方式的惯性、指导方法的不擅长等。

③研究假说要表述清楚，简单明了。比如下面这个假说就比较复杂了，一般人看不懂——跨国公司海外子公司的环境合法性在防御型环境态度与企业绩效之间存在部分中介作用。

④研究假说可被验证，可不被验证，但必须是可以检验的。

⑤研究假说要容易形成对策和行动。

2）论据

假说要想让人们认可，或者要证明假说的正确性，就必须提供相应的论据。论据有多种形式，不仅仅是可计量的数据。自然科学研究中可能必须有定量数据，但如果你研究管理学中某种可能只发生一次的现象，也认为只有数据才能当成论据，那你的研究就会受很大限制。在管理学中能够证明假说正确的论据，可以是数据、事实、逻辑、程序甚至价值观等。研究型的文章必须有论据，没有论据的文章可以成为小说、散文等一般读物，但成不了研究论文。提出有意义的假说，再加上有说服力的论据，是一篇好论文的基本要求。

可能有人（尤其是本科生）会说，我只写一篇小论文，不需要那么麻烦的程序。这是不对的，论文不管大小长短，"麻雀虽小，五脏俱全"，只要是论文，就不可缺少假说和论据，这是论文的必要部分，否则就不能叫论文，可能只是一篇调查报告，一个讲话材料，一篇感想，而不能叫作有创造性的研究成果，也无从锻炼自己的研究能力。

●● 4.4.3 假说的两个来源

研究假说是从哪里来的呢？陈晓萍教授在《组织与管理研究的实证方法》一书（46页）[①]中提出了研究问题的四个来源：①个人的观察和深度思考；②个人对研究的专注热情；③阅读文献；④与他人交流。这种列举法给我们一些启发，但正如作者本身也熟知的一样："这四种渠道之间既不互相排斥，也未穷尽所有的可能性。还有其他无数的发现问题的方法存在……对于研究的有心者来说，可能一转身、一抬头都能看见可以研究的问题，关键是要保持心灵的敏感和视角的独特。"我们很赞成她"关键是要保持心灵的敏感和视角的独特"的说法，但不赞成她关于选题的四个来源的分法——这种不合逻辑不严谨的分类法是不可取的。之所以这样说，是因为她写的是专门讨论研究方法的书，需要足够严谨，如果分类都不太讲究，随意提出些既不互相排斥又不穷尽可能的分类，给读者的启发就有限，甚至会误导他们。我们在前面引用李怀祖的分类方法时也讲到了这个问题，看来分类不当的问题很严重，且到处都有，这也使得我越来越怀疑本书中是否也存在诸多此类问题，如果是，我们猜想这和国人的传统思维模式及逻辑学功底太差有关系。如果有，请读者朋友不吝指教。从本质上讲，研究假说是研究者思考的结晶，这个结晶的过程是和外界存在的现实和理论密切相关的。从行为上说，我们认为研究假说是研究者在现实和理论这两个源泉中找来的。

1）活着的现实——提出假说型研究

假说，一个是来自观察现实现象的努力，另一个是来自认真研读相关理论的努力，其中观察现实现象的努力更重要。只要你用心，时常带着好奇心观察现实管理者的运作和组织的变化，就会发现不少有趣的或不可思议的现象，当这些现象和你所知道的理论观点不一致时，就会引起你的思考或怀疑，并因此产生新假说的萌芽。如果经过思考你能够找到这种不一致的背后原因，就可能形成否定原有理论或补充原有理论的新假说。

从现实观察得出假说的研究叫作提出假说型研究，这种假说应该是迄今为止没有人提出的，因此，提出假说型研究具有重要意义。对这样的假说，即使你不能找到证明它的充分的、有说服力的论据，但只要你能够说明这个假说有足够的真实性，也是非常好的提出假说型研究。实际上，能提出这种有意义的假说的情况并不多见。

当然，人们不可能凭空从现实中找到假说，在这之前一定有了某种知识作为基础，但这种方法主要还是依靠最现实的体验观察构建假说，是先看现象，再对照理论的程序。从逻辑方法来说，它主要是对现实现象的归纳，而不是从理论前提出发

---

① 陈晓萍，徐淑英，樊景立，等. 组织与管理研究的实证方法 [M]. 北京：北京大学出版社，2008：46.

进行演绎。

2）静止的理论——验证假说型研究

偏向理论的研究者多是通过对已有理论进行深入研究来萌发新的假说，比如陈昭全和张志学认为，深化、繁衍、竞争和整合等四种方法是作出理论贡献的途径。[①]深化是指研究者在已有的理论的基础上增加一些新的成分，使得原来的理论更全面、更具体、更精确或更严谨。繁衍是指研究者从其他领域的理论中借鉴某个或者某些思想，将其应用到新的领域中的现象上。竞争是针对某个已经完全建立起来的理论，提出新的理论，作出与原来的理论针锋相对的解释。整合就是在两个或两个以上已经建立起来的理论的基础上创造一个新的理论模型。这四种途径都是从已有理论出发形成假说。

能通过理论研习形成有价值的假说也不容易，比如通过两个理论观点的整合提出新的假说，必须在对两个理论熟知的情况下才能做到，否则就成了"拉郎配"或者"乱点鸳鸯谱"。整合式研究算不算创新，人们有不同意见。这样做好比你是红娘，将帅男靓女拉到一起组成了家庭，但他们俩如果不生孩子，也难说是一种创新。所以说关键不是整合，而是整合后的假说是否有价值。

还有的研究只是将别人的假说拿来，用新的数据资料做假说检验。比如，将在美国形成的工作满意度与工作业绩、离职意愿关系假说，拿到中国情境下来检验，看看这一假说在中国是否成立。这样的工作不是在构建假说，不是在生自己的孩子，而是领养别人的孩子，只能锻炼一下收集资料数据的能力，难以体验构建假说、创造知识的劳苦和快乐。

从理论研读得到萌芽后开始进行的研究，多数是验证假说型研究。如果这个假说是值得投入大量精力检验的假说的话，也将是很有意义的研究。在讲授研究方法论的课程中，验证假说型研究经常会作为典型的研究方法教给学生。

4.4.4　六类参考资料

管理学研究的参考资料主要有六类。

其一是事实性参考。比如经验材料、报道、统计报告等，从中发现新问题、新创意。管理经验往往以一些散的材料（如经验总结报告、调查报告、案例、新闻报道、实施方案等）为载体整理出来。比较规范、知名和有代表性的管理经验有惠普之道、丰田看板管理、华为基本法等。经验是来自实践并对实践所做的总结思考。

其二是论文类参考。学术研究要创造新知识，有了基本假说之后，就应该去回顾近期的杂志，看看是否已经有人研究过。做研究，你应该掌握管理学领域的主要

---

① 陈晓萍，徐淑英，樊景立，等. 组织与管理研究的实证方法［M］. 北京：北京大学出版社，2008：69.

期刊的发表动向。

其三是专著类参考。专著是以某种基本方法或角度为核心，形成的特定理论体系成果。作为管理学研究者，必须熟知经典的管理学专著才行。

其四是教科书类参考。教科书能帮助你很快了解这一学科的大概知识，你还可以参考词典等工具类书籍确认某些核心概念。

其五是研究方法类参考。管理学有自己的研究方法，也适用某些社会科学的研究方法，做研究者，要通过研读方法论的书籍适当掌握些基本研究方法。

其六是AI方法类参考。管理研究的数智化已成为当前的重要趋势，你在开始研究之前、之中和之后，都可以通过人工智能方法和工具来求解——你只要能提出有价值的问题，AI工具就能非常高效地给出解答。你只需要在AI解答的基础之上进行判断和提升，加上你的附加价值即可。

前四类参考资料之间有一定的联系与区别。经验材料一般是论文内容的源泉，论文一般是专著内容的源泉，专著往往成为教科书内容的源泉，而经验材料往往来自实践。换句话说，实践是经验的基础，经验是论文的基础，论文是专著的基础，专著是教科书的基础，管理知识就是通过这样一种机制积累和成长起来的。越往后者，作为管理知识就越规范、越成熟、越具普遍性，但同时又距离具体现实越远。教科书上的理论往往是归纳总结了多种理论后编撰而成的，因此，仅仅把过去已有知识编写成教科书已经不是在做创新研究，必须提出自己与过去知识不同的创新见解至少是创新结构。这正是本书所做的事情——既是教科书，又是研究性的著作——体现在本书前言中所提炼的六个方面的与众不同。

做研究要多读经验材料、论文和专著，少读教科书。受教科书影响太大的学生，往往写的论文格式也像教科书。研究者必须知道，研究不是做习题，更不是编教材。初学研究者中，理工科背景的学生喜欢找工具，他们偏好某种工具或方法，论文的问题还没界定清楚，就提出要采用某种数学方法或模型，然后使问题去适应方法。这是做习题养成的习惯：给定问题，只要解法。但是，写论文则要求自己提出命题。文科背景的学生则喜欢编框架，他们偏好系统完整的理论框架，不去研究问题，而去设计框架，然后把所看到的知识都装进自己的框架，就以为研究搞完了，这其实是在做文献综述，还没开始研究。这是读教科书养成的习惯：整合知识而不创造知识。然而，论文是要创造新观点的。

●● 4.4.5 尽量从现实出发

我们认为还是不要将单纯的检验假说当作研究主流为好，尤其是在前人的假说或者作为该假说的理论基础不像自然科学那样牢固可靠的管理学领域，提出假说比检验假说更重要。这里我们并不是推崇随意提出些毫无根据的空想假说或主观臆断，只是因为我们看到了太多的运用"极其严谨和精细的方法和工具"对"几乎没有意义"的假说进行研究的成果。研究了三年，用了很复杂的模型，最后果然发现

"老太太是个女的"，实在是浪费研究经费和自己的宝贵生命。要避免此类问题，最好的方法就是走出书斋，扔下书本，多去了解和观察管理的现实。

研究者不能过分读书。做研究应该先研究再读文献，而不能先读文献再研究。

论文特别是博士论文，都要求做文献综述，文献综述一般都写在论文的前面，所以大多数研究者会认为，研究的过程可能也和表述过程一样：搞研究要从读文献开始。我们认为这是大错特错的。研究是从现实中的现象开始，不是从读文献开始，所谓参考文献，是你研究结果出来后，再去对照比较的论文。

做研究当然要了解别人的知识和工作，但是，搞研究有三点风险是难以避免的：第一，由于你不可能收集到全部的文献，你可能做的是前人已完成的研究。第二，别人还在进行中的研究或刚完成正在等待发表的研究，你是很难收集到的。其风险在于你可能已经花了很大力气，但在研究途中别人就将结果发表出来了，你也就前功尽弃了。第三，你可能是和别人同时想到的创意，于是和同行一起开始研究，但这依然有风险，那就是看你能否先于别人研究并发表出来。

做研究重复了，或者发表落后于别人了，那也是没办法的事，只能说明你观察现实的能力需加强，或者说研究速度较慢，遇到这种情况，不拿去发表就可以了。无论如何，做研究要从实际出发，从现象出发，而不能将要研究的领域的相关论文都拿来研读，然后再去现实寻找问题和现象。从理论出发，有了先入之见，你很难想到有创意有价值的命题。每当我们听到有研究者想到了一个研究题目，就去期刊上找论文，说自己已经看了最近5年的200篇相关论文的时候，在佩服他们的资料收集能力和忍耐能力之余，也为人类的价值观之多样化所感叹。这样的研究过程真的幸福吗？这样的研究命题真的有价值吗？

为什么我们提倡要多从现实出发呢？这不仅仅是因为管理学是门应用性学问。理由有三：

首先，现实是逻辑性的。现实中所发生的现象，一定是由于有某些逻辑关系的原因而发生的。在现有的理论不能解释这些现象的时候，一定不是现实错了，而是理论有问题。所以，我们在仔细求证这种具有逻辑性的现实现象的过程中，就很有可能发现具有逻辑性的有意义的假说。

其次，人离开形象是不能进行思考的。人在观察现实时得到的形象，是人类思考的基础。人要想把握事物的形象，就必须对现实的现象进行深入细致的观察，正因为现实是逻辑的，所以才能保证你构建说明该现象的假说的逻辑性，而不会异想天开臆造假说。

最后，管理学是偏向应用的理论，当你脑子乱了，不知做什么好了，或者脑子不转了的时候，就到现实、现场中去，不要在资料堆里苦思冥想，这是构建假说的最好方法。头脑中没有好的有意义的假说的人，一般都是因为对现实了解较少，缺乏现场知识的人。从理论到理论，从概念到概念，从变量到变量，往往只能去检验假说，给别人抬轿子，难有较大突破和贡献。

●● 4.4.6 难以从现实出发的六个理由

既然从现实出发那么重要，为什么多数研究者的研究还是不从现实而从理论出发呢？我们认为不能从现实出发主要是因为走不进现实所致。事实上，从现实出发，说起来容易做起来难，在书斋里靠收集分析资料的纯理论研究者，或通过邮局（或在教室里给学生）发问卷的所谓实证研究者，并不是没有尝试走向过现实，但他们基本上是失败而归，大多数再也不敢出去了。

据笔者的经验，走进现实，走向管理者身边其实是很不容易的。我们认为有如下六个难点：

第一，你必须具备能够与管理者对话的不同于理论概念的另一套语言体系，也就是说要精通研究者和管理者两套语言才能在现场与管理者对话，回到研究室再用研究者的语言表述出来；

第二，你要有足够的归纳和洞察能力，才能将比既有理论文章要庞杂得多的现实信息资料梳理出来；

第三，你要有足够的人脉能够接触到管理者而不仅是一般员工；

第四，你要有充足的经费和精力来支撑来往于研究室和现场的活动；

第五，你的研究过程或你与管理者的对话本身就要对他们有价值，而不仅是向人索取，更不是给人家找麻烦；

第六，也是最重要的，你必须理解管理者特殊的立场、价值观和情感，否则，你研究的将不是管理学（站在管理者角度的），而是被管理学（站在员工角度的），至多也只是现实中找不到的学者管理学（站在学者角度的）。

●● 4.4.7 三种方法挖掘现实

人们经常说本质重要，要透过现象看本质，但人们往往忽视现象的复杂性经常超出人们的想象。由于人的观察能力和思考能力或者说信息处理能力的局限，你要将某种现象构建成一种假说，就必须对现象进行某种形式的归纳梳理。按照伊丹敬之的说法，人们平时是用三种方法来挖掘、梳理现实的，以便构成研究用的假说。[①]

第一种是数据法，即人们根据对现实观察测量所得到的定量数据来梳理，我们把它比喻为"称象"。

第二种是记录法，即人们将现实观察结果用详细具体的文字等描述记录下来，我们把它比喻为"摸象"。

第三种是逻辑法，即人们从现实观察中抽象出各种概念并建立起它们之间的逻辑关系，我们把它比喻为"想象"。

---

① 伊丹敬之. 创造性论文的写法 [M]. 吕莉，张舒英，译. 北京：社会科学文献出版社，2004：135.

数据法好比是"称象",是一种简单有效的挖掘、梳理现实的方法，了解了大象可以量化的特质，但数据并不是唯一有效的方法。你如果对现实的复杂性有所了解的话，你如果对数字的出炉过程有所了解的话，就请不要迷信数据。在管理学研究中，数据并不像拿个磅秤测量一头象的体重那样客观和可靠。研究一下每年的GDP数据，你就会知道这些数据是和国家政策、部门利益、地区利益等密切相关的；研究一下上市公司的财务报表，你就会知道这些数据都是和企业利益、企业目的和管理者理念等主观因素密切相关的，不可不信，也不可全信。

因此，在管理学研究中，不可太重视静态数据（比如统计数据和问卷数据），要善于用企业各种资料分析和深度访谈等方法来把握事实，通过对管理的动态历史性研究和案例研究可能更容易提出好的假说，这就是深入现场去"摸象"。

记录法不像数据法那样简明扼要，一般总有几页或十几页纸，容易使人产生不精练、不准确的印象。其实，现实又远远比这几页纸描述的复杂，因此，忠于现实、精练到位、尽量全面的记录能力是研究者所需的一种重要能力。

谈到逻辑法，有人可能认为这不应该被看作挖掘、梳理现实的一种方法。其实不然，逻辑的作用就是使人们能够透过你符合逻辑的语言来理解你所观察的现实，没有逻辑是无从梳理和归纳出假说的。这需要人的"想象"力。不管看数据还是观察记录，人的脑子总会按照一定的方法进行思考，然后将这些碎片似的信息按照一定的规律连接起来。"想象"过程实际上就是超越眼耳鼻舌身的"前五识"，动用"意"这"第六识"的过程。

在现实这个假说来源中，上述三种挖掘、梳理现实的方法其实正是创造假说的三个途径。比如人们往往会从数据的异常变化中发现假说。人们看到中层管理者在收入不低的情况下离职者依然增多这个现象，可能和常识有所背离，就可能产生疑问，于是"收入对管理者离职影响不大"的假说可能就会萌芽。将一个行业的主要企业20年的销售收入数据生成图表，你可能会发现它们大致呈现S曲线形状，就可能萌发"企业成长呈S曲线形状的成长周期"的假说。

当人们研读自己或他人的记录时，可能从某个细节或整个记录的脉络中发现假说。尽管你或他人在做记录时并没有意识到其中的含义，但那些详细记录似乎可以再现当时的场景，刺激你开动想象力去联想深层原因，从而产生假说，或者，在记录的历史脉络中发现事物变化可能存在某种有待研究的规律。

当你从对现实的逻辑梳理中发现假说时，一定要注意不要将逻辑梳理看成假说本身，假说一定是个自己还不甚明白的命题，不要用"还没有经过充分的数据验证"为理由，将人尽皆知的命题作为假说，这种研究应该是很无聊的。

》》 4.5 研究的时间管理

研究选题要考虑完成的可能性，就必须注意研究五大资源：人（研究者、团队、委托者、评价者）、财（经费及其使用权限）、物（工具、交通）、信息（文献和数据资料）、时间（开始、截止）等。其中，时间应该是最重要也最难控制的资源。有很多人时间到了却写不出论文来，有的要推迟几年甚至毕不了业，或者完不成考核任务，就是因为对研究时间的管理或计划不周，浪费了太多的时间。

●● 4.5.1　时间管理的必要性

一提到时间管理，大多数人会顾名思义地认为是对时间的管理，马上会想到时间管理的各种手段，如何有效利用时间的工具等内容，时间管理给我们的印象就是利用时间的技能和技巧。

1）管时间其实是管自己

我们这里要强调的，不是技术角度的时间管理，而是研究者所必须掌握的有关时间管理的思考方式。研究的时间管理其实不是对时间的管理，而是对研究者自己的管理。

其实，时间不是能够管理的东西。时间对人是最公平的，1 小时 60 分钟，1 天24 小时，1 年 365 天，对谁都一样。你什么都不干，发一天呆，时间也会毫不留情地过去。时间不能像金钱一样储存起来，常言道"时间就是金钱"似乎有些不妥。

可能有人认为研究工作是一份比较清闲的工作，比如没有上下班、上下课的严格的时间限制，只要你愿意，写文章可以熬一个通宵，第二天可以睡到自然醒。其实不然，做研究可不是像某些人开玩笑说的"研究研究，抽烟喝酒"就能搞定的事情，研究不仅要求工作时间长，而且工作强度也很大，甚至眼睛或颈椎都会累坏。

说研究工作累，还不在于搞研究有多么繁重的体力工作，而是搞研究需要你付出很大精力，开发创造性思维，在本来没有多少基础的情况下构建出一个新假说来，这是需要绞尽脑汁的。研究有时候不能停下来，有时可能需要你熬通宵处理数据资料，也可能需要连续几周工作到凌晨。这是因为一旦停下来思路就会被打乱，要想重新找回状态则需要很长时间。

2）管时间就是管成果

如果你需要做实地调研，时间不由你定，必须配合调研对象的时间安排（尤其在对方是忙碌的领导时），计划不好则会大幅延误甚至使研究泡汤。

信息技术的进步带来了更完备高效的研究条件，比如电脑、互联网、电子邮件、电子杂志、手机等，这些工具使你具备了更完备的工作条件——只要你愿意，在何时、何地你都可以从事研究。但研究者之间的竞争也更激烈了，可能你好不容易有了一个创意，刚刚整理好思路和研究计划，却发现已经被人发表出来了，这时气得跺脚也没用。

因此，能否做好研究的时间管理就成了至关重要的问题。如果时间管理不好，劳力费神的研究工作可能耗尽你的精力，或者把你累出病来，还不见得有结果。

那么，研究者如何做好时间管理，高效地完成研究工作呢？

● 4.5.2 高效完成必做的工作

做研究必须按照研究计划，专注于每天必须完成的工作，日清日毕。这就要明确工作做成什么样才算完成，比如课题申报书的要求，开题报告的要求，毕业论文的要求，期刊论文的要求等，各有规定。如果对这些不同的研究工作的要求理解有误，到时才匆忙修改，就被动了。所以，研究工作时间管理的第一步，就是明确定义每一件工作的结果要求。

1）进行时间预测

所谓研究计划安排，就是要对完成各项研究工作所必需的时间作出预测，然后据此排出日程，安排每天的工作量。这就需要具备预测研究工作时间的能力，具体说来有以下三项：

①在研究开始之前，要有根据地进行研究时间预测。
②要观察和检测在实际研究中到底花费了多少时间。
③要对比时间预测与实际所花费时间的误差，检查、调整预测。

观察和检测实际工作的时间花费可以准确回答一些重要问题，比如，照这种进度今后还会完成多少？研究工作是按计划走的，还是延迟了？如有延迟，延迟了多少？经过第③点的误差确认，就可以对原来所做时间预测进行反馈、修正，得出更精确的预测。一般说来，发生误差的原因很多，比如有可能是预测所用的时间单位有误，也可能是参加了计划外的会议影响了研究进度。

2）确定优先顺序

要高效完成必做工作，就要按照工作重要性确定优先顺序。

人们常说世界万物是按照"80/20法则"运行的。例如，假设你一篇论文中有五项工作，其中一项重要工作的完成，就等于完成了所有五项工作的80%。反过来说，即使那四项不太重要的工作全部完成，也不过取得20%的成果。将这一法则用于时间管理，就是要识别哪些才是影响80%成果的工作，将它们和其他工作区别开来，然后将精力集中于这些关键工作。"做正确的事比正确地做事更重要"（doing the right things is more important than doing things right），换句话说，"做正确的事"（doing the right things）是效果问题，而"正确地做事"（doing things right）是效率问题，效果重于效率，就好比本书介绍研究方法，提高你的研究效率，但最终还是为了研究成果，否则即使掌握了再多的先进研究方法，出不来成果也是枉然。

3）勇于排除干扰

一般认为，人对重要事情的反应度不如对紧急事情的反应度高。有个例子可以说明这一看法的正确性：不管你现在正在做着多么重要的事情，一旦电话铃响了，你都会不自觉地去接电话。

研究者可能遇到过这样的情况：当你正在绞尽脑汁思考一个非常有逻辑性的观点或构思一个新概念的时候，有时也会接到家人、朋友或课题组成员打来的电话，虽然电话几分钟就说完了，但不得不重新开始整理被电话打断的思路和工作节奏。

电话给我们带来的问题，重要的不是打电话所花的时间，而是我们接电话之前对问题的思考脉络中断所造成的困扰，从头再来所浪费的精力会极大地妨碍研究工作的效率。为了避免这样的问题，有时候必须培养一种说"不"的勇气和准备好的理由。越短的话越难说，"不"字就很难说。要想提高你的时间管理效率，你可能需要拒绝某些其他工作，这实在需要很大的勇气，并且要有充分理由来说明为什么拒绝。

●● 4.5.3 利用团队完成研究

研究工作也是可以委托的，这就形成了一个研究团队。在不违反科研伦理的前提下，可以把研究工作交给更适合的人代你完成，这种做法叫研究委托。

1）委托的理由

在以下情况下适宜采取委托方式：

①其他人也可以完成的工作已经排满了你的时间表。

②某些费用效果比相对较低，有可以辅助完成这项研究的课题组成员，并且自己可以有效管理的场合。

③某些其他成员在短时间内能够获得高质量成果的特殊工作。

实施研究委托，需要对课题组成员的工作状况有一定程度的把握，因而能做到委托的，一般是研究课题的主持人，他能够管理和调动多个下属。判断你手头工作是否已经满负荷，或者费用效果比的高低，其标准就是刚才所说的时间预测和实际所用时间的比较。

2）有效委托

当你确定可以委托的工作之后，在委托前需要注意以下一些事项：

①要以相对独立完整的研究部分为一个委托单位。将那些没有相互关系、分得很细的多项工作委托给他人，不如将一项相对独立完整的工作委托给他人的效率高，而且这样做容易明确成果的责任所在，也有利于被委托者了解这项工作在整体工作中的定位，提升成就感。

②对被委托者进行充分的说明。特别是由于上述第二个理由委托工作时，要向相关责任人详细说明工作的重要性，这项工作在整个项目中的成果要求，以及工作的时间要求。如果这些说明不清晰明确，就可能影响被委托者的工作积极性。

③用人不疑。一旦将研究工作委托下去，就不要再对工作中的细节随意干涉。具体的工作步骤和做法可能与你想的有所不同，但每人有每人的研究习惯和嗜好，应该做到用人不疑，充分授权。

④必要的支持。充分授权不等于放任不管，在受托人的工作需要支持时，你必须及时地伸出援手。特别是在他们对委托工作还不太熟悉的开始阶段，指导和支持是非常必要的。但要注意，这是支持而不是代替，否则就会失去工作委托的意义。

⑤结果导向。委托是为了减轻研究负担，但如果受托者不能完成工作，最终还得由你去接手完成。不管委托他人与否，对研究成果的要求是不变的，委托工作必须坚持不管谁来做都必须拿出成果的原则，否则就会影响研究进展。

3）团队协作

较大的研究课题几乎都是团队运作的，一个优秀的研究者可能不仅要做好个人研究，还要成为一个优秀的研究团队的领导者。管理学研究者似乎理应有此素质和能力，因为你就是研究管理的，做不好研究团队管理有些说不过去。

为了发挥团队的相乘效果，有效完成工作，课题主持人不仅要把自己的时间计划好，还要把整个研究团队的效率提升上去。为此他就要划分工作的阶段，确定各项工作的相互关系，明确工作流程。如果这个团队不能有效组织，那么别说产生相乘效果了，不产生研究团队的内耗，不严重影响工作进展，就不错了。

团队协作完成研究课题时，要注意以下事项：

①明确目标和分工；

②制定工作流程和进度；

③决定研究要点和访谈对象；

④明确并行性工作和接续性工作的内容。

如果不制定明确的研究工作目标和流程，到了研究后期，就可能留下大量附加值不高的工作，严重时可能产生返工现象。比如论文模板格式的标准制定问题，如果开始时根据不完整的模板格式推进工作，到最后可能造成必须修改几百张模板的巨大工作量。这种失误在现实中经常发生，必须注意。

不明确研究调研内容的要点和对象，就会影响被调查者对调研内容的反馈，容易漏掉某些对研究工作至关重要的工作内容。同样，如果不能很好地处理那些可以并行进行的工作，就可能浪费人力，影响研究课题的进度。

▶▶ 关键词

三性原则／创想法／反向创想／并存创想／融合创想／平面创想／立体创想／
比喻创想／起承转结／假说／论据／提出假说型研究／验证假说型研究／数据／

记录／逻辑／时间管理／研究委托

▶▶ 参考文献

［1］布隆伯格 M．信息就是信息［M］．雷鸣，顾矾，译．北京：工商出版社，1998．

［2］中国人民大学哲学系逻辑教研室．形式逻辑［M］．北京：中国人民大学出版社，1984．

［3］陈晓萍，徐淑英，樊景立，等．组织与管理研究的实证方法［M］．北京：北京大学出版社，2008．

［4］伊丹敬之．创造性论文的写法［M］．吕莉，张舒英，译．北京：社会科学文献出版社，2004．

［5］杨杜．现代管理理论［M］．北京：中国人民大学出版社，2013．

［6］圣吉 P．第五项修炼［M］．张成林，译．上海：上海三联书店，1998．

［7］内田和成．BCG 视野：假说驱动管理的魅力［M］．崔永成，译．北京：电子工业出版社，2007．

拓展阅读：知识的价值化

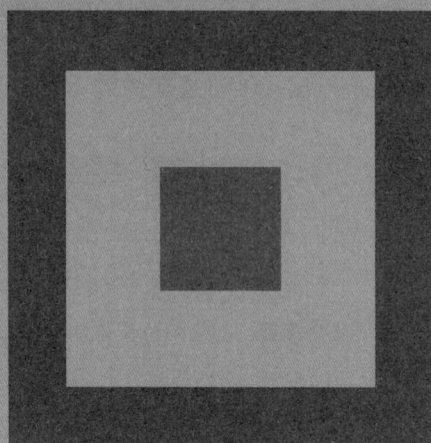

第5章 研究计划和研究方法选择

第5章　研究计划和研究方法选择

在明确界定研究问题后，接下来的工作便是研究设计，即如何筹划整个研究工作。在这一阶段，研究者要根据研究目的、研究对象的侧重点、分析单位、时间范围等，来安排研究过程，选择收集和处理数据或事实的方法和工具。通常，一个综合的管理研究包括理论研究与实证研究两部分，或者先通过演绎逻辑提出假说并加以验证，或者从经验事实中归纳出理论命题，再进一步演绎出各种推论。对本科生来讲，基于文献的理论研究加简单的调研，可能过得去；对于研究生而言，实证研究方法可能是必备的研究基本功。是否能在研究实践中养成一种超越日常获取知识习惯的科学思维方式，是衡量研究生科研能力的一个基本标准。对大学教师和研究者来讲，他们既以研究为职业使命，又要完成研究考核指标，如何作出有价值、有贡献的研究计划和选定高效的研究方法，则要求更高，挑战更大了。

》5.1　研究计划的一般内容

科学研究是要观察并对所观察的事物进行分析解释。在观察和分析之前，需要一个计划。研究计划的基本内容包括：判断你需要观察什么，分析什么，为什么，如何进行。在选题界定阶段，我们对于研究对象作了较为清楚的界定。进一步，我们要明确研究目的，确定分析单位，探讨如何处理研究中的时间问题。接下来，要确定操作变量和测量设计，总体和抽样方案，其间一个至为关键的问题是选择研究方法，即观察组织管理现象的方法。最后，研究计划要落实为时间表和财务预算，使之成为一个据此操作的研究流程。简单来说，研究计划阶段是要为实现目标进行道路选择和工具准备。

研究计划方案主要包括以下内容：
①对研究该课题的目的（意义、任务）的说明；
②对研究内容、研究类型、分析单位、理论假说的规定和说明；
③对调查对象选取方法的规定和说明；
④对资料收集方式的说明；
⑤对资料分析方法的规定；
⑥对研究进度、组织、经费等问题的说明。

●● 5.1.1　研究目的的六种类型

在本书第四版中，我们写道：与其他社会科学研究一样，就研究目的和性质而言，管理学研究可以划分为探索性研究、描述性研究、解释性研究和对策性研究四类，分别回答是不是（有没有）、是什么（怎么样）、为什么和怎么办的问题。通常，研究的主旨在于提出具有普适性的判断，因此许多研究者认为不应该将对策列入研究的范畴。我们认为，基于管理学作为应用科学的性质，管理学的研究必须强调课题的理论意义，同时也要强调实践意义，即所谓理论源于实践，又归于实践，要对实际管理问题的解决有着指导性意义，否则你的研究成果可能只会在研究者中间"内循环"，不会受到管理者的青睐。

复杂的研究问题总是需要不断加深认识的，从探索性研究、描述性研究到解释性研究，再到对策性研究，研究在不断走向深化。这种划分为选定研究操作方式提供了指南，而在现实的研究过程中，也有从问题导向开始，从对策性研究开始，然后根据问题解决的结果，来推出理论解释，描述和探索的。

在第五版中，我们提出两个新的研究目的类型，即效率性研究和创造性研究。首先是效率性研究。当今的变化速度用日新月异形容似乎已经过时，用"分新时异"才能恰当描述，因此，如何提高管理研究的效率，快速收集和分析各种数据，减少人工的重复投入，快速发表和申请专利，已经成为管理学研究的新的竞争领域，稍晚一点比别人发表成果，你会劳而无功；稍晚一天比别人申请专利，你会前功尽弃。因此，我们必须特别重视研究的效率性。我们认为提高管理研究效率的方法有三类：团队研究法、组织研究法和 AI 研究法。AI 研究法也就是管理研究的数智化，或者叫 AI 赋能研究。

其次是创造性研究。鉴于管理研究的价值创造性，做研究需要知行果合一，光探索而无成果，光探索而无证明，是无法评价你是否在做管理研究的，而且这个果一定要是与前人不同的新果才算创造，尤其是实践性管理研究成果，必须靠企业等组织实现新成果或新业绩甚至新物质要素来表示。

下面我们分别作以说明。

1）Yes or No——探索性研究（exploratory research）

当研究者所选择的课题在过去很少有人探讨，尚未形成一致的概念和理论框架时，或者研究者初次从事这一类问题的研究，为了更清楚了解问题的状况与现象，研究者有必要通过实地观察和访谈等方式，对相关的社会现象进行初步的了解，从而进一步界定研究问题，确定相关行动路线。研究者所从事的这种先期试探性的"有没有"或"是不是"的初步研究，称为探索性研究。

通常，博士生和专业的研究人员，经常从事探索性质的研究。限于个人能力和篇幅的限制，在本科生和硕士生的研究论文的撰写过程中，这种性质的研究工作较少，本科生和硕士生通常可以借助文献研究，基于尚未解答的问题直接提出个人的分析框架和假说。

2) What——描述性研究（descriptive research）

描述性研究旨在解答社会现象"是什么"或"怎么样"的问题，通过对社会现象的状况、特点和发展过程作出客观、系统、准确的描述，进而形成命题和假说。在描述性研究中，研究者对所研究的社会现象进行周密而仔细的科学观察，然后从特征、状况、规模、程度等方面详尽地把它们描述出来。系统而科学的观察使得这种描述比普通的描述更加准确和精密。

3) Why——解释性研究（explanatory research）

解释性研究也被称为因果性研究。这种研究类型主要探索某种假说与条件因素之间的因果关系，即在认识到现象是什么以及其状况怎样的基础上，进一步弄清楚事物和现象为什么是这样的。解释性研究是探寻现象背后的原因，揭示现象发生或变化的内在规律，回答为什么的科学研究类型。因果关系是比较复杂的，有某一条件与某一现象之间的因果关系，也有多种条件与某一现象之间的因果关系。教育方面的因果关系大多属于后者。它通常是从理论假说出发，涉及实验或深入到实地，收集资料，并通过对资料的统计分析，来检验假说，最后达到对事物或问题进行理论解释的目的。在实验的设计上，除了与描述性研究一样具有系统性和周密性以外，它更为严谨和具有针对性。在分析方法上，它往往要求进行双变量或多变量的统计分析。对于这种因果关系的研究有实验的与非实验的两种。实验研究还可分为实验室研究与现场（或称自然）实验研究。

虽然因果关系研究的方法与其他研究方法不太相同，但也不应将其孤立起来看。事实上，在许多调研中，探索性研究、描述性研究和因果关系研究的设计都是相互补充的。

4) How——对策性研究（countermeasure research）

如果说管理就是决策，那么，作为应用学科的管理学就不能忽视对策产出的过程。在现实中我们也看到，不少本科生包括研究生的学术论文中有很大篇幅是在提建议、想措施、出方案，而不是在提出命题、分析问题、验证假说和得出理论。确实，提出解决问题的方案也是需要"研究"的，只不过解决方案不必要具备理论的普遍性，而只要有能解决问题的有效性就行。因而，对策性研究的科学研究或者说理论研究的味道应该说是最稀薄的，其次是探索性研究和描述性研究，解释性研究的理论味道可能最为浓厚吧。

事实上，分析问题和解决问题是分不开的，问题能否得到有效解决可能是证明分析问题的过程和方法正确与否的标尺之一。所以，标准的管理学硕士和博士论文，在最后总要提到研究结论与实践的关联性，或提出基于结论的政策性建议，尽管这一部分占的篇幅并不会太大。

对于管理学这样一门应用性非常强的学科，人们对其指导实践的价值更为期盼。许多研究者围绕解决组织管理实践中的现实问题，应用管理学的原理和方法，深入现实进行不断的探究。

5）Output——效率性研究（efficiency research）

如果说管理就是价值创造，那么，作为应用学科的管理学就不能忽视研究成果的高效产出，产出/投入即是效率。比别人早出成果是看时间效率，比别人多出成果是看数量。因此，如何找到提高研究产出的方法，就成为研究计划中的重要工作。运用团队、组织和AI这三种方法和工具，可以达到团队合作提高效率，组织攻关提高效率，AI赋能快速收集数据，处理数据，广泛沟通，快速检验，持续迭代，批量产出，以及自动生成等提高效率。

6）New——创造性研究（creativity research）

创造性研究的成果，一般是人为创造的。这不像自然科学研究中规律的发现、物质的发现，创造性研究的成果是通过某些特殊方法靠人才、技术、运气等力量的结合新创造的。创造性研究，可以是造新观点或新概念，可以是造新词语，可是造新字，可以是造新物质。难度应该是递增的，造新物质最难。

比如，某些人发挥着造物的作用。2023年6月，第113号元素、第115号元素、第117号元素和第118号元素这四个新元素得到正式确认。第113号元素 nihonium，源于日本的国名 Nihon；第115号元素 moscovium，源于俄罗斯莫斯科的市名 Moscow；第117号元素 tennessine，源于美国田纳西州的州名 Tennessee；第118号元素 oganesson，源于俄罗斯核物理学家尤里·奥加涅相的名字 Yuri Oganessian。四个新元素的汉字分别是鉨（nǐ）、镆（mò）、硔（tián），鿬（ào）。这四个新元素填满了元素周期表的第7周期，形成一张完整的元素周期表。

创造性研究需要创造性的方法和工具。日本理化研究所的研究人员利用线性加速器，使第30号元素锌原子加速，轰击第83号元素铋原子。他们连续80天以每秒2.5万次的频率对铋原子标靶进行了 1.7×10^{19} 次撞击，结果合成出第113号 nihonium 鉨元素。俄罗斯的科学家使用"重离子合成器"，制造出一种新化学元素，这就是第118号 鿬（oganesson）元素。他们是在创造世界上原来没有的物质，鿬（oganesson）这个字（词）只是这种新物质的名字而已。

具体到管理学领域，福特流水线，丰田精益管理，苹果生态链，华为基本法等等，就是前无古人的一种创造，它们的诞生和成长中的研究成果，可以说就是创造性研究。

表5-1总结了六种不同研究类型的特征。

不过在本章，我们只讨论探索性研究、描述性研究、解释性研究、效率性研究及其适用方法，对策性研究及其方法、成果撰写，主要放在第9章非学术论文撰写展开。创造性研究及其适用方法，智商使我们无能为力，留待后人去写吧。

表 5-1 六种不同研究类型的特征

项目	探索性研究	描述性研究	解释性研究	对策性研究	效率性研究	创造性研究
对象规模	小样本	大样本	中样本	小样本	大数据	新样本
抽样方法	非随机选取	简单聚集、按比例分层	不按比例分层	重点或典型案例	全样本	按创意
研究方式	观察、无结构访问	问卷调查、结构式访问	调查、实验等	实地研究、问卷二手资料分析	团队、组织物联网、网络爬虫	新方式，新思路
分析方法	主观的、定性的	定量的、描述统计	相关性分析与因果性分析	定性与定量结合的、系统分析	战略、组织、大数据分析、数据挖掘、仿真	新方法，新工具
主要目的	形成概念和初步印象	描述总体状况和分布特征	变量关系和理论检验	提出解决问题的对策	提高研究效率	新创造
基本特征	设计简单、形式自由	内容广泛、规模很大	设计复杂、理论性强	面对复杂和模糊的问题，逐级深入	团队化、组织化智能化、生成化	偶然性、突破性、划时代性

●● 5.1.2 确定分析单位

在研究设计中，研究者还应明确研究的分析单位和内容。分析单位是研究者所要描述和分析的对象，它是研究的基本单位，是所搜集到的资料的汇总层次。研究内容是指分析单位的属性与特征，是研究者所要调查与描述的具体项目。

1）分析单位

管理学研究中的分析单位主要有：个人、二元体、团体（或部门）、组织、行业、社会六类。分析单位的选择在很大程度上决定着调查对象选择方法与资料收集方法。研究者应根据管理现象的复杂程度和研究目的来选择合适的分析单位。从组织管理的专业研究领域来讲，组织行为学的分析单位主要是在个体、群体两个层次，组织理论与设计的分析单位则主要是在组织、组织间关系两个层次。

研究中的分析单位通常就是观察单位。要研究员工情绪智力与员工职业生涯发展的关系，我们就要观察每个员工。不过，有时候我们并不直接"观察"我们的分析单位。比如，要研究组织文化与企业绩效的关系，分析单位是企业，但在分析组织文化相关特征时，观察单位往往是被调查的个人。

又比如，如果研究者要探讨上司与下属关系对下属绩效的影响，这时上司与下属这个二元体便成为分析单位。研究者需要找到多个上司和下属的二元体，描述并分析其特征。如果要研究群体的决策模式，就需要以一个个的工作群体为分析单位，分析其群体结构、群体凝聚力等诸方面因素对于群体过程和群体决策模式的影响。

再比如，某企业主管想了解不同部门对所安装的信息系统的使用情况，则需要以部门为单位汇总有关的数据和事实。如果要研究企业文化与企业绩效的关系，则是以企业为分析单位，观察并汇总相关数据，研究其关系。

需要指出的是，分析单位和观测单位不一定一致，在研究企业文化时，观测单位既可以是企业，如收集其有关文本资料，也可以是个人，如通过问卷来调研员工所感知到的企业文化。

2）区位谬误与简化论

在实际管理学研究中经常会发生由于分析单位不明确、分析层次混乱等造成的错误，主要有区位谬误和简化论两种。

区位是指分析单位比个人大的群体、组织、社区等。区位谬误也被称为层次谬误、生态谬误，是指用一种高层次的分析单位做调查，却用另一种低层次的分析单位作结论。比如，我们近期要研究影响中国当前员工离职率的主要因素。调查数据显示，IT 行业企业平均员工离职率较家电制造行业企业要高。在分析员工信息时我们发现，IT 企业员工平均受教育年限较家电制造企业员工要高 2 年。由此我们倾向于得出以下结论：受教育程度高的员工有更强的离职倾向，也就是说受教育年限影响了员工的离职倾向。这个结论就出现了区位谬误问题。也许不少在家电制造行业中受教育年限较长的员工，同受教育年限相对较短的员工相比，并没有表现出更强的离职倾向。问题是，我们把行业作为分析单位，却对员工得出了结论。

简化论又被称为还原论，是指用低层次特征来解释高层次特征，用局限于个人的资料解释宏观层次的现象，而忽略了其他因素和特征。日常生活中，人们常常为了强调性地表达，用简化的表达方式来陈述自己的观点。比如，餐桌上有人感叹道："现在吃肉远不如小时候那么香了。"有人会马上跟上："是啊！这是因为现在的猪天天吃饲料，速生出来的，能香吗？"诸如此类的言辞，放在生活中我们可以理解：这是一种带着情绪的措辞，没必要去较真辩论。如果去考证这一说法，我们知道这只是一种对原因的推论简化，严格上来讲是站不住脚的。又比如，近年来流行"细节决定成败"的观点。这在演绎法上是讲不通的话，在理论上是犯了简化论的错误，但在现实中对某些不顾细节而失败的管理者是个警钟，因而有现实意义，但没有理论意义。因为如果细节决定成败，那么，粗节不决定成败吗？很显然不是，因为从成败的角度讲，细节和粗节都是必不可少的。从理论上演绎，"细节决定成败"这句话应该是"细节在某些特定条件下对成败产生决定性影响"。换句话说，细节决定成败是有条件的。

在科学研究中，要避免被这样一些社会流行语影响自己的判断，更不可以用其作为推论的基点，否则就犯了简化论的错误。简化论的错误与区位谬误刚好相反（如图 5-1 所示）。如果通过统计调研分析，发现员工受教育年限与员工离职率之间存在正相关关系，再把类似结论推断到企业层次上，认为从企业来看，员工平均受教育年限越长，相应的员工离职率就会越高，这就犯了简化论的错误。这是因为影响企业员工离职率的因素除了受教育年限，还包括员工薪酬、工作设计、企业文化、上下级关系等多方面的因素。这种跨分析层次的简化推论，容易使人忽略管理现象背后的真正原因。推广来看，由于管理现象涉及因素的复杂性，用统计实证方法来研究管理，容易趋向"简化论"的窠臼，这也使得案例研究的意义凸显。

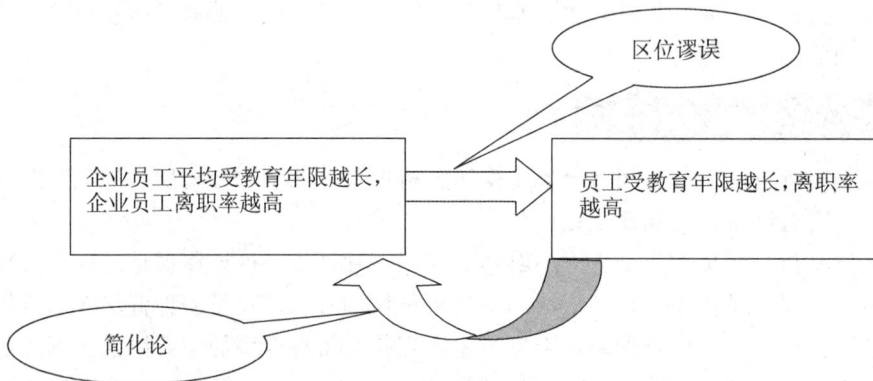

图5-1　区位谬误与简化论

要避免犯简化论及区位谬误这两种错误，关键的一点是要保证你在作出结论时所使用的分析单位，就是你运用证据时所使用的分析单位。这也提醒我们在做管理学研究时，必须对所使用的分析单位有一个清楚的认识。

3）研究内容

研究内容是指分析单位的属性与特征。组织是管理学研究的中心，其关键研究内容可以概括为结构、行为和绩效。也有人指出管理学研究的内容可以概括为特征、意向和行为。比如，要研究引入自我管理团队对企业绩效的影响，各行各业的企业是分析单位，其特征包括企业的人数规模、员工学历结构、所处行业、行业地位等；其意向是高层管理团队对引入自我管理团队的倾向性；其行为则是企业是否引入了自我管理团队。又比如，要研究企业多元化经营与绩效的相关性，分析单位是企业，其特征包括所处行业、成立时间、多元化程度、多元业务之间的相关性等，其意向是企业对于多元化经营利弊的认知和倾向性，其行为则是企业多元化的过程，然后要看不同性质的多元化所带来的经营绩效。

在研究过程中，界定研究内容也就是明确研究问题的过程，它限定了研究者所关注的问题领域和考察范围。

●● 5.1.3　确定时间维度

任何事物都随时间而演化，所以处在不同时间段的事物肯定会有不同的特性，这就要求我们应尽可能考虑所研究对象的时间特性。因此，基于研究课题的需要，研究者要决定研究的时间维度，实际上也就是对研究对象进行观察的时间。

从时间维度来看，管理学研究主要有截面研究和历时研究两种类型。前者是"对一个代表某一时间点的总体或现象的样本或截面的观察"，探索性和描述性研究一般属于此类；后者是"一种跨时段观察同一现象的研究方法"①。

1）截面研究（cross-sectional study）

截面研究，又称横断面研究，是对一个代表某一时间点的总体或现象的样本或截面的观察。例如，每次企业普查，都是要描述某个时点的企业分布状况。资产负债表就是一家公司会计期末最后一天的截面数据，运用资产负债表的研究即截面研究。定量研究中的变量关系研究，比如用一次性的问卷调查方法来研究工作满意度与离职倾向之间的关系，就是某一时点的截面研究。

截面研究的主要目标是对某种社会现象或某一社会总体的横截面进行了解，它也可以用来分析和比较某一社会现象或社会总体中的不同部分的特点及相互关系。它既可以是定性研究，也可以是定量研究。

在管理学流行定量研究的近几年，截面研究似乎正在流行。大家各选几个概念和变量，建立几个假说，就开始发问卷，然后拿回来找个SPSS最新版来处理，于是结论就出来了：X变量显示出对Y变量的正面影响或负面影响；X变量对Z变量的影响不显著等。你横切一刀，我竖切一刀，他再斜着切一刀，你切粗点，我切细点，他再切个花刀，不行加上几个中介变量或调节变量，于是研究成果就批量生产了。统计学和数学学得不错的各位不妨尝试一下这些方法。

2）历时研究（longitudinal study）

历时研究，又被称为纵贯研究，是一种跨时段观察同一现象的研究方法。比如现金流量表或利润表就是一家公司一个会计期间的历时数据，运用现金流量表或利润表的研究就是历时研究。让管理者或创业者回忆往事就是一种历时观察方法，研究企业大事记也是一种历时研究。

历时研究再细分为趋势研究、同期群研究和专题群研究三种。

趋势研究（trend study）是对研究总体随时间推移而发生变化的研究，以解释管理现象的变化趋势与规律。比如对1990—2010年汽车行业企业集中度与经营业绩的变化趋势研究。

同期群研究（cohort study）即在不同的时期对具有相同特征的人群进行的调查研究。这种研究又称世代研究：世代通常指同龄员工群体。例如，研究者历时性地研究特定亚群体，比如"80后"员工。尽管在每次调研中，数据可能是从不同的成员中收集的。

---

① 巴比 A. 社会研究方法［M］. 邱泽奇，译. 10版. 北京：华夏出版社，2005：99-100.

专题群研究（panel study）是对同一研究对象随时间变化而发生的行为、态度变化，并分析影响这种变化的各种因素的研究，也称追踪研究（tracking research），比如每5年调研一次同样的50名企业家。它与趋势研究和世代研究不同的是，每次访问的都是同一批受访者。

事实上，对趋势研究、同期群研究和专题群研究三者很难严格区分，我们用同一个变量（如品牌亲和力）的对比分析来说明。趋势研究着眼于品牌亲和力在时间顺序上的变化。同期群研究则侧重于一代（如1990年后出生的）人对不同品牌亲和力感知的变化；专题群研究则先对整体或特定群体进行抽样，并对样本进行长期跟踪研究。只有专题群研究能描述这种变化的全景，研究成本也最大，而趋势研究和同期群研究只能发现一些总体变动。

其实，截面研究和历时研究也不是截然分开的，截面研究有时也有近似历时研究的效果，因为截面资料中有时隐含逻辑性的历时过程。只要变量的时间顺序清楚，仅有截面资料也可以进行逻辑推论。比如在截面研究中，年龄差距会构成推论历时过程的基础。

如果要描述历时过程，就必须考虑是否能够在过程的不同时点进行观察，或者可以通过现实的观察进行逻辑推论。比如中国20世纪70年代末才开始改革开放，真正的现代企业的出现是最近20多年的事，你要研究中国企业50年的变迁规律，就无从收集资料，研究也就无法进行。如果你要研究同仁堂的发展史，则可能要进行超越50年的较长的历时研究。

》》5.2 探索性研究及适用研究方法

探索性研究的意义在于描述或评估某一复杂现象或问题，并获得新观点，或作为日后假说检验的基础。因为经济和社会环境的迅速而巨大的变革，中国企业发展也在面临层出不穷的新问题，探索性研究是研究的第一步。基于管理问题本身展露的渐进性，以及认识的渐进规律，很难在单次研究中解决所有的问题，因此，探索性研究常常作为一个开创后续研究的领域性研究而存在。

从探索性研究所采用的具体范式来看，它包括个案研究、扎根理论等。其中，个案研究在管理课题的探索性研究中应用最为广泛，具体研究程序我们将在下一章介绍。无论是哪一种范式，具体的调研方法都不外乎文献研究、专家和管理者访谈、实地研究、焦点小组、开放式问卷、二手资料分析等六种，如图5-2所示。

● 5.2.1 文献研究

有过一定研究经验的人都知道，在知识积累高度发展的今天，几乎没有所谓全新的问题，有的只是没有充分展开和论述的问题。因此，无论是对于所关注的新兴管理现象，还是对于自己没有研究过的特定管理领域，初学研究的人，在产生研究

```
                        ┌─────────────────┐
                        │  六种具体调研方法  │
                        └─────────────────┘
                                │
   ┌────────┬──────────┬────────┼────────┬─────────┬─────────┐
   ▼        ▼          ▼        ▼        ▼         ▼
┌────┐  ┌──────┐   ┌────┐  ┌────┐   ┌──────┐  ┌──────┐
│文  │  │专家  │   │实  │  │焦  │   │开    │  │二    │
│献  │  │和    │   │地  │  │点  │   │放    │  │手    │
│研  │  │管理  │   │研  │  │小  │   │式    │  │资    │
│究  │  │者    │   │究  │  │组  │   │问    │  │料    │
└────┘  │访    │   └────┘  └────┘   │卷    │  │分    │
        │谈    │                     └──────┘  │析    │
        └──────┘                               └──────┘
```

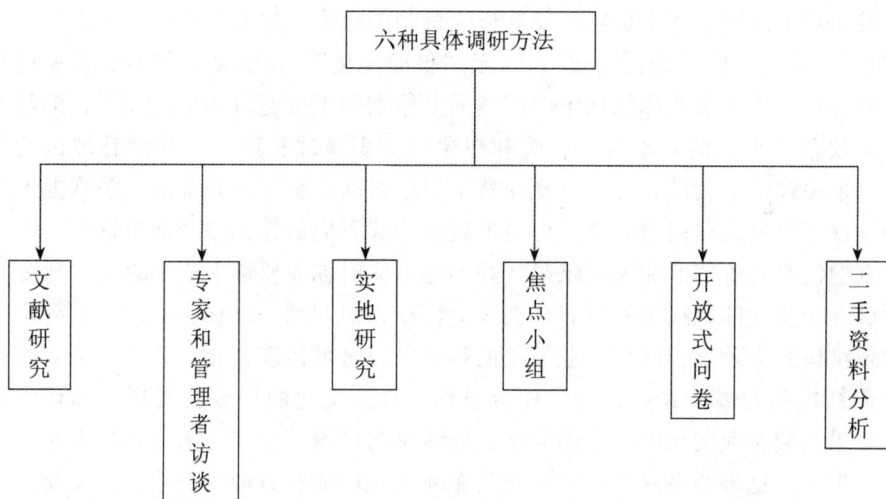

图 5-2　具体调研方法

兴趣和疑问后，首先要做的就是收集和查阅文献。有时你想到了一个好点子，很兴奋，可一查文献资料却发现早已经有大量的研究成果了，甚至相关网页都有几十万之多了。有的问题虽然前人的研究成果数量不多，但人家的观点早已说明得很清楚了，也不需要你再费精力。所以，初学者不收集和查阅文献就动手搞研究，有可能会犯重复发明火车轮子的错误，这样的研究结果只能自得其乐而不会对管理理论有所贡献。研究文献是为了让你尽快站在管理研究的前沿，以便对管理理论作出创新性的贡献。但是，问题又回到选题方法上来了，哪怕你是一个该领域的资深研究者，如果不从实际出发，而是习惯性地从文献开始，那也难有较大的理论贡献。

做一个好的研究者，一定要有较好的文献研究技能。文献研究技能包括收集文献、整理文献、分析文献和写出文献综述等一系列活动的技巧。无论是哪种研究课题，都离不开收集文献。收集文献的注意事项有如下四点：所需文献是什么？文献要具体到什么程度？文献的准确度要求多高？收集文献所需时间多长？不管你是独自收集文献，还是委托给他人去做，都要把这些注意事项记在心里。

那么，文献来源于哪里呢？由于近年来互联网飞速发展，一般文献都可以通过互联网查找。但是，通过互联网虽然能快速、大量获得信息，但大家都知道其中的信息是鱼目混珠，你所需要的有价值文献往往是很分散的，所以一定要注意网上信息的真实性和系统性问题。另外，仅仅靠互联网是不能完成全部文献收集工作的，一些相对封闭的收费的期刊网、论文网也是收集文献信息的很好途径。再者，传统的书籍和杂志也是一种重要的文献来源，书籍和杂志中信息的新鲜度虽然比不上互联网，但比互联网有更好的准确性和深度。

收集和查阅文献同阅读文献是不同的，你要能够检索到关键的、对深入研究有用的知识。这个过程也是对所研究问题反复思考的过程。没有思考，单纯从你所能直接想到的关键词入手，可能半天也难以找到有价值的资料。

　　譬如对于区域企业文化特征及其形成机制的研究，如果你直接去检索"区域企业文化"，或者"山东企业文化"，甚至"鲁商文化"，可能基本找不到有见地和受启发的资料，因为虽然你能从中国期刊网上检索到不少题目相似的文章，但绝大部分文章仅仅是个人的基于直觉经验和想象的知识梳理和诠释，并没有理论的启发性。如果一篇篇地去读，你会发现花费了很多时间，脑子还是乱的。怎么办？你也许为发现了研究的空白而欣喜，但马上就会为找不到研究的路径而苦恼。

　　真的没有有价值的相关文献吗？并不是。这时你需要静下心来思考。比如，关于区域企业文化的论述虽然没有什么理论依据，但归纳一下你会发现，这些文章背后的思维模式大致是，区域企业文化的特征是与区域传统文化一致的，或者是与本省产业结构和发展模式一致的。你会想到，企业文化的形成会受到外部环境的影响，如果区域企业文化有一定的共性，应该是与区域的经济、人文环境有相当大的关系。那么，这种关系显著吗？影响到企业文化的哪些方面？关于民族文化维度的研究有什么样的结论和启发？有了这样的思考，文献检索的思路就进一步打开了。你还可以从这些问题出发去检索国外的文献。

　　因此，收集和查阅文献不是简单的文献下载和整理收藏，而是一个边动手边动脑的过程，你要带着问题去查找文献，并通过文献的不断增加和对前人各种相关研究成果的深入思考，逐步理出一个头绪，使自己的研究命题经过与前人研究成果的比对和碰撞变得更加突出、明晰和结构化。

　　参考邹承鲁院士①关于读文献的经验，再思考管理学的研究，我认为他的经验同样值得借鉴。现摘录如下：

　　①由点到面。选工作实践中的疑点、热点，由一个小枝节检索较全的文献，一般近期的20篇左右已经相当多了。学习别人是怎么发现并解决问题的。知道目前对这个问题的共同看法和分歧，然后扩展开。根据兴趣和研究的目的，要知道在研究的领域中谁的文章被引用的次数最多，谁的文章最多最新最有启发性。

　　②由杂到精。有了一定的知识基础以后，对于繁杂的文献，要有个人的判断。追踪某个专题、某个专家的研究进展，比较关于同一专题的论点的发展，掌握其新的方法或结论，或注意作者观点的改变，探究其原因，培养个人的学术修养。

　　③好记性不如烂笔头。工作中的点滴发现、思想火花，都应该写下来。写文献综述是一个完善知识结构的好方法。随时记下论点、个人心得，会有事半功倍的成绩。

　　④对于下载的文献，要以其内容按专题杂志、时间先后建立专门分类。哪些需要仔细阅读并保存，哪些用处不大，待删除，哪些需要阅读却尚未阅读。以后想到时，还能及时找到。

　　⑤天天学习。文献天天有，如果只作为一个文献收藏家，就失去了研究的意义。下载的目的是学习。

_____
　　①　邹承鲁（1923—2006），中国科学院院士。

⑥注意文章的参考价值，多数文章看摘要，少数文章看全文。

实际上，文献就是指包含有关研究对象信息的任何书面材料，其主要作用是使研究者了解相关课题的研究成果、研究动态、发展历史和现状。它不仅可以帮助研究者选择和确定课题，也为论证研究课题提供理论根据和事实根据。

正如著名科学家王选所讲，"需要"和"已有技术的不足"是创新的源泉。所以独创绝不意味着闭门造车，而是要根据时代需要，大量吸收前人的好成果。这正是对文献研究意义的绝好说明。文献研究是每个管理学研究人员必须掌握的基本方法。

文献综述是文献研究的成果。文献综述不是把看过的文献罗列出来了事，而是要完成以下三项工作：

一是通过文献研究客观地分析前人在本研究领域已有的研究成果，指出其贡献和不足。

二是证明自己要研究的课题或问题尚未得到解答，也就是确定你的研究的贡献在哪里。

三是通过文献研究借鉴他人的方法和已有观点建立论文的分析框架。

●● 5.2.2 专家和管理者访谈

对于初次接触的课题，如果完全靠自己去检索文献，常常会有陷入资料海洋而不见彼岸的感觉。正所谓：资料是大海，知识是座山，工具是堵墙，智慧才是一层窗户纸。你如果能找此领域站得高、看得远的充满智慧的专家或高层管理者、领导者进行咨询或请教，将会事半功倍。同时，你也不会迷失在理论和概念的世界里，可以通过与人交流要研究的管理命题确认研究的价值。对重视价值化的管理学研究来讲，这一点尤其重要。

所谓专家，即对特定研究领域的问题具有丰富知识和经验的人。尤其是当你要去研究与特定产业相关的管理问题时，更是应该利用专家访谈法。比如，你要研究知识管理在高新技术企业中的应用方式，如果先联系访谈一些专门研究高新技术企业技术创新的专家，或者访谈几位高新技术企业的管理层，便能迅速地定位若干要研究的问题，从而避免在主观臆想实际上并非重要的问题上浪费时间。需要注意的是，专家访谈有助于将研究问题系统化且澄清概念，但不是研究结果最终之证据。

所谓管理者，即企业或组织中有管理者职位或地位的人。研究管理学，结识尽可能多的管理者是必不可少的。如果你整天接触的是一般员工，相信你很难理解管理者想什么，关心什么，如何行动。那你如何研究管理理论呢？进一步说，如果你研究的是领导理论，你甚至不能太接触中层管理者，因为中层管理者出于组织和业务工作的需要，很难站在组织最高层领导的角度看问题，甚至组织中的副职也难以理解领导的真谛，他（她）可能讲得出来，但没有切身感受。顺便说一句，有研究者可能觉得自己靠给领导发问卷的调查方法也能得出领导新理论，不必面对面和领导者接触，这恐怕很难。有经验的研究者知道，一般的封闭式问卷调查只适合检验假设而不能发现问题，而开放式问卷虽有其优势，却相当难让企业领导者给你坐下来静心填写。相对来讲，观察和实时互动的访谈才是我们获取一手资料、探索理论的正确方式。

由于初始研究者对于所研究问题的了解相当少，所以探索性研究主要采用深度访谈的形式。研究者通过深入细致的访谈，获得丰富生动的定性资料，并通过主观的、洞察性的分析，从中归纳和概括出某种结论。

●● 5.2.3　实地研究

实地研究方法在管理学研究中既古老又新颖。在某种程度上，只要我们进行观察，或者参与某一企业的发展过程并试图理解它，我们就是在进行实地研究。面对一个不是很清楚的课题时，如果研究者仅仅坐在书斋里研读抽象的理论书籍，写出来的东西也必然远离现实，甚至会无病呻吟，除非你有相当敏锐的洞察力或天生的理论功力。作为管理学这样一门应用学科的研究者，到企业里或者其他组织机构里，亲眼去看看，带着问题去观察、去思考，是必要的工作。这种研究者深入到研究对象的现实背景中，主要以参与观察和无结构访谈的方式收集资料而进行的研究，就是实地研究，又称现场研究。

实地研究作为一种开放性的定性研究方法，适用于对新问题进行探索。因为这种类型的研究比其他方法能够提供关于管理现象的更丰富的理解，也使得研究者能以一种深思熟虑的、周详计划的、主动的方式进行观察，从无法预测的进程中发现有意义的东西——从初始的观察尝试性地推展出一般结论，这些结论能够进一步启发观察，然后可以再修正结论。此外，实地研究还是一种综合性非常强的研究方法，在具体"观察"过程中可以得到的资料包括文字记录、档案文献、图片、数据，还可能包括小规模的问卷调查数据等，从而可以对个案进行多方面的信息搜集和佐证。

实地研究所得结果不要求对研究对象总体的一般特征作出解释，而将关注点放在以下三方面：①揭示具体研究对象的特殊性；②深入探讨研究对象的背景、内部情况；③探讨研究对象所属的某一类型的特征。

实地研究所用的主要方法有观察法和访谈法等。二者最简单的区别是，观察法主要靠眼，访谈法主要靠嘴。不用说，眼和嘴的后面一定有脑。

1）观察法

所谓观察法，是指带着明确的目的，用自己的感官和辅助工具去直接地、有针对性地了解正在发生、发展和变化着的现象。这和日常生活中的观察不同。比如，虽然你天天晚上出来散步，也会看看天上，但如果问你今天的月亮是向哪儿弯，是上弦月还是下弦月，是几点出来的，你很可能回答不上来。如果你连续观察两个月，就会判断出月亮出现的基本规律。你可以自己或派研究助手蹲守在某家超市门口观察顾客，经过连续的观察，就可以了解不同时段客流的特征和变化规律，了解顾客的性别、年龄、同伴、使用交通工具、购物量等基本特征。

你还可以连续一星期甚至一个月或一年观察某位或某几位管理者的工作习惯、工作内容、时间分配等，从而得出管理者的工作模式。著名管理学家明茨伯格基本就是靠观察法创立了一个管理学派——经理角色学派。还是博士生的时候，明茨伯格就带着秒表去观察和记录管理者真正在做什么，而不是听他们说自己做了什么，也不是由学者去想象他们在做什么。他花了一周时间，对五位分别来自大型咨询公司、教学医院、学校、高科技公司和日用消费品制造商的CEO的活动进行了观察和研究。明茨伯格发现，在企业管理过程中，管理者很少花时间做长远的考虑，他们总是被这样或那样的事务和人物牵引，而无暇顾及长远的目标或计划。一个显而易见的事实是，他们用于考虑一个问题的平均时间仅仅为九分钟。管理者若想固定做一件事，那这样的努力注定要失败，因为他会不断被其他人打断，总要去处理其他事务。依据观察的结果，明茨伯格认为，法约尔等人那种从管理职能出发，认为管理是计划、组织、指挥、协调、控制的说法未免太学究气了。你随便找一个经理，问他所做的工作中哪些是协调而哪些不是协调，协调能占多大比例，恐怕谁也答不上来。因此，明茨伯格主张不应从管理的各种职能来分析管理，而应把管理者看成各种角色的结合体，从而开创了经理角色学派。

事实上，管理者真正做了什么，他们是怎么做的，为什么要这样做，这些古老的管理问题早就有许多现成的研究成果甚至经典著作，但明茨伯格并不轻易相信这些现成答案。有人靠耳听，有人靠脑思，明茨伯格主要是靠眼看。

根据明茨伯格的观察和研究，管理者的工作有着明显的六大特点：①工作的紧张和繁重；②工作的简短、多样和琐碎；③关注现实而不假思考；④喜欢口头交谈方式；⑤处于组织和外界联系网络的"瓶颈"；⑥权力和责任混合一体。他观察到管理者在工作中担当十种角色，包括挂名首脑、领导者、联络者、监听者、传播者、发言人、企业家、故障排除者、资源分配者和谈判者。按照角色的不同，明茨伯格又把管理者的类型分为八种：联系人、政治经理、企业家、内当家、实时经理、协调经理、专家经理、新经理。这是管理学史上第一次用观察方法从实证角度来分析管理者的活动（以前的霍桑实验观察的是员工活动）。

按照研究者对研究对象的影响和参与程度，观察法可以分为非参与观察和参与观察。

所谓非参与观察，是观察者处在被观察的群体或现象之外，完全不参与其活动，尽可能地不对群体或环境产生影响。非参与观察中还有一些其他的间接观察方法，如腐损观察，即通过观察企业技术资料的破损程度来研究人们对该技术的关注度和使用价值。又如，员工民意观察，即通过内部网上员工对某些帖子的跟帖量来观察员工对某些问题的关注度。再如，相关资料观察，即通过调查电力消耗量推测公司的开工率等。

　　非参与观察可以说是纯粹的观察，不与被观察者产生交流，甚至是暗中观察。这种观察有时可以提高信息的客观性，因为这样可以避免被观察者因受到观察者的影响而改变自己的行为。

　　非参与观察法得到的主要是感性的信息和资料，因为不能和被观察者交流，所以不能马上确认信息和资料的含义和准确性。俗话讲，耳听为虚，眼见为实，其实也不尽然，有时眼见的也不一定是事实。观察者总有自己的主观性和情绪性，也会对眼见的情景造成误读，这是需要认真避免的，否则会产生错误的结论。

　　举个例子。一位教授和一位企业家在餐桌上交谈时，发现该企业家对自己认为很重要的一个建议心不在焉，一边听一边还在看电视，心里有些不悦。过后，他发现该企业家完全按照自己的建议，马上行动起来了。教授很纳闷！他当时心不在焉，现在怎么又这么重视呢？事后才知道，企业家表现得心不在焉，是因为当时有几个下属在场，他是不想让下属在当时就知道他的想法和做法，以维护他的权威并利于以后推行这一做法。看来，观察法要用好，不仅需要眼睛好，还要有很犀利的洞察力，才能将眼睛和脑子联系起来，才能透过现象看到本质。

　　在较长时间的实地研究中，公开的非参与观察不可能持续太长时间，观察者总有一个从非参与到参与，或者说与观察对象从"不熟悉"到"熟悉"的过程。因而，在实地研究中，可能更多是使用参与观察的方法。

　　参与观察法是指研究者深入到所研究对象的工作背景中，在实际参与研究对象日常社会生活的过程中进行观察的一种方法。参与观察的观察者可能有两种不同的角色：一种是"作为观察者的参与者"，另外一种是"作为参与者的观察者"或隐蔽观察者。在管理学研究中，研究的场所往往在企业或其他机构，因此，研究者通常以公开的"观察者"身份出现。

　　譬如，Barker（1993）研究区别于企业传统控制模式的"协同控制"方法时，通过对ISE企业自我管理团队引入、建立和规范化的过程做观察和记录，得出了协同控制的运转过程，以及协同控制的运转效果。

　　参与观察法通常不是要验证某种理论或假说，其目的是对现象发生的过程提供直接的和详细的资料，以便对其有比较深入的理解。参与观察之初，研究者都需要为自己作为一个陌生人出现而进行某种方式的解释。他的参与观察能否成功也在很大程度上取决于他能否被其所研究的群体接纳。参与观察者往往要经历一个"先融进去，再跳出来"的过程，需要注意的是：

　　第一，尽快成为被观察者中的一员。

　　第二，对所观察事物的社会背景要有一定了解。

　　第三，要具有高度的注意力、忍耐力和认真吃苦的精神。

　　第四，观察中要保持客观的、实事求是的态度，不带偏见。

　　第五，分清表象、实质和事物的特殊性，不要被假象和偶然迷惑。

　　第六，总结观察结果和推论时尽量剔除自己的价值判断和主观性。

　　对于组织变革和团队管理的研究，尤其要强调细致的观察，因为关于人际互动，如员工亲疏关系、个人言谈举止、沟通与协调等微妙而复杂的现象，通常并不能通过结构化的问卷来获得。

2）访谈法

访谈法包括结构访谈和非结构访谈。

结构访谈要求在访谈过程、访谈内容、访谈方式等方面都尽可能统一，做到标准化、模板化。这样做是为了便于将访谈结果量化处理。结构性访谈与问卷调查有些类似，不同的是被调查人员用嘴而不是用笔来回答问题。

如果不依据事先设计的问卷和固定的程序，而是只有一个访谈的主题或范围，访谈员与受访者围绕这个主题或范围进行比较自由的交谈，称为非结构访谈，又称为深度访谈或者自由访谈。

深度访谈通常不预设固定的内容和程序，但这并不等于不做准备。实际上，深度访谈可以是非正式访谈，即在实地参与研究对象社会生活的过程中，随时碰上的、无事先准备的、更接近一般闲聊的交谈，但更多的时候是研究者事先有计划、有准备、有安排、有预约的访谈。

与结构化的访谈或问卷调查相比，深度访谈作为一种充分的开放性互动，可以避免研究者本人的先入之见，而且通过观察被访者的反应，就交谈过程进行灵活的调整，有助于将交流深入下去，从而揭示对某一问题的潜在动机、信念、态度和情感。如要研究员工与企业心理契约的变化，访谈可以使受访者通过回顾个人经历以及周边的案例，生动地说明他对这一问题的思考。与焦点小组访谈相比，深度访谈的优点是受访者之间的观点不会互相"感染"。

对深度访谈的目标受访者必须认真挑选。正如对小组讨论人员的选择一样，对深度访谈的受访者也应按照年龄、性别、部门、职位等级等来选择，保证所收集意见的重要性与代表性。一般原则是找有思想的员工和有资源或影响力的管理者做代表。在访谈进行之前，研究者通常要申明会为受访者保密。另外，深度访谈在本质上是由研究者确立对话的内容和方向，再针对受访者提出的若干特殊议题加以追问。理想的情况是由受访者负责大部分的谈话。如果你作为访谈员说话的时间超过了 10% 的访谈时间，那么你就要提醒自己是不是太健谈了。要真正把深度访谈做好，需要有较好的人际沟通技能，而这个能力是一个逐渐积累经验的过程。

访谈法是极其常用的一种调研方法，研究者的访谈技能的高低对调研的成败至关重要。只有成功的访谈，才能从研究对象那里发现管理问题的真正所在，才能收集到分析问题、解决问题所需的有价值的信息和资料。在此我们对研究者的访谈技能展开介绍。

首先要明确访谈的目的和内容。

访谈的目的自然是收集研究者想了解的信息。无论访谈是为了做研究计划，还是为了设计问卷，或是为了验证观点，都需要明确访谈的最核心目的，这样才能保证从受访者那里收集到与课题相关的关键信息。研究的大部分时间是用在访谈之中的，真正处理数据的时间并不多，所以要聚焦于目的。明确了访谈目的，就要根据目的对访谈内容提炼出大纲，争取在合适的时间提供给受访者，不要太晚或太早。太晚了对方没有时间准备，只能仓促应对，尤其是需要他做些数据资料准备的时候；太早了也不好，如果受访谈者很忙，即使他预先准备好了，等到访谈的那一天他可能又已经忘得差不多了，和太晚是一样的效果。

其次要与受访者建立良好的关系。

如何才能顺利、有效地收集到自己想了解的信息呢？访谈对象也是人，如果你不能与对方形成融洽的人际关系，就无法听到他（或她）的真心话。更何况很多被研究者对研究者本来就抱有一种成见，认为研究者总是抱着对人带有强制性的、拿着理论的大棒压人的、居高临下的态度，所以更难以处好关系。没人会对态度傲慢的研究者说真话的。一个好的研究者必须以谦虚和平等的态度对待受访者，必须善于与相关人员建立良好的关系，获得受访者的信任，这是达到访谈目的的必要条件。信赖关系就像投资一样，积累多了以后，即使你不与受访者约定正式的访谈日程和内容，他们也会通过非正式的渠道为你提供有价值的信息。通过其他人脉关系，比如学界比较有权威的研究者和受访者的上司等的介绍，也是能够迅速获得受访者支持的有效途径。

最后是设计好访谈流程。

完整的访谈流程从事前准备到最终结束有五个阶段，分别是访谈前准备、实施访谈、整理访谈纪要、确认访谈内容、访谈收尾工作，如图5-3所示。

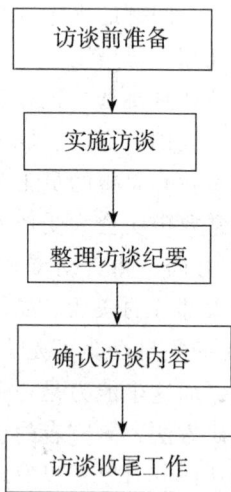

图5-3　访谈的流程

由于访谈方法在管理学研究中的重要性，我们在第6章还要详细介绍。

5.2.4　焦点小组

当研究者需要深度了解人们对某些问题的看法——人们对既定事物的理解，以及他们为什么会产生这些观点，或者研究者需要着眼于人们对身边一些事件的看法，据此制订出更大规模的研究框架，以及需要人们就如何使事物良性发展提出建议时，用焦点小组访谈法的形式会有较好的效果。

焦点小组是一种针对某一专题进行小组访谈的形式，通常将 6～10 人召集到一起就相关主题进行讨论。多数时候他们有着一些共同经历，有时也有例外。他们可能互不相识，或是来自企业同一部门。需要强调的是，这不是对一群人进行的个人访谈的汇总，因为小组成员之间的互动也是此类小组访谈内容的一部分，应该加以鼓励。

焦点小组访谈法与一般的群体访谈不同，不是主持人提问、众人回答的一问一答式的面谈。调研成功的关键是积极的互动与讨论，各位参与者都有机会发表意见，从而对主题进行充分和详尽的讨论。在其中，一个人的反应会成为对其他人的刺激，从而可以观察到受试者的相互作用，这种相互作用会比同样数量的人作单独陈述时生成更多的信息。

焦点小组访谈需要有经验的主持人。至关重要的是，这个人要能让在场的每个人开始交谈，同时，他本人不能加入到小组争论中，最好是不要直接参与到所讨论的话题中。在运用焦点小组访谈法时，很多研究者会设一名现场观察员一同工作，这样做有几点好处。观察员可以在一旁记笔记或负责录音，观察和记录小组成员的非语言交流状况，帮助研究者（主持人）进行访谈前后的准备和收尾工作，这样做将有助于主持人集中精力倾听小组成员的发言，控制谈话的主题走向、气氛、局面和时间。

焦点小组访谈的一般流程分为三步。第一步是建立友好关系，解释小组讨论的规则，并提出讨论的主题；第二步是由主持人激发深入的讨论；第三步是总结发言者的观点，向小组成员求证主持人是否清楚地理解了他们的想法，并致谢意。表 5-2 给出了做好焦点小组访谈的要点总结。

表 5-2　　　　　　　　　　　如何做好焦点小组访谈

要点总结	√选择合适的访谈地点——找个安静的、让受访者觉得舒适的地方 √以非正式的、开放的方式让人们放松——务必不要让他们觉得自己受监视 √确保每人都有平等的发言机会 √鼓励小组成员间的互动，但时刻记得不要偏离主题 √对在讨论中试图用自己的观点强行说服他人的行为加以阻止 √不要依赖于从一个焦点小组得出可以代表总体的观点——最好多访谈几组，避免以偏概全 √切记所得的信息是关于小组的，而不是单独涉及组内具体成员的

资料来源　LAWS S. Research for development: a practical guide ［M］. London: Sage Publications, 2003: 298-301.

●● 5.2.5 开放式问卷

开放式问卷又叫无结构型问卷，是问卷设计者提供问题由被调查者自行构思、自由发挥，从而按自己意愿答出问题的问卷形式。

开放式问卷的特点是项目的设置和安排没有严格的结构形式，所调查的问题是开放式的，被调查者可以根据自己的意愿发表意见和观点。开放式问卷并非真的完全没有结构，只是结构较松散或题项较少。这种类型的问卷通常用在研究者对某些问题尚不清楚的探索性研究中，或者是在对某些问题需要作进一步深入调查时与结构型问卷配合使用。

比如，要研究中国企业社会责任的维度，不能直接把西方现有的框架搬过来，应该考虑中国独有的国情，询问中国企业家对于企业社会责任的认知。为此，可以用开放式问卷设计这样一道问题。

你认为企业社会责任包括哪些内容（请写出5项主要内容）：
① _____
② _____
③ _____
④ _____
⑤ _____

这样，回收问卷后，通过对答案项目进行归纳性分析，便可以对中国企业的社会责任做一个维度归纳，为后续的量化研究做好准备。

使用开放式问卷的优势包括：①可以收集到范围比较广泛的资料；②可以比较深入地发现和探究一些特殊问题，探询到特殊群体的意见和观点。同时，使用开放式问卷的局限性包括：①收集到的资料很难量化，难以进行统计分析；②要求研究者有较强的资料分析能力；③不适合文化程度不高、文字表达有困难的研究对象。

在问卷上列出主要选项，由被访者在选项上打钩，最多加上一个其他选项，这样的半封闭式问卷，适合文化程度不高、文字表达有困难以及分析能力不太高的研究对象，并可以进行量化研究。

●● 5.2.6 二手资料分析

由于通过调查获取一手资料成本比较高，因此在探索性研究阶段，针对所研究的问题，搜集现有资料和数据进行分析也是可用的甚至是必要的工作。这些不是研究者亲自针对调查对象采集的一手资料和数据，所以被称为二手资料，我国台湾学者称之为"次级资料"。二手资料分析与文献研究不同。文献研究主要是了解相关理论，而二手资料分析则是从现有数据库中查阅有价值的数据信息，从原始研究的资料中展开新的方向分析。

二手资料由于种类繁多、数量巨大，对其分类的方式也多种多样。从方便资料收集和企业的角度来看，一种最有效的方式是按其来源将其分为内部资料和外部资料。

①内部二手资料是指来自接受我们进行管理研究的企业或机构内部的资料。内部二手资料可分为制度文件、各类报告、会计账目和销售记录等，但后两者通常是拿不到的。

②外部二手资料是指从组织外部获得的二手资料，包括官方统计资料、一些研究机构发布的研究报告、信息调查研究机构和咨询公司的数据库，以及图书馆中的书籍及期刊等。依据所用资料来源的不同，二手资料分析可以进一步分为文本分析、现存统计数据分析，以及历程比较分析等。

二手资料分析是对既存的资料再做进一步的分析研究，次级数据分析可能只是针对原始数据的研究目的做进一步的分析，或者是应用原始数据探讨另一个全新的研究问题。二手资料的来源使研究人员更加了解：我们究竟知道什么？有什么我们仍需要努力去解决？什么样的特殊问题困扰着我们？在二手资料整理分析的过程中，研究者同样可以找出新的理论观点和有效解决研究问题的方法。事实上，研究者常常不是只依赖单一数据来源，而是组合多个原始数据去寻找答案。举例而言，管理学研究往往在某个领域中，综合不同的实证研究结果及发现，从而建立新的理论模型。

利用统计资料文献进行分析的著名例子是 20/80 法则的发现。20/80 法则是意大利经济学家帕累托发现的关于财富的规律。他的研究发现，在世界上，20% 的人掌握 80% 的财富，80% 的人掌握 20% 的财富。后来人们发现，在社会中有许多事情的发展都迈向了这一轨道：大约 80% 的资源由 20% 的人口所消耗掉；在公司的客户中，有 20% 的客户会为公司带来 80% 的收入；在企业中，20% 的员工为企业创造了 80% 的财富。

又比如，在研究山东企业文化时，通过对比不同行业的企业文化理念，研究者发现：一方面，诸如"道德""人品""做人"等词汇在众多企业中出现，并没有明显的差异性；另一方面，诸如"安全""严格""节约/成本/效益"等词汇，较多地出现在采矿业企业中，而"高效""快速""市场"等则较多地出现在家电、食品等竞争性企业中。由此，研究者提出，企业文化包括两个部分，一个部分是反映人际关系价值观的，另一个部分是反映处理事务价值观的，两个方面分别受到区域文化环境和行业环境的影响。

≫ 5.3　描述性研究及适用研究方法

描述性研究的主要目的在于描述一个整体现象或特色。对所调研的问题有了一定了解，已经形成了主要的概念框架后，就可以通过抽样调查或者详细的案例记述，确定某特定群体在各研究变量方面的具体情况。另外，还可以凭借和母体具有同一特质的特定群体去推断母体。在多数情况下，描述性调研是以大的有代表性的样本为基础的。这样，通过对获取的资料信息做定量分析，可以得出确定性的结果供决策或者进一步研究使用。

◐● 5.3.1 描述性研究的设计

描述性研究适用于在多个分析层面上对研究对象的群体进行一个概括性的描述。比如，描述中国民营企业在行业、规模上的分布，管理层的来源、年龄、学历构成状况，调查中国白领员工的工作压力状况，辨别工作压力在各行业的差别，确定压力的主要来源。

描述性研究的设计需要把握以下几个基本点：

①明确研究目的。描述性研究要达到什么目标，得出的数据每一项都有什么预期的价值，是描述性研究设计的出发点。

②对于测量的项目变量要有准确的定义，避免因为定义模糊影响调查结果的信度。

③对于问卷或者结构化访谈的提纲，要有精心的准备，尤其是对于大样本调研，先进行试调研往往是必要的。

④重视数据的准确性，力求通过精心的准备，尤其是调研人员的培训，减少调研的误差。

描述性研究常用到测量工具和统计技术，除了文字性的描述外，更多要用到标准化测验、课堂观察测量工具、态度量表、问卷、访谈表等，因此进行描述性研究应该熟悉各类测量工具。描述性研究往往是针对现状和问题的，因此在现状调查的基础上还需提出建议和对策。

总之，描述性研究对所需要的信息要清楚定义，进行事先计划和组织，对6W加以明确：

Who——谁应该被看作调研的对象？

What——什么信息应该获取？

When——什么时候去获取？

Where——在什么地方与调研对象接触以获取信息？

Why——为什么要获取信息？

Way——怎样从调研对象那里获取信息？

描述性研究是管理学研究的基本方法，没有描述也就没有研究。当然，这种描述应该是真实可靠的，能反映事实的。描述中发现的问题可以作为进一步研究的基础。这种描述可能是对特定企业现象的案例式描述，也可能是基于大样本抽样的调研。前者比如对华为公司分配机制的描述，从中发现按知分配原则在高科技企业中的重要作用，据此提出"知本主义企业"的理论。后者比如中国企业家调查系统2005年发布的系统调查报告中，专门就中国企业经营者对企业文化建设现状和问题的认识进行了描述。

描述性研究可以通过提出研究假说来引导研究的展开，但更多的时候是通过研究问题来构建研究过程。描述性研究的设计包含以下程序：确定所要描述的对象；选择可以利用的信息源；通过观测工具获取数据；对所获取的数据进行分析；形成研究结果和评论。

描述性研究常用的搜集资料方法有访问法、问卷法、文献法（见文献研究）和观察法等。下面我们将具体说明常用的方法。

◗● 5.3.2　结构式访谈

如前文所述，因为对研究对象的了解非常有限，所以探索性研究主要采用非结构式访谈。描述性研究则可以根据预定目标，首先设定具有结构化内容的访谈，从而便于按照有关变量进行统计分析。

结构式访谈又称控制式访谈。它是研究者根据预定目标，事先拟好访谈提纲或访谈的具体问题，通过访谈者主动询问、受访者逐一回答的方式进行的。结构式访谈组织比较严密，条理清楚，访谈者对整个谈话过程也容易掌握和控制，访谈结果便于统计分析，易于对不同访谈对象的回答进行对比，运用这种方法比较节省时间。这种方法类似于问卷法，只是不让受访者笔答，仅用口答而已。结构式访谈可能使受访者感到拘束，产生顾虑，也难于根据双方的具体情况灵活地采用适当的方式、程序进行，因而访谈结果可能缺乏深度。这是结构式访谈的缺点。

从具体的操作过程来看，研究者事先将访谈的题目设计成一份调查表或访谈问卷，然后严格按拟定的调查表或访谈问卷的内容进行访谈。访谈时访谈人员必须按调查表或访谈问卷上的题目顺序发问，不得随意改变或转述题目及答案的用语，访谈人员处理问题的自由度比较小。访谈人员在选择访谈对象、发问的方式和程序、对被访者的回答的记录形式等方面都保持高度一致，所以结构式访谈又称为"标准化访谈"。因为这些特点，结构式访谈常用于正式的、较大范围的社会调查。

在结构式访谈中，双方可以不像直接访谈那样面对面。访谈者可以通过一定的中介物与受访者进行非面对面的交谈，这称为间接访谈。目前，间接访谈的主要方式是电话访谈。电话访谈适用于访谈内容较少、较简单的调查研究。其优点是收集数据资料的时间短，研究费用省，对访谈者的要求不太高，保密性较强，对于某些不适宜于面对面交谈的问题，受访者可以通过电话向访谈者说明。但是，电话访谈对于无电话者无法使用，适用范围有限，访谈问题一般应少而且简单，访谈时间短，因而，访谈者难以深入探讨有关问题，更不能直接观察受访者的有关特征和各种非语言信息，从而不利于对访谈结果的分析与解释。

同非结构式深度访谈一样，在结构式访谈过程中一定要做好记录。对于有顾虑的受访者，应认真做好其思想工作，讲明研究结果的保密性，即研究的统计处理、呈现方式将不会对受访者产生任何不利影响。

●● 5.3.3 问卷调查法

问卷调查法也称问卷法，它是调查者运用统一设计的问卷向被选取的调查对象了解情况或征询意见的调查方法。

1）问卷调查的方式

按照问卷填答者的不同，问卷调查可分为自填式问卷调查和代填式问卷调查。自填式问卷调查，按照问卷传递方式的不同，可分为在线问卷调查、邮寄问卷调查和送发问卷调查。代填式问卷调查，按照与被调查者交谈方式的不同，可分为访问问卷调查和电话问卷调查。

上述几种问卷调查方法的利弊简略概括见表5-3。

表5-3　　　　　　　　　各种问卷调查方式的利弊

项目	自填式问卷调查			代填式问卷调查	
	送发问卷	邮寄问卷	在线问卷	访问问卷	电话问卷
调查范围	窄	较广	很广	较窄	可广可窄
调查对象	可控制和选择，但过于集中	有一定控制和选择，但回复问卷的代表性难以估计	难控制和选择，代表性差	可控制和选择，代表性较强	可控制和选择，代表性较强
影响回答的因素	有一定了解、控制和判断	难以了解、控制和判断	无法了解、控制和判断	便于了解、控制和判断	不太好了解、控制和判断
回复率	高	较低	很低	高	较高
回答质量	较低	较高	较高	不稳定	很不稳定
投入人力	较少	较少	较少	多	较多
调查费用	较低	较高	较低	高	较高
调查时间	短	较长	较长	较短	较短

与访谈调查相比较，问卷调查的实施有许多不同特点，特别是它涉及努力提高问卷的回复率，做好对无回答和无效回答的研究等问题。

2）问卷调查的一般程序

问卷调查的一般程序是：设计调查问卷，选择调查对象，分发问卷，回收和审查问卷，对问卷调查结果进行统计分析和理论研究。设计问卷与设计提纲、表格、卡片等调查工具一样，大体上也要经历选择调查课题、进行初步探索、提出研究假说等几个先行步骤。进入设计阶段之后，设计问卷的工作量就比设计其他调查工具大得多、复杂得多。这是因为，设计问卷（特别是自填问卷）要把口头语言变成书面语言，要按照相关性、同层性、完整性、互斥性和可能性原则设计封闭型问题的答案，都是不容易的事情，都需要花费很大的精力去认真对待。

　　问卷调查的对象可用抽样方法选择，也可把有限范围内（如一个厂、一个村、一个班级、一个居委会）的全部成员当作调查对象。由于问卷调查的回复率和有效率一般都不可能达到100%，因此选择的调查对象应多于研究对象。确定调查对象数量的公式是：

调查对象=研究对象/（回复率×有效率）

　　例如：假定研究对象是200人，回复率是80%，有效率是90%，那么调查对象就是200÷（80%×90%）=278（人）。

　　分发问卷有多种方式，可随报刊投递，从邮局寄送，派人送发，也可安排访问员通过电话访问或登门访问。在后两种情况下，访问员应向被调查者作些口头说明，这将大大有利于提高问卷的回复率和有效率。

　　回收问卷是问卷调查的重要环节。一般来说，访问问卷和送发问卷回复率高，电话访问问卷的回复率可能较高。报刊问卷和邮寄问卷的初始回复率一般较低，因此，在规定的回复时间之后，应每隔1周左右向被调查者发出1次提示通知或催复信件（每次的内容应有所区别）。经过1至3次的提示或催复，一般可使回复率达到一定的高度。

　　对于回收的问卷必须认真审查。回收的问卷（特别是报刊问卷和邮寄问卷）中，总会有一些回答不合格的无效问卷。如果对回收的问卷不经审查就直接加工整理，就会造成中途被迫返工或降低调查质量的严重后果。因此，对回收的每一份问卷进行严格审查，是问卷调查不可缺少的环节。只有坚决淘汰一切不合格的无效问卷，把调查资料的整理建立在有效问卷的基础上，才能保证调查结论的可靠性。

　　到此为止，问卷调查的搜集资料工作才算告一段落，问卷调查的整理资料工作和分析研究工作，才有了一个良好的基础。

3）提高问卷的回复率

　　（1）要争取高知名度、权威性的机构支持

　　问卷调查主办者的权威性和知名度往往会影响被调查者对问卷调查的信任程度和回答意愿。

　　（2）要挑选恰当的调查对象

　　调查对象的合作态度和理解、回答书面问题的能力，对问卷的回复率往往产生很大影响。

　　（3）要选择具有吸引力的调查课题

　　调查课题是否有吸引力，往往会影响被调查者的回答意愿和兴趣。

（4）要提高问卷的设计质量

问卷的设计质量，对问卷回复率和有效率会产生巨大的甚至决定性的影响。

（5）要采取回复率较高的问卷调查方式

调查方式对问卷的回复率有重大影响。实践证明，报刊问卷的最终回复率一般为10%～20%，邮寄问卷的最终回复率一般为30%～60%，电话问卷的最终回复率一般可达50%～80%，访问问卷和送发问卷的最终回复率可接近100%。因此，在条件许可的情况下，应尽可能采取电话问卷、送发问卷和访问问卷的方式进行调查。

（6）给被调查者一些回报

有研究者为提高回复率会许诺给被调查者一些回报，比如将调查结果和研究成果赠送，或者直接在信封里夹带小奖品。

4）对无回答和无效回答的研究

问卷调查总会出现无回答和无效回答的现象，对这两种现象都不能轻易放过，而应进行认真研究。因为：①它是正确评价调查结果的需要。只有弄清了无回答和无效回答调查对象的具体情况，才能正确说明调查结论的代表性和有效范围。②它是总结和改进调查工作的需要。无回答和无效回答有被调查者方面的原因，但主要原因却在调查者方面。因此，弄清无回答和无效回答的原因，有利于总结经验教训，改进调查工作。

对无回答的研究，不同的调查方式应采取不同的方法。对于电话问卷、访问问卷的无回答现象，应当即弄清无回答的原因。送发问卷一般是通过有关机构下发的，因此，回收问卷时就应通过有关机构了解无回答者的情况和原因。报刊问卷和邮寄问卷的无回答研究比较困难，因为回答的问卷是无记名的，很难弄清回答者和无回答者究竟是谁。但也不是毫无办法，例如，报刊问卷可根据回复问卷的邮戳，弄清哪些地区的回复率高，哪些地区的回复率低，然后派人到回复率低的地区去有重点地访问报刊订户，当面询问他们的回复情况和原因。邮寄问卷的无回答研究，除用上述办法外，还可在寄发问卷的同时附上回寄问卷的信封（或将信封印在问卷上），并在信封上编号。这样，根据回寄信封的情况就能判明无回答的具体对象，然后再对他们进行无回答原因的研究。总之，无回答研究是困难的，但也不是没有办法的，只要想方设法去做，总是会弄清某些情况的。

对无效回答的研究，应以审查中被淘汰的无效问卷为主要依据，要研究无效回答的原因、类型和频率，看看哪些是个别性错误，哪些是带有共性的问题。一般说来，凡是带有共性的问题都与问卷的设计有关，或者是问题选择不当，或者是问题的结构不够合理，或者是问题的表述不准确，或者是回答方式的设计不符合实际，或者是对回答的指导和说明不清楚，或者是问题的接转不明晰等。总之，应把问卷设计中存在的问题作为研究重点，并根据研究结果来改进问卷设计工作。

●●5.3.4　描述性研究设计举例

中国人力资源开发网（www.chinahrd.net）联合了国内众多知名媒体，在 2004 年启动了中国首次"工作倦怠指数"调查。此次调查面向中国所有的在职人士，调查问卷发布在中国人力资源开发网等媒体上，供网友在线填写。总共有近 4 000 名在职人士填写了问卷，他们就自身的工作倦怠程度发表了自己的看法。

参照国际上的分类，调查把工作倦怠分为三个方面，即情绪衰竭、玩世不恭和成就感低落，并分别设计了相应的问题，从这三个方面对工作倦怠进行了考察。根据所有参与调查者的回答情况，对参与调查的职场人士在情绪衰竭指数、玩世不恭指数和成就感低落指数三个层面上的得分作了统计。

另外，结合填答者个人信息，调查进一步发现了工作倦怠的三项指标分别在性别、学历、地区、职业、职位上的差别。比如，调查发现：女性在情绪衰竭、玩世不恭、成就感低落三个指数上表现出来的工作倦怠程度均比男性高。大学本科毕业生中有 68.81% 的人工作倦怠程度较高，接下来，依次为高中以下学历（38.75%）、大学专科（38.46%），而硕士研究生及以上学历的在职人士工作倦怠程度最轻，这一比例仅为 35.76%，如图 5-4 所示。

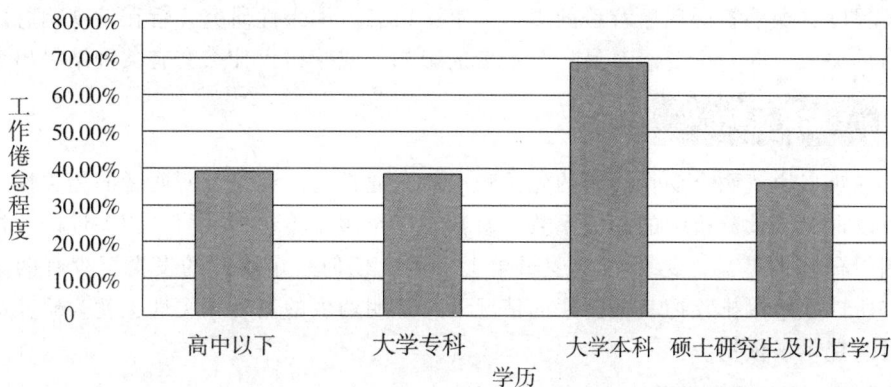

图 5-4　不同学历员工倦怠程度分布图

为什么会出现工作倦怠？根据国外的研究成果，调查者总结了工作倦怠出现的原因，并在调查中进行考察。统计分析结果表明，出现工作倦怠的被调查者与没有出现工作倦怠的被调查者在 16 项因素上都存在显著的差异。因此，调查认为这 16 项因素是工作倦怠的主要原因。

最后，调查者对结果的局限性进行了分析，指出"工作倦怠指数"调查采用网上自愿匿名填写的方式收集数据，因此不能代表所有人群，对于上网比例较低的人群不具备代表性。

>> 5.4 解释性研究及适用研究方法

描述性研究只是科学研究的（很重要的）第一步，为了知道被描述的现象之成因及后果，我们必须将求知过程进行到底，这就是解释性研究的任务了。因此，描述性研究通常是解释性研究的前提和准备，而解释性研究是描述性研究的延续和深入，二者通常是一项研究中的两个阶段，相辅相成。

●● 5.4.1 解释性研究的主要类型和研究设计

解释性研究一般解答为什么的问题，它能说明管理现象发生的原因，预测事物的发展后果，探索管理现象之间的因果联系。由于解释性研究是在了解管理现象的一般状况和主要特征的基础上探求这一现象的原因和作用机制，它一般从假说出发，即对现象的原因或现象间的因果关系作出尝试性或假说性的说明，然后再通过观察、调查来系统地检验假说。提出假说主要有以下三种方式：①列出现象的原因或后果；②提出主要原因或次要原因的假说；③建立因果模型。

解释性研究包括以下两种基本类型：第一，相关性研究，旨在发现构念之间的相关程度，探求管理现象背后的影响因素；第二，因果性研究，旨在发现构念之间的因果关系，即一个变量对另一个变量的影响，或探讨为什么会有某种结果出现。

1）相关性研究

在难以说清两个变量影响的先后顺序时，通常的研究是证明两者的相关性。这个可以通过统计分析中的相关系数等参数，以及假说检验来证明。相关性研究往往是因果研究的基础。另外，从逻辑学上来讲，任何一个事件的发生至少有两个原因，所以在难以排除掉其他因素的情况下，证明两者的高度相关性也就为研究的预测目的提供了依据。

2）因果性研究

因果性研究的目的之一在于由"结果"往前推"原因"。例如，企业可持续成长之原因，销售收入呈周期性波动之原因，组织流程再造之原因，知识工作者特征行为之原因等。

因果性研究的目的之二在于由"原因"推出其"结果"。例如，企业高速成长对管理水平提升的影响，企业文化建设对干部职业精神的影响，企业社会责任意识对企业形象和成本的影响，劳动合同法实施对企业现有用工制度的冲击等。

管理学理论的解释性研究许多只是在验证两个变量是否相关，比如工作满意度与工作绩效，但是难以说清楚两者的前后因果关系。要证明因果关系的存在，不仅要通过统计数据分析证明两者的高度相关性，还要确认两个变量的时间先后顺序，以及排除掉其他的影响因素。实验研究法通常能够解决这一问题，但是对实验环境的要求又使得研究成果的外部效度有限。因此，做好因果性研究是相当困难的。尽管如此，发现和说明事物之间的因果性影响是研究者的最高追求，所以，因果性研究也是研究者毕生的追求。相关性研究能够解决预测的问题，因果性研究的成果则可以用于对组织绩效或其他目标的控制。回顾一下管理学发展史上著名的"霍桑试验"，你就可以体会到因果性研究的魅力。

解释性研究的主要方法是实验法、案例法和统计推断法。下面我们逐一介绍。

●● 5.4.2　实验法

通常一提到实验法，出现在我们脑海里的首先是各种物理和化学仪器，一尘不染的实验室。实际上，在研究人类的行为时，社会学家和心理学家也经常应用实验法来获得概括性的理解。

与自然科学相同，在管理学研究中，最传统的实验法涉及三对主要概念：①自变量与因变量；②前测与后测；③实验组与控制组。

1）实验法的基本原理和类型

实验法的基本原理是：实验者假定某些自变量会导致某些因变量的变化，并以验证这种因果关系假说作为实验的主要目标。在实验开始时，先对因变量进行测量（前测），再引入自变量实施激发，然后选择其后的某一个时点对因变量进行再测（后测），比较前后两次测量的结果就可以对原理论假说进行完全证实，或部分证实，或证伪。在管理学中，实验法和一般的定量方法一样，需要具体和标准化的测量和观察。

实验法应该注意以下关键点：

（1）是否采用控制组

在管理学研究中，由于实验环境与自然社会环境的不同，实验本身往往会对实验对象产生影响。因此，为了消除掉这个因素的影响，通常要采用对照组实验。对照组实验，也叫平行组实验，是指既有实验组又有对照组（控制组）的一种实验方法。实验组即实验单位，对照组是同实验组进行对比的单位。两组在范围、特征等方面基本相同。在对照组实验中，要同时对两个观察客体（试点客体和控制客体）做前测与后测，并比较其结果以检验理论假说。例如，要检验"管理是提高生产率的要素"这一假说，以某工厂某车间为实验组，实行新的管理方法，以另一个与此相似的车间为对照组，维持旧的管理方法，在一段时间的首尾，同时对两个车间做前测与后测，再比较其结果，得出结论。

现实中也有不少研究者忽略掉这个影响，采用单一组的实验。单一组实验也叫连续实验，是对单一实验对象在不同的时间里进行前测与后测，比较其结果以检验假说的一种实验方法。在这种实验中，不存在与实验组平行的对照组（控制组）。

同一组在引入自变量之前相当于实验中的对照组，在引入自变量之后则是实验中的实验组。检验假说所依据的不是平行的控制组与实验组的两种测量结果，而是同一个实验对象在自变量作用前和作用后的两种测量结果。

（2）是否采用双盲实验

为了避免实验者本人的先入之见，可以采用双盲实验。所谓双盲实验，也就是不让实验对象和实验者双方知道正在进行实验，而由第三者实施实验激发和实验检测。但是，目前多数实验都是单盲实验，也就是只是不让实验对象知道自己正在接受实验，但由实验者实施实验激发和实验检测。

2）实验法的实施程序

与其他方法大致相同，实验法的研究流程分为准备、实施和资料处理三个阶段。

（1）准备阶段

准备阶段的工作主要有以下几项：

①确定实验课题及实验目的。一般做法是在有了初步的构想后，通过查阅文献和有关访谈，对初步构想的价值和可行性进行一些探索性研究，最终明确实验的主题、大致的内容范围和所要达到的目标。

②提出理论假说。一般做法是仔细寻找出实验的主题和内容范围所涉及的各种变量，将它们分类，并认真分析它们之间的关系，建立各种变量之间的因果模型。

③选取实验对象。选取的根据是实验的主题和变量间因果模型的需要，选取的方法既可以是随机抽样，也可以是主观指派。

④选择实验方式和方法。根据实验的要求和可能，决定究竟采用哪种实验类型，如何分组，怎样控制实验过程，如何进行检测等。

⑤制订实验方案。将已确定的实验主题、内容范围、理论假说、实验对象及实验方式方法等整理成文字，说明实验的时间安排、地点和场所、进程、测量工具等，并形成系统的、条理分明的实验方案。

（2）实施阶段

实施阶段的工作主要有以下几项：

①前测。用一定的方法对实验对象的各种因变量做详细的测量，并做详细记录。如果是有对照组的实验，事先要做到能够控制实验环境和条件，以保证实验组与对照组的状态基本一致。

②引入或改变自变量，对实验组进行实验激发。在激发的过程中，要仔细观察，认真做好观察记录。

③后测。在经过一段时间后，选择适当时机对实验对象的各种因变量再次做详细测量，并做详细记录。

（3）资料处理阶段

资料处理阶段的工作主要有以下几项：

①整理分析资料。对全部观测资料进行统计分析，并对原假说进行检验，形成实验结果，据此提出理论解释和推断。

②撰写实验报告。

实验调查能否成功，在很大程度上取决于能否有效地控制实验过程。实验过程的控制主要就是对各类变量的控制。它包括两个方面：一是对引入自变量的控制，二是对无关变量的控制。对引入自变量的控制主要是在实验激发的过程中，严格执行设计方案，有计划地、系统地安排实验激发的环境和程度，使它们有序地作用于因变量。无关变量也就是非实验因素，主要来自实验者、实验对象和实验环境三个方面。对无关变量的控制，就是要从这三个方面着手，努力排除或减少非实验因素对实验过程的干扰。

3）现场实验法

现场实验法也称实地实验法，是在自然的、现实的环境下进行的实验调查。现场实验者只能部分地控制实验环境的变化，实验对象除了受到引入自变量的实验激发外，还会受到其他外来因素的影响。

实验室实验和现场实验相比，前者实验结果的准确率要远远高于后者。但是，社会领域的实验调查，仍然大多采取现场实验的方法，这是因为实验室实验的成本高，操作复杂，而且样本规模十分有限，难以广泛应用。在管理学领域里，也是以现场实验法为主。

管理学领域里最著名的实验研究当数"霍桑试验"。当时关于生产效率的理论，占统治地位的是劳动医学的观点，认为影响工人生产效率的是疲劳和单调感等，于是当时的实验假说便是"提高照明度有助于减缓疲劳，使生产效率提高"。可是经过两年多的实验发现，照明度的改变对生产效率并无影响。具体结果是：当实验组照明度增大时，实验组和控制组都增产；当实验组照明度减弱时，两组依然都增产，甚至实验组的照明度减至0.06米烛光时，其产量亦无明显下降，直至照明减至如月光一般、实在看不清时，产量才急剧降下来。研究人员面对此结果感到茫然，失去了信心。

从1927年起，以梅奥教授为首的一批哈佛大学心理学工作者将实验工作接管下来，继续进行。梅奥在继电器装配测试室做了相似的实验，实验目的总体来说是查明福利待遇的变换与生产效率的关系。经过两年多的实验发现，不管福利待遇如何改变（包括工资支付办法的改变、优惠措施的增减、休息时间的增减等），都不影响产量的持续上升，甚至工人自己对生产效率提高的原因也说不清楚。

后经进一步的分析发现，导致生产效率上升的主要原因如下：①参加实验的光荣感。实验开始时6名参加实验的女工曾被召进部长办公室谈话，她们认为这是莫大的荣誉。这说明被重视的自豪感对人的积极性有明显的促进作用。②成员间良好的相互关系。

霍桑试验前后持续了6年的时间，可谓耗时漫长。然而，同实验结论的巨大影响相比，实验是非常值得的。至此人们开始明白了，生产效率提高的主要原因不是来自照明这种物理要素，也不是来自福利改变这种经济要素，而是来自参与实验的光荣感和良好同事关系这种心理要素。之所以心理因素起作用，是因为被实验员工的社会人人性超越了经济人人性和动物人人性。

●● 5.4.3　案例法

案例研究不仅可以用作探索性研究和描述性研究的工具，也可用于因果性研究。对于"如何"和"为什么"的研究问题，如果研究者对于事件只有少数的控制权，或研究重点是当时生活背景下所发生的现象，则较常采用个案研究的策略，即从提出的研究问题出发，追溯事件发生的原因及机理。因此，不论采取哪一种类型的个案研究，研究者在设计和进行个案研究时都必须非常小心。

案例是一项事实或一组事件，它提供一个问题或一连串的问题以供读者思考并尝试去解决，它被看成一项引发思考、判断和正确行动的工具。由一些分析可知，案例研究较多用于研究当时的事件，但是无法对其间有关的行为予以操纵。案例研究有时须借助与历史研究相同的搜集资料的技术，如利用图书馆或电话查问。此外，案例研究者另需运用直接观察与访问等方法。

案例研究并不是一种搜集资料的做法，它是一种研究策略，聚焦于理解在一定背景下事件产生的动态机制，是在现象和其背景的界限不清晰时，使用多种资料来源调查现实世界背景下当前现象的一种实证探究。[①]

正是基于对所研究问题的深入调研，研究者借助案例内部资料或相似案例之间所得资料的反复比较，逐步建立起合理的构念，并发现事件背后的逻辑关系。从这个意义上来说，案例研究是因果解释性研究的一种方式。以解释性研究为目的的案例研究又可以分为两种，一种是个案研究，一种是多案例研究。许多人认为个案研究是不具备外部推广性的，所以不能得出科学的结论。这个判断实际上混淆了研究取样与统计抽样。研究取样是基于所研究的问题的。如果所研究的问题能够用单一个案来清楚说明，自然是可以成立的。比如 Mintzberg 和 McHugh 教授在 1985 年提出"适应性战略"理论，就是基于对一家国有电影公司进行个案研究的结果。当然，采用多案例研究，通过比较类似现象在不同企业的表现，发现相同点或者差异点，是检验理论的一种常用方式。

案例研究的一个重要特点在于非常倚赖多重证据的来源，不同数据要能在三角检定的方式下收敛并达成相同结论。案例资料的分析有两种基本的方法：类型匹配和时间序列。类型匹配可以分三步：第一步是在案例资料分析前建立一个对变量间关系的理论预测模型或类型；第二步是由资料的分析建立一个经验性或实证性的类型；第三步是将经验性的类型与理论预测类型进行比较。理论预测类型可以有一

---

① YIN R K. Case study research：design and methods ［M］. Thousand Oaks：Sage Publications，1994.

个，也可以有两个或多个，某个预测类型得到资料的支持后，其他得不到资料支持的类型就要被放弃。理论预测类型可以是关于几个事件结果或因变量的假说，也可以是关于几个不同的自变量引起某个因变量或结果的假说。这些假说构成了竞争性和排他性。[①]

无论如何，为了揭示背后的因果关系，案例研究人员首先需要在繁杂的数据和资料之中，找到关键的构念，并寻求构念之间的逻辑关系。

从研究程序来看，解释性案例研究的设计大致可以分成这样几个步骤：①定义研究问题；②选择个案；③善用各种工具与数据；④进入现场；⑤分析数据；⑥形成假说；⑦文献比较以及得出结论。

关于案例研究的具体阐释，请看第6章。

5.4.4　统计推断法

问卷、访谈、文本分析，以及从现存数据库中取得的定量数据，都可以经过编码变为反映变量特征和变化的数据。继而，可以用统计分析方法，对变量间关系进行推断或者检验。由于能够精确反映变量间的数量关系，这种方法在当前中国管理学界最为流行，尤其在有关人员态度、观点的调查，企业的管理方式与经营业绩的研究方面，运用得最多。

统计推断法的基本流程是：①基于理论研究提出研究假说；②将变量操作化，也就是将变量转换为可以直接观测的指标；③基于统计抽样原理，观测样本所得相关数据；④进行数据编码和整理，通过描述统计方法概括样本的特征，并观察各变量间的关联性；⑤假说检验，确认变量间关系的显著性，支持或证伪研究假说；⑥信度和效度分析。

在进入上述第④阶段，也就是数据分析阶段后，可以通过相关分析、多元回归分析或因子分析等统计方法，辨别变量间的关联情况，但并不能断定两者是否存在因果关系。因果关系的成立需要具备以下三个要件：①共变性，即因变量和自变量会表现出一定的相关关系；②时序性，自变量必须发生在因变量出现反应以前；③排除掉其他可能的原因。

可见，相关关系是因果关系成立的必要而非充分条件。首先，因果分析要确证自变量与因变量变化的先后顺序。然而，一方面，事件发生的时序判断并非易事，比如经典的关于员工满意度与员工绩效的研究，虽然研究者证明了两者的强相关关系，但是却不能断定员工满意度提升导致员工绩效提升。因为另一种可能同时存在，即员工较高的工作绩效带来较高的内外部奖励，从而带来较高的满意度。实际上，由于管理学研究的社会性和复杂性，很多时候难以判定因果关系。另一方面，研究者在出品研究成果的压力下，通常将数据搜集限制在截面研究上，而不是跟踪

① 孙海法，朱莹楚. 案例研究法的理论与应用 [J]. 科学管理研究，2004，22（1）：116-120.

研究，这使得因果检验不可能达成。

其次，即使验证了自变量和因变量存在相互关系，也要排除掉其他可能原因后才能认定两个变量之间的因果关系。在此过程中，尤其要注意排除掉变量间关系的干预、掩盖、抑制效应的影响。比如，在发现X→Y模式成立后，又加入W，之后发现X→Y可能为虚假，而变成了W→X及W→Y，也就是发现了共同原因变数。又或者在因果模式X→Y中间再加一个中介变量W后，发现X→Y关系不存在，反而变成了X→W→Y，出现了中介变数。此外，还存在干扰变数的影响，即在表示特定的条件或情境下，预期的原始关系会被加强或减弱。

由于现实中组织结构、行为等多重复杂的管理因素的影响，作为自变量的管理因素往往是多变量的，所以不能像实验一样，对其他因素的影响进行控制和排除。这进一步使得因果关系的证实变得困难。无论如何，相关关系的证明使得研究的预测功能得以实现，即依据一个因素的变化来推断另外一个因素的变化。

≫ 5.5 效率性研究及适用研究方法

效率性研究就是提升探索性、描述性、解释性和对策性这四类研究的效率的研究。在科研队伍逐渐庞大、科研成果推陈出新、科研竞争日益激烈的今天，成果晚推出一天、少推出一项，就可能失去科研的优势地位。美国打压中国的高科技研究，就是因为其科研成果推出速度变慢，中国科研效率提高，中国由过去的望尘莫及到望其项背，再到并驾齐驱，再到局部领先，美国科研效率跑不过中国效率了，才出此下策。

●● 5.5.1 效率性研究的主要类型和研究设计

1）三个工具

效率性研究主要是通过团队、组织和AI等三个工具的运用，来大幅度提升研究效率的。这也就是效率性研究的三个主要类型。

效率性研究的第一个类型是团队研究。团队研究是指三人及以上组成的研究团队，这不是研究者根据个人兴趣志向和能力擅长进行的研究，而是以团队配合，发挥各自长处而进行的高效研究。

效率性研究的第二个类型是组织研究。组织研究是指围绕组织的战略目标，组建多个研究团队的研究模式。这比单个团队研究再升一维，适应特大且复杂研究项目的高效推进。

如果说个人研究是一个点，那么团队研究就是一条线和一个面，而组织研究就是在较长期时空中的一个动态立体。这是从个体微观，到团体中观，再到组织宏观的一种不断拓展的研究模式。

新质生产力概念的提出即是如此。传统的微观生产力是由劳动者、劳动工具和劳动对象构成的，新质生产力则上升到宏观层面，是由技术革命性突破、生产要素创新性布局和产业深度转型升级这三个宏观要素，所催生的当代先进生产力。技术革命性突破、生产要素创新性布局和产业深度转型升级这三个关键要素下的生产力提升，就不是一个人，甚至不是一个团队所能承担的研究，而是多个跨部门、跨组织，甚至跨行业、跨国团队的战略性研究。

比如，中国人民大学商学院的建构中国自主的知识体系的系列研究，其中的十个研究成果都是团队合作进行的，成果包括中国管理学、中国企业伦理学、中国财务管理学等。又如，华为公司文化管理研究，则是通过大学和华为的跨团队合作进行的，成果是《华为公司基本法》。再如，动员成百上千团队进行的载人航天工程管理体系的研究，反抗美国霸权打压"卡脖子"的举国体制管理研究等等，更是跨组织、跨行业、跨时代的超长期战略研究任务，只有通过团队和多团队才能有效推进和完成。

2）远景目标指引

这些团队和组织要进行高效研究，还必须在更高层面提出研究的愿景目标和使命。比如，前面所讲中国人民大学商学院的——建构中国自主的知识体系——愿景目标。比如，国家颁布的"2035年基本实现社会主义现代化远景目标"，就是指导我国各行各业各部门进行组织研究的根本纲领。我国经济实力、科技实力、综合国力将大幅跃升，经济总量和城乡居民人均收入将再迈上新的大台阶，关键核心技术实现重大突破，进入创新型国家前列。基本实现新型工业化、信息化、城镇化、农业现代化，建成现代化经济体系。管理研究者要在这个主航道中，寻找自己的题目，组成自己的团队。

再比如，党的二十大提出了实现中国式现代化的战略目标，这就是管理研究者的另一个纲领性指引。你首先要理解中国式现代化的本质要求：坚持中国共产党领导，坚持中国特色社会主义，实现高质量发展，发展全过程人民民主，丰富人民精神世界，实现全体人民共同富裕，促进人与自然和谐共生，推动构建人类命运共同体，创造人类文明新形态。其次要明白中国式现代化的五大特征：人口规模巨大的现代化，全体人民共同富裕的现代化，物质文明和精神文明相协调的现代化，人与自然和谐共生的现代化，走和平发展道路的现代化。最后要在经济层面、产业层面、组织层面、职能层面等定维、定位，紧紧围绕战略目标和特征，作出相应的组织规划，构建研究团队，具体推动管理学研究的计划。

每个研究者，包括在校学生在内，除了完成规定的个人考核、考试之外，要想高效地产出研究成果，就要组织和参与团队。要开放合作，不要什么都单兵作战；要分工分享，不要什么都自己从零开始。

3）高效团队组建

（1）组建高效研究团队的六个要素
①团队成员有共同目标和价值观；
②团队成员有互补技能；
③团队成员要相互承担责任；
④团队有共同的工作方法；
⑤团队成员人数不能太多；
⑥团队成员保持适度稳定。
（2）组建高效研究团队的四项准则
①竭力实现目标——不放弃；
②努力维持团队——不抛弃；
③保持旺盛斗志——不泄气；
④制定执行纪律——不违纪。

做不到这些，团队研究可能还不如个人独立研究有效。

这些研究设计，不再是一个研究主题内的设计，而是更宏观的研究团队和研究组织的设计，管理学的研究者本来就应该会管理，而不只是会讲道理。你要有三只手：一手定研究题目，一手找研究经费，一手组研究团队。这相当于研究机构的领导者要做的事情。否则，仅靠自己一个人辛苦怎么能高效呢？

我们在前言中提出过四个脑的概念——个人脑、团队脑、组织脑和 AI 脑，并且，随着脑机接口技术的不断进步，各种脑就可以有机连接起来，你不会用就会落后。随着年龄的不断增长，团队脑、组织脑成为管理之必需，你不会用，定当失业。

5.5.2　AI赋能研究

效率性研究的第三个类型是 AI 赋能研究。它和第一类、第二类研究的不同在于，AI 赋能研究不是人与人之间的协同，也不是由人组成的团队与团队之间的协同，而是自然人智能和人工智能之间的人机协同。前面讲过，AI 赋能研究可以是人机协同的智能化研究，不是 AI 替代研究。我们在本节主要强调 AI 赋能研究的效率性。扩展一些说，AI 赋能研究可以叫作管理学研究的数智化（本书的数智化和数字化的含义基本相同，非要做些区别的话，数智化应该更偏向管理研究，数字化应该更偏向管理应用）。

1）数智化技术的种类

在管理研究中应用数智化技术的方法会大幅提高研究的效率。

（1）研究过程中所使用的主要技术

①数据收集方面技术：利用网络爬虫抓取网页上的相关行业数据、企业资讯等，还可通过传感器收集线下运营环境等实时数据，确保数据来源广泛且充足。

②数据分析环节技术：借助数据分析软件，像 SPSS 进行统计分析，用 Python 的相关库开展更复杂的数据挖掘，精准提炼有价值信息。

③建模与模拟技术：运用数字化建模工具构建管理场景模型，模拟不同策略下的结果，比如模拟供应链在不同调配方案下的效率情况，辅助决策。

④沟通协作技术：依靠即时通讯工具、线上会议平台保证团队成员实时沟通，利用云存储、协同文档方便资料共享与共同编辑。

⑤成果呈现技术：借助可视化软件，如 Tableau 将分析结果以直观的图表形式展示，让研究成果更清晰易懂，便于应用到实际管理中。

（2）新型的可用于管理学研究的数智化方法

①人工智能与机器学习。

智能决策系统：通过机器学习算法，对海量数据进行分析和学习，为管理者提供决策支持，如预测市场需求、评估投资风险等，帮助管理者作出更科学准确的决策。

图像与视频识别技术：在人力资源管理中，可通过视频面试分析候选人的表情、肢体语言等非语言信息辅助招聘；在生产管理中，利用图像识别监控生产线上的产品质量，及时发现缺陷产品。

②区块链技术。

供应链管理：区块链的分布式账本和不可篡改特性，可确保供应链中交易信息的透明性和可追溯性，如沃尔玛利用区块链追踪猪肉的来源和运输过程，提高供应链管理效率和产品质量。

数据安全与隐私保护：为管理学研究中的数据存储和共享提供更安全可靠的方式，保护企业和员工的隐私信息，如在员工绩效数据管理中，防止数据被篡改和泄露。

③物联网技术。

设备与资产管理：通过传感器实时收集设备运行数据，实现对设备的远程监控和预测性维护，如工厂中的生产设备、医院的医疗设备等，提高设备利用率和降低维护成本。

工作环境监测：监测办公场所的环境数据，如温度、湿度、空气质量等，为优化工作环境和提高员工舒适度提供依据，进而提高员工的工作效率和满意度。

④虚拟现实与增强现实技术。

培训与教育：创建虚拟的工作场景或培训环境，让员工在沉浸式体验中学习和提升技能，如航空公司利用虚拟现实培训飞行员，可降低培训成本和风险。

组织设计与空间规划：通过虚拟现实和增强现实技术，模拟不同的组织布局和空间设计方案，评估其对员工协作、沟通和工作效率的影响，为企业的办公场所设计和组织架构调整提供参考。

2）数智化技术对管理研究未来的影响

数智化技术对管理研究的未来发展有着多方面的影响：

（1）研究方法的变革

数据收集更全面深入：借助物联网、网络爬虫等技术，可从多渠道收集海量数据，不仅包括企业内部数据，还涵盖市场动态、消费者反馈等外部数据，为管理研究提供更丰富的素材。

数据分析更精准高效：大数据分析、数据挖掘等技术能快速处理和分析海量数据，发现隐藏的关联和规律，为管理决策提供更准确、科学的依据。

建模与模拟更贴近现实：利用数字化建模工具和仿真技术，可构建更复杂、更贴近实际的管理模型，模拟不同场景和策略下的管理效果，帮助研究者更好地理解和优化管理系统。

（2）研究内容的拓展

新兴管理领域不断涌现：如数智化转型管理、数据治理、网络组织管理等，成为管理研究的新热点，需要研究者深入探索其理论和实践问题。

传统管理领域的深化：如人力资源管理可借助数智化技术优化招聘、培训和绩效管理；市场营销可通过大数据分析实现精准营销和客户关系管理等，推动传统管理领域的研究不断深化和创新。

（3）跨学科研究的加强

促进学科融合：数智化技术的应用使管理研究与计算机科学、数学、统计学等学科的联系更加紧密，需要跨学科的知识和方法来解决管理中的复杂问题，促进了管理科学与其他学科的交叉融合和创新发展。

培养跨学科人才：推动高校和研究机构培养既懂管理又懂技术的跨学科人才，为管理研究的未来发展提供有力的人才支持。

（4）实践应用的加速

缩短理论与实践的差距：数智化技术使管理研究成果能够更快地转化为实际应用，企业和组织可根据研究成果及时调整管理策略和方法，提高管理效率和竞争力。

推动管理创新：为管理创新提供了技术支持和平台，如共享经济、零工经济等新的商业模式和管理模式不断涌现，需要管理研究及时跟进和深入研究，为企业和社会的创新发展提供理论指导。

（5）研究合作的全球化

打破时空限制：在线协作平台、视频会议等数智化工具使不同地区、不同国家的研究者能够更便捷地开展合作研究，共享研究资源和成果，促进管理研究的全球化发展。

提高研究效率和质量：汇聚全球的智慧和资源，开展大规模的合作研究项目，提高研究的效率和质量，推动管理研究的快速发展。

●● 5.5.3　AI赋能研究的案例和成果

1）AI赋能研究案例

在管理研究中应用数智化技术的具体案例包括：

案例一，大数据分析应用于客户关系管理研究。

案例情况：一家电商企业收集了海量客户的浏览记录、购买行为、评价反馈等数据，借助大数据分析平台进行数据处理和分析，对客户进行画像、细分，挖掘不同客户群体的消费偏好和需求层次。

案例效果：企业基于分析结果调整营销策略，实现精准营销，提升了客户满意度和销售额。而管理研究者则从中总结出客户关系管理在数智化背景下的新模式、新方法，进一步拓宽了客户关系管理领域的研究思路。

案例二，人工智能在人力资源管理研究中的运用。

案例情况：某互联网科技公司在招聘环节使用人工智能算法筛选简历，通过自然语言处理技术分析求职者的技能、经验表述，同时结合视频面试中的表情、动作等非语言信息分析，评估求职者与岗位的匹配度。

案例效果：这极大提高了招聘效率，降低了人力成本。研究者借此深入研究人力资源管理中招聘流程的数智化变革，探索如何优化人工智能筛选标准等，为人力资源管理研究注入了新活力。

案例三，数智化建模用于项目管理研究。

案例情况：一家建筑工程企业针对工程项目，利用项目管理软件建立数智化模型，模拟不同施工进度安排、资源分配情况下项目的成本、工期、质量情况。

案例效果：企业根据模拟结果制订最佳的项目管理计划，保障项目顺利推进。管理研究者则以这些模型和实践过程为基础，深入分析项目管理中的多因素权衡等问题，完善项目管理相关理论和方法体系。

案例四，企业资源规划（ERP）系统助力供应链管理研究。

案例情况：某大型制造企业运用ERP系统，整合了采购、生产、仓储、销售等各环节的数据。研究者通过获取该系统中的实时数据，分析供应链各节点的库存周转率、交货准时率等指标。

案例效果：利用数智化的数据分析，精准发现了供应链上的瓶颈环节，帮助企业优化了生产计划与库存管理策略，同时也为供应链管理理论研究提供了实际案例支撑，完善了相关研究成果在实践应用方面的内容。

2）AI赋能研究成果

（1）应用数字化技术进行管理研究的论文示例

以下是应用数字化技术进行管理研究的论文示例，你可以通过相应数据库查找阅读。

成果一，《大数据驱动下的企业供应链协同管理研究》。该论文聚焦于企业供应链管理领域，探讨如何利用大数据技术打破供应链各环节的数据壁垒，实现更高效协同，通过具体企业案例分析及量化模型构建等，阐述大数据在优化供应链协同中的作用机制及应用策略，对供应链管理研究有重要参考价值。

成果二，《人工智能在人力资源管理决策中的应用与影响研究》。该论文围绕人工智能在人力资源管理方面的应用展开，比如招聘、培训、绩效评估等环节，分析其如何通过数智化手段改变传统决策模式，提高决策效率与精准度，文中结合多组企业调研数据进行论证，为人力资源管理数智化转型的研究添砖加瓦。

成果三，《基于数字化建模的企业项目风险管理研究》。该论文主要论述运用数字化建模技术，模拟不同风险场景下企业项目的运行情况，进而准确识别、评估和应对风险，通过实际项目数据对比分析建模前后的风险管理效果，为项目风险管理研究提供了新的视角和方法。

成果四，《大数据分析助力市场营销精准定位研究》。该论文着重探讨大数据分析技术怎样助力企业进行市场细分、目标市场选择以及精准的营销定位，文中列举了诸多行业的实际营销案例，展示大数据分析给市场营销管理理论与实践带来的深刻变革，丰富了市场营销管理研究内容。

提示：你可以在知网、万方、维普等常见学术数据库中搜索这些论文标题，获取全文进行深入学习。

（2）应用数字化技术进行管理研究的最新论文

论文一，《科研院所数字化体系框架研究与实践》：刊载于《中国科学院院刊》2024年第8期"政策与管理研究"，作者于建军等。该文分析了数字化变革对科研院所科技活动管理的影响，归纳总结了数字研究所的典型业务场景及体系框架，提出了实施数字研究所的思考和建议，引入"数字研究所"概念，探讨如何利用数字化驱动科技管理创新。

论文二，《精益数字化助企业管理事半功倍》：2024年11月7日发表于新浪财经，作者陈曦。文章指出企业存在数字化系统与运营管理"两张皮"现象，认为在运用精益管理手段梳理标准、优化流程的基础上推动数字化转型，才能让企业经营管理实现效率倍增，并以天津一家本地化工企业为例进行了说明。

论文三，《人力资源管理数字化技术的应用现状、发展与趋势》：2024年7月30日发布于CSDN博客。作者梳理了大数据、AI等数字化技术在人力资源管理中的应用现状与趋势，如利用大数据技术提前预测员工职业倾向、构建人才画像，AI技术优化招聘流程等，为企业人力资源管理数字化转型提供参考。

论文四，《用数字化驱动业务增长》：2024年6月3日发表于网易手机网，作者指出在缩量市场竞争趋势下，快消品企业需要利用数字化生产力对市场营销体系进行数字化重构，构建全新的营销数字化增长引擎，实现全链路业务纵向连接、横向管理协同、数字化经营指标呈现等，以驱动业务增长。

论文五，《智能供应链：数字化时代的未来趋势与应对策略》：2024年4月26日发布于知乎专栏。作者介绍了智能供应链技术，包括实时数据采集与分析、智能决策支持、自动化运营管理等关键特征，以及其在预测性维护、智能物流、供应链协同、智能制造等方面的应用场景，并对其未来发展趋势进行了展望。

3) AI赋能管理决策

AI赋能管理决策，就是利用机器学习、深度学习等人工智能技术，如神经网络模型预测市场趋势，或基于专家系统为管理决策提供智能化建议。这比AI赋能研究更进一步，不仅出理论，还要出决策。这和西蒙的管理就是决策、德鲁克的管理就是行为的观点相一致。

AI赋能管理决策方面的相关内容有：

（1）AI赋能决策的方式

①数据整合与分析：AI能够快速收集、整合来自企业内外部多个渠道的数据，如财务系统、销售记录、市场调研以及社交媒体反馈等。通过强大的数据分析能力，运用机器学习算法挖掘数据间隐藏的关联和规律，例如发现某产品销量与特定地区天气变化、网络热点话题之间的潜在联系，为管理者呈现清晰的数据洞察，帮助管理者了解业务全貌与发展趋势。

②预测与趋势判断：基于深度学习等技术，AI可以对未来市场需求、销售业绩、行业竞争态势等进行预测。例如，利用时间序列分析模型结合历史销售数据预测下季度产品销量范围，或通过分析行业动态及竞争对手信息预估市场份额变化趋势，使管理者提前做好应对策略准备，把握发展先机。

③方案模拟与评估：借助AI构建的仿真模型，能够模拟不同决策方案在各种场景下的实施效果。比如一家连锁餐饮企业在考虑拓展新门店时，通过AI模拟不同选址、店面规模、经营品类等多种方案组合下的成本、客流量、盈利情况，让管理者直观对比各方案优劣，选择最优决策路径。

（2）AI赋能决策的具体应用案例

①财务管理决策：某企业运用AI智能财务系统，系统自动分析财务报表、现金流数据等，识别财务风险指标异常情况。在进行投资决策时，AI会结合市场数据、行业前景以及企业自身财务状况，通过构建风险收益评估模型，为管理者提供不同投资项目的预期回报率、风险等级等详细分析结果，辅助管理者决定资金投向与投资规模。

②生产管理决策：一家汽车制造工厂利用AI实时监控生产线数据，通过图像识别技术检测零部件安装质量，运用机器学习算法分析设备运行参数预测故障发生概率。当面临生产计划调整时，AI综合考虑订单数量、设备状态、原材料供应等多方面因素，模拟不同排班、生产速度调整等方案的产出效果，帮助管理者制订最合理的生产计划，保障生产效率与产品质量。

③战略规划决策：某互联网科技公司借助AI分析宏观经济数据、行业技术发

展趋势、用户行为变化等海量信息，绘制行业发展态势图。在制定企业战略规划时，AI基于分析结果模拟不同战略方向（如聚焦细分领域深耕、拓展新业务领域、开展国际合作等）下企业未来3到5年的市场地位、营收增长情况等，助力管理者透过更高视角作出契合企业长远发展的战略决策。

（3）AI赋能决策的优势与挑战

①优势：AI赋能决策能极大提高决策速度，在复杂多变的市场环境中帮助管理者快速抓住关键信息、及时作出反应；决策的科学性和精准度也得以提升，依靠数据和模型减少了人为判断的主观性和片面性；同时，可对多种方案进行全面评估，降低决策风险。

②挑战：对数据质量要求高，若输入的数据不准确、不完整，则可能导致AI给出错误的决策建议；AI模型存在可解释性不足的问题，管理者有时难以理解模型的内在逻辑与决策依据；另外，还面临数据安全和隐私保护方面的顾虑，毕竟管理者决策涉及大量企业敏感信息。因此你要使用AI，还要超越AI。

●● 5.5.4　AI赋能研究的规则

本书在第3章的其他科研伦理问题一节提出并简单分析了AI替代研究的问题，这不仅是伦理，也是规则问题。

按照中国人的习惯思维模式，任何事情都有利有弊。AI工具在管理学研究中的应用，有些问题需要思考和澄清：是禁止还是限制？是赋能还是主笔？是依靠还是依赖？其实谁也阻挡不了技术的进步和应用，最多只能延缓技术进步的速度！

好比现在写论文，人们大概都不会像过去那样用毛笔写论文而不用电脑或手机"敲字"，除非你是为了保留书法这一非物质文化遗产；好比现在的交通，有了汽车就可以不靠双脚走路，除非你是为了锻炼身体！同理，如果靠AI赋能能够大幅提高研究效率，你又为什么不用呢？如果AI工具的使用是为了锻炼和提升你收集和处理信息的能力，而不是为了研究出什么创新成果，当然就可以利用了。如果你想检查一下你写的论文和AI写的论文谁的水平高，那当然可以同时进行，然后再比较了。这就是人机协同研究模式呀！

AI赋能研究，会有三种类型的成果。一是人的研究成果，二是AI的研究成果，三是人机协同的成果。随着时代的发展，第二种和第三种成果应该是越来越多吧！只是需要把是不是AI研究成果、需要把人机协同的任务分工不同和贡献大小不同尽量说清楚。

有规则遵守规则，没规则遵守道德。道德是管自己的，规则是管社会的。因而在人工智能特别是生成式人工智能（AIGC）技术工具出现并迅猛发展的今天，人们开始通过规则来规范AI赋能研究的合法、合伦行为。第3章讲到，除了政府部门比如科技部的规定，各大学也在制定自己的规则。尤其是在本科层次，在学生绝大多数还没有做过管理者的资历和年纪，写论文的目的是锻炼能力还是创造新知识，确实说不太清楚。

因此，这里我们可以再参考一下复旦大学发布的规定，了解规则上允许使用 AI 的四个范围，禁止使用 AI 的六个范围，以及 AI 使用情况的披露和责任归属。

《复旦大学关于在本科毕业论文（设计）中使用 AI 工具的规定（试行）》（2024 年 9 月 24 日通过）

第一条　目的与依据

为规范 AI 工具在本科毕业论文（设计）中的使用，确保学术诚信，提高教学质量，防范学术不端，根据《复旦大学关于本科毕业论文（设计）工作的若干规定》第六条，制定本规定。

第二条　定义

本规定中的 AI 工具包括生成式人工智能（Generative AI，简称"GenAI"或"生成式 AI"）和人工智能辅助工具（简称"AI 辅助工具"）。

生成式 AI：指利用人工智能技术生成文本、图像、声音等内容的工具，如 ChatGPT、GPTs、文心一言等。

AI 辅助工具：指利用人工智能技术辅助进行语言润色、数据分析、图表制作等工作的工具。

第三条　允许使用范围

原则：征得指导教师同意的前提下，且当 AI 工具生成的内容不影响对学生在毕业论文（设计）中的创新等能力的考察时，作者可在以下范围内使用 AI 工具：

文献检索与整理：允许使用 AI 工具进行文献检索、关键词推荐和文献管理，但须确保所引用的文献的真实性和可靠性。

二次创作图表类型推荐与辅助制图：允许使用 AI 工具推荐统计图表类型和辅助制图，但不得用于生成或修改原始研究数据及关键的研究图表，更不得用于美术设计等图表本身为考察内容的毕业论文（设计）中，还应确保最终图表的原创性。

非创新性方法的 AI 工具辅助：研究方法不属于毕业论文（设计）创新内容时，允许使用 AI 工具辅助程序代码编写、调试和错误排查，允许使用 AI 工具辅助统计学方法、实验方法、调研方法等研究方法的筛选与推荐，但应确保最终代码或研究方法的逻辑性、准确性、科学性和可维护性，所有代码或研究方法须经过作者审核和测试。

参考文献格式整理：允许使用 AI 工具进行参考文献格式的规范化检查和自动排序，但须对生成内容进行核查。

第四条　禁止使用范围

研究设计与数据分析：禁止使用 AI 工具进行研究方案设计、创新性方法设计、算法（模型）框架搭建、毕业论文（设计）结构设计、研究（设计）选题、研究（设计）意义及创新性总结、研究假设提出、数据分析、结果分析与讨论和结论总结等。

原始数据收集：禁止使用 AI 工具生成或改动本科毕业论文（设计）中的原始

数据，如实验数据、统计数据、田野调查数据等。除非AI技术本身就是研究（设计）的主题，其原始数据必须由AI算法生成。

结果图片与重要插图创作：禁止使用AI工具生成或改动本科毕业论文（设计）中的原创性或实验性的结果图片、图像和插图，除非是在确保方法可复现的情况下AI技术本身就是研究设计的一部分，并须在正文的方法部分中说明。

论文撰写：禁止直接使用AI工具生成本科毕业论文（设计）的正文文本、致谢或其他组成部分，AI工具可以在学生学习如何撰写毕业论文（设计）阶段中辅助写作，但不能代替作者的最终独立创作。语言表达能力仍然是毕业论文（设计）考察的重点，禁止使用AI工具进行语言润色和翻译。

答辩与检查：答辩或校内论文检查时，禁止答辩委员、评审专家使用任何AI工具对学生的本科毕业论文（设计）进行评审，包括但不限于使用AI工具总结学生本科毕业论文（设计）的核心内容，生成评审意见等。

涉密内容：本科毕业论文（设计）涉及保密内容的，禁止使用任何AI工具，禁止上传任何数据和图片到AI平台。

第五条　披露与声明

使用AI工具时，须在本科毕业论文（设计）承诺书中明确披露以下信息：

使用的AI工具名称和版本号；

使用的时间和具体用途；

AI工具生成的内容或提供的建议；

AI工具在论文中的具体使用部分，如方法部分或文献综述部分；

须保留AI工具处理之前的相关重要材料，以备指导老师或评审专家对学生使用AI工具的检查和质询。

第六条　责任与署名

作者须对使用AI工具生成的内容负最终责任，AI工具不能被列为作者或共同作者。

使用AI工具时，应确保最终作品的原创性和学术诚信，避免学术不端行为。

第七条　合规使用流程及责任

学生本科毕业论文（设计）中使用AI工具应事先征得指导教师同意，并在使用时遵循学校及院系的相关规定。

院系应在本规定的框架下制定针对本专业的毕业论文（设计）中使用AI工具的规定，应在必要时提供关于AI工具使用的指导，帮助指导老师和学生正确地使用这些技术。

学生在本科毕业论文（设计）中合理合规使用AI工具的，指导教师、答辩委员、校内评审专家在指导阶段、答辩阶段、校内检查阶段仍可以增加适当的补充考核措施，以核实学生是否已掌握了应该掌握的相关专业知识与能力。

学生违反相关规定使用AI工具的，视情节给予纳入本科毕业论文（设计）考核成绩、不准答辩、取消合格成绩等处理；构成学术不端（不当）的，按照相关校纪校规给予纪律处分、取消学位申请资格、撤销学位等处理。

第八条　附则

本规定基于当前AI技术的发展阶段制定，将根据AI技术的发展不定时进行修订。考试论文、学年论文、课程论文等考核性论文（设计）若无具体的针对性规定，亦可参照此规定执行。

在发表的学术论文（交流性论文）或学术研究活动中使用AI工具另有规定，不适用此规定。

本规定自发布之日起施行，由教务处负责解释。

最后必须说明的是，5.5.2和5.5.3的基本内容是2024年11月笔者在询问字节跳动的"豆包"之后经过调整修改所形成的。也就是说，我们这一部分也在使用AI赋能写作。自己不尝一遍，怎么能知道AI赋能研究的滋味呢?!

记得钱颖一教授曾反复说过："未来的人工智能会让我们的教育制度下培养学生的优势荡然无存。"如果你还在死记硬背，大量做题，把脑袋当存储器，而不是处理器，更不是创想器，你确实会跟不上这个时代的!

▶▶关键词

探索性研究／描述性研究／解释性研究／对策性研究／效率性研究／分析单位／区位谬误／简化论／时间维度／截面研究／历时研究／文献研究／专家和管理者访谈／实地研究／焦点小组／开放式问卷／二手资料分析／访问法／问卷法／观察法／相关性研究／因果性研究／实验法／案例法／统计推断法／AI赋能研究／AI赋能决策／AI使用规则

▶▶参考文献

［1］明茨伯格. 经理工作的性质［M］. 孙耀军，等译. 北京：中国社会科学出版社，1986.

［2］李怀祖. 管理研究方法论［M］. 3版. 西安：西安交通大学出版社，2017.

［3］邓津 N K，林肯 Y S. 定性研究（第1卷）：方法论基础［M］. 风笑天，等译. 重庆：重庆大学出版社，2007.

［4］巴比 A. 社会研究方法［M］. 邱泽奇，译. 10版. 北京：华夏出版社，2005.

［5］黄炽森. 组织行为和人力资源研究方法入门［M］. 北京：中国财政经济出版社，2006.

［6］殷. 案例研究：设计与方法［M］. 周海涛，李永贤，张蘅，译. 3版. 重庆：重庆大学出版社，2004.

拓展阅读：你知道如何阅读文献吗？

拓展阅读：研究计划书示例

拓展阅读：开题报告摘要

第6章　定性研究工具

第6章 定性研究工具

在有关管理学研究方法的文献中，经常有一些关于哪些研究工具（或方法）更合适或更"科学"的讨论。有人认为定量工具（或方法）应该比定性工具（或方法）更"科学"，结构化工具（或方法）应该比非结构化工具（或方法）更好。其实这很难说，尤其是在人们公认既是科学又是艺术的管理学的研究中，各位在研究中不断积累经验后可能就会感受到，各种研究工具（或方法）本身无所谓好坏，更"科学"的工具（或方法）也不一定就更好。实际上，好还是不好，重要还是不重要的问题本身，往往会包含个人主观判断，也就是价值观问题，大家是不会去统一意见的。静态地把两个东西摆在一起比较，一般不会达成什么共识。世界是动态的，你如果把好坏、轻重的比较按照时序，前后一摆，大概就容易统一了。

这样说太抽象，我们举个例子：话说百度公司的李彦宏和梁冬两人坐在车上，不知怎么就直觉重要还是数据重要的问题开始争论起来。梁冬认为直觉重要，李彦宏认为数据重要。都是聪明人，争了几句就达成了统一意见：世界上的大多事情都需要用直觉去判断，用数据去检验。直觉和数据的平行比较变成了前后排序，重要不重要有了前提条件，于是意见就统一了。管理学问题似乎也是如此，决策要先用直觉判断，再用数据检验。换句话说，就是先有感性知识，再有理性知识；先有价值判断，再有事实判断；先有艺术，再有技术；先有宗教，再有科学。定性和定量工具或方法，可以说是管理学研究的左右两条腿，缺哪条腿都是残疾人，非要认为只有一条腿也是健康人的人，用句以前网上时髦的话说，就是"脑子里可以养鱼了"。

这里的口号应该是：没有最好，只有更适合！采用哪种或哪些工具（或方法）取决于所研究问题的性质和研究目的。比如，研究领导学、企业文化学，用定性的方法比用定量的方法可能更合适些，因为在其他条件相同的情况下，越是独特的领导和企业文化越能促进企业的成功，这两个领域偏向于特殊性价值而非普遍性价值，越是用科学的定量方法研究领导和企业文化，得出的结论越是对其他领导和企业没有实践价值，也就是外部效度越低。

做研究我们不能选择事实，但我们可以选择方法和工具。换句话说，在科学研究中，仅仅去寻找能够证明"这一观点正确"的数据、资料而故意排斥其他不利于证明这一观点正确的数据和资料的做法是错误的。但是，去寻找适合所研究问题的性质和目的的工具（或方法），在一般情况下是正确的和被允许的。

研究者必须掌握的研究工具（或方法）有定性和定量两大类，在本书我们分两章来讲解。本章将探讨定性研究工具（或方法）的使用。本章内容分六部分：6.1节主要分析定性研究与定量研究的关系以及定性研究的选择；6.2节主要介绍定性的实地研究方法，如观察、交流、访谈以及焦点小组法；6.3 节主要介绍案例研究法，包括案例研究的概念、目的、选择、类型及操作步骤；6.4 节主要介绍扎根理论的概念、特点、主要思路和操作步骤；6.5 节介绍定性比较分析方法；6.6 节介绍分类法和文献研究法。

6.1 定性研究的选择

6.1.1 定性与定量：两手抓，两手都要硬

定性研究是基于描述性的研究，它在本质上是一个归纳的过程，即从特殊情景中归纳出一般的结论。定性研究侧重和依赖于对事物的含义、特征、隐喻、象征的描述和理解。进行定性研究，要依据一定的理论与经验，直接抓住事物特征的主要方面，将事物在数量上的差异暂时略去而不做分析。定性研究有两个不同的层次：一是没有或缺乏数量分析的纯定性研究，结论往往具有概括性和较浓的思辨色彩；二是建立在定量分析的基础上的、更高层次的定性研究。

定量研究则与演绎过程更为接近，即它从一般的原理推广到特殊的情景中去。定量研究侧重且依赖于对事物的测量和计算。定量研究的目的在于通过搜集客观的、量化的资料来描述或解释管理或管理活动中诸因素间的关系。其突出特点是获得明确、客观、公认的证据，以说明变量间的关系。

管理学研究的对象是复杂的人类活动，具有"质"与"量"两个方面的规定性。因此，在管理学研究中，定性分析与定量分析是缺一不可的。定量分析有比定性分析更加精细与准确的优势，但定量分析需要建立在测量的基础之上，由于许多管理现象难于测量，单纯的定量研究有时对管理问题无从下手。非要采用定量研究手段，则必须将管理现象量化，而量化过程中可能会将管理中最重要的内容舍弃掉，这样的量化研究结果可能将人们引入歧途。因此，定量研究不但不能在管理学研究领域包打天下而替代定性研究，有时甚至是不能使用的。比如，管理中刚刚萌芽的新问题或高层领导问题。一般说来，大多数管理问题是可以采用定性研究与定量研究相结合的方式来进行的。而且，越是趋于成熟的管理理论，越适宜采用定量方法。

在实际的管理学研究过程中，特别是在大型、综合性的研究中，定性研究与定量研究经常配合使用。在进行定量研究之前，研究者须借助定性研究确定所要研究的现象的性质；在进行定量研究过程中，研究者又须借助定性研究确定现象发生质变的数量界限和引起质变的原因。

定性研究与定量研究有下列一些不同点：

①着眼点不同。顾名思义，定性研究着重于事物的质的规定，也就是研究事物与事物的本质区别；定量研究则着重于事物的量的方面，也就是研究一事物和他事

物或者事物内部的数量差异。

②在研究中所处的层次不同。一般是先有定性研究，再有定量研究。定量研究是为了更准确地定性分析。比如，研究企业的核心竞争力，必须先有对核心竞争力概念的质的规定，对不同类型竞争力的描述，才能开发衡量核心竞争力的变量和进行测量。

③依据不同。定性研究的依据是大量历史事实和生活经验材料，定量研究的依据主要是调查得到的现实资料数据。

④手段不同。定性研究主要运用分类法、逻辑推理法、历史比较法等；定量研究则主要运用测量、统计分析和建立模型等方法。

⑤学科基础不同。定性研究以逻辑学、历史学为基础；定量研究是以概率论、统计学等为基础。

⑥结论表述形式不同。定性研究结论多以文字、图形描述为主；定量研究结论主要以数据、模型、公式等来表达。

表6-1总结了定性研究与定量研究的内容比较。

表6-1　　　　　　　　定性研究与定量研究的内容比较

项目	定性研究	定量研究
工具	作为基本工具的观察法、交流法、访谈法、焦点小组法等，案例研究法，扎根理论法	作为基本工具的概念化和测量、指标和量表、抽样、统计检验等，线性回归分析，结构方程模型，多层线性模型
目的	对潜在的理由和动机求得一个定性的理解，旨在理解社会现象	将数据定量表示，并将结果从样本推广到所研究的总体，旨在确定关系、影响、原因
学科基础	哲学、逻辑学、历史学	统计学、概率论
样本	由无代表性的个案组成的小样本	由有代表性的个案组成的大样本
着眼点	质的方面	量的方面
依据	历史事实和生活经验材料	资料数据
数据收集	无结构的	有结构的
数据分析	概念、分类等方法	统计的方法
结论表述	以文字、图形等描述为主	以数据、模型、公式等来表达
结果	获取初步理解，开拓一个领域	验证一个相关或因果关系，建议行动路线

定性研究是定量研究的基础，没有定性就无从定量，但只有同时运用定性研究与定量研究，才能在精确定量的根据下准确定性。这是二者的辩证关系。因而，作为一个合格的管理学研究者，在从事既是科学又是艺术的管理学理论研究时，就应

该同时掌握定性、定量这两种方法。在中国，高中考大学在目前是分文理科的，但大学的管理学院或商学院既招文科生，又招理科生，就是因为管理学科的综合性，也大概是出于这样的原因，有的国家或地区，在高中就有了文理科之外的专门的商科高中生。

●● 6.1.2 定性研究工具选择：定性开路，定量搭桥

如前所述，使用定性方法的主要原因在于研究项目的目标以及研究者的背景和以往的经验。一些学科，比如人类学、哲学方向的学科（例如现象学），特别提倡用定性方法来收集和分析数据。在管理学的研究中，是否选择定性研究取决于所研究的问题、研究的重点及目的。

普遍认为，在管理学研究中，对于探索性的研究，定性方法非常有用，因为它可以引导我们建立理论并提出解释。实际上，定性方法和定量方法分别适用于研究的不同阶段。在问题具有非结构化特征的探索研究的第一阶段，定性方法比较合适；在问题逐渐具有结构化的第二阶段，描述和解释工作开始变得重要，定性研究的使命完成，定量方法开始发挥主要作用，因为这时的研究工作重心转移到检验第一阶段提出的不同假说。定量方法帮助我们以具有逻辑性和一致性的方式来接受或拒绝这些假说。在研究的第三阶段，定性方法和定量方法都将用到，这两种方法的综合运用使这一领域的研究日臻完善。然后，研究又转向对新领域的探索。

例如，在管理学研究中，对于涉及多文化或多背景研究的数据收集来说，理解文化行为之间的差别是十分重要的。在一种完全不同的文化背景下收集数据时，研究者经常根据他们自身的参考标准（SRC）（Cateora 和 Chauri，2000）来收集和解释数据。定性数据收集方法在这些情况下非常有用，因为它们常常使用那些更容易变化、翻译和重构的非结构化问题。定性研究允许研究者更加深入地探索被研究者对企业管理或管理者的价值观、动机、行为和趋势等的看法。定性研究也有助于缩小研究者和被研究者之间语言和观念上的差距，尤其是在跨文化研究中（Craig 和 Douglas，2000）。在这种类型的研究中，定性研究会针对给定的背景及潜在的动机、价值观和态度提供更好的理解。因此在这种情况下，在一小部分精心挑选的相关问题的样本中收集数据就足够了（Patton，1990）。

我们可以回顾一下，最初的企业文化研究是通过比较美国和日本企业的管理特征，归纳出企业文化的概念，然后出现了一些关于企业文化类型的研究成果，有人开始将这些成果称作企业文化学。在最近几年，开始有人在企业文化研究领域尝试量化方法，不管其成功或不成功，可能有人会推出企业文化的模型研究。这就是由定性到定量的研究方法的转移。定性开路，定量搭桥，不同阶段，不同方法。下面我们分别介绍作为定性研究基本工具的观察法、交流法、访谈法、焦点小组法等，本章将它们统称为实地研究法，然后介绍案例研究法和扎根理论法。

≫ 6.2 实地研究法

我们认为，现代管理学的诞生就是从实地研究开始的。比如，有人认为现代管理学是从泰罗开始的，而科学管理学派泰罗等人的动作研究和时间研究方法就是典型的实地研究法。又比如，有人说德鲁克才是现代管理学的创始人，而以德鲁克为首的经验主义学派也是在常年深入企业实地观察的前提下形成的。采用实地研究法的研究者甚至和所研究的对象生活在一起、工作在一起，而研究者所使用的主要研究工具，就是他本人，即他要学习该企业的工作方式、企业文化、思维模式，参与该企业的活动特别是管理活动，从而获得对该企业的系统化情境的了解。因此，这样的实地研究，实际上就是以研究者本人为研究工具的一个研究过程。

在管理学的实地研究中，研究者往往要借助一些技术和方法来收集数据，第5章已经对此作了简单介绍。由于实地研究方法和工具在管理学研究中的特殊重要性，我们在这里还要为读者更加详细地介绍这些常用的实地研究方法，即观察法、交流法、访谈法和焦点小组法等方法。

在科学研究中，研究者要对所使用的概念进行界定，比如这里所说的观察法、交流法、访谈法和焦点小组法等四种方法。它们的概念又该如何界定呢？在此我们认为，这四种方法既有区别，又有联系或交叉，不具备逻辑上的完全排他特征。比如，非参与观察法和参与观察法同属观察法，但参与观察法又接近交流法，因为参与观察法很可能要对被观察者形成交流性影响。同样，不见面的交流法和面对面的交流法同属于交流法，但面对面的交流法其实也就是比较简单的、短时间的访谈法。访谈法分个人访谈和群体访谈，而群体访谈就接近于焦点小组法了。

因此，有些概念和词语不是能够严格区分开的，但是，这并不是说研究者就可以稀里糊涂地随意来使用这些概念和词语。研究者要明晰自己所用的概念的内涵和外延，了解不同概念或方法的优缺点，你可以有自己的概念界定，但不能违反概念界定的基本准则。比如，可观可测原则，简化思考原则等。当然，你在实际研究中不可能像用概念一样对各种研究方法区分得很严格，但你可以灵活运用，就好比一把刀，可以竖着切西瓜，也可以横着拍黄瓜，可以拿去卖给人，还可以拿来吓唬人。

●● 6.2.1 观察法（observation method）

观察法是指研究者根据一定的研究目的、研究提纲或观察表，用自己的感官和辅助工具去直接观察被研究对象，从而获得资料的一种方法。科学的观察具有目的性、计划性、系统性和可重复性。观察一般利用眼睛、耳朵等感觉器官去感知观察对象。由于人的感觉器官具有一定的局限性，观察者往往要借助各种现代化的仪器和手段，如照相机、录音机、显微录像机等来辅助观察。

1) 观察法的要求

其实良好的观察是眼、脑和手脚的密切结合。良好的观察实际上是一种洞察，能看到现象的背后，能将各种现象有机地连接起来，还要能准确全面地将观察结果记录下来。有的人貌似观察，其实是走马观花，蜻蜓点水，所得甚少，犯了"研究者官僚主义"。有的人倒是努力在看，但没有详尽的观察计划、预案，跑断了腿，看花了眼，花了不少经费，但回来一整理却没有得到什么有价值的信息，犯了"研究者盲动主义"。有的人是观察完之后，只在脑子里记住了几个花花绿绿的景象，几条贴在墙上的标语，或者几个典型人物的故事，回来几天又都忘记了，犯了"研究者虚无主义"。

因此，使用观察法的研究者至少应该注意以下三个基本要求：

①养成时时处处观察思考的习惯，善于察言观色但又不动声色，有高度的观察灵敏性，能进行全面的、多角度的、深入的观察。

②制定好观察提纲。观察提纲因只供观察者使用，所以应力求简便，只需列出观察内容、起止时间、观察地点和观察对象即可。为使用方便还可以制成观察表或卡片。

③按计划（提纲）实行观察，做好详细记录，尽快进行观察资料的整理，概括分析观察结果，写出观察报告。

2) 观察法的分类

一般说来，你要进行一个观察法研究，首先要选择以下一种或几种观察方法：

依观察者是否参与被观察对象的活动，可选择非参与观察与参与观察；依对观察对象控制性的强弱或观察提纲的详细程度，可选择结构性观察与非结构性观察；依是否具有连贯性，可选择连续性观察和非连续观察；依观察地点和组织条件，可选择自然观察和实验观察等；依观察主体不同，可选择人工观察和非人工观察。

对某一个特定调查问题，从成本和数据质量的角度出发，需要选择适合的观察方法。我们通常采用的观察方法包括如下四种：

（1）自然观察法

自然观察法是指调查员在一个自然环境中（包括超市、展示地点、服务中心等）观察被调查对象的行为和举止。比如，有校长在校门口观察教师上班情况，得出的观察结果是教师有四种上班交通方式——走路来的，骑自行车来的，坐出租车来的，自己开车来的，并根据这四种不同方式的比例得出教师住所离校的远近和家庭收入好坏的结论。

（2）设计观察法

设计观察法是指研究者事先设计模拟一种场景，调查员在一个已经设计好的并接近自然的环境中观察被调查对象的行为举止。所设置的场景越接近自然，被观察者的行为就越接近真实。我们在中国人民大学开发的"管理沙盘模拟"课程，就是在设计好的逼真的管理情景之下，让学生参与管理的全过程、毫无顾忌地全身心地投入其中，然后通过观察记录，对比最优管理者模型，发现学生的优点和问题，最后再作出有针对性的教学指导。这种观察型、研究型教学法的使用，比起单纯讲义型的教学法，效果要显著得多，因而这门课也成为深受学生欢迎的课程。

（3）掩饰观察法

众所周知，如果被观察者知道自己被观察后，其行为可能会有所不同，观察的结果也就不同，调查所获得的数据也会出现偏差。掩饰观察法就是在不为被观察者所知的情况下监视其行为过程。当然，这种偏差有时也不是没有价值的，"霍桑实验"就是由于这种偏差而得出更重要的研究结果的。

（4）非人工观察法

在某些情况下，用机器观察取代人工观察是可能的甚至是研究者所希望的。在一些特定的环境中，使用机器如照相机、录音机、摄影机等，可能比人员更便宜、更精确和更容易完成工作。但是使用这样的工具，一般要征得被调研对象的同意才行，否则有违反研究伦理的可能。

在掩饰观察法下，有时使用机器进行观察，比如使用针孔摄像头偷拍或者使用录音机窃听，这时要注意，如果被调研者发现了这种行为，轻者由于他有被欺骗的感觉，会不配合调研或者伪造行为而致使调研结论失实，重者还会产生法律问题。前者比如在办公区域安装监控员工行为的摄像头，后者比如尼克松的"水门"事件。

当然，非人工观察法最终还是要由人来观察处理。

3）观察法的优缺点

（1）观察法的优点

①它能通过观察直接获得资料，因此，相对于二手资料来讲，观察的资料比较真实。

②在自然状态下的观察，能获得生动的资料。

③观察具有及时性的优点，它能捕捉到正在发生的现象。

④观察能搜集到一些无法言表的材料。

（2）观察法的缺点

①受时间的限制。某些事件的发生是有一定时间限制的，过了这段时间就不会再发生。

②受观察对象限制。如研究企业研发团队的创新机制问题时，有些企业不会让别人观察。

③受观察者本身限制。一方面，人的感官都有生理限制，超出这个限度就很难直接观察；另一方面，观察结果也会受到主观意识的影响。

④观察者只能观察外表现象和某些物质结构，不能直接观察到事物的本质和人们的思想意识。

⑤观察法不适于进行大面积调查。

4）观察法的具体应用

市场调研中经常用到观察法，社会上有专业的市场调研公司，比如零点公司、盖洛普公司、慧聪公司等。这样的公司派遣调查员直接或通过仪器在现场观察调查对象的行为并加以记录而获取信息，然后整理成调查报告。

研究人员可以自己或通过这样的机构来观察消费者的行为，以便测试消费者的品牌偏好和各种促销手段的效果。观察法可以观察到消费者的真实行为特征，但是只能观察到外部现象，观察者还要通过观察结果来推测调查对象的动机、意向、态度等内在因素。

（1）观察法收集资料时的注意事项

为了尽可能地避免调查偏差，市场调查人员在采用观察法收集资料时应注意以下几点：

①调查人员要努力做到采取不偏不倚的态度，即不带有任何看法或偏见进行调查。

②调查人员应注意选择具有代表性的调查对象和最合适的调查时间和地点，应尽量避免只观察表面的现象。

③在观察过程中，调查人员应随时做记录，并尽量做较详细的记录。

④除了在实验室等特定的环境下和借助各种仪器进行观察外，调查人员应尽量使观察环境保持平常自然的状态，同时要注意被调查者的隐私权问题。

（2）观察法在市场调查中的应用范围

①对实际行动和迹象的观察。例如，调查人员通过对顾客购物行为的观察，预测某种商品的销售情况。

②对语言行为的观察。例如，观察顾客与售货员的谈话。

③对表现行为的观察。例如，观察顾客谈话时的面部表情等身体语言的表现。

④对空间关系和地点的观察。例如，利用交通计数器对来往车流量做记录。

⑤对时间的观察。例如，观察顾客进出商店以及在商店逗留的时间。

⑥对文字记录的观察。例如，观察人们对广告文字内容的反应。

6.2.2 交流法（communication method）

对于收集研究用的原始数据，研究者需要决定，只是观察应答者或被调查者就足够了，还是需要与他们进行交流。观察可以对人（包括动物等）也可对物，交流一般只是对人（包括动物）。交流可以是面对面的，也可以是不见面的。比如，我们可以通过信件、电话或电子邮件来传送问题，并要求应答者以同样的方式回复，也可以在互联网上开一个调查窗口，让被调查者点击，这样会出现在线的调研结果，也会对被调研者产生回馈或影响。问卷调查因此也可以叫作交流法。当然，研究者也可以使用更私人化的方法与被调研者面对面地进行交谈，这就又接近访谈法了。

因此，交流指的是通过文字或语言询问那些经历过某种现象，因而可以向研究者作出解释的人来收集数据。这类数据收集方法使得结果一般化和检验理论成为可能。一般有四种主要的数据收集方式：①邮寄调查；②个人访谈；③电话访谈；④电子邮件访谈。

许多管理学专业的学生和管理学者是通过调查表或访谈收集数据的，在大多数情况下，他们所面临的第一个问题应该是如何使问题结构化或标准化，以便对调研数据比较处理。因此，为了节约被调研者的时间和尽可能多地找到配合调研的对象，需要问的问题及其答案都是预先设定好的，应答者只需要在预先给出的答案中进行选择（例如单项或多项选择的方式），或者在同意或不同意的不同程度上打钩，最多给出一个"其他"项目，让应答者给出另外的看法。

在非结构化问卷或访谈的情况下，问题只是大致地预先拟定，而且没有预先确定好答案。在有些问卷调查中，问题是预先设定好的，但是应答者可以用自己的语言和方式来回答问题，这被称为半结构化问卷（Churchill, 1999）。

举例

结构化：

问：你认为企业是谁的？请在 A、B、C、D 中选择一个。

A.股东的　　　　B.社会的　　　　C.员工的　　　　D.国家的

答：B。

非结构化：

问：你脑海中有可供选择的方案吗？如果有，你偏爱哪一种方案？

答：有，自己的。

在实践中，由于问题在一定程度上都是由研究者设计的，其方法不可避免地或多或少具有结构化特征。完全依赖结构化方法意味着没有给应答者留任何空间来表达自己的真实观点，而这种观点对于结果来说也许非常重要。与此类似，完全依赖于非结构化方法可能会导致无法对假说进行准确的检验，同时也很难有大的、超乎研究者想象空间的创新成果。

问卷与访谈最明显的不同就是成本。对于大型研究（调查），采访数百个应答者将会很困难，成本也非常高。因此，有人就采用电话或电子邮件访谈方式，这种方式的成功率可能比较低，但由于成本比面对面访谈要低很多，可以采取广种薄收、大撒网的策略，在过程中可能会遭到大量拒绝并听到不好听的回应，但只要坚持下去，一般也会达到应有的数量和效果。此外，运用访谈方式需要对访谈者进行大量的培训，特别是当访谈者不是研究者本人时，这很困难，而问卷调查则不存在上述问题，但有回收率的问题，一旦回收不足则会造成失败。

访谈是一种比问卷灵活得多的方法，一般认为更适合于定性研究，而问卷则更适合于定量研究。所以，下面我们将对访谈方法进行讨论。

●●6.2.3　访谈法（interview method）

访谈法是有经验的研究者经常使用的一种数据收集方法。问卷法需要研究者设计问题，回答者阅读问题并填写答案。访谈法也需要研究者准备问题，不过是由研究者口头提出问题并在当时记录答案。访谈一般是面对面的，也可采用电话访谈方式。访谈法的优点主要是可以得到问卷法难以得到的深入的资料，主要缺点是太费时，成本高，以致样本数有限。因此，为了保证研究结果的普遍性，访谈法有时和问卷法结合使用。例如，在组织发展分析中，研究者可访谈高层管理者，而对职工采取问卷法，或者先访谈少数人，据此设计问卷并与访谈结果对比。

风靡一时的管理著作《追求卓越》（Peters & Waterman，1982）就是进行了大量访谈的成果（当然不仅是访谈方法，其中有大量的文献和财务指标分析）。作者花费数年时间辗转美国各地，取得了数百个大小公司的第一手材料，尤其是通过访谈听来了大量有声有色的故事。他们对样本反复筛选，最后确定把43家企业作为基本分析样本，对其中的21家企业做深入访谈，对其余22家进行了一般访谈。样本涉及高科技、一般制造、服务、消费品、工程管理、原材料等诸多行业，其中有我们中国读者所熟知的跨国公司，它们一般都进入了世界500强，如IBM、通用电气、惠普、通用汽车、3M、麦当劳、宝洁、沃尔玛、埃克森、波音等。通过对资料的分析，作者发现，尽管每个卓越企业的个性不同，但它们拥有许多共同的品质或者说基本属性。这些属性久经考验，造就了企业的辉煌。每一个企业不论其大小，只要真正贯彻了八大基本属性，就一定能到达成功的彼岸。这八大基本属性是：崇尚行动；贴近顾客；自主创新；以人助产；价值驱动；不离本行；精兵简政；宽严并济。这些观点可能平淡无奇，也可能不是经过非常严格的模型推断出来的，但作者不像某些管理学研究者一样，丝毫不关心管理的现状和实际问题，只埋头于自己的模型推理。他们使用"讲故事"而不是"编公式"的方式推出自己的研究成果。

1）访谈的类型

（1）结构化访谈

这是一种标准格式的访谈，它与定量度量和统计方法综合使用，用来强调固定的回答类别、系统的抽样和加载程序。结构化访谈的优点在于访谈者行为的统一，因为那些非研究者的访谈人员也可以在类似的情况下进行相同的访谈。

（2）非结构化访谈

应答者几乎可以完全自由地谈论其对某个问题的反应、观点和行为。访谈者只是提出引导性问题，并记录应答者的回应，以便随后了解"怎么样"和"为什么"。这种访谈的问题与回答是事先没有经过系统编码的。

（3）半结构化访谈

它与结构化和非结构化访谈均有所不同。它与非结构化访谈的区别在于：所涵盖的主题和问题、样本规模、要访谈的人和要提出的问题都已事先设定好；研究者会最大限度地减少偏见。在半结构化访谈中，研究者可以通过对访谈本身的精心设计来避免偏见：通过设计研究对象的次序避免偏见；避免由于对某些问题无意的疏忽产生偏见；避免没有代表性的抽样产生偏见；避免应答者中有不受控制的过度代表性或代表性不足的亚群体而产生偏见等。

结构化、非结构化访谈与半结构化访谈的区别在于半结构化与非结构化访谈需要访谈者具备更多的技能，因为在半结构化和非结构化访谈中，我们常常会得到关于个人偏好、态度和价值观方面的信息。研究者或许正在面对那些被访谈者主观处理过的，为自己的利益而提供的信息，被访谈者甚至力图通过左右研究者来达到自己的目的。因此，研究者在应用半结构化与非结构化访谈手段时，实际是和被访谈者进行博弈，如果没有相当深厚的研究功力，要得出适当的研究结果是有很大挑战性的。但是，如果应用得当，在探索性研究中，非结构化访谈更具优势。研究者或被访谈者可以通过一步一步深入地提问或回答，收集到丰富的数据，甚至会发现重大问题及其答案。

（4）深度访谈

它的优点是可以对应答者的处境和行为有更准确和清晰的了解。这可能是因为开放式问题使应答者可以根据自己的想法自由回答，而不用局限于几个备选答案。这种数据收集的方法对探索性和归纳性研究特别适用，因为它与研究的目的非常匹配。

举例

采访者开始问道："请您讲述一下有关您使用新电脑的经历，好吗？"

应答者："首先，我遇到了很多麻烦。"

采访者："什么麻烦？"

应答者："它与我的旧电脑不同，很难运行。"

采访者："怎么难运行？"

这一假说性的举例反映了应答者对学习使用新电脑感到不确定和不舒服。

深度访谈的缺点是它需要熟练而且谨慎的研究者。研究者对研究的问题、目的和要寻找的信息都应有全面的理解。当提出问题并询问补充性问题来进行进一步探索时，访谈的进程取决于访谈者的技能，因而访谈者的知识和技能是最重要的。访谈可能需要花费很长的时间，比填写结构化问卷要长，甚至可能需要对同一个应答者进行多次访谈（Churchill，1999）。

2）访谈的过程

（1）访谈前的注意事项

①确定访谈内容和对象。首先要考虑向访谈对象了解哪些情况。访谈目的不明

确，话题就难以展开，也无法了解到有价值的信息。其次要明确为什么要访谈该人，因为访谈就是要从合适的人那里得到合适的信息。

②分析把握背景资料。事先了解访谈对象的情况，调查其所在公司和行业的背景资料，有助于访谈的成功。如果你掌握了该被访者对你的研究抱有好意还是不满的信息，它将成为你控制访谈过程的重要依据。有了这样的准备之后，在访谈中你可以加进自己已知的一些情况，使双方的谈话能够顺畅地进行下去，也给对方一个平等交换情报的好处。好的访谈不只是单方获得信息，提供对方所关心的信息和看法也是非常重要的。比如，可以为对方提供公司内其他部门发生了哪些变化，公司干部或员工在想些什么和希望干些什么等信息。只要是不引起内部矛盾的情况，就可以给对方做一些介绍。

③起草访谈提纲或访谈问题。研究者应多次对这些问题与要研究的问题进行比较，一方面是为了检验二者的一致性，另一方面是看看这些问题是否全面，是否能够正确地找到你想要的东西。让其他人（也许是你的老师或师兄师姐）看看问题的陈述和访谈中将要问到的问题以检验其一致性，这非常重要。

事先要考虑好访谈的进程。例如，是从企业整体、经济局势、行业状况等一般性话题切入，还是单刀直入，直接进入核心问题呢？对此事先要有所筹划。

考虑了各个方面并准备了访谈提纲后，你就应当接近所要访问的人。你可以使用电话或信件或电子邮件，或结合采用。例如在信中，你可以解释研究的目的，提供简短的问题说明，描述你想要收集的信息类型。你还可以提到你会很快（"下周一"或"下周"）来电话预约一次访谈。在信或电话中，你还可以提及你认为访谈需要多长时间。访谈对象一般都有手头工作，属于时间紧张之人，明确告知访谈时间的长短有利于对方做好准备。切记，你不能要求在某个时点、日子或星期进行访谈，你只能适应被访谈者的日程安排而别无选择。

④预约访谈电话。给大家举一个实例。

举例
学生："赵经理您好，我叫×××，我正在准备关于新产品开发的硕士毕业论文。前天已经给您发了一封邮件，有我准备访谈的大纲，我特别希望能对您进行一次访谈，而且我想这个题目对您公司来说也很有意义。"
赵经理："这个题目看来是很有意思，但最近我们这里忙，而且我也没有时间。"
学生："我理解，但是，访谈只需要您一个小时。"
赵经理："让我想想，那你星期一上午9点能到我办公室见我吗？"
学生："那太谢谢您了！我一定会准时去拜访您的。"

⑤访谈工具的使用请求和准备。预约时要就能否使用录音设备征求对方意见。在联系被访谈者之前要明确的一个重要问题是你打算如何记录你将得到的信息。信息记录方法有很多，录音是一种有用的方法，普遍为人们所接受。录音的缺点是，被访谈者也许会犹豫或拒绝回答一些敏感的问题。另外，录音时访谈者也许不再认真地倾听，他们认为所有的信息已经录下来了，可以在以后一个更放松的环境下再

听。因而，在录音的同时做一些笔记是最有用的。

当你试图预约时，你需要告诉被访谈者你是否使用录音机或录像机。要记住，你应询问他们是否允许你用录音机，而不是通知他们你要用录音机。这自然会产生保密性的问题。如果对方要求对访谈的内容进行保密，你就必须承诺（或个人保证）对你得到的任何信息都要保密。如果有必要，你可以提供一份书面的保密保证书，由你自己和你的指导老师或学校的其他相关责任人，比如研究负责人来签署。

⑥先给对方一个理由或好处。预约访谈时，你还需要为被访谈者设计一个理由或奖励。为什么他们应该回答你的问题？这对他们有什么用？例如，你可以说明研究结果将提供给应答者，或者这些结果能帮助分析竞争或管理现状，他或她或公司会从研究中获益，也许研究会从整体上对所研究的产业或国家有所帮助，或者有助于政策制定者制定政策从而间接地帮助公司。无论如何，应答者需要给予理由或激励。

⑦确定和培训访谈人员。预约好访谈后，该决定谁去作采访了：一个人，还是几个人？一个人进行所有的访谈，还是不同的人对不同的公司或经理进行访谈？如果由不同的访谈者进行访谈，则需要对其进行培训。在结构化访谈中，由多个访谈者进行访谈很常见，对每个访谈者都要进行培训。一旦你确定了预约，澄清了诸如所需时间、是否录音等问题，你就应该为被访谈者寄去一封确认函，感谢他给你提供机会，并说明你期待着在约好的日子与他见面。这对于避免日期和时点上的误解和提醒被访谈者都很有必要。

⑧访谈工作的计划、组织和经费。在你开始预约和访谈之前，就要筹划如何对访谈所收集到的资料进行分析、讨论和思考，保证最后能够形成结论，这非常重要。你要考虑所有的成本，比如差旅费、访谈的时间，还有处理访谈结果的时间。我们看到过一些例子：研究者从非常模糊的研究过程开始，经过一些访谈或经过他们计划的50%的访谈后，由于差旅费用、时间耗费、兴趣丧失或成员矛盾等原因而中途放弃了。我们还看到一些学生开始访谈研究时，每个访谈花费2~4个小时，并录下所有的谈话，结果当他们开始听录音（这是一项非常花费时间和乏味的工作）时，他们不知道该如何处理这么多录音材料，最后只是按照自己的理解整理了一份简单的、没血没肉的纪要，把真正的访谈内容全遗漏掉了。辛辛苦苦花费大笔经费和精力做的访谈，在最后的报告中也只使用了不到一半的录音内容。事实上，整理和理解访谈录音可不是一件简单的事情，这和用统计方法处理问卷一样，没有特定专业能力的研究者可能会一筹莫展，听不出话中之音，解不出言外之意，找不出真正有价值的研究线索。

对于学生而言，解决这个问题最好的方法就是在开始访谈前得到有经验的老师的指导。与被访谈者约好后，接下来就应该与你的指导老师或研究同伴一起重新检查一下问卷或大纲。这时，你必须考虑数据收集的范围，考虑在报告分析中如何使用得到的回复以及怎样陈述收集到的信息。即使如此，整理和理解访谈内容的技巧和能力不是几天时间就可以学会的，需要坚持、努力和悟性。

⑨合理地安排时间。如果一天安排了不止一个访谈，你务必要安排好时间。当你处于另一个陌生的城市或在国外时，这一点尤为重要，因为你必须考虑从旅馆到达目的地的时间，特别是在交通高峰时段。被访谈者即经理们的时间有限，总是非常忙，你不能迟到半个小时，然后借口说到这里花的时间比你想象的要长，或交通堵塞，或找不到出租车。前一天晚上按时入睡也是明智的决定，带着满身酒气或睡眼惺忪地去采访别人绝不是什么好事。多年前的一件事至今我还清楚地记得，那是去天津对电信公司的老总和部门经理做访谈。第一天跟老总访谈成功了，就有些懈怠，晚上竟然打台球打到了凌晨四点。七点钟就要访谈另外的部门经理，只睡了两个小时的人要做高度紧张的访谈工作，其精神状况可想而知，好在我硬挺着坚持了下来，而另一位老师竟然当着对方的面就趴在桌子上睡着了。这次的访谈效果自然很不理想。

⑩遵从"商界社会的惯例"。商界可是个精英阶层汇聚的地方，特别是当你去那些大公司访问时，你在访谈中的行为举止如何，你应该穿什么样的衣服等都要注意。虽然这是访谈不是商谈，但也应该适当地穿着正式一些。如果穿着破旧的衣服或磨出洞的牛仔裤，头发乱蓬蓬的，相信你不会给被访谈者留下好的印象——他会认为你不重视这次采访，怀疑你是否在做一项值得做的研究，你这样的人所做研究的结果是否会对公司有所帮助。他怀疑你的时候，是很难对你的访谈工作给予应有的配合的。

访谈彩排。访谈需要在时间的占用、研究者自己的观点和问题、整理访谈结果等方面不断排练或练习。你可以找一个"假想访谈对象"，比如一个朋友或同学进行练习。如果"假想对象"对你的问题存在误解，那么被访谈者也可能会误解。

（2）访谈中的注意事项

①介绍访谈及其目的，并适当引导被访谈者。访谈者应该能够清楚地回答被访谈者提出的任何问题，比如：谁会从研究中受益？最终报告何时能够完成？他们能得到一份报告吗？此外，如果需要的话，访谈者应加强保密性以使被访谈者满意。在这个阶段，认识到被访谈者会提出问题而访谈者必须给予满意的回答是非常重要的。最初5~10分钟的介绍性工作是决定后面访谈进展的决定性因素。

②访谈者要使用简明的、容易理解的语言。在使用某些学科比如金融或管理的术语或概念时要特别小心，经理们虽然在这个领域内工作了多年，却很有可能不大熟悉书面术语。当访谈是在另一个环境或国家进行时，这一点尤为重要。这时，不仅使用术语要小心，而且整个语言的使用都要谨慎。你要确定所使用的语言和语言水平与应答者的知识和语言相匹配。

③无论提问的技巧如何，访谈者必须任由被访谈者回答问题。也就是说，提问的方式不应具有引导性或过于直接，因为这会给被访谈者施加压力从而使其以某种特殊方式来回答，甚至会给出他或她认为你想听到的回答。例如，不要这样提问题："你必须认识到……"或"你怎么能……"此外，访谈者应不时地表达对被访谈者所说的话的理解，不时地点头或说"嗯"，表示了解其中的含义。当被访谈者

不断地提出问题和回答问题时，访谈者必须对被访谈者以及他们的"故事"表现出兴趣和热情。

④访谈者应有效地控制访谈局面及访谈时间。虽然得到有关的信息（有关是指与研究范围有关）是很重要的，但小心的控制是必要的，这不仅是为了得到相关信息，也是为了管理时间。对每一个问题都要给被访谈者留出合理的回答时间，不应不时地打断。但是，经理们或其他应答者往往会长篇大论地谈论他们的经历和认识，特别是正面的经历，所以应该谨慎地控制一下时间。

控制时间非常重要，因为被访谈者只给你有限的时间，却可能对每个问题都愿意谈得很多。你必须确保在规定的时间内得到所有问题的回答。如果事先约定的时间是9点到10点半，很可能到10点半时被访谈者要去开会，将会停止谈话而请你离去，或有一些人进入房间来开会，使你只能选择离开。

举例

访谈者："我这次访谈的时间是一个小时，我已经阅读了贵公司的年报和主页，能不能麻烦您首先向我讲述一下贵公司过去成功的主要因素？"

经理开始详细解释他们公司的发展史和他扮演的角色。

访谈者："这非常有趣，但是请您多向我讲述一些您提到的有关公司发展的案例，好吗？"

⑤与被访谈者建立一种关系。这就是为什么我们强调在访谈开始的几分钟一定要千万小心的原因。你必须能给被访谈者留下一个认真、值得信赖和友善的印象。与被访者的关系越融洽，其回答就越开放，你所得到的有用信息也就越多。尤其是你因为时间或其他原因不能得到所有的信息，或你下一步会有其他问题要问的时候，这一点更加重要。如果被访谈者觉得与你交谈很愉快，他或她肯定不会介意与你再一次会面。访谈常常与工厂参观或午餐结合在一起，这是与被访谈者建立信任、友谊关系的一个绝好机会。

⑥小心敏感性问题。有时，问题本身的性质会比较敏感但必须问。这时，访谈者不应对被访谈者施加压力使其给出明确的"是"或"否"（承认……）的回答。有关某个战略或计划失败的原因，竞争者的成功或者财务问题的提问均属此类。例如，访问一位银行经理时，下面的问题会比较敏感："谁对贵行报告的所有坏账负责？"同样的问题可以换种方式来问。例如："您认为贵行所报告的坏账是由什么因素引起的？"避免提任何诸如"谁对某项失策或误算负责"这样直接的问题。关于组织内部冲突的问题也应该谨慎地用间接的语言提出。

向应答者询问信息的其他来源会给对方留下不好的印象，他们会认为你对其回答不满意或回答没有达到你的期望，所以你需要知道从哪里可以得到更好的答复。他们还会认为，你没有做好准备工作，不知道研究所需相关信息的来源。

另外，在多个访谈对象同时在场的时候，要考虑他们之间相互的关系和立场，预先确定一下在何时向哪位询问何事的先后顺序。要根据访谈目的，适当决定访谈高层领导的时间在先还是在后。

⑦保证设备的正常。如果你要对访谈录音或摄像的话，最重要的问题是访谈时

设备能否正常工作。如果不能，你会给被访谈者留下非常差的印象。我们前面说过即使你要录音或录像，也最好做一些笔记。这不但把关键点记录了两次，还显示出你的兴趣，并使自己保持清醒和警惕。此外，你必须认真检查访谈中要用到的设备，比如录音机或录像机，中间最好要检查一下这个重要的东西是否在正常工作——如果你访谈了一上午，回来发现录音机出现故障根本没有录上音，可能会非常绝望。

⑧做好承前启后工作。最后，还要确认一下访谈对象有没有别的想说明的，确认一下自己有没有遗漏掉的问题。然后，确定一下今后的联络人、联络方式和未决事项，约定再次的会面时间等，这样可以使以后的研究工作保持良好的连续性。

（3）访谈的五大技巧

访谈就是对话，主要是听人说话，而听人说话是需要技巧的。俗话讲，说话听声，锣鼓听音。如果你听不出对方话语中的真实意思来，访谈就是低效的，甚至是失败的。代表性的访谈技巧有"漏斗接近"、"一唱一和"、"换句话说"、"平衡提问"和"察言观色"等五大技巧，可以视访谈进行状况灵活采用。

①"漏斗接近"的技巧。访谈问题要从能自由回答的开放式问题开始，也就是从5W2H式的问题开始。当你在一定程度上把握了情况后，则可以问一些封闭式的问题，就是问一些能用"是"或"不是"回答的问题，这样可以确认一些细节。这种提问方式一般叫作"漏斗接近"法：先开放，再封闭；先宽泛，再聚焦。

漏斗接近法，和第5章讲的选题方法正好反过来，选题应该是小题目，大展开，即反漏斗法，如图6-1和图6-2所示。

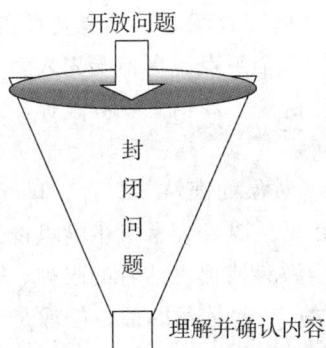

图6-1　访谈问题的展开　　　　图6-2　研究选题的展开

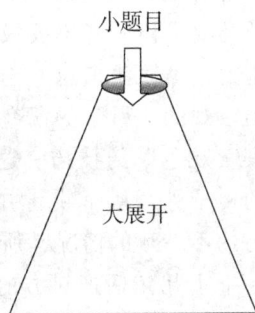

这种访谈方式就像漏斗一样，先从对方容易回答的开放式问题问起。如果你一开始就从难以回答的封闭式问题入手，就不容易为对方营造一种融洽的、易于说话的气氛。另外要注意的是，对所有的问题，最后应该加上一句"其他还有什么我应该了解的事情吗"，防止遗漏重要信息。

②"一唱一和"的技巧。访谈最好两个访谈者一起进行。这样做的目的之一是客观把握访谈的内容，因为比起一个人的独自解释，两个人不同角度的解释更有客观性。

这样做的目的之二是分工协作。一个人引导访谈方向，一边提问，一边把回答内容正确地记录下来是很难做到的。两个人就可以这样分工：一人集中精力引导访谈话题，表现出对对方所说内容的很大兴趣，另一人则做好访谈内容的记录，检查准备好的问题，根据访谈进展状况，决定此次访谈必须了解问题的优先顺序，告知下面还有哪些需要问的问题。

③"换句话说"的技巧。"换句话说"的意思，实际是"换个人说"，就是把对方说的话换成自己的话，而且用更简练的语言表达出来。这种技巧可以达到三个效果：取得对内容的相互理解；表示听者在认真地听对方讲话；将跑题的内容拉回主题。

"换句话说"的技巧用语一般是这样的："请让我确认一下，李总（访谈对象）说的是这个意思吧……""也就是说，这是……"等等。在说明一些较复杂问题的时候，可能用语言表述不如用图形演示更容易理解，这时可以将对方的话转换成图形，画在白板或笔记本或纸上。也可以把对方的话列成条目式、大纲式或警句式，这种更简练、更清晰的话语方式容易和对方确认真实的事实和意思。

不过请注意，这种换句话说的方法，不要应用在有争论发生的时候。在争论的气氛中使用，会让对方产生"这家伙怎么老是不理解我呀?!"的情绪，不会认真去听你的。也不要用在事实已经很清晰的时候，这会让对方产生"这样简单的事情反复唠叨什么呢?!"的情绪。

④"平衡提问"的技巧。所谓"平衡提问"的技巧，是指提问题时将一件事物的优点缺点、长处短处、强势弱势等均衡把握的技巧。平衡提问不容易暴露研究者的观点，却能使被访者必须在其中作出选择，这样研究者就容易弄清其真实意思。平衡提问技巧要求研究者不要极端地、绝对地坚持某个观点，更不要先入为主地按照自己既定的结论收集信息、遇到不符合既定结论的观点和信息就屏蔽掉。这样做根本得不出客观的、科学的研究结果。

⑤"察言观色"的技巧。这是指能够察觉访谈对象的表情、声音、口气变化，难以启齿的样子等，从而顺利引导访谈进行。人在说话时，经常发生嘴里说的和脑子里真正想的不一致的情况，所以就需要访谈者能敏感捕捉说话者的眼神、表情和声音变化，插上几句话把对方的真意找出来。比如，"要是我的话，好像是这样看的……""真的是这样啊……"

谈话中还要注意避免学生腔或知识分子味。研究者是专家，理论上的新词比较多，尤其是有人喜欢在话语中夹杂几个英语单词或学术概念，这样做有时会给对方留下不太好的印象。管理学者要学习管理者常用的语言，不要拿理论上的概念生搬硬套，更不要卖弄词汇。如果必须使用专业术语，则需要加上最低限度的说明，在使用容易明白的词之后，可以加上一句"管理学界常常把这个叫作……"

（4）访谈后的注意事项

①整理访谈信息和编写访谈报告。访谈回来后，你应该尽早写下访谈中的要点和操作中的细节，包括你是否得到了所有的回答，用了多长时间，对应答者的一些

看法，比如被访谈者是开放的还是保守的人，还有你对与被访谈者的互动关系的认识。所有这些细节在你听录音时或坐下记录所收集的信息时会有帮助。最重要的是，当你需要额外信息时，它会对你有所帮助。如果访谈时没有录音或录像，建议你在访谈结束后立即（或尽快）回顾一遍笔记，然后写出一份完整的、描述性的访谈报告。如果间隔很长时间再去整理，你也许会忘记许多东西或关键点。当你进行多个访谈时，这种风险会更大，因为你有可能把它们混在一起，分不清是谁说的了。

编写访谈报告是一件重要却乏味的工作。如果访谈没有录音，应尽快像叙述故事一样把它们写下来。对于结构化访谈，你应检查表格是否已完整、恰当地填写好。有记录的访谈常需要一些支持材料以提醒你回想起访谈时的情形和感受。最好的方法是先根据录音写下所有的信息，然后总结一份与研究有关的描述性访谈报告。在第二个阶段，你可以删除所有无关的谈话和信息。

②写感谢信。访谈回来后你要做的第二件事是给被访谈者写一封感谢信。你还可以寄去一些你在访谈中承诺过的，或在访谈时发现他们想要的有关研究项目的进一步信息。你应该尽力保持与被访谈者经常联系，随时告知他们研究的进展情况。

③征求反馈意见。将描述性访谈报告提供给被访谈者，向其征求意见是非常有用的。这是因为你也许误解了某些东西或不太确定被访谈者真正想说什么。根据你与被访谈者的关系，他们也许想知道他们说了些什么，而且往往会主动提供一些额外信息或澄清他们所说的。事实上，很多时候他们要求在你使用报告之前就看到它。出于信任和确保保密性与敏感性的目的，让被访谈者有机会看到你认为自己会在研究中和最终报告中使用的信息也是很重要的。但是，要注意这种信息共享和沟通不能引起内部矛盾，不能泄露企业秘密。在分析通过不同方法收集到的材料时，你会发现有些材料是多余的，有的可以不必包括在报告内，而有些部分则需要充实，需要补充更多的细节。视情况，你也可以与相关人员沟通，看看有无必要进行追加访谈。对于报告中的数字，你可以将其和财务等相关部门的数据进行比较，验证数字的准确性，修改、完善访谈报告。

●● 6.2.4 焦点小组法（focus group method）

1）焦点小组法的要求

焦点小组法作为数据收集的方法有多种形式，比如小组讨论、聚焦访谈、小组访谈和小组研究。它常用于管理学研究中，例如项目评估、市场营销、广告和沟通。焦点小组法的含义是一小组人通过彼此互相作用来寻找有关少数（焦点）问题的信息（Stewart 和 Shamdasani，1990；Bryman 和 Bell，2003）。

用这种方法访谈的小组应该是少数几个人，一般是 6 ~ 10 个人，这些人在会议主持人的引导下就特定的主题或问题进行讨论，主持人保持讨论不脱离主题（焦点）。太少（比如小于5）或太多（比如大于10）的参与者会使焦点小组法失效，因为个人参与的部分会变得太少或支离破碎。小组安排和讨论可以持续半小时到大约两小时。主持人可以对小组进行观察，有时不必介入讨论。

主持人在保持讨论不偏离主题和确保讨论顺利进行方面起着重要的作用。他的作用是确保小组成员之间的互动，注意他们是否在讨论被认为很重要的主题。在焦点小组讨论之前，研究者通常要准备好有关主题或关键词的清单。主持人的任务就是确保小组针对上述主题进行讨论，但不一定按照清单上的顺序进行。

主持人可以通过就主题提出一系列问题来对主题进行介绍，然后随着讨论的进行，使问题逐渐具体。访谈者指引的次数和性质影响着所收集数据的质量和深度。在最坏的情况下，小组讨论可能与主题或问题完全不相关，所以访谈者必须正确地指引。

尽管焦点小组法可以产生或提供定量数据，但它多用于收集定性数据。其运用的前提之一是：焦点小组的成员之间应该有共性。如果所收集的数据来自不同的群体，我们常建议为不同的总体子集安排独立的焦点小组。同质的小组会鼓励更有深度和更开放的讨论。

焦点小组法常用于探索某一特殊主题，而小组访谈则用于处理几个不同的主题。但是，焦点小组法和访谈法的区别却不十分明显（Bryman 和 Bell，2003），这可能就是两者经常交替使用的原因。二者的目的就是了解参与者的观点，而这只能在非结构化环境中才能进行（Merton，et al.，1956；Cowley，2000）。因此，在任何一种情况下，这两种方法都被频繁地运用于定性研究，常用于检验对广告活动的反应或预测某一选举的结果。

2）焦点小组法的优缺点

焦点小组法的一个优点是它产生了大量用被访谈者自己的语言和反应表示的丰富而又有深度的数据，而这用其他方法——比如调查法——是很难得到的。焦点小组法有助于研究者理解人们为什么会有他们当前的感觉或行为，也有助于研究者通过讨论和推理来探索每个人的观点，因为在焦点小组法中人们可以相互为自己的观点辩论，这揭示了人们是如何真实地思考不同的问题的。

焦点小组法的主要优点在于，它是一种快速、灵活、低成本的数据收集方法。它给观察者提供了观察人们在开放和自由交谈中的反应的机会。

焦点小组法还有一个优点就是它允许研究者与被访谈者直接互动，并随着讨论的进行作出反应。焦点小组法可以从没有受过教育的人或孩子那里收集信息，以这种方式收集的数据的结果易于理解。

焦点小组法的主要缺点是，这种数据收集方法使得对收集的信息进行概括和分类变得非常困难。而且，如前所述，缺乏技巧的主持人，要得到真正有用的信息是非常困难的。其他的缺点还包括：把人们集中在一个地方比较困难；愿意参与的少数人也许不能代表整个总体；小组成员的回答彼此间并不独立，有可能互相影响或者受小组"主导者"的影响；现场的参与和观察可能导致研究者对所收集信息的相信程度超过了事实；小组主持人可能有意或无意地对应答者持有偏见等。

3）焦点小组法的操作

通常在焦点小组中，研究者要在纸上或笔记本上记录数据。使用摄像设备以便研究者随后可以看到和分析数据的方法现在越来越普遍。在有多个焦点小组的情况下，要及时对记录和笔记进行分析，比如使用内容分析。这样就能很好地向研究者呈现访谈画面。

在管理学研究中，焦点小组法在下面的研究类型中尤其重要：①获得有关主题的一般背景；②提出研究假说；③激发新思想和创造性的概念；④诊断新产品、服务或项目的问题/成功因素；⑤形成对产品、项目、服务或组织/公司的印象；⑥了解应答者如何讨论现象，这对问卷设计和其他工具的使用可能有帮助；⑦解释先前获得的定量数据。（Stewart and Shamdasani，1990）

一旦得出对问题的清晰表述（如图6-3所示），确定代表更大总体的研究样本就非常重要。这种代表性非常重要，因为我们只观察少数个体。之后，我们需要找到一位合适的主持人，在他或她的帮助下设计访谈的指导原则或问题、焦点小组的结构，以及小组讨论如何进行等内容。在这一阶段应该招募小组成员，并征得他们的同意。在考虑了所有的缺陷和情况后，我们就可以准备执行了。最后，研究者需要解释和分析数据并撰写报告。

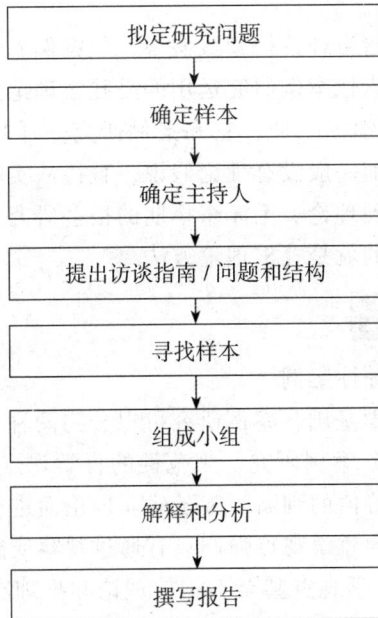

图6-3 焦点小组法的操作步骤

资料来源 STEWART D W，SHAMDASANI P N. Focus groups：theory and practice ［M］. Newbury Park，CA：Sage，1990.

》》6.3　案例研究法

●●6.3.1　什么是案例研究法

案例研究法是一种运用历史数据、档案材料、访谈、观察等方法收集数据，并运用可靠技术对一个事件进行分析从而得出带有普遍性结论的研究方法。目前，案例研究法已被普遍地应用到管理学、人类学、社会学、心理学、历史学等多种学科的研究之中。

1）案例研究的定位

（1）属于归纳法研究

在科学研究中，构建理论时一般有两种可选的方法：归纳法和演绎法（当然还有类比法，但较少使用）。归纳法以经验证据为基础；演绎法的基础则是逻辑推理，其结论在现实中不必是真实的，但一定是合乎逻辑的。案例研究属于归纳法，MBA学生现在的毕业设计都要求写案例，一般是以一个或各个公司的案例为经验基础，通过归纳法得出结果。比如，有人探讨造船等三个行业的企业案例，得出金融危机下，企业有采取减量经营策略争取"过冬"的趋势。

（2）属于实证法研究

案例研究事先可以有研究理论框架或假说，但案例一定来自实际。没有事先设定的理论框架和假说的探索性案例研究运用的是扎根理论的方法。扎根理论法被认为是定性研究方法中最科学的一种，它和案例研究一样是在经验的基础上建立理论，但研究者在研究开始前一般没有理论假说，直接从实际观察入手，从原始资料中归纳出经验，然后上升到理论。毛泽东早期的很多研究（比如《湖南农民运动考察报告》等）可以说运用的就是扎根理论方法。

2）案例研究的分类

（1）规范性案例与实证性案例

根据案例研究者的哲学基础，案例研究可以分为两种：规范性（normative）案例研究和实证性（positive）案例研究。规范性的哲学观点回答的是"应该是什么"的问题，存在明显的客观价值的判断。基于建立理论而进行的案例研究就属于规范性这一哲学基础。实证性的哲学观点强调只有通过观察或感觉获得的知识才是可以信赖的，"纯"实证性的哲学观点甚至不相信理论和推理在获得可靠知识上的有效性。基于检验理论而进行的案例研究就属于实证性案例研究。

（2）探索性案例研究、描述性案例研究与解释性案例研究

根据功能，案例研究分为探索性、描述性和解释性三种类型。探索性案例研究

是在未确定研究问题和研究假说之前，研究者凭借直觉线索到现场了解情况、收集资料形成案例，然后再根据这样的案例来确定研究问题和理论假说。描述性案例研究是通过对一个人物、部门组织、公司的生命历程、焦点事件以及过程进行深度描述，以坚实的经验事实为支撑，形成主要的理论观点或者检验理论假说（如钱德勒的《战略与组织》）。解释性案例研究旨在通过特定的案例，对事物背后的因果关系进行分析和解释。

6.3.2 案例研究的目的及选择

通过案例研究，人们可以对某些现象、事物进行描述和探索。案例研究还使人们能建立新的理论，或者对现存的理论进行检验、发展或修改。案例研究还是找到对现存问题的解决方法的一个重要途径。

案例研究是社会科学研究的多种方法之一，其他研究方法还包括实验、调查、历史分析、档案资料分析等。每一种研究方法都有其长处和不足，采取何种研究方法取决于：①需要解决的问题的类型；②研究者对研究对象的控制能力；③关注的中心是历史现象抑或是当前问题。

一般来说，案例研究适用于三种情境：要回答"怎么样"或"为什么"这样的问题时，研究者几乎无法控制研究对象时，当关注的中心是当前现实生活中的实际问题时。

艾森哈特（Eisenhardt）指出，案例研究"特别适用于新的研究领域或现有理论似乎不充分的研究领域。案例研究在某个主题的初期研究或需要新颖的观点时十分有用，而正常的科学研究则对认知的后期阶段十分有用"。

6.3.3 案例研究设计的类型及评价标准

1）案例研究设计的类型（如图6-4所示）

	单案例	多案例
整体式案例（单一分析单元）	类型1	类型3
嵌入式案例（多个分析单元）	类型2	类型4

图6-4 案例研究设计的类型

（1）单案例研究和多案例研究

案例研究可以使用一个案例（single case），也可以包含多个案例（multiple cases）。多案例研究的特点在于它包括了两个分析阶段——案例内分析（within-case analysis）和跨案例分析（cross-case analysis）。多案例研究法能使案例研究更全面、更有说服力，能提高案例研究的有效性，比如多个案例可以同时指向一个证据，或为相互的结论提供支持。

单个案例研究设计在几种情况下是合适的。第一，当一个案例代表测试理论的关键案例时，用单个案例即可。比如，徐州矿务局所编写的《徐矿之道》就是用学习理论探讨建立学习型企业的路线和方法。第二，当一个案例代表一个极端或独一无二的案例时，用单个案例，如宝钢经验。第三，与第二种相反，研究有代表性的、典型的案例，有助于加深对同类事件、事物的理解，如杨杜的《企业成长论》对中日企业进行比较研究。第四，研究启示性案例。研究者有机会观察和分析先前无法进行研究的科学现象。比如，海尔的《张瑞敏如是说》。第五，研究纵向案例，即对于两个或多个不同时间点上的同一案例进行研究。例如，明茨伯格对Steinberg Inc.的研究。

多案例研究设计中，每一个案例在研究中都有特定的目的，必须合理选择每一个案例。运用多个案例设计的优势是：多个案例得出的证据更有说服力。不过，用多个案例研究需要更多资源，比如时间、经费和研究工作。科研工作者常常要权衡利弊，作出选择。艾森哈特极力推崇多案例研究，她认为多案例研究能通过案例的重复支持研究的结论，从而提高研究的效度。她认为，案例研究的深度和对案例背景了解的程度不是由案例的个数决定的，而是由案例研究的方法决定的。另外，她还认为，多案例的研究能够更全面地了解和反映案例的不同方面，从而形成更完整的理论。

研究中所包含案例的数量没有上下限。案例有的时候一个就足够了。明茨伯格说："样本规模是1有错吗？为什么研究者总是要为此而道歉？Piaget应该为仅分离出一个原子而道歉吗？"艾森哈特则指出，没有理想的案例数目，一般来说，4到10个就可以了。如果低于4个，很难产生具有一定复杂性的理论，而且实证基础没有太大的说服力，除非单个案例内部有很多的次级小案例。如果案例超过10个，则很难处理大量的复杂数据。

多案例研究遵从的是复制法则，而非抽样法则。多案例研究设计中每一个单独的案例，既可能是整体式案例，也有可能是嵌入式案例。

（2）整体式案例研究和嵌入式案例研究

一个案例研究可能包含一个以上的分析单位。当需要对一个或多个次级分析单位进行考察时，就会出现一个研究中同时并存多个分析单位的现象。整体式和嵌入式案例研究各有利弊。整体式研究的问题是，案例可能流于抽象化，缺乏明确具体的证据或指标，研究过程中会出现新的方向，发生漂移。嵌入式案例研究的不足是，研究者把目光集中于次级分析单位，未能回到主分析单位。

2）研究设计时要注意的5个要素

（1）要研究的问题

（2）理论假说（如果有的话）

（3）分析单位

分析单位可以是个人，可以是一个企业的团队，也可以是市场中的某一产业等。对分析单位的不同界定，会导致使用不同的研究方法或不同的资料收集方法。

（4）连接数据与假说的逻辑

（5）解释研究结果的标准

3）研究设计质量的衡量标准

（1）建构效度（construct validity）

对所要研究的概念形成一套正确的、可操作的测量，包括在资料收集阶段采用多元的证据来源，撰写完报告草案后要求证据的主要提供者进行检查核实等。

（2）内在效度（internal validity）

从各种纷乱的假象中找出因果联系，比如 X 导致了 Y。研究者根据访谈等推论出自己的结论，要考虑推导是否正确，有没有另外的可能性，论证过程是否无懈可击。在证据分析阶段进行模式匹配，尝试进行某种解释，分析与之相对立的竞争性解释，使用逻辑模型。它仅用于解释性案例研究，不能用于描述性和探索性案例研究。

（3）外在效度（external validity）

案例研究的成果是否可以归纳成理论，并推广到其他案例中，包括在研究设计阶段用理论指导单案例研究，通过重复、复制的方法进行多案例研究。

（4）信度（reliability）

表明案例研究的每一步骤都具有可重复性，如果重复这一研究，就能得到相同的结果。在资料收集阶段采用案例研究草案，建立案例研究数据库。

●●6.3.4　案例研究的优势及局限

1）案例研究的优势

第一，案例研究不仅对现象进行翔实的描述，更对现象背后的原因进行深入的分析，它既回答"怎么样"和"为什么"的问题，也有助于研究者把握事件的来龙去脉和本质。

第二，案例来源于实践，没有经过理论的抽象与精简，而是对客观事实全面而真实的反映，将案例研究作为一项科学研究的起点能够切实增强实证的有效性。

第三，案例研究包含真实情境中的各种要素及特殊现象、突发现象，研究者在进行案例研究的过程中可能会发现一些前人没有觉察到的原因、现象或者结果等，这往往会成为案例研究中隐含的、有待检验的假说，成为以后研究的基础。

2）案例研究的局限

第一，在外部效度方面，由于案例研究非常耗费时间和人力，所以采用该方法进行一项研究时，通常不会调研大量的案例，而是应用小样本研究。然而，一个以小群体为被试得出的研究结论被应用于其他群体，或者较大的群体时，其有效程度是难以测量并令人信服的。因此，案例研究法的外部效度大大下降。

第二，在内部效度上，案例可以说是一个真实的故事，其中包含的信息极其丰富，这对研究者把握重要情况，提炼变量的能力提出了更高的要求。Yin（1994）认为案例研究的归纳不是统计性的，而是分析性的，这必定使归纳带有一定的随意性和主观性。由此，案例研究法的内部效度会被质疑。另外，在案例研究中现象和环境的边界不是十分明确的时候，研究的难度也会加大。

第三，在信度问题上，如果研究者采用多案例进行研究，案例间可能会是异质的，难以对案例进行归纳，这是信度上的不足。

6.3.5 案例研究的规范化步骤

案例研究的规范化步骤可分为以下几步：研究设计、数据搜集、数据分析和撰写报告。

1）研究设计

（1）明确研究问题

聚焦的问题必须明确，用包含"怎么样"和"为什么"的问题来表示，确定研究对象和数据搜集的范围。

（2）预设构念（适合解释性研究）

研究开始前根据研究问题和相关理论预设一些构念，并将其体现在访谈草案或问卷中，一旦被证明是重要的，则有其坚实的经验基础。

（3）说明相关理论（适合探索性研究）

尽可能了解相关的完整理论，以便更合理地搜集数据、分析归纳，最后的研究结论要和这些理论进行比较。

（4）基于理论的预测（适合解释性研究）

当进行解释性案例研究时，事先从现有理论中演绎、预设一些研究假说，然后用多案例验证。

（5）多案例设计

使用多个案例，或者一个单案例中嵌套几个小案例。

（6）明确分析单元

明确研究要聚焦的主要对象，分析单元可以是具体的，如个人、组织、产业等，也可以是抽象的，如决策、过程等。

（7）多案例的可复制逻辑

多案例的选择不同于统计研究的抽样法则，而与多元实验中的复制法则类似，被选案例要么能产生相同的结论（逐项复制），要么由于可预知的原因能产生与前一个研究不同的结果（差别复制）。

（8）试点研究

正式搜集资料前，可以对其中一个研究对象进行试点研究，给研究程序和内容提供经验。

（9）基于团队的研究

由多人组成的研究团队，有助于提高结论的信度，并且运用集体的智慧更有可能产生新发现。

2）数据搜集

（1）数据搜集程序

论文或报告中要说明数据搜集程序。

（2）多种搜集方法

尽可能使用多种资源，包括文献、档案、面对面访谈、非参与观察、参与观察、实物证据等。

（3）定性加定量数据

定量数据（问卷）也需要尽量搜集，可以避免被繁杂的定性数据所迷惑。

（4）证据三角形

强调对同一现象采用多种手段进行研究，通过多种数据的汇聚和相互验证来确认新的发现，避免偏见。它包括四种类型：不同的证据来源、不同的评估分析人员、同一资料的不同维度和各种不同的方法。

（5）案例研究草案

研究报告大纲要尽可能详细，包括案例研究问题、工作内容、研究程序、工作原则和最后撰写报告时要遵循的一些原则。

（6）案例研究数据库

对采集到的各种资料，如各种记录，研究过程中获得的文献、图表资料，每阶段对数据的分析、描述等应及时整理并建立数据库。

3）数据分析

（1）数据处理过程

在论文或报告中进行说明。

（2）实地记录、对原始数据编码、数据展示

（3）数据之间的逻辑关系

由最初的研究目标和研究问题，经历方法论步骤和具有明确参照关系的各种证据，到最后得出结论的"证据链条"。

（4）时间序列分析

对不同时间段搜集的数据可以采用此方法分析。

（5）案例之间的模式匹配

进行多案例分析时，建立一些分类或维度来分析案例之间的不同和相同之处，或将案例两两配对，列出它们之间的相同和不同点。

（6）引用原始数据

充分引用案例数据库中的相关部分，如访谈原话、定量数据、文献、观察记录等，增加研究结论的可信度。

（7）比较现有结论

将自己的研究结论与研究之初、研究过程中发现的相关理论进行比较，找出相同和不同，以及原因，来印证研究发现和理论贡献。

4）撰写报告

（1）要以读者需求为导向

（2）合理安排写作结构

写作结构如线性分析、比较、时间顺序、理论建构、倒置式及混合结构等。

（3）遵循一定的程序

报告完成后，可以请参与者和熟悉这个领域的人审阅报告。

▶▶ 6.4　扎根理论法

●● 6.4.1　扎根理论法的概念

扎根理论法（grounded theory method）是由芝加哥大学的 Barney Glaser 和哥伦比亚大学的 Anselm Strauss 两位学者共同发展出来的一种研究方法。扎根理论也被译为"草根理论"，从"grounded"一词而来，意思为"接地的"，故形象地称之为"扎根"。

扎根理论，就是用归纳的方法，对现象加以分析整理所得的结果。换言之，扎根理论是经由系统化的资料搜集与分析，而发掘、发展出来，并已暂时地验证过的理论。发展扎根理论的人不是先有一个理论然后去证实它，而是先有一个待研究的领域，然后自此领域中萌生出概念和理论。扎根理论法的特征有如下三点：

①扎根理论法是一种定性研究方法，它强调要忠实于所研究的现象；

②扎根理论研究者不相信理论可以首先通过演绎而得到，然后再加以测试；

③扎根理论法具有极强的可调节性，认为理论必须一部分一部分地构建，这样，理论才会累积，那些与数据或现象不相符的理论解释才会被抛弃。

6.4.2　扎根理论法的特点

扎根理论法要求产生的理论能生出丰富的概念和关系，并且应该满足四个条件：

①与该理论应用的分支领域有较强的适应性；

②容易为非专业人士所理解；

③能够被有效地运用到多样化的日常环境中；

④允许研究者对理论的结构和日常环境的过程至少能够进行部分的控制。

6.4.3　扎根理论法的基本思路

1）从资料中产生理论

扎根理论法特别强调从资料中提炼理论，认为只有通过对资料的深入分析，才能逐步形成理论框架。这是一个归纳的过程，从下往上对资料不断地进行浓缩。与一般的宏大理论不同的是，扎根理论法不对研究者自己事先设定的假说进行逻辑推演，而是从资料入手进行归纳分析。理论一定要追溯到其产生的原始资料，一定要有经验事实作为依据。这是因为扎根理论法认为，只有从资料中产生的理论才具有生命力。如果理论与资料相吻合，理论便具有实际的用途，可以用来指导人们具体的生活实践。

扎根理论法的首要任务是建立介于宏大理论和微观操作性假说之间的实质理论（适用于特定时空的理论），但也不排除对具有普适性的形式理论的建构。然而，形式理论必须建立在实质理论的基础之上，只有在资料的基础上建立起实质理论以后，形式理论才可能在各类相关实质理论之上建立起来。这是因为，扎根理论法认为知识是积累而成的，是一个不断地从事实到实质理论，然后到形式理论的演进过程。建构形式理论需要大量的资料来源，需要以实质理论为中介。如果从一个资料来源直接建构形式理论，跳跃性太大，有可能产生很多漏洞。此外，形式理论不必只有一个单一的构成形式，可以涵盖许多不同的实质理论，将许多不同的概念和观点整合、浓缩、生成为一个整体。这种密集型的形式理论比那些单一的形式理论的内涵更加丰富，可以为一个更为广泛的现象领域提供意义解释。

2）对理论保持敏感

由于扎根理论法的主要宗旨是建构理论，因此它特别强调研究者对理论保持高度的敏感。不论是在设计阶段，还是在搜集和分析资料的时候，研究者都应该对自己现有的理论、前人的理论以及资料中呈现的理论保持敏感，注意捕捉新的建构理论的线索。保持对理论的敏感不仅可以帮助研究者在搜集资料时有一定的焦点和方向，而且在分析资料时可以帮助其注意寻找那些可以比较集中、浓缩地表达资料内容的概念，特别是当资料内容本身比较松散时。

通常，研究者比较擅长对研究的现象进行细密的描述性分析，而对理论建构不是特别敏感，也不是特别有兴趣。扎根理论法出于对自己的特殊关怀，认为理论比纯粹的描述具有更强的解释力度，因此强调研究者对理论保持敏感。

3）不断比较的方法

扎根理论法的主要分析思路是比较，在资料和资料之间、理论和理论之间不断进行对比，然后根据资料与理论之间的相关关系提炼出有关的类属（category）及其属性。这种比较通常有四个步骤：

①根据概念的类别对资料进行比较：对资料进行编码并将资料归到尽可能多的概念类属下面，将编码过的资料在相同和不同的概念类属中进行对比，为每一个概念类属找到属性。

②将有关概念类属与它们的属性进行整合，对这些概念类属进行比较，考虑它们之间存在的关系，将这些关系用某种方式联系起来。

③勾勒出初步呈现的理论，确定该理论的内涵和外延，将初步理论返回到原始资料进行验证，同时不断地优化现有理论，使之变得更加精细。

④对理论进行陈述，将所掌握的资料、概念类属、类属的特性以及概念类属之间的关系一层层地描述出来，作为对研究问题的回答。

4）理论抽样的方法

在对资料进行分析时，研究者可以将从资料中初步生成的理论作为下一步资料抽样的标准。这些理论可以指导下一步的资料搜集和分析工作，如选择资料、建立编码和归档。当下呈现的每一个理论都对研究者具有导向作用，都可以限定研究者下一步该往哪里走、怎么走。因此，资料分析不应该只是停留在机械的语言编码上，而是应该进行理论编码。研究者应该不断地就资料的内容建立假说，通过资料和假说之间的轮回比较产生理论，然后使用这些理论对资料进行编码。

5）灵活运用文献

使用有关的文献可以开阔我们的视野，为资料分析提供新的概念和理论框架，但与此同时，我们也要注意不要过多地使用前人的理论。因为，前人的思想可能束缚我们的思路，使我们有意无意地将别人的理论往自己的资料上套，或者换一句话说，把自己的资料往别人的理论里套，也就是人们所说的"削足适履"，而不是"量体裁衣"。

在适当使用前人理论的同时，扎根理论法认为研究者的个人解释在建构理论时也可以起到重要的作用。研究者之所以可以"理解"资料是因为研究者带入了自己的经验性知识，从资料中生成的理论实际上是资料与研究者个人解释之间不断互动和整合的结果。原始资料、研究者个人的理解和前人的研究成果之间实际上是一个三角互动关系，研究者在运用前人研究文献时必须结合原始资料和自己个人的判断。研究者本人应该养成自问和被问的习惯，倾听文本中的多重声音，了解自己与原始资料和文献之间的互动关系。

6）理论性评价

扎根理论法对理论的检验与评价有自己的标准，总结起来可以归纳为如下四条：

①概念必须来源于原始资料，理论建立起来以后应该可以随时回到原始资料，可以找到丰富的资料内容作为论证的依据。

②理论中的概念本身应该得到充分的发展，密度应该比较大，即理论内部有很多复杂的概念及意义关系，这些概念分布在密集的理论性情境之中。与格尔茨（Geertz，1973）所说的"深描"有所不同的是：扎根理论法更加重视概念的密集，而"深描"主要是在描述层面对研究现象进行密集的描绘。

③理论中的每一个概念应该与其他概念具有系统的联系，"理论是在概念以及成套概念之间的合理的联系"（Strauss 和 Corbin，1994），各个概念应该紧密地交织在一起，形成一个统一的、具有内在联系的整体。

④由成套概念联系起来的理论应该具有较强的运用价值，应该适用于比较广阔的范围，具有较强的解释力，对当事人行为中的微妙之处具有理论敏感性，可以就这些现象提出相关的理论性问题。

6.4.4 扎根理论法的操作程序

扎根理论法的操作程序一般包括：
①从资料中产生概念，对资料进行逐级登录。
②不断地对资料和概念进行比较，系统地询问与概念有关的生成性理论问题。
③发展理论性概念，建立概念和概念之间的联系。
④理论性抽样，系统地对资料进行编码。
⑤建构理论，力求获得理论概念的密度、变异度和高度的整合性。

对资料进行逐级编码是扎根理论法中最重要的一环，其中包括三个级别的编码。

1）一级编码（开放式登录）

在一级编码（又称开放式登录）中，要求研究者以一种开放的心态，尽量"悬置"个人的"偏见"和研究界的"定见"，将所有的资料按其本身所呈现的状态进行登录。这是一个将搜集的资料打散，赋予概念，然后再以新的方式重新组合起来的操作化过程。登录的目的是从资料中发现概念类属，对类属加以命名，确定类属的属性和维度，然后对研究的现象加以命名及类属化。开放式登录的过程类似一个漏斗，开始时登录的范围比较宽，随后不断地缩小范围，直至码号出现了饱和。在对资料进行登录时，研究者应该就资料的内容询问一些具体的、概念上有一定联系的问题。提问的时候要牢记自己最初的研究目的，同时留有余地，让那些事先没有预想到的目标从资料中冒出来。在这个阶段研究者应该遵守的一个重要原则是：既什么都相信，又什么都不相信（Strauss，1987）。

为了使自己的分析不断深入，研究者在对资料进行开放式登录的同时应该经常停下来写分析型备忘录。这是一种对资料进行分析的有效手段，可以促使研究者对资料中出现的理论性问题进行思考，通过写作的方式逐步深化自己已经建构起来的初步理论。这一轮登录的主要目的是开放对资料的探究，所有的解释都是初步的、未定的。研究者主要关心的不是手头这个文本里有什么概念，而是它可以如何使探究深入进行。

在进行开放式登录时，可以考虑以下一些基本的原则：

①对资料进行仔细的登录，不要漏掉任何重要的信息；登录越细致越好，直到饱和；如果发现了新的码号，应该在下一轮进一步收集原始资料。

②注意寻找当事人使用的词语，特别是那些能够作为码号名的原话。

③给每一个码号进行初步的命名，命名可以使用当事人的原话，也可以使用研究者自己的语言，不要担心这个命名现在是否合适。

④在对资料进行逐行分析时，就有关的词语、短语、句子、行动、意义和事件等询问具体的问题，如：这些资料与研究有什么关系？这个事件可以产生什么类属？这些资料具体提供了什么情况？为什么会发生这些事情？

⑤迅速地对一些与资料有关的概念的维度进行分析，这些维度应该可以唤起进行比较的案例；如果没有案例，应该马上寻找。

⑥注意列出来的登录范式中的有关条目。

2）二级编码（关联式登录）

二级编码（又称关联式登录或轴心登录）的主要任务是发现和建立概念类属之间的各种联系，以表现资料中各个部分之间的有机关联。这些联系可以是因果关系、时间先后关系、语义关系、情境关系、相似关系、差异关系、对等关系、类型关系、结构关系、功能关系、过程关系、策略关系等。在登录中，研究者每一次只对一个类属进行深度分析，围绕着这一个类属寻找相关关系，因此称为"轴心登录"。随着分析的不断深入，各个类属之间的各种联系应该变得越来越具体。在对概念类属进行关联性分析时，研究者不仅要考虑到这些概念类属本身之间的关联，而且要探寻表达这些概念类属的被研究者的意图和动机，将他们的言语放到当时的语境以及他们所处的社会文化背景中加以考虑。

每一组概念类属之间的关系建立起来以后，研究者还需要分辨其中什么是主要类属，什么是次要类属。这些不同级别的类属被辨别出来以后，研究者可以通过比较的方法把它们之间的关系连接起来。当所有的主从类属关系都建立起来之后，研究者还可以使用新的方式对原始资料进行重新组合。为了发现目前这些分析方式是否具有实践意义，研究者还可以在对各种类属关系进行探讨以后，建立一个以行动取向或互动取向为指导的理论建构雏形。这种理论雏形将分析的重点放在处理现实问题和解决现实问题上面，其理论基础是当事人的实践理性。

3）三级编码（核心式登录）

（1）三级编码的含义与特征

三级编码（又称核心式登录或选择式登录）指的是：在所有已发现的概念类属中经过系统的分析以后选择一个"核心类属"，分析不断地集中到那些与核心类属有关的码号上面。核心类属必须在与其他类属的比较中一再被证明具有统领性，能够将最大数量的研究结果囊括在一个比较宽泛的理论范围之内。就像是一个渔网的拉线，核心类属可以把所有其他的类属串成一个整体拎起来，起到"提纲挈领"的作用。归纳起来，核心类属应该具有如下特征：

①核心类属必须在所有类属中占据中心位置，比其他所有的类属都更加集中，与最大数量的类属之间存在意义关联，最有实力成为资料的核心。

②核心类属必须频繁地出现在资料中，或者说那些表现这个类属的指标必须最大频度地出现在资料中；它表现的应该是一个在资料中反复出现的、比较稳定的现象。

③核心类属应该很容易地与其他类属发生关联，这些关联不应该是强迫的，应该是很快就可以建立起来的，而且相互之间的关联内容非常丰富。

④在实质理论中一个核心类属很容易发展成为一个更具概括性的理论；在发展成为一个形式理论之前，需要对有关资料进行仔细的审查，在尽可能多的实质理论领域进行检测。

⑤随着核心类属被分析出来，理论便自然而然地往前发展出来了。

⑥由于不断地对核心类属的维度、属性、条件、后果和策略等进行登录，因此其下属类属可能变得十分丰富和复杂，寻找内部变异是扎根理论法的一个特点。

在核心登录阶段，研究者应该经常问：这个（些）概念类属可以在什么概括层面上属于一个更大的分析类属？在这些概念类属中是否可以概括出一个比较重要的核心？我如何将这些概念类属串起来，组成一个系统的理论构架？

这个时期研究者写的备忘录应该更加集中，针对核心类属的理论整合密度进行分析，目的是对理论进行整合，直至取得理论的饱和和完整性。核心类属被找到以后，可以为下一步进行理论抽样和资料搜集提供方向。

（2）核心式登录的具体步骤

①明确资料的故事线。

②对主类属、次类属及其属性和维度进行描述。

③检验已经建立的初步假说，填充需要补充或发展的概念类属。

④挑选出核心概念类属。

⑤在核心类属与其他类属之间建立起系统的联系。如果我们在分析伊始找到了一个以上的核心类属，可以通过不断比较的方法，将相关的类属连接起来，剔除关联不够紧密的类属。

6.5 定性比较分析方法（QCA）

6.5.1 定性比较分析在管理学研究中的应用

定性比较分析（Qualitative Comparative Analysis，QCA）是20世纪80年代在社会科学研究中产生的一种针对中小样本案例研究的分析方法，尚处在不断发展和丰富之中。1987年美国社会学家 Charles C. Ragin 发表专著 The Comparative Method，首次将 QCA 引入社会科学领域，并将其视为一种整合量化和质化双重取向的研究方法。该著作随即成为社会科学领域被引次数最多的方法论著作之一，顶级期刊中基于 QCA 方法的论文数量也呈快速增长趋势。近些年 QCA 在国外管理学研究中也声势渐起，但国内相关研究和应用还较少。

目前学者们对于 QCA 究竟属于定性还是定量研究仍持有不同意见，本书暂将其划入定性研究方法的部分进行阐述。

1) QCA 方法的特点

QCA 方法被定位为一种"案例导向"的分析技术。基于对多个案例进行系统比较的目的，QCA 方法关注的是案例本身的复杂结构中蕴含了哪些条件，这些条件之间如何相互组合，并共同影响最终结果。

QCA 方法基于整体论，认为案例是原因条件组成的整体，因而关注条件组态（configurations）与结果间复杂的因果关系（杜运周等，2017）。社会现象发生的原因条件间多是相互依赖而非独立的，因此解释社会现象发生的原因需要采取整体的、组合的方式（Ragin，2000）。

QCA 方法以集合论和布尔运算为基础，通过对案例材料的深入研究提炼出需要横向比较且可供编码的条件变量，然后在构建真值表（true table）的基础上，再通过运算找到对结果产生影响的条件组合，即"组态"，最后结合案例进行深度阐释和进一步的讨论。

2) QCA 方法的优势

（1）对样本量要求较低

现有的定量研究法通常要求 200～300 个样本量以确保结果的稳健性，定性研究方法则更多专注于深挖单个研究对象的信息，通常只选取一个或最多几个样本。

而QCA则适用于处理中小案例数量在10~60个为宜（Bennett和Elman，2006）——这个样本量对于质性研究来讲太大但对于量化研究而言又太小。在更大的样本中，回归分析则相对更具有研究优势（Katz，Hau和Mahone，2005）。

Marx（2006）根据经验性估计，认为因素数量与样本数量的对应关系大致如下：

4个因素条件→10~12及以上样本数量；

5个因素条件→13~16及以上样本数量；

6个因素条件→16~25及以上样本数量；

7个因素条件→27~29及以上样本数量；

8个因素条件→36~45及以上样本数量。

（2）分析导致特定结果的多个前因条件变量组合

常见的量化研究方法只能处理线性相关关系，要求变量之间不能具有共线性，以找出各个变量的净效应。而QCA基于集合论，以构型理论为基础，关注因素之间的交互关系、联合成因和组合效应，可以发掘存在于多个因素之间的非线性关系，以便通过对前因条件组合的分析，对引致特定结果的复杂原因作出合理解释（张驰等，2017）。

（3）处理非对称的因果关系

回归分析得出的是相关性结论且为对称关系，即当变量水平高时结果的水平也高，反之亦然；而QCA分析的是不对称的因果关系，即导致结果变量高水平的条件构型和低水平的条件构型未必相同（张驰等，2017）。

（4）无须对跨层变量做特殊处理

传统的定量研究方法中，对于跨层变量需要使用多层线性模型等复杂方法进行处理；而由于QCA方法无须确保影响因素之间的独立性，因此特别适用于涉及多层变量的管理研究（Greckhamer，2011）。

3）管理学研究中的应用

张驰等（2017）通过回顾175篇文献，将QCA方法目前在管理学领域的研究问题归结为以下三类：

（1）探究引致同一结果的多种路径

不同的因果关系路径也许会产生相同的结果。QCA可以通过识别多种初始条件及其组合成的路径，将质性数据进行量化处理，对导致某一结果的前因条件组合进行整体性分析，从而测量出具有等效性的每一条路径对结果的净影响（倪宁和杨玉红，2009；李蔚，2015），这是传统的回归分析所不能及的领域。

（2）研究多因诱致的复杂社会问题并处理多个前因间复杂的互动关系

QCA最擅长解释的问题是成因复杂的社会现象。拉金指出："社会现象之所以复杂并难以解释，不是因为有太多的影响社会现象发生的变量（虽然条件变量的数量无疑也是重要的），而是因为不同的与原因相关的条件共同结合起来以某些方式产生一个特定的结果。"即 QCA 方法关注的是面对"多重并发因果"的多个同类案例，导致同一结果发生的有哪些因素组合，这些因素组合如何影响结果发生，哪一种组合起到的作用更大，QCA 聚焦的是因素的"有效变化"。

传统的回归分析在解决这个问题时处理起来比较复杂，需要通过一系列变通的方法完成。而 QCA 方法则可以直接用来分析在不同的前因构型下相关因素间表现出的不同互动关系，是少数可以直接简化复杂性的方法之一（Ragin 和 Sonnett，2008）。

组成构型的前因之间可能存在三种互动关系：互补性（complementation）、抑制性（suppression）以及互替性（substitution）。互补性是指采取一个或多个活动能够增加其他一个或多个活动的收益，具有互补性的要素之间具有协同效应；抑制性则恰好起到相反的作用。互替性是指两个因素在构型中起到相同的作用，可以相互取代、功能对等。

（3）作为分类方法的深化与补充

QCA 方法基于归纳逻辑，通过基于理论的简单类反事实分析和基于经验的复杂类反事实分析，得出不同简化程度的前因构型；然后再结合各构型的典型案例进行分析，并适当放大其解释复杂度，从而成为更具有科学性的定性经验分类手段，相比带有诠释特性的跨案例归纳比较而言（Eisenhardt，1989）。

此外，阿克赛尔·马克斯等（2015）认为，QCA 方法目前在期刊论文上的应用以"单一方法"为主，但在未来，QCA 与传统定量以及定性方法的"融合"将是研究的一大重点。

QCA 还可以帮助研究者借助建模寻求理论创新。由于 QCA 能够呈现出不同因素组合如何共同影响某个结果的多重路径，因而可以构建多个模型，并且通过对偶然和非常态因素进行深挖而可能探寻到理论上的创新。

6.5.2　定性比较分析的原理

1）QCA 方法的原理

（1）基于布尔逻辑探寻原因组合路径

QCA 的核心逻辑是集合论思想。拉金认为，社会科学研究中的许多命题可以用系动词表述，相应地可以转化为使用集合之间的隶属关系来表达。例如，"进行大规模 B2B 采购的公司都是大公司"这一论述，就表明：进行大规模 B2B 采购的公司这个集合是大公司这个集合的一个子集。如果将研究问题看作一个完整的集合，那么引发这个问题或现象的诸多前因条件，就是这个集合的不同子集。

通过一定数量的多案例比较，QCA 可利用布尔代数的运算法找到集合之间普遍存在的隶属关系，进而展开因果关联的分析。

（2）超越量化-质化二元研究路径

一般情况下，传统定量研究的基本研究逻辑为"提假设—找变量—建模型—假设检验—得出结论"，大都通过回归进行相关性分析，重点在于检验单个变量的影响效果在统计上是否显著。因此，定量研究追求更多的样本量、更好的统计显著性、推断出更大的总体，强调客观性和研究的可重复性（陈阳，2015）。而定性研究则更强调个案研究和全面深入地理解研究对象，多个案例的研究在操作上较难进行定量的结构化分析，对于研究者的提炼与分析能力也有更高的要求。

QCA 不是研究相关性分析，而是基于集合论进行因果关系的分析；QCA 的数学基础主要是模糊数学，不同于传统统计分析的随机数学。传统定量研究要求在研究之前提出假设，而 QCA 则可以在研究过程中提出假设，并基于特殊个案不断修正假设，最终得出结论——在这一点上，QCA 更像传统质化研究。但是，QCA 擅长处理的往往是具有相近结构化特征的案例集群，并且使用量化研究方法对案例进行编码和运算，这个分析过程又跟量化研究一样透明和可重复。因此，从某种程度上看，QCA 更像是近年来社会科学界倡导的"混合研究法"（毛湛文，2016）。

2）QCA 操作技术类型

QCA 依据不同研究需求开发出相应的分析软件，当前最主要的四种分析技术分别为：①基于清晰集的 cs-QCA 技术；②基于模糊集的 fs-QCA 技术；③基于多值集的 mv-QCA 技术；④最新发展的 T-QCA 技术（毛湛文，2016）。

3）QCA 方法的基本操作步骤

（1）确定条件变量

通过深入研究案例材料，建立理论假设，提炼出需要考察的条件变量。条件变量的设定应满足两方面的条件：一是应有扎实的理论支撑，即有充足的文献论证该条件存在的合理性；二是应可供编码。

（2）对变量进行编码

根据所选择使用的不同软件要求对所有变量（前因条件变量和结果变量）进行编码处理，如在清晰集分析中，对条件是否发生编码为 1 或 0；在模糊集分析中，对条件是否发生编码在 0~1 的区间内。QCA 编码的过程，实质上可以看成是对质化案例进行标准化操作的过程。

（3）构建真值表

真值表能够呈现导致结果变量发生的所有条件变量的组合情况，以及覆盖的案例数量。建立逻辑真值表，不仅可能反映出导致结果现象发生或不发生时多种条件的具体状态，还可以通过软件操作对真值表进行逻辑运算，获得分析结果，看到这些组合是如何，以及在多大程度上导致了结果的发生或不发生。QCA 软件有三种方案可供选择：复杂方案、中等复杂方案和简单方案。

比如，导致现象 R 发生的条件变量有 A、B、C 三个，则在 R=1 的情况下，条件变量的可能组合有以下8种（见表6-2），即8个集合。通过QCA的运算要得出，在一定数量的样本案例中，当R=1时上述8个集合各自覆盖到的案例占总样本数的比例。假设样本中的案例数量为12个，其中集合 {A=1，B=0，C=1} 出现在10个案例中，出现频次最高，这时则可以推导出结论：当条件B不发生且条件A和C都发生时，结果R=1的概率最高。

表6-2   R=1时的条件变量组合表

A	B	C
1	1	1
0	1	1
1	0	1
0	0	1
1	1	0
0	1	0
1	0	0
0	0	0

这是比较理想的情况，实际情况要更加复杂。特别是案例数量较多、条件变量也较多时，可能就会出现同一组条件变量既可能导致结果发生，也可能不发生；或是在某一结果发生的某一条件组合中，某个单独条件变量无论是否发生，最终覆盖的案例结果都会发生。因此还应注意遵循"布尔最简化"原则，即"如果在两个布尔代数表达式中只有一个条件的取值不相同，且它们得出相同的结果，那么这个取值不同的条件应当是冗余的、可以删除的，这样就能得出一个较为精简的布尔代数表达式"（Ragin，1987）。借助这一原则，QCA最终要找到的是解释结果变量发生的最典型、最精简、最核心的原因组合路径（毛湛文，2016）。

（4）重新审视案例

将此前获得的条件组合模型重新代回案例进行审视，这个模型可否对案例所代表的社会现象和问题重新进行结构化分析？再回溯此类研究已有相关理论进行对比分析，则可能会有助于获得新的理论发现。

6.5.3　使用QCA方法的例子

我们使用程聪和贾良定（2016）发表在《南开管理评论》的一篇论文来说明使用QCA的具体步骤。文章选用的样本量为48，显然不足以支持传统定量分析的要求，但对于定性研究而言，又很难结构化地进行分析，因而选择了QCA方法。

文章作者通过对2004—2014年这十年间我国典型企业跨国并购案例的研究，

对跨国并购驱动机制的类型进行总结和归纳。作者根据已有理论和文献将驱动要素区分为制度层面和企业层面各三个要素，前者包括并购监管制度、不确定性规避和权力距离要素，后者包括企业跨国并购经验、企业管控能力和支付方式要素，然后采用清晰集的QCA方法进行了整合性分析，考察逻辑条件组合对跨国并购成效的影响。

数据来自中国并购公会数据库，样本共包括48起并购事件，其中并购成功的案例25起，并购失败的案例23起。

图6-5为简化的研究框架图。

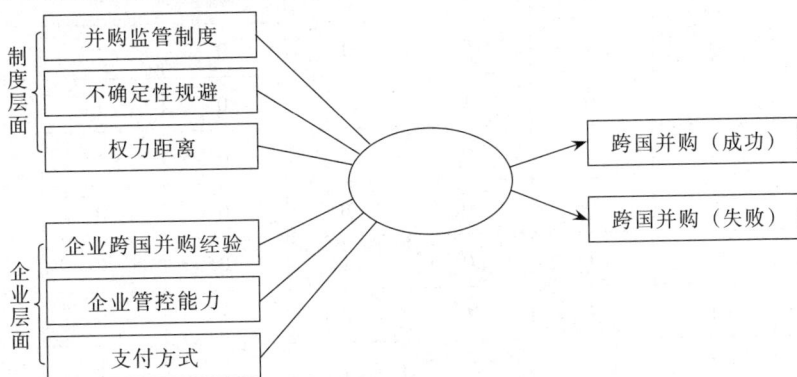

图6-5　简化的研究框架

根据对以往文献的研究，按照清晰集QCA方法要求，将样本中的前因条件按照"二分归属原则"标定为0或1，详见表6-3。

表6-3　　　　　　　　　　　　　　变量选择与赋值

层面	解释变量	数据统计	赋值
制度层面	并购监管制度（SUS）	清廉指数（≥50）	1
		清廉指数（<50）	0
	不确定性规避（UAI）	不确定性规避指数（≥30）	1
		不确定性规避指数（<30）	0
	权力距离（PDI）	权力距离指数（≥50）	1
		权力距离指数（<50）	0
企业层面	企业跨国并购经验（ACE）	本次并购前有并购经验	1
		本次并购前没有并购经验	0
	企业管控能力（COC）	获得核心技术、专利或者市场资源	1
		没有获得核心技术、专利或者市场资源	0
	支付方式（PME）	现金支付	1
		其他支付方式	0

进一步将编码表导入QCA软件，构建真值表，详见表6-4。

表6-4 真值表

ACE	COC	PME	SUS	UAI	PDI	CON	FRE.
1	1	0	1	0	1	1	7
0	1	0	1	0	1	0	7
0	1	1	1	1	0	0	3
1	0	0	1	0	0	0	3
1	1	1	0	1	0	1	2
1	1	0	1	0	0	1	2
1	1	1	0	1	0	1	2
0	0	0	0	0	0	0	2
1	0	1	0	1	0	0	2
1	1	1	1	0	1	0	2
0	1	0	1	1	0	1	1
1	1	0	0	0	0	1	1
1	1	1	1	0	0	1	1
1	1	1	1	1	1	1	1
0	1	0	1	0	1	1	1
0	0	0	1	0	1	0	1
0	1	1	1	0	0	0	1
0	0	0	0	0	0	0	1
0	0	0	1	0	0	0	1
0	0	0	1	1	0	0	1
0	0	1	0	1	0	0	1
0	1	1	0	0	0	0	1
0	1	1	0	1	0	0	1
0	1	1	1	0	1	0	1
1	0	0	0	0	1	0	1
1	1	1	1	1	0	0	1

通过软件操作对真值表进行逻辑运算，并购结果一致性门槛值设定为不小于 0.8，获得分析结果，见表6-5。

表6-5　　　　　　　　　　企业跨国并购成功的前因条件构型

变量	C1a	C1b	C2	C3	C4a	C4b
PME	⊕	⊕	●		⊕	⊕
ACE	●	●		●		
COC	·	·	●	●	·	●
SUS	⊕	⊕	⊕	·	⊕	⊕
UAI	·		·	⊕	·	·
PDI		⊕	⊕	·	●	●
CS	1	1	1	1	1	1
CV	0.36	0.32	0.12	0.16	0.04	0.04
NCV	0.08	0.04	0.12	0.16	0.04	0.04
OCS	1					
OCV	0.72					

注：（1）● 或 · 表示该条件存在，⊕ 或 ⊕ 表示该条件不存在，"空白"表示构型中该条件可存在、可不存在；● 或 ⊕ 表示核心条件，· 或 ⊕ 表示辅助条件。（2）CS 表示一致率，表中所有前因条件构型的一致性指标为1，大于理论值0.8，说明文章中6个前因条件组合中的所有案例都满足一致性条件。（3）CV 表示覆盖率，用来衡量前因型对于结果的解释程度，覆盖率指标越大，相应前因条件构型对于结果的解释力度越大。（4）NCV 表示净覆盖率，即由该构型独立解释，不与同一被解释结果的其他构型重合的覆盖率。（5）OCS 表示总体一致性，其指标为1，大于理论值0.8，进一步说明文章中所有案例组成的前因条件也是并购成功的充分条件。（6）OCV 表示总体覆盖率。

由表6-5可以得出，能够驱动企业跨国并购成功的要素组合包括6种前因构型，文章进一步将具有相同核心条件的前因构型进行归类，从而将它们归纳为以下四种企业跨国并购驱动机制模式：①企业内部主导型，包括 C1a 和 C1b 两个子模式；②积极制度主导型，对应 C2 构型；③消极制度主导型，对应 C3 构型；④内外配合主导型，包括 C4a 和 C4b 两个子模式。在对每一种驱动机制类型进行解释的过程中，还引出了相应的案例素材进行探讨。企业管控能力在所有四种市场驱动模式下都是十分重要的驱动要素。企业内部主导型驱动模式下拥有丰富并购经验的企业采用非现金支付更容易获得成功，而积极制度主导型驱动模式下企业则采用现金支付更容易获得成功；消极制度主导型驱动模式下企业跨国并购经验的作用十分关键，而内外配合主导型驱动模式下则采用非现金支付更容易获得成功。

⟫ 6.6 其他定性研究法

● 6.6.1 分类法

分类法是根据对象的共同性和差异性，将对象区分为不同的种类，并形成一定的从属关系的不同等级的系统的逻辑方法，它是一种对材料初步加工的方法。尽管如此，你千万不要忽视分类法的作用，因为它是其他定性和定量方法的基础。

尽管客观事物千差万别，但事物间又具备着共同的本质属性或共同的重要特征，具有一定的必然联系。分类是一个"既在分又在合"的研究工作：找出事物的具体特性，就是一个分的过程；依据事物的一般特性，把事物归为不同层次的类别，又是一个合的过程。比如，我们认为员工中有车工、钳工、锻工，有技术员、程序员、设计员等，这就是对员工这个群体（或概念）进行分，但你又认识到车工、钳工、锻工是操作工人一类，技术员、程序员、设计员是技术人员一类，这就是合。合就是归类。将上述六类人员与研发经理、车间主任、财务主管等作区别分类时，他们是员工，后者则是管理人员了。"类"是具有某些共同特征的事物的集合，分类是通过比较对象之间的相似性、共同性，将它们归属于一个确定集合的思考或行为过程。

1）分类的规则

分类包括三个基本要素：分类依据、母项（被分的大类）和子项（把大类分解为若干小项）。按照分类的这一结构进行分类时，必须遵守下列规则：

（1）标准的同一性

标准的同一性即每一次分类都必须用同一分类标准，按同一根据进行。因为人们在实践中所要达到的目的不同，分类的根据可以不同。但是，每一次分类时不能同时用两种或两种以上的分类标准，否则会造成分类的混乱，甚至发生错误。比如，企业的分类标准是国别，你只能分为中国企业、美国企业、日本企业等，不能再加入产业的标准，分为中国企业、美国企业、日本企业、汽车企业、电信企业等。

（2）子项的独立性

子项的独立性即分类的各个子项必须互不相容。分类的各个子项之间都是全异关系，不能在分类后有一些分类项既属于这个子项又属于另一个子项。比如，按照国别分出中国企业、美国企业、日本企业是正确的，但如下这样的分类就违反了子项的独立性：中国企业、美国企业、日本企业、浙江企业、北京企业。这是因为中国企业的概念中已经包括了浙江企业和北京企业。

（3）子项的归一性

子项的归一性即各子项之和必须等于母项，而不能小于或大于母项，不能出现子项不全或多出子项的现象。比如，北京行政区划内的全部企业分布在东城、西城、朝阳、海淀、丰台、石景山等16区。如果你说北京行政区划内的全部企业分布在东城、西城、朝阳、海淀、丰台、石景山等"城六区"，那就是子项不全；如果你说北京行政区划内的全部企业分布在东城、西城、朝阳、海淀、丰台、石景山等16区以及香河、廊坊，那就是多出子项。

（4）分类的层次性

分类的层次性即分类应该按一定层次逐级进行。比如，你可以将大企业分为世界500强，中国500强，北京500强，海淀区500强，其分类就是逐级进行的。但是，要注意各层次可能是有交叉的，因为世界500强中包含了中国500强中的企业，中国500强有可能包含了北京500强中的企业。分类时必须清楚地了解各项之间的关系，必要时要作出说明。

总之，分类一定要按分类的逻辑规则进行，否则就不可能作出合理的和正确的分类。没有合理和正确的分类，以后的研究分析工作就无从做起。不少学者不重视分类或者没搞清分类，没搞清概念的内涵和外延，就仓促进入定量分析，一定会招来研究中的混乱和结果的不真实。因此，建议有研究兴趣的人一定要学一些形式逻辑知识。

2）分类的方法

本书第2章有关管理学研究的六个主要框架，比如线性框架、分层框架、曲线框架、循环框架、平面四分框架和金字塔框架，其实就是对管理学研究中最基本的分类方法的一种描述，这是已经抽象到了纯粹形式的一种分析，也是本书的一个创新。分类的方法具有无穷多样性，只要你有一种特定的标准，就可以形成一种分类，比如人可以按性别、年龄、身高、体重、胖瘦、住址、职业、兴趣、婚否、出身、国籍、信仰等进行分类。在此我们仅按照构建概念和研究框架或模型的需要介绍几种。

（1）按含义分类

研究中所用的各种思想观点应有其具体的、特定的含义或性质，要按照含义进行分类，做到一概念一含义，有相近、相似概念要作出说明，保证各概念之间在含义上无重复无遗漏。

（2）按层次分类

按含义分类后的概念或思想观点要按不同层次构成金字塔，越往上越抽象，越往下越是事实或接近事实的假说。换句话说，每一层次上的思想观点必须是低一层次思想观点的概括，同一层次的思想观点必须属于同一范畴，也就是抽象层次要一致。

（3）按顺序分类

每一层次的概念或思想观点为一组，每组的概念或思想观点必须符合逻辑顺序。常用的顺序有四种：

演绎顺序（大前提，小前提，结论）；

时间顺序（过去，现在，未来；第一，第二，第三……）；

结构顺序（北京，上海，天津，重庆）；

重要性顺序（最重要，次重要；首先，其次，再次，最后）。

（4）按完整性分类

由于现实事物的极其复杂性，我们有时候很难做到完整性分类，可以采取的一个办法就是，在做完能够做的主要分类之后，再加上一个"其他"，将所有未认识到的，目前情况还做不到的，或者本研究不需要做的等，统统归到"其他"中去，以保证分类的形式上的完整性。

正确的分类对研究具有重要的意义。它可以把复杂的事物（概念）条理化、明确化、系统化，它可以揭示事物（概念）的内部结构和比例关系，揭示各事物（概念）之间的联系与区别。分类还具有科学预见的重要作用，为人们认识新事物充当向导。总之，分类是一切定性、定量研究的开始。

当然，分类方法也有它自身的局限性。一般说来，它适于静态地反映事物的现状，而不能动态地揭示事物变化发展的规律。能揭示动态规律的方法不是分类，可能是"分段"方法。说到底，分段方法也可以叫作按照时间标准进行的分类。比如，人们对经济周期的阶段性分类，对企业成长周期的阶段性分类等。

● 6.6.2　文献法

在上一章我们对文献研究法已经做了简单描述，鉴于文献研究是某些从理论出发的研究者的起始站，本章我们再展开一下。文献研究法主要指搜集、鉴别、整理文献，并通过对文献的研究，形成认识和新的认知的方法。文献研究是偏向定性的，但也可以做定量分析，比如内容分析法就是通过对文献的定量分析、统计描述来完成研究成果的。文献研究的最大特点就是"见文不见人"，不与文献中记载的人与事直接接触（有的人与事可能你根本就接触不了，比如你研究孔子管理学，你还真没办法约孔子出去喝杯茶，做个访谈），因此，其又被称为非接触性研究方法。

1）文献的概念和种类

（1）文献的概念

文献的现代定义为"已发表过的，或虽未发表但已被整理、报道过的那些记录知识的一切载体"。"一切载体"，不仅包括图书、期刊、学位论文、科学报告、档案等常见的纸面印刷品和页面电子文档，也包括实物形态的各种材料。

（2）文献的种类

文献的内容多种多样，按其性质、内容加工方式、用途大致可分为零次文献、一次文献、二次文献和三次文献，或称为零级、一级、二级、三级文献。

①零次文献。零次文献即曾经历过特别事件或行为的人撰写的目击描述或使用其他方式所做的实况记录，是未经发表和有意识处理的最原始的资料，也可视为第一手文献（primary documents）。这类文献包括未发表付印的书信、手稿、草稿和各种原始记录。

②一次文献。一次文献也称原始文献，一般指事件经过记录、访谈文章、专利说明书、会议文献、论文、调查报告等。只要是初次发表的原始创作，例如一篇论文，无论是手稿、铅印、译文或者复制件，始终是一次文献。具有原创性的研究成果一般都是一次文献。

③二次文献。二次文献又称检索性文献，是将分期发表的、无组织的一次文献经过加工整理、简化组织，如著录文献特征、摘录内容要点，而使之成为便于查找与利用的系统的文献，如书目、索引、文摘等形式的检索工具。二次文献的作用，不仅在于报道，重要的是为查找一次文献提供线索。

④三次文献。三次文献也称参考性文献。三次文献是在利用二次文献检索的基础上，对一次文献进行系统的整理并概括论述的文献，包括综述、专题述评、学科年度总结、进展报告、数据手册、进展性出版物以及文献指南等。

从一次文献到二次文献、三次文献，是一个由博而约，由分散到集中，由无组织到系统化的过程。从文献研究来说，一次文献主要是研究的对象，二次文献则主要是检索相关领域文献的手段与工具，三次文献是前人或你自己做相关领域研究的整理和概括评述，而零次文献则是实证研究的原始资料。

2）文献法的概念

文献法主要指搜集、鉴别、整理文献，并通过对文献的研究形成对事实的认识的方法。文献法是一种古老而又富有生命力的科学研究方法。对现状的研究，不可能全部通过观察与调查进行，它还需要对与现状有关的种种文献作出分析。中国自古就擅长考据、诠释、注释，《论语》和《道德经》寥寥几千言，今人已经通过文献研究将其扩展成几千万言的"论语学"和"道德经学"了。基督教有一本《圣经》，大家就都在那里老老实实地读，好像很少有人斗胆去著书评论甚至批判；我们不同，除了认认真真地读《论语》，还要认认真真地做注释，写心得，心里不高兴就批判。中国的文明史可以说除了岩画石窟、青铜陶俑、秦砖汉瓦、明清家具、万里长城等之外，累积最多的就是文献和文献的文献了（也就是三次文献）。国人好像都比较喜欢写书——包括正在写书的我们。

认知不能总是从零开始。没有继承和借鉴，知识不能得到迅速的发展，这决定了人们在研究先前的历史事实时需要借助文献的记载，在发展新的研究领域时需要继承文献中的优秀成果。现代研究不仅需要以人之间的协作为条件，同样需要以利用前人的劳动成果为条件。利用文献是实现利用"前人劳动成果"的重要措施和方法，也是促进和实现"今人的协作"的条件和基础。

一般来说，研究需要充分地占有资料，进行文献调研，以便掌握有关的科研动态、前沿进展，了解前人已取得的成果、研究的现状等。这是有效、少走弯路地进行任何研究工作的必经阶段。从研究的全过程来看，文献法在研究的准备阶段和进行过程中，经常要使用。没有一项研究是不需要查阅文献的。

但是，研究者一定要注意，在知识产权已经成为基本规则的现代社会，占有资料可不是将别人的研究成果据为己有，有关这一点，请各位再去参照一下第3章的研究伦理之内容。我们希望那一章成为大家读完这本书之后再返回去读一遍的特殊的一章。

3）文献法的一般过程

文献法的一般过程包括五个基本环节，分别是提出课题或假设、研究设计、搜集文献、整理文献和进行文献综述。

文献法的提出课题或假设是指依据现有的理论、事实和研究需要，对有关文献进行分析整理或重新归类研究的构思阶段。

研究设计首先要建立研究目标，研究目标是指使用可操作的定义方式，将课题或假设的内容设计成具体的、可以操作的、可以重复的文献研究活动，它能解决专门的问题和具有一定的意义。这在本书第4章、第5章已有介绍。下面我们主要探讨文献法的搜集、整理和综述这三个最主要的阶段。

4）文献的搜集

我们建议，文献研究的基本流程是：从二次文献开始概览所有相关研究，再进入一次文献也就是最核心文献进行精读，然后再到三次文献中比较别人对文献的评述，最后整理出属于自己的三次文献——文献综述。

（1）搜集文献的渠道

搜集研究文献的渠道多种多样，文献的类别不同，所需的搜集渠道也不尽相同。搜集文献的主要渠道有：图书馆，档案馆，博物馆，朋友藏书，学术会议，互联网等。

（2）搜集文献的方式

搜集研究文献的方式主要有两种：检索工具查找方式和参考文献查找方式。检索工具查找方式指利用现成（或已有）的检索工具查找文献资料。现成的工具可以分为手工检索工具和计算机检索工具两种。手工检索工具主要有目录卡片、目录索引和文摘。参考文献查找方式又称追溯查找方式，即根据作者文章和书后所列的参考文献目录去追踪查找有关文献。

搜集文献应注意三点：首先，应努力做到充实和丰富；其次，应有明确的指向性，即与研究目标或课题有关；最后，应该尽量做到全面。所谓全面，是要求研究者不仅搜集课题所涉及的各方面的文献，还应注意搜集由不同人或从不同角度对问题的同一方面作出记载、描述或评价的文献，不仅搜集相同观点的文献，还应搜集不同观点，最好是相反观点的文献，尤其要防止研究者已有观点或假设对积累指向的影响，不要轻易否定或不自觉地忽视与自己观点相左的材料。

一般情况下，搜集文献可先从那些就近的、容易找到的材料着手，再根据研究的需要，陆续寻找那些分散在各处、不易得到的资料。搜集文献是一个较为漫长的过程，为了使整个过程进行得更有效，可以根据实际情况分为若干阶段进行整理。每一阶段，把手头积累到的文献做一些初步的整理，分门别类，以提高下一阶段搜集文献的指向性和效率。此外，还可以使用现代化的检索方法快速查找，获取所需要的文献资料。搜集文献，不只是在有了具体的研究任务以后才需要做，更重要的是在平时经常注意积累和搜集各种文献资料，养成习惯，持之以恒。

5）文献的整理

可以通过做卡片、写阅读摘记、做笔记等方式，有条理地整理文献中与自己研究课题相关的部分。

常用的卡片有目录卡、内容提要卡、文摘卡三种形式。写阅读摘记与笔记既是搜集文献的方法，在某种意义上也是整理文献的方法，光靠复印下来一大堆资料而不去思考、梳理、消化是不行的。因为阅读摘记和笔记渗透了研究者的思维活动，是阅读别人的第一手文献形成自己的第二手文献的工作，也是自己的第一手文献的形成过程，是在研究过程中形成的"半成品"。

阅读摘记以摘记文献资料的主要观点为目的。因不受篇幅限制，它比卡片式的内容提要详细得多。研究者在读到一些较有价值的文献，或者读到一些在主要观点和总体结构上很有启发的资料时，就可采用读书摘记的方式，把其主要观点和结构的框架摘记下来。总体说来，摘记的重点在"摘"，不在"评"。与摘记不同，笔记的重点在"评"。摘记时最需要注意的是不要"窃记"，做笔记时最需要注意的是形成自己的观点，而不是以"批判"他人结束。写得好的笔记，就是能提出新思想和新观点的笔记，整理出来就是文献综述，本身就已经接近科研成果。

文献整理的具体方法可以参考分类法，或根据含义相同观点、不同观点和类似观点，或根据不同层次的观点，或根据不同顺序的观点，或根据不同完整性的观点等进行整理，一定会找出相关领域的已有研究的地图，并从中发现自己可能展开研究的战略空间。

6）文献的综述

有的研究确实是从零开始，但大多数研究是在前人研究成果的基础上继承和发扬。所谓创新，较少是从无到有，较多是从旧到新。

按照李怀祖的观点，文献综述的作用是帮助自己弄清前人的各种观点以防止重复研究，帮助自己辨别本研究领域的前沿成果，帮助自己判断要研究课题的价值和意义，帮助构思研究主题的理论框架和借鉴前人所用的有效的数据收集、论证技术和方法。

李怀祖很明确地指出了撰写文献综述时应注意的三个问题——综述三忌。

一忌讲义式综述。不是将论文的主题和假说作为主线来筛选和评述文献，而是像写教科书那样，将有关理论和学派罗列出来，简要地陈述一遍。简单说就是，罗列而不筛选，陈述而不评述。

二忌批判式综述。不是站在巨人的肩膀上，而是贬低别人抬高自己。简单说就是，批判而不借鉴，贬低而不创新。这种批判有三种：一是找很有名的人批判；二是找很差的论文批判；三是找很早的论文批判。似乎都很见效。

三忌含糊式综述。采用了文献中的观点和内容却不注明来源，采用了模型、图表、数据，却不注明出处。

我们认为还要添加第四忌，那就是忌故意丢掉对前人重要成果的综述。目前研究竞争很激烈，有太多的人在做相同的研究，想找一个有价值的研究题目不容易，有研究者在做综述的过程中，发现该领域成果丰富，无论如何也找不到可研究的题目，于是就故意隐藏其中的重要文献不谈，然后将其中的观点作为自己的创新观点来研究。用这种方法对付对该领域不熟悉的评阅者和读者也有奏效的时候，但遇到行家就麻烦了。

▶ 关键词

定性研究／定量研究／观察／自然观察法／设计观察法／掩饰观察法／非人工观察法／问卷调查法／访谈／结构化访谈／非结构化访谈／半结构化访谈／深度访谈／漏斗接近／一唱一和／换句话说／平衡提问／察言观色／焦点小组法／案例研究法／单案例研究／多案例研究／建构效度／内在效度／外在效度／信度／扎根理论／一级编码（开放式登录）／二级编码（关联式登录）／三级编码（核心式登录）／定性比较分析／组态／分类法／文献研究／零次文献／一次文献／二次文献／三次文献／综述三忌

▶ 参考文献

［1］EISENHARDT K M. Building theories from cases study research ［J］. The Academy of Management Review，1989，14（4）：532-550.

［2］HARRIS S G，SUTTON R I. Functions of parting ceremonies in dying organizations ［J］. The Academy of Management Journal，1986，29（1）：5-30.

［3］BRYMAN A，BELL E. Business research methods ［M］. Oxford：Oxford University Press，2003.

［4］CATEORA P，GHAURI P. International marketing：European edition ［M］. London：McGraw-Hill，2000.

［5］CRAIG C S，DOUGLAS S P. International marketing research ［M］. 2nd ed.

New York：Wiley，2000.

[6] PATTON M Q. Qualitative evaluation and research methods [M]. 2nd ed. Newbury Park，CA：Sage，1990.

[7] CHURCHILL G A. Marketing research：methodological foundations [M]. 7th ed. Fort Worth，TX：Dryden Press，1999.

[8] COWLEY J C P. Strategic qualitative focus group research：define and articulate our skills or we will be replaced by others [J]. International Marketing Research，2000，37（7）：903-930.

[9] MERTON R K，FISK M，KENDALL P L. The focused interview：a manual of problems and procedures [M]. New York：Free Press，1956.

[10] STEWART D W，SHAMDASANI P N. Focus groups：theory and practice [M]. Newbury Park，CA：Sage，1990.

[11] BENNETT A，ELMAN C. Qualitative research：recent developments in case study methods [J]. Annual Review of Political Science，2006，9（1）：455-476.

[12] GRECKHAMER T. Cross‐cultural differences in compensation level and inequality across occupations：a set‐theoretic analysis [J]. Organization Studies，2011，32（1）：85-115.

[13] KATZ A，HAUVOM M，MAHONE J. Explaining the great reversal in Spanish America：fuzzy‐set analysis versus regression analysis [J]. Sociological Methods & Research，2005，33（5）：539-573.

[14] RAGIN C C. The comparative method：moving beyond qualitative and quantitative strategies [M]. Berkeley：University of California Press，1987.

[15] STOKKE O S. Qualitative comparative analysis，shaming，and international regime effectiveness [J]. Journal of Business Research，2007，60（5）：501-511.

[16] WOODSIDE A. Case study research：theory，methods and practice [M]. Bingley：Emerald Group Publishing，2010.

[17] WOODSIDE A，SCHPEKTOR A，XIA X. Triple sense‐making of findings from marketing experiments using the dominant variable‐based logic，case‐based logic，and isomorphic modeling [J]. International Journal of Business and Economics，2013，12（2）：131-153.

[18] 彼得斯 T，沃特曼 R. 探索企业成功之路 [M]. 王延茂，傅念祖，译. 上海：上海翻译出版公司，1985.

[19] 李怀祖. 管理研究方法论 [M]. 3版. 西安：西安交通大学出版社，2017.

[20] 殷. 案例研究：设计与方法 [M]. 周海涛，李永贤，张蘅，译. 3版. 重庆：重庆大学出版社，2004.

[21] 古默桑. 管理的定性研究方法 [M]. 袁国华，译. 2版. 武汉：武汉大

学出版社，2006.

　　［22］克雷斯威尔 J W. 研究设计与写作指导：定性、定量与混合研究的路径
［M］. 崔延强，主译. 重庆：重庆大学出版社，2007.

　　［23］加瑞，格朗霍格. 经管研究方法：实践指南［M］. 熊剑，江伟，等译.
3版. 大连：东北财经大学出版社，2007.

　　［24］陈向明. 旅居者和"外国人"——中国留美学生跨文化人际交往研究
［M］. 长沙：湖南教育出版社，1998.

　　［25］马克斯，里候科斯，拉金. 社会科学研究中的定性比较分析法：近25年
的发展及应用评估［J］. 臧雷振，译. 国外社会科学，2015（40）：105-112.

　　［26］程聪，贾良定. 我国企业跨国并购驱动机制研究——基于清晰集的定性
比较分析［J］. 南开管理评论，2016（6）：113-121.

　　［27］杜运周，贾良定. 组态视角与定性比较分析（QCA）：管理学研究的一条
新道路［J］. 管理世界，2017（6）：155-167.

　　［28］李蔚. 飘摇的青春：在日中国"新"技术移民主观幸福感研究［J］. 甘
肃行政学院学报，2015（2）：84-91.

　　［29］毛湛文. 定性比较分析（QCA）与新闻传播学研究［J］. 国际新闻界，
2016（4）：6-25.

　　［30］王凤彬，江鸿，王璁. 央企集团管控架构的演进：战略决定、制度引致
还是路径依赖？——一项定性比较分析（QCA）尝试［J］. 管理世界，2014（12）：
92-144.

　　［31］夏鑫，何建民，刘嘉毅. 定性比较分析的研究逻辑——兼论其对经济管
理学研究的启示［J］. 财经研究，2014（10）：97-107.

拓展阅读：由案例构建理论的机会与挑战

拓展阅读：经典扎根理论及其精神对中国管理研究的现实价值

第7章　定量研究工具

第7章 定量研究工具

在上一章，我们提出过研究过程中的一个观点，即先用直觉判断，再用数据检验；先有感性知识，再有理性知识；先有价值判断，再有事实判断；先有艺术，再有技术；先有宗教，后有科学。在介绍完定性研究方法之后，顺理成章，本章讲述关于定量研究的方法。定量研究是用数据来验证理论所建立的关系的一种研究方法。科学研究的一个重要目标是探索构念之间的因果关系，定量研究就是用数据说话，用精确的手段来验证它们。

要进行定量研究，必须能够对研究的对象进行测量，即要使抽象的概念能够被数据所表达，并且用来表达的数据的质量要符合要求，获取数据的成本要合理，进行定量研究的方法还要科学。这些是进行定量研究的前提，也是研究者进行定量研究时所需要掌握的基础知识。

本章在内容安排上分为两个大部分：第一大部分即7.1，是对如上所述的定量研究基本知识的介绍；第二大部分即7.2至7.5，是对当前管理研究中所使用的主要的定量研究工具进行介绍。这些工具包括线性回归分析、结构方程模型、多层线性模型以及调节变量和中介变量的相关方法、社会网络分析。由于篇幅和本书指导思想的限制，我们对这些定量研究工具的介绍仅限于让读者对这些工具有一个大体的认识，知道它们的基本原理，并能够判断什么样的研究问题应用什么样的研究工具。相信读者掌握了这些方法和工具，并经过一定的实际训练，对于当前管理学实证研究的大多数问题就可以应付自如了。为了达到这样的目的，我们对每一种定量工具都用了一个或若干个经典的研究范例进行演示，以期读者对它们有一个更直观的认识。为了弥补本章内容的不足，我们还推荐了一些经典的文章和书籍，以供需要深入学习这些定量工具的读者朋友参考。

≫ 7.1 定量研究的基础知识

● 7.1.1 着手定量研究：概念化和测量

研究开始于选题、命题，然后是命题概念化、概念指标化、指标度量化等工作。我们可以用图7-1来表述这一逐渐具体化、逐渐接近现实的层次化、细化过程。

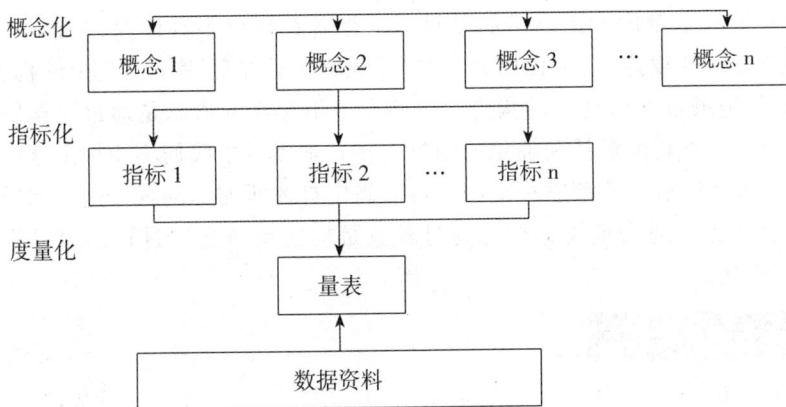

图 7-1 研究的细化过程

1) 概念与构念

（1）概念

概念是思维的要素，是思维赖以进行的基础。概念是现实世界中物体、性质、关系、现象和过程等在我们大脑中的表象。概念的外在形式是语音符号，即语词。语词是概念的外壳，概念是语词的内容，它们互为依存。我们脑子里的有些概念，不一定有表达它们的语词，科学研究中的概念是指那些可以用语词表达的概念。老子曰：道可道。前一个"道"是指事物的客观规律，后一个"道"是指我们认知事物所用的概念或词语。

正如动植物的分类有门、纲、目、科、属、种不同层次，管理学中的概念因抽象程度不同也有不同层次。有些概念表述看得见、摸得着的物体，比如商标、产品、设备、办公室、员工等；有些概念表述较抽象的东西，比如成长性、核心竞争力、有效性、企业品牌、知识资本等；另一些则表述高度抽象的性质和关系，如社会责任、职业兴趣、领导风格、情绪智能、组织文化等。管理学研究的很多对象是高度抽象的概念。

做研究要特别注意各类学科和专业有自己专门的概念，它们与其他场景或学科可能共用一个词语，但有各自的内涵。相同的概念可能有不同的含义，相同的意思也不一定用同一种概念表达。比如同是"流水"一词，做生意的人所说的流水和平时人们所说的流水毫无共同之意，在管理学中则不用"流水"，而可能用销售额或销售收入等词语。再比如"愿景"一词，在管理学中是企业文化中的一个特定用词，在政治学中可能就用理想抱负来表达了。管理学有自己常用和专门的概念，称为术语，在圈外人看来是行话。

（2）构念

我们已经理解了"概念"的含义，在实际的研究过程中，特别是在较高层次的研究中，我们经常会见到"构念"这个词。构念又代表了什么呢？其实概念和构念在本质上是一样的，只不过构念是正在研究中的概念，代表了一种前沿性。构念

(construct)是一个专用术语，指的是科学工作者在研究中具体探讨的概念，常是新观念和新思想的载体。"工作压力""领导风格"曾是管理学研究中的构念；"效度""信度"是测量学研究中的构念。这些原本不存在的概念是通过科学研究才被发现或确立的，是高度概括和抽象的结果，在日常生活中我们不用构念这个词。研究者在确定选题以后，逐渐缩小范围，最后确定具体研究的问题，这些问题常常包括一至多个构念。通俗地说，构念的过程就是构造新概念的过程，也可说是一个"造词儿"的过程。

2）概念化与度量

（1）概念化

人们日常交流所使用的词汇的含义常常是模糊的和意会的。通常，人们并不会完全知道我们要传递的真正意思，而只是有一个大致的了解，事实上也不需要。比如邻居见面，我们通常会问一声"你好"，我们没人会去钻牛角尖非去追问人家问的是身体好，还是心情好。因为这只是日常生活中的一声问候而已。在管理实践中，一个小企业的领导对敬业的考核和评价也可能不是特别较真儿，各部门的管理者在敬业这个术语上可能不会获得完全的共识，但是，大家一般都会认为一个敬业的员工不会经常无故地迟到早退。

但是，在研究中，我们对企业经营好坏或敬业的概念却不能马马虎虎，如果不能首先精确地界定概念，后面整个的研究过程就会变得没有根基和逻辑混乱，如果你是做定量研究的话甚至会无法进行下去。精确地指出研究所用术语的含义的过程，就是概念化。例如，如果我们想知道老员工是否比"80后"员工更敬业，不论这个问题的答案是什么，如果我们不能对敬业这个术语的内涵界定清晰，那么，我们就无法收集相关数据，也无法推理老员工与敬业的关系，也就不会得到有意义的研究结果。

概念化过程的最终产品就是一组具体指标（indicators），指标被用来说明构念的属性。下面用一个简单的例子说明这个问题。

例如，我们可以认为一天工作没做完而主动加班是敬业的一个指标；放弃节假日来完成客户要求的紧急工作是敬业的一个指标；有无领导监督照常努力工作是敬业的一个指标；很少旷工或迟到是敬业的另一个指标，依此类推。如果分析单位是员工个体，我们就可以观察各项指标在每一个研究对象——员工——身上的表现。

此外，我们还可以将观察到的每一个指标加起来。例如，我们认为敬业有10项指标，在张三身上出现6项，在李四身上出现过3项，那么，张三就比李四更敬业一些。

再回到哪类员工更敬业的研究上来，假如经过计算，敬业指标在"80前"老员工身上平均出现6.5项，在"80后"员工身上平均出现3.2项（注意这仅仅是一个假说的例子，真实的情况可能大有不同），我们则可以认为：从群体上看，"80前"老员工的确比"80后"员工更敬业。再次强调，这仅仅是我们为了帮助理解而假想的一个简单例子，在真实的研究中，并不是所有的指标都可以加总，也并不是所有的构念都仅含有一个维度，常常存在多维度的、指标之间不可加总的复杂情况，需要读者在实践中认真摸索并在专门探讨相关问题的论文中获得启发。

（2）概念的度量

可能你已经注意到了，在前面的讨论中，我们并没有对概念如何定义表示过多的关心，我们更关心的是概念化所产生的一系列具体的指标。这是因为虽然概念的定义很重要，但是对于定量研究来说，更重要的是怎样度量这些概念。概念的定义应该是定性研究的内容，这在前一章已经讲过。

测量一个概念的方法有多种，自然有优劣之分或可行与否，关键是找到合适的度量或指标。度量和指标必须符合概念的定义，并且要在考虑数据资料、时间、经费，以及研究者的研究能力是否足以胜任等条件的基础上来确定。

测量一个构念，可以自己创造出全新的度量法，也可以使用别人已经用过的度量法。一个经验之谈是，自己创造度量法往往是十分危险的，使用别人用过的、被证明是可行的度量法或者在它们的基础上进行少量的改动是一个更加明智的做法。不过这种"方法不变对象变"的做法也不太可能得出较大的创新成果。

（3）评估测量质量的标准

在研究测量中，精确性和准确性都十分重要，而且是必备的。当研究者建构和评价测量时，他们更加关注两项技术性指标：信度（reliability）和效度（validity）。

①信度。抽象地说，信度是指使用相同研究技术重复测量同一个对象时，得到相同研究结果的可能性。如果想要知道一个人的体重，一种方法是叫两个人来估计这个人的体重。如果一个人估计75kg，另一个人估计85kg，那么我们就可以认为，叫别人来估计体重并不是一个非常可信的方法。如果采用另一种方法，即使用磅秤，让这个人站在秤上称两次，并记录每次的结果。如果磅秤两次都显示相同的重量，那么，在测量体重方面，这种测量方法比找人估计更为可信。

然而，信度高并不一定能保证准确性。如果为了让自己感觉好一些而将磅秤的刻度调低，虽然每次称出来的重量相同，那也只是一再地重复错误而已。这种状况就叫作偏误（bias）。因此，信度并不一定代表准确性。

如果要研究两家性质不同工厂的员工的士气，其中一家工厂的员工从事十分专业的工作，分工十分清楚，每位员工在装配线上负责自己的一小部分工作；在另一家工厂，每个员工都有各种不同的工作，并由团队工作完成整个生产过程。

在这种情况下，应该如何测量员工的士气？一种策略就是花较多的时间观察两个工厂的员工，看看员工彼此之间会不会开玩笑，是不是笑口常开等等。我们也可以询问员工，看看他们是否满意目前的工作；或干脆问他们，愿不愿意与另一家工厂的员工交换工作。由此，把在两家工厂得到的观察资料进行比较，我们就可以得知哪一家工厂的员工的士气更高。

现在，让我们来看看这种研究方法的信度问题。首先，我们观察时的感觉可能会影响观察的结果，也许会错误地解释我们的观察。也许我们将员工之间的玩笑当作争吵；或者我们观察的时间正好是员工休假完后刚上班的日子。如果连续几天都对同一群员工进行观察，也许每天得到的结果都不一样。如果有几个观察者对同一群员工进行观察，也可能得到不同的结论。

再来看评估士气的另一种策略。如查阅公司的档案，考察在一段时间内员工向工会提出投诉获得解决的案件数量。假设把投诉解决率作为评估士气的指标——投诉解决率越低，士气就越低落，这种测量策略就显得可靠多了，因为我们可以重复考察公司内部投诉案件的数量，而且每次得到的结果也应该一样，也就是说"信度"很高。

如果研究者对第二种测量方法有所保留，那么，研究者所关心的已经不是信度问题，而是效度问题了。

②效度。效度是指实证测量在多大程度上反映了概念的真实含义。虽然我们不可能绝对正确地反映概念的真实含义，但所有的研究都必须建立在对术语、概念和指标的共识的基础上。

为了测量员工的士气，不同研究者也许会在是否应该使用和测量员工向工会投诉解决率指标上发生分歧。但无论如何，我们一般都会认为员工向工会投诉获得解决的次数与员工士气有关。如果我们用员工在下班时间到图书馆借书的数量来测量员工士气的话，就一定会遭到更大的质疑，因为从直觉上来看，这样的测量显然没有效度。

鉴于本章的目的只是介绍定量研究的背景知识，因此并不会去深入探讨关于效度问题的更详细的技术手段，所有的例子和概念只不过是为了帮助读者理解起来更容易一些。虽然本章并没有深入地探讨这些概念，可是在我们看来，这个程度的理解对于一般研究人员来说已经足够，有更高要求的读者可以翻阅更专业的相关书籍。

③信度与效度的权衡。信度是获得效度的必要前提，它比效度容易获得。信度虽然是取得效度的必要条件，但它不能保证测量的有效性，它不是效度的充分条件。一个度量可反复产生同样的结果（也就是具有信度），但它所测量的东西不一定符合构念的理论定义。高信度但无效度或低效度的测量毫无用处。

效度和信度通常互补，但在有的情景下，它们可能互相冲突。有时效度提高了，信度却难以达到好的水平，而另一些时候则正好相反。前者发生在构念的理论定义高度抽象的情况下，从抽象的概念到具体操作的转换存在困难，测量很难进行，信度也就谈不上。当拟定的度量较为精确、观察和测量容易实现时，信度容易获得，但效度就未必好。因此，界定一个抽象构念的真正本质与准确地对它进行测量往往是一对矛盾。如企业文化本来是个高度抽象、主观成分很浓的概念，在问卷中可设计出操作性很强的问题来了解受试者具体的情况，从而达到高信度，但却可能削弱构念中本应有的主观成分的精髓，得到的文化反而不是企业真实的文化了。

通常，可信的操作化定义和测量的具体化会减损概念的丰富内涵，然而，如果允许概念有较多的变化或丰富的内涵，那么，在具体的情境下就概念运用达成共识的机会就会大大减少，这样反而降低了信度。

对于管理学研究来说，这是一个始终存在、无法避免的两难。常见的解决办法是：

①如果无法就测量某个概念达成共识，就用多种方法进行测量。

②如果某个概念有多个维度，就测量所有的维度。

这两种方法一般都会提高研究的成本，为了取得质量高的研究成果也可能是研究者必须支出的。重要的是要知道，概念的含义完全来源于研究者人为的赋予，而赋予某个概念以含义的唯一标准就是其在管理中的实际用途。用各种方式测量概念可以帮助我们在一定程度上提高研究质量，有较大实际价值的研究就必须为此付出代价。

7.1.2 构建测量的逻辑：指标和量表

1）指标

把概念从理论层次逐渐落实到操作层次就是寻找一组指标来说明概念的属性。通过指标的使用，概念变得简单、明了、具体和可操作。一般来讲，对于简单的概念，只需用一两个指标来测量，而复杂的概念则需几个甚至几十个指标来测量。在使用多个指标来测量一个概念时，往往需要建立一个综合指标来对一个概念进行综合度量。如组织文化，它是将反映组织文化的各个方面的各个指标综合起来，建立一个统一的标准分数。在管理学的研究中，经常采用综合指标的方法对概念进行度量。

如何将概念转化为若干个指标呢？

①经验法。做法是通过对概念粗略的理解，提出若干指标，然后对这些指标进行筛选，选择出其中符合概念内涵的指标。这种做法的缺陷是研究者无法判断他所选择的指标是否穷尽了概念的含义。因此，有的研究需要通过专家法征求较多数人对概念的理解。

②理性的做法。做法是先查阅大量相关文献，找出概念的种种含义，列出可能的指标。对这些指标再进行认真筛选以后，选出最佳的符合要求的指标。难点在于如何从中选出最符合概念内涵的指标。选择的一个重要标准就是指标的代表性兼顾调查目的的要求，这需要研究者有较强的逻辑分析和概念表述能力。

2）量表

同指标一样，量表（scale）的作用也是将抽象的变量量化。与指标不同的是，量表用于测量人们的看法和态度。这些看法和态度以不同的模式和强度表现出来，在一个方向上发生大小或强弱的变化。此外，指标通常指的是最后的结果，而量表多指记录和收集数据的形式。量表和指标的关系密切，用量表收集的数据可用以建立和修正指标。

量表在管理学调查中广泛使用，它可用于两个互相关联的目的。

首先，量表可用于定义构念，使之可操作化，因为量表可表明各分指标与构念是否吻合一致。这可在收集数据后通过项目分析实现，把那些得分趋势一致的项目留用，剔除那些不一致的项目，从而提高研究的效度。

其次，量表可用于测量变量，产生量化的数据，并与其他度量一起用于检验假说。这后一种用途是我们本章探讨的重点。

常用的量表包括鲍格达斯社会距离量表（Bogardus social distance scale）、李克特量表（Likert scale）、语义差异量表（semantic differential scale）等。其基本形式举例如下：

（1）鲍格达斯社会距离量表

鲍氏量表实际是由一组在强度上有明显差异的项目构成的，比如要探讨美国白人和黑人的交往意愿，我们可以设计这样一组反映交往程度不同的问题：

①你愿意让黑人在你的国家吗？

②你愿意让黑人住在你的社区吗？

③你愿意让黑人住在你家附近吗？

④你愿意让黑人成为你的邻居吗？

⑤你愿意让你的孩子同黑人结婚吗？

上述五个问题中，所表述的程度是逐渐增强的，如果他愿意接受某种强度的项目，那么他就能接受该项目之前的所有项目。例如，如果一个白人愿意让黑人做自己的邻居，那么，他肯定不会反对前三项内容，也就是说，他不会反对让黑人住在自己的国家或社区，也不会反对让黑人住在自己家附近，但是，他愿意与黑人成为邻居，并不一定愿意让自己的子女与黑人结婚。所以，这种结构顺序较强的量表可以测量出不同的人对某一群体的态度。

（2）李克特量表

这是一种普遍使用的量表，由美国人雷思西斯·李克特（Rensis Likert）于20世纪30年代发明，能生成顺序型数据，主要用于测试人们的态度，常用于社会调查。李克特量表通常要求人们表示同意还是不同意某个观点。该量表至少需要两个应答类别，如"同意"和"不同意"。然而，只用两个类别可能迫使人们采取极端的态度，要么肯定要么否定，因此，最好用四个以上的类别。必要时，研究者在收集数据以后可将类别合并。一开始类别用得少，事后就无法增加。增加类别数量的办法是加上"完全同意""有点同意""有点不同意""完全不同意"等，注意正反类别的数量应该一致，以保持平衡。

表7-1是一个利用李克特量表测评顾客对某产品质量满意程度的例子。

通过了解可以汇总计算每个测评指标的顾客满意度评价值，从而了解被访者群体对测量对象各方面的态度，也可以计算每个受访者对测量对象的态度总分，以了解不同被访者对受测对象的不同态度。

表 7-1　　　　　　　　　　　顾客对某产品质量满意度测评表

测评指标	满意	较满意	一般	较不满意	不满意
产品外观	☐	☐	☐	☐	☐
质量稳定性	☐	☐	☐	☐	☐
使用性能	☐	☐	☐	☐	☐
安全性	☐	☐	☐	☐	☐

简便易行是李克特量表最大的优点，该量表在把多个项目组合起来共同测量一个构念的情况下尤其见长。但是，这个量表有两个缺点：一是合成的分数在被调查人之间可能相似，从而掩盖他们的差别；二是上面所说的应答定势的问题。

（3）语义差异量表

语义差异量表是美国社会心理学家 G.奥斯古德等人首次使用的，是另一种间接测量人们主观态度的技术。这类量表运用一对对意义相反的形容词，如"好"与"坏"、"慢"与"快"等，让被调查人对人与事作出评价。具体做法是在成对的形容词之间加上 7～11 个空格（都应是奇数），让被调查人员选择其中之一打钩，表明自己的立场。把很多人的意见结合起来，可看出人们对有关事物的态度。

换句话说，语义差异量表是通过设计两个极端的概念，让受访者进行选择；在两个极端的概念之间又设计了若干个等级，并且每一等级赋予一定的分数，受访者根据自己的感受在适当的等级作出记号。语义差异量表使用的形容词可分为三大类：一是评价类（如"好"与"坏"）；二是强度类（如"强"与"弱"）；三是动作类（如"爱动"与"好静"）。其中，评价类最为重要。设计这类量表时，要注意形容词的多样化，并应将三类形容词混合编排，同时也要防止发生应答定势，即不应将正面词都放左边、负面词都放右边。研究者根据记号代表的分数进行统计，从而得出受访者对某一概念的态度或者看法。表 7-2 就是这种量表的一个示例。

表 7-2　　　　　　　　　　　语义差异量表举例

对工作状况的感受？

	非常	有点	两者皆非	有点	非常	
令人愉悦	☐	☐	☐	☐	☐	令人不悦
简单	☐	☐	☐	☐	☐	复杂
不和谐	☐	☐	☐	☐	☐	和谐
传统	☐	☐	☐	☐	☐	现代

●● 7.1.3　数据分析的原理：统计检验

管理学研究不需要也不可能对研究对象全面、整体调研。研究本来就是为了

"管中窥豹"，通过以小见大或由此及彼地推论，低成本且有效地得出科学、正确的结论，这就需要用到推断统计。例如，在研究团队精神的实验结束的时候，实验组和控制组在有关因变量的测验中出现了我们预期的差异，于是我们很想知道，这差异是否真是由于实验干预造成的，抑或纯属偶然？究竟需要有多大的差异，我们才能确信实验干预真正起了作用？要回答这些问题，我们可以用统计检验的方法。统计检验使我们能够从样本推断总体的情况，并可告诉我们，如果作出这样或那样的结论，出错的概率有多大。出错的概率小，就能提高我们对研究结论的信心。

这部分内容如何安排，对我们来说是一个考验。因为对于统计学基础比较好的人来说，这节的内容显得太小儿科了，你们只要略读一下标题就可以把这部分内容跳过。对于统计学基础薄弱甚至惧怕数字的人来说，这么小的篇幅又似乎太少了，因为相关的内容丰富到完全可以写成一本专著。

我们想达到的目的是，读过这章以后，对统计学方面生疏的读者可以掌握基本的原理并不再把定量研究看成是一件可怕的事情。事实上也的确如此，应用统计学和理论统计学在难度上是有天壤之别的。对于那些只想用好这些工具的人来说，他们应该完全有信心能够掌握好这些知识。当然，如果没有任何统计方面的知识，找一本基本的教材补习一下也是不可缺少的。

1）推断统计的基础知识

（1）概率分布

我们在调查中所涉及的变量大多是随机变量，随机变量可以用概率密度函数的一些数字特征来描述，比如期望值和方差。虽然在理论上存在着许多不同类型的概率分布，幸运的是，在实际应用中有一些是最经常出现的，我们掌握了这几种最基本的概率分布，就可以解决大部分问题。

要掌握某一资料的分布情况，统计学家主要以中间倾向和分散程度两个概念来表示。

首先，所谓中间倾向，就是找分布的中值在哪里？例如，我们可用所有数据的平均值来作为此中间倾向的代表，也可用中间数、中间值等。

其次，所谓分散程度，就是数据很分散，还是较集中地围绕在中间数据附近。一般而言，我们以变异量（variance，或称方差）或它的平方根——标准差（standard deviation）来表达。简单而言，标准差就是每一数据与整体数据平均值的平均差距，这个数字越大，则代表大部分数据和其平均值之间差异较大。

下面我们来介绍几个常用的分布，它们是概率统计学中最核心的内容。

第一个是著名的正态分布，因为它的概率密度函数像一口钟，所以又叫钟形分布。正态分布有许多重要的性质，但最为重要的一点是，大多数随机变量或者它们的某种形式的变换在一定条件下都可以用正态分布来表示，这也是为什么正态分布如此流行的原因。正态分布是一个对称的分布，在分散程度方面，距离平均值（μ）和一个标准差（σ）以内的数据约占整体数据的68%，如图7-2（a）所示，距离两个标准差以内的数据约占整体数据的95%，如图7-2（b）所示。

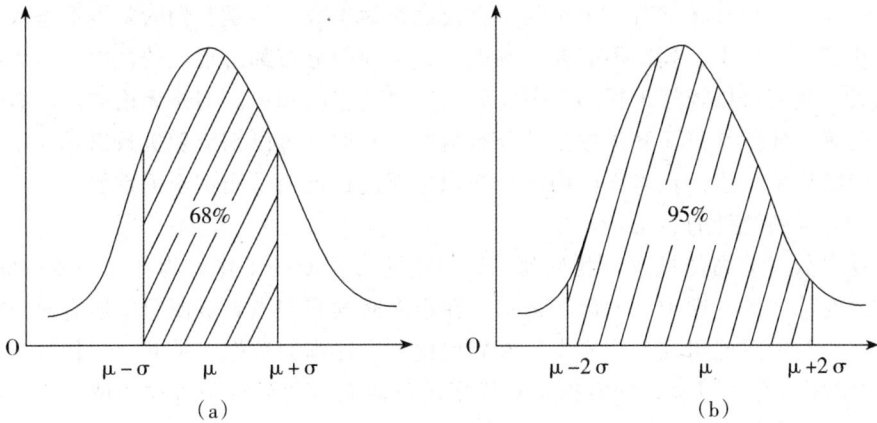

图7-2 连续数据的正态分布

第二个重要的分布是t分布。我们知道正态分布有两个参数——μ和σ，决定了正态分布的位置和形态，为了应用方便，常将一般的正态变量X通过u变换转化成标准正态变量u，以使原来各种形态的正态分布都转换为μ=0，σ=1的标准正态分布（standard normal distribution），亦称u分布。但是，在实际工作中，由于σ往往是未知的，常用s作为σ的估计值，为了与u变换区别，称为t变换，统计量t值的分布称为t分布。t分布基本上与正态分布一样，是对称的，但是它的分散程度则比正态分布大，因此距离平均值（μ）和一个标准差（σ）以内的数据占整体数据不到68%，距离两个标准差以内的数据占整体数据不到95%。

第三和第四个重要的分布分别是卡方分布（chi-square distribution）和F分布。卡方分布和F分布都是在正态分布的基础上建立起来的概念。若$Z \sim (0, 1)$，则Z^2的分布称为自由度为1的卡方分布，记为$\chi^2(1)$。F分布是指：设X、Y为两个独立的随机变量，X服从自由度为m的卡方分布，Y服从自由度为n的卡方分布，统计量F=（X/m）/（Y/n）服从自由度为（m，n）的F分布，上式F服从第一自由度为m、第二自由度为n的F分布。卡方分布与F分布的共同点是它们都不对称。连续的卡方分布如图7-3（a）所示，F分布如图7-3（b）所示。

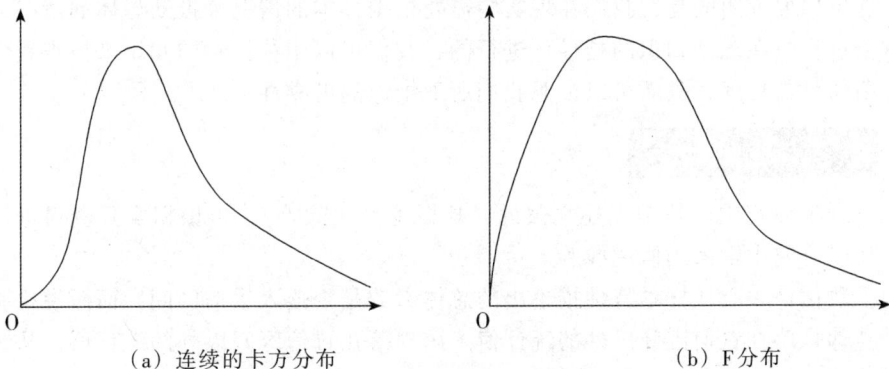

（a）连续的卡方分布　　　　　（b）F分布

图7-3 连续的卡方分布和F分布

当然用这种图形来描述这几种分布显然是太过简化了，因为除了正态分布以外，其他的三种分布都有一个至两个自由度作为参数，但是它们的基本形态大致如上。在实际应用中，我们不需要了解太多，不同的分布都有现成的概率分布表，通过查表，我们可以轻松地得到答案，而不需要更多的知识。但是无论如何，有一点必须明确，那就是只要知道数据的分布情况，我们就可以知道随机数出现在某一段数值中的概率，这一点对于应用统计知识进而进行推论及测试至关重要。

（2）推断统计的意义

有了数据分布的概念，我们就可以讨论统计推断的工作。为什么需要推断呢？从前面对抽样的介绍中我们已经得知，在很多时候我们没有资源收集所有研究对象的数据，我们只能研究一个样本，然后根据这个样本的数据，推断（或估计）母体（我们想要研究的对象）的数据。对样本进行研究，然后推断母体的情况，是统计学中重要的一环。

由于要从样本的数据来推断母体的数据，为了使讨论清晰，我们称母体的数据为参数（parameters），样本的数据为统计数（statistics）。一般而言，通常用希腊字母代表参数（例如，μ代表母体的平均值；σ代表母体的标准差），以英文字母代表统计数（例如，以$\bar{x}$代表样本平均值；s代表样本的标准差）。我们称样本的大小为样本数（sample size），一般用英文字母n表示。

运用统计学方面的知识，使我们可以方便地知道估计的精度，但是详细地讨论数学问题，并不是我们的目的。我们可以通过一个形象的例子继续进行讨论。假设我们有无限的资源来做一个实验，从400万人的母体中随机地抽取1 000人（或任何其他数目）的样本，每一个样本我们都把它的平均值（$\bar{x}$）和变异量（即标准差的平方，s^2）记录下来。如果我们真的抽了无限多个样本，便可知道这些样本的均值及变异量的分布。

根据概率论，样本平均值（$\bar{x}$）的分布是正态的，其均值的期望刚好是母体的均值，即$E(\bar{x})=\mu$，而它的变异量则为母体的变异量除以样本数（即σ^2/n）。如果我们每次抽的样本数很少，例如少于30，那么平均数的分布则为t分布，而不是正态分布。至于样本变异量的分布，则是一个卡方分布。

这里想要说明的是，我们在现实中需要根据样本的情况来推断母体的情况，由于这个过程是在统计知识的指导下进行的，我们可以用统计学的知识来检查我们所做推断的可靠程度，进而可以说明我们所下结论的可靠性。

2）统计检验简介

管理学研究中往往是先建立假说（扎根理论法除外），再根据实际资料进行论证，所以研究中常采用假说检验。

参数估计关心从样本特性推论出的总体参数是否落入置信区间，而假说检验的着眼点却是落在置信区间以外的统计值。出现落在置信区间以外的统计值，从统计检验角度来说，并非一定是"坏"事，倒可能是新发现的标志。实际研究工作常遇到辨析两组样本平均数的差异问题，例如实验研究，实验设计总是根据假说进行的，预定自变量和因变量之间存在某种关联，数据分析便面临辨别实验组和控制组两组实验结果，因变量的平均数差异是真正差异还是随机性的，所谓真正差异，是指因变量的平均数变异是自变量变化（实验处理）所引起的，而非随机抽样误差。如辨明是真正差异则研究假说成立，这类研究属于假说检验。

（1）保守假说（null hypothesis）

待检验假说可分为两类：一类是"研究假说"，即研究者希望验证的命题；另一类是"保守假说"，即研究假说的逻辑对立面。对立假说旨在作出差异产生于随机因素的解释，说明两总体的参数间无真正差异，所出现的差异不过是随机误差。

保守假说通常和研究假说相悖，如研究假说说一种方法比另一种方法更有效，保守假说则说两者有效程度一样。假说的证伪往往比证实更有力。如果从正面找出支持研究假说的论据，那也只是在某种具体条件下被证实，并不能得出假说已被证实的结论。而否定的证据只要有一个，研究假说便被证伪。例如，所有质量高的管理学科博士论文作者都在博士研究生学习期间参与过企业实际研究课题，这是个研究假说，找出一位博士研究生曾完成过实际课题而论文质量又高，这便是证实的证据，然而，其不过是一个证据而已。如果能够发现一份高质量论文的作者从未参加过企业的课题，则上述假说便被证伪。换言之，即使有 1 000 位参加过实际研究课题工作而论文又做得好的博士研究生，也不足以充分证明此假说，而找出一位不符合此条件的博士研究生就足以否定假说。保守假说就是根据这种思路，和研究假说相呼应地设计的，如果保守假说被否定，便是对研究假说的有力支持。如"参加和未参加过课题的博士研究生论文质量水平相同"的对立假说被否定，便支持"参加过课题的博士研究生论文质量高"的研究假说。

还用上面博士研究生论文的例子，有人可能提出"有 1 000 名博士研究生证实此假说已足够，一例证伪无妨"。的确如此，这意味着研究者要选择一个风险概率，即愿意承担出现失误的概率。这就涉及显著性检验问题。

（2）显著性检验

置信度指真值落在容许偏差幅度（置信区间）内的概率。研究者当然也可以用容许出现失误即真值落在置信区间之外的概率来设定指标，这个指标即为显著度（也叫显著性水平，significance level），用 α 表示，如选择置信度为 95%，则相应的显著度 α≤0.05，置信度为 99%，则 α≤0.01，表示失误机会分别小于 5% 和 1%。和置信区间的概念相对应，相对于每个显著度都有个否定值，如 α=0.01 时，平均值正态分布每边相对的否定值便是 2.33 标准值，标准值大于 2.33 的正态分布区域便是否定域（critical region）。

从参数估计的角度来看，在置信度为 99% 时，样本 Z 值（经过标准化处理的数据）若大于 2.33，则表示出现不能容忍的失误。前面提到，有时倒希望样本值不落在估计值的置信区间以内，由此证实两变量间关联的研究假说。所以，假说检验关心否定域的统计值和显著度。

　　显著性检验是主观预先选定一个显著度，判断实验组的平均值是否落入否定域，如落入，则和控制组的平均值之间差异显著，证实自变量起作用的假说。

　　在选定显著度的条件下有多种显著性检验方法可供选择，取决于所研究问题、数据类型（定类、定序、定距和定比）、自变量和因变量的数量等。

3）统计检验的基本步骤

　　根据前面介绍的一些背景知识，我们已经可以初步构建起统计检验的基本步骤。基本上，统计检验的程序跟我们平常通过主观判断来下结论的程序在逻辑上没有什么分别，我们现在以探讨求证某一假说的步骤来说明。

　　（1）设立假说

　　搜集资料的目的在于检验我们的假说是否成立，一般而言，我们会先采取比较保守的态度，如我们要研究两个构念之间的因果关系，我们会先假说，我们探讨的自变量与因变量之间并无因果关系，直到我们有足够的证据推翻这一假说前，我们会接受这一假说。

　　（2）抽样：搜集资料

　　以判断商业伙伴是否诚信为例，在日常生活中我们不可能24小时观察一个人的全部行为，我们只能根据有机会观察的一些行为样本，以验证对商业伙伴原来的假说（例如，他是诚信的），然后决定是否继续维持交易关系，如果看到他处理10次生意，在其中有1次生意中他付款不及时，我们会问：一个讲诚信的人在处理10次生意时，其中有1次对人不诚信的概率有多大？假设我们判断概率还是比较大的，我们就不会推翻原来的假说；反之，我们则会推翻原来的假说，认为他不是一个值得长期交往的商业伙伴。

　　在科学研究中，我们也是通过样本的数据来判断是否有足够的证据推翻原来的假说，与日常生活一样，通过统计方法作出的判断还是有可能出错的，因为我们只能由概率的大小来下判断而已。

　　（3）概率的估计

　　在日常生活的例子中，我们只能主观地判断行为样本出现的概率。在科学的抽样研究中，如果抽样的方法没有偏差，样本的代表性没有问题，再加上资料的性质与统计方法的假说大致吻合，那么我们就可以较准确地运用显著性检验来估计，在保守假说正确的前提下，我们会观察到这样一个样本的概率有多大，这个概率我们称为P值（P value）。如果这个P值很小，我们就推翻保守假说。

　　（4）下结论不能仅靠统计

　　P值到底要小于什么数值，我们才会推翻保守假说？这里并没有绝对正确的答案。不过，在管理学和一般的社会科学研究中，我们一般接受的是0.05，如果计算出来的P值小于5%，我们便会推翻保守假说。在统计学的术语中，如果P值比我们设定可接受的小，我们会说样本提供了显著（significant）的证据，让我们推翻原来的保守假说，或者说样本提供的证据达到了显著水平。

虽然统计推断是根据数学方法得出的，但在应用时必须小心一些实际的限制。由于计算机软件的开发，很多统计方法被滥用了，在使用统计方法前，是要慎重思考的，否则便容易流于胡乱判断变量间的因果关系，对增进了解知识上的探索反而有害无益。以下是一些很重要的考虑：

①理论框架

统计只是一种工具，它不能取代我们原来根据理论背景作出的假说，此工具是用来检验这些假说的，而不是反过来。

②概率性的测试

虽然以数学知识来做统计测试可以使我们下较精确的结论，但是必须谨记结论只是概率性的，如果以 95% 显著水平为基础，当我们从样本的数据中推翻保守假说时，其实仍有 5% 的可能是会出错的，我们把这种错误称为第一类错误；同样，当我们基于样本的数据而没有推翻保守假说时，其结论仍有可能是错的，即事实上保守假说是错的，这种错误的可能性视样本的大小而定（样本越大，此错误的概率越小），我们称这种错误为第二类错误。除非我们能直接掌握母体的参数而不需要样本来估计，发生这两种错误的概率始终不会等于零。

③样本的代表性

如果样本不能代表母体，则无论我们用任何方法来分析样本数据，对母体的结论还是不会正确的。除了抽样方法不能有偏差外，样本数不能太小，否则统计也只能变成碰巧的工具而已。

④统计方法的假定

每一种统计方法都是在某种假定之下发展出来的，例如，对母体分布的假定（如正态分布）、样本数、抽样方法（概率抽样）等，如果事实偏离这些假定太远，则这些统计方法所下的结论并不可靠，因此，在应用每一方法前，需要检查我们面对的情况是否与这些方法的假定相符，纵然不完全一致，也不能偏离太远。

⑤数据的可靠性

除了抽样方法以及样本数外，数据的信度和效度会影响数据的可靠性，如果原来的资料不可靠，使用统计方法和胡乱判断并无分别，计量的方法是不能补救数据的错误的。

7.2 线性回归分析

7.2.1 回归分析在管理学研究中的应用

线性回归分析是一个在管理学领域广泛应用的研究方法，通俗地讲，线性回归就是建立变量之间的线性关系并做检验。线性回归分析假定一列（或多列）数据的变化同另一列数据的变化呈某种线性的函数关系，运用统计学的相关理论，衡量数据联系的强度，并通过指标检验其符合的程度。不仅是在管理学研究，在其他的社会科学领域，线性回归分析这一方法的应用都是非常普及的。

　　由于线性回归分析的普及程度，我们发现反而难以概括出它具体的应用领域，这也说明了这一工具适用范围的广泛性。但是，需要注意的是，回归分析所能处理的因变量只能有一个，而自变量的数目可以为若干个，且被处理的数据需要符合回归理论要求的统计学性质，这构成了应用线性回归分析这一工具的某种限制。

●●7.2.2　线性回归分析的原理

1）对回归原理的形象描述

　　线性回归分析的基本假设是自变量与因变量呈线性关系，如果 X_1、X_2 是自变量，Y 是因变量，那么它们之间的关系可以用下面的方程式表示：

$$Y=\beta_0+\beta_1 D+\beta_2 X_2+\varepsilon$$
$$Y=\beta_0+\beta_1 X_1+\varepsilon$$

　　其中：β_0 是截距，一般不具有什么重要含义；β_1 代表了 X_1 改变一个单位，Y 会改变的程度；同理，β_2 代表了 X_2 改变一个单位，Y 会改变的程度；ε 代表随机误差，它服从正态分布。

　　如果我们从变异量的角度来看，β_1 反映了 Y 与 X_1 的共变量（即 A 的部分），而 β_2 反映了 Y 与 X_2 的共变量（即 B 的部分），图 7-4 代表了最简单的情况。

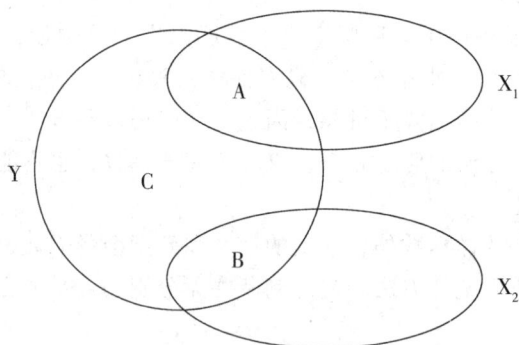

图7-4　简单的共变量

　　A 占 Y 的总变异量比重越高，那么 β_1 就会越大，反映 X_1 对 Y 的影响越大；同样，对 B 来说也是一样。C 则是代表 X_1 和 X_2 无法影响 Y 的部分，也就是 ε 的变异量了。因此，C 占 Y 的总变异量的比重越高，用 X_1 和 X_2 来预测或解释 Y 的变异情况的能力越差。为什么我们说图 7-4 的情况是最简单的呢？因为在这里 A 和 B 是没有关系的，也就是说 β_1 和 β_2 是独立的，不会互相影响。但是很多时候，X_1、X_2 及 Y 的真实变异量和共变量是更加复杂的，图 7-5 显示了更常见的情形。

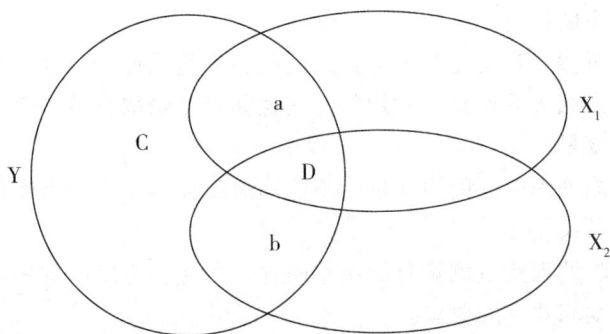

图 7-5　复杂的共变量

如果我们假设图 7-5 中 C 占 Y 的总变异量与图 7-4 一样，那么，X_1 及 X_2 对预测或解释 Y 的变异情况的能力也会与图 7-4 一样（即 A+B=a+b+D），但是，在这种情形中，β_1 和 β_2 不是独立的，它们会相互影响，因为我们如果不考虑 X_2，β_1 便会较大；同样，如果我们不考虑 X_1，β_2 就会较大。这一点对我们了解真实的现象是非常重要的，因为如果在真实的现象中，X_1 和 X_2 同时存在而同时对 Y 有所影响，但我们的理论却没有考虑 X_1 及 X_2 同时存在的情形，那么我们的理论便不能正确地描述这些自变量和因变量的关系了。

因此，除非最简单的情况出现，否则回归分析的原理是同时考虑不同自变量对某一因变量的影响，其中有两点是很重要的，包括：①整体而言，这些自变量对因变量的解释能力有多大取决于 ε 的变异量占 Y 的总变异量的大小，ε 的变异量占 Y 的总变异量的值越小，则自变量预测或解释的能力就越强；②在同时考虑了所有自变量的情况下，关于一个自变量对因变量的影响我们可以作出这样的结论：在其他因素不变的情况下，这个自变量（例如 X_1）对因变量（Y）的影响是当 X_1 改变一个单位时，Y 会改变 β_1 个单位。

2）应用回归分析时的注意要点

线性回归分析是本章所介绍的定量方法中最常用也是最基础的一个，很多读者对这个方法可能已经十分熟悉，但是在应用这个方法时，对以下几个要点还是应特别注意：

（1）关于因果关系的问题

严格说来，回归分析只是一个统计工具，即使是显著的统计结果也不能证明自变量与因变量之间的因果关系。各变量之间的因果关系需要理论的建构及搜集变量资料时的步骤来提供合理的证据。例如，可以用滞后一段时间的自变量来取代同时期的数据，这样可以提供更强的因果关系的证据。

（2）自变量与因变量的测量尺度

如果自变量与因变量并非等距尺度，便需要以虚拟变量或其他方法先加以处理。

（3）线性关系的设定

线性回归分析假定自变量与因变量之间的关系是线性的，如果不是的话，我们便需要对变量作出相应的调整，常用的方法比如对变量取自然对数。

（4）单一因变量

回归分析只能处理单一的因变量，不能同时验证多于一个因变量的理论模型。

（5）关于测量误差

回归分析无法处理变量测量时的误差问题，因此在应用前首先要确定测量是否达到可接受的信度和效度的要求。

3）调节变量和中介变量的问题

在运用线性回归分析进行定量研究工作时，常常会遇到调节变量和中介变量的问题，调节变量和中介变量的方法已经在管理学研究中得到了越来越重要的应用，我们在这里花些篇幅进行介绍。需要注意的是，回归是检验调节作用和中介作用的常用方法，却不是唯一方法，我们后面要介绍的结构方程模型和多层线性模型也可以用来处理调节变量和中介变量的问题。

（1）调节变量和中介变量的理论意义

调节变量的一个主要作用是为现有的理论划出限制条件和适用范围。我们靠有限的认知能力所建立的理论一定是有局限性的，找到理论的适用条件和范围是我们对理论进行发展的一种方式。我们知道，现在的科学研究一般会以波普尔的证伪原则来积累知识，并把一个理论是否存在证伪的可能性作为判断科学与非科学的依据。我们在自己的认知范围内得出一个结论，并希望它是普遍适用的，随着不断进行的研究，发现错了的就否定，没发现错误的就保留。但采用这种方法也有一个问题，就是一旦发现反例就要把现有的理论全部推翻，显然这是不现实的。后来，Lakatos修正了波普尔的理论，提出精致的证伪主义，他认为理论有个内核，背后有辅助假说，外部有边界调节。当实证检验发现反例时，其理论核心是不该被轻易放弃的，可以改变辅助假说或增加限制条件，最后才是考虑放弃理论核心。研究调节变量时，我们正是通过研究一组关系在不同条件下的变化及其背后的原因来丰富我们原有的理论。这里的"不同条件"就是理论的适用范围和假说。所以，调节变量能帮助我们发展已有的理论，使理论对变量之间关系的解释更为精细。

与此相似，中介变量也可以帮助我们发展既有的理论，但它是从另一个方向来实现的，即它可以解释变量之间为什么会存在关系以及这种关系是如何发生的。

一般来说，当一个变量能够解释自变量和因变量之间的关系时，我们就认为它起到了中介作用。因此，研究中介作用的目的就是在我们已知某些关系的基础上，探索产生这些关系的内部机制。在这个过程中，我们可以把原有的一些关于同一现象的研究联系在一起，从而使已有的理论更加系统。另外，如果我们把事物之间影响的关系看作一个因果链，那么研究中介变量可以使自变量与因变量之间的关系链更加清楚和完善，可以解释在自变量到因变量之间的过程发生了什么。所以，中介变量在理论上至少存在以下两个重要意义：第一，中介变量可以整合现有的研究或理论；第二，中介变量可以解释关系背后的作用机制。

（2）调节变量的原理

什么是调节变量？简单地说，如果变量 X 与 Y 有关系，但是 X 与 Y 的关系受第三个变量 Z 的影响，那么变量 Z 就是调节变量。调节变量所起的作用被称为调节作用。

一个包含了调节变量的问题往往会被这样陈述："在什么样的情况下"或"对于哪些人"，X 能够更好地预测 Y，或者 X 对 Y 影响更大。举例来说，以往研究发现团队授权和团队绩效存在一定的正向关系，而随着虚拟团队的出现，这个关系并不总是成立的。这个关系应该受另外一个调节变量——面对面交谈次数的影响。于是可以提出这样的研究假说：团队中面对面交谈的次数会调节团队授权与团队绩效（顾客满意度）之间的关系。在面谈次数较少（虚拟程度高）的团队中，团队授权与顾客满意度之间的关系较强；而在面谈次数较多（虚拟程度低）的团队中，团队授权与顾客满意度的关系较弱。

在图 7-6 中，"面对面交谈次数"有一个箭头指向"团队授权"影响"虚拟团队绩效"的箭头。注意，这个调节变量既不是指向"团队授权"，也不是指向"虚拟团队绩效"，而是指向两者间的关系，这就是调节变量的图示表达方式。调节变量影响自变量与因变量之间的关系，既可以是对关系强度的影响，也可以是对关系方向的影响。如果用数学语言可以这样描述：如果变量 Y 与变量 X 的关系是变量 Z 的函数，Z 便被称为 X 与 Y 关系的调节变量。在管理学研究中，调节变量可以是类别变量（如性别、种族、教育水平等），也可以是连续变量（如工资水平、智力水平等）。

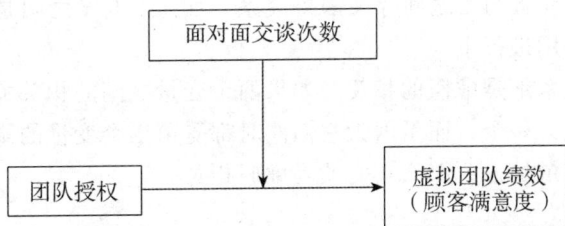

图 7-6　面对面交谈次数对团队授权与虚拟团队绩效的调节作用

（3）中介作用的原理

简单地说，凡是 X 影响 Y，并且 X 是通过一个中间变量 M 对 Y 产生影响的，M 就是中介变量。中介变量可以用来解释现象，在研究中扮演着很重要的角色。中介变量可以分为两类：一类是完全中介；另一类是部分中介。完全中介就是 X 对 Y 的影响完全通过 M，没有 M 的作用，X 就不会影响 Y；部分中介就是 X 对 Y 的影响部分是直接的，部分是通过 M。X、Y 和 M 之间的关系可以用路径图简单地表示为图 7-7，当 c=0 时，M 是完全中介变量，当 c>0 时，M 是部分中介变量。

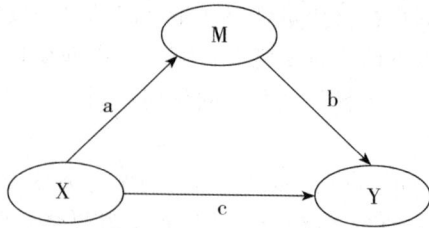

图 7-7　中介作用模型

从上面的介绍中，我们可以看到两个关键之处：第一，X 和 Y 之间存在因果关系；第二，M 是这个因果关系的中间媒介，M 受到 X 影响之后再影响 Y，因此传递了 X 的作用。这个过程并不复杂，我们现有的检验中介作用的方法正是通过验证这几个因果关系来实现的。

最常用也是最传统的检验中介变量的方法是 Baron 和 Kenny（1986）的方法。如果仅仅从数据关系上讲是三个过程：

①自变量影响因变量；

②自变量影响中介变量；

③控制中介变量之后，自变量对因变量的作用消失了，或是明显地减小了。

大多数研究者都记得这几个步骤，但在数据关系的背后是需要有一些重要的前提的。中介作用意味着一个因果链——中介变量由自变量引起，并影响了因变量的变化。因果关系是建立中介作用中最重要却又常常在研究中被忽视的一个环节。要建立因果关系，必须满足一些条件和标准，在研究方法中常用的有三个：原因和结果在时间和空间上是连续的，原因和结果在时间上有先后顺序，它们之间有恒定的联系。

将这些原则用在我们的研究中：

首先，两个变量 X 与 Y 之间存在因果关系，如果 X 与 Y 之间是没有关系的，接下来的步骤也就不用进行了。

其次，这种关系不是虚假的相关。如果两个变量之间的相关关系并不是因为它们中的一个影响了另一个，而是因为它们同时都受第三个变量的影响，而我们的分析却没有把这个变量加入，那么它们就是虚假相关。

7.2.3　使用回归分析的例子

下面我们通过几个具体的例子来展示对于线性回归分析这一定量工具的应用。第一个例子来自 Law 和 Wong（1998）的一篇文章：

1）研究主题

这个研究主要是研究者对以往估计不同的薪酬比较对象（pay referents）的重要性的方法不满，认为其有所不足，所以设计了一个新的估计方法以改进原来的估计方法：

Two approaches for estimating the relative importance of various referents in affecting pay satisfaction are reviewed. The first approach uses the most frequently reported referents by the respondents as the most important referents. The logic of this approach is questioned because frequency of using a referent is different from his/her relative importance. The second approach uses a policy-capturing method by which respondents are asked to evaluate their pay satisfaction when compared to various referents. The respondents' overall pay satisfaction is then regressed on these evaluation. This approach may have the problem of the common method effect (i.e., the problem of common method variances between predictors and criterion) and the dominance effect (i.e., higher measurement errors for referents with narrower pay ranges). An alternative policy-capturing approach that minimizes these two limitations is suggested.

2) 测量变量的方法

The research participants in this study were bank clerks of a medium-sized bank in Hong Kong…the new policy-capturing approach. In this approach, participants were asked how satisfied they would be if given stated values of their pay and of the pay for each of the five referent groups. An example of this approach is:

"Assuming that your current monthly pay is $9 729, please indicate how satisfied you would be if the average monthly pay of the following groups of people were:

"$11 582 for your family members and close friends;

"$7 522 for other clerks in your bank;

"$9 982 for clerks in other banks;

"$9 637 for people with the same education and experience as you;

"$19 241 for your immediate supervisor."

The participants' responses were measured by a six-point, Likert-type scale ranging from extremely satisfied to extremely dissatisfied…The hypothetical pay level of the participants and their referents for each question were random numbers generated between the market minimum ($5 300) and maximum ($13 000) pay for clerks in Hong Kong… each participant was responding to a unique combination of pay differentials. No two participants had the same hypothetical pay level for the same referent group.

3) 回归分析

由于要公平地比较各薪酬对象的重要性，所以全部自变量都一起进入回归方程式：

Table 7-3 shows the regression analysis for the new policy capturing approach. That is, the participants' pay level satisfaction was regressed on pay differentials in the hypothetical scenario⋯colleagues as a referent group are also identified as most important in affecting pay level satisfaction （β =0.34）. People with the same education and experience are also an important referent of pay satisfaction （β=0.26）. However, family and close friends as well as supervisors are not significant referent groups in this analysis⋯ the results of using pay ratios with respect to different groups instead of pay differentials are shown in⋯ It is clear that very similar results are obtained when pay ratios are used instead of pay differentials as predictors of pay satisfaction.

表 7-3　　　　　　　　　　回归分析结果（abstracted）

referents	pay differential	pay ratio
family/close friends	−0.06	−0.06
colleagues	0.34***	0.40***
industry	−0.04	−0.04
same qualification	0.26***	0.23*
supervisor	0.16	−0.07
multiple R	0.48***	0.46***

* $p<0.10$; ** $p<0.05$; *** $p<0.01$.

Note: The dependent variable is general pay level satisfaction. Coefficients reported are regression weights.

再看一个关于检验调节变量的例子。有研究发现"员工的专业背景与组织的业务是否匹配"会影响"员工对于组织的认同"（Johnson，Morgeson，Ilgen，Meyer and Lloyd，2006）。虽然"匹配"（fit）是一个复杂的变量，但是为了简化讨论，让我们首先假设研究人员已经有了一个很好的"匹配"的量度。如果我们根据相关理论再提出一个假说：专业匹配与组织认同之间的关系还受性别的影响，男性中这种关系较强，女性并不显著。这时，自变量是"员工的专业背景与组织业务匹配的程度（X）"，因变量是"员工对组织的认同（Y）"，调节变量是"性别（男或女）"。

在研究这一类问题时，很多研究人员会把样本分成两组，男性样本做一个回归，女性样本另做一个回归。如果结果如下：

男性样本：$Y=2.5+0.15X$（$N_1=128$）

女性样本：$Y=1.3+0.09X$（$N_2=96$）

研究者就会认为数据已经验证了性别发挥调节作用的假说了。但是，这里还存在两个问题：第一，我们怎么知道在男性样本中"匹配"对于"组织认同"的影响（$b_1=0.15$）在统计上说真的是大于女性样本中的系数（$b_2=0.09$）呢？严格说来，我们要在统计上用 b_1-b_2 来验证 H_0：$\beta_1-\beta_2=0$。第二，以上的分组检验使原来的样本数

N=224拆分成为两个样本，而在女性样本中样本数 N_2 仅为96。对于这么小的样本数来说，统计功效（statistical power）会很低。因为这两个原因，检验调节变量最普遍的方法是多元调节回归（moderated multiple regression，MMR）。虽然有人会用分组的方法来验证调节变量，但我们的建议是除非没有选择，否则用调节回归分析来验证调节作用总比分组验证的方法好。

下面我们就看一下回归方法检验调节作用的具体步骤：

（1）用虚拟变量代表类别变量，对连续变量进行标准化

如果自变量或调节变量中有一个是类别变量，那么第一步是先将类别变量转变为虚拟变量，所需虚拟变量的数目等于类别变量的个数减1。对于连续变量来说，一个重要步骤就是进行中心化，即用这个变量中测量的每个数据点减去均值，使得新得到的数据样本均值为0。预测变量和调节变量往往与它们的乘积高度相关。标准化的目的就是减小回归方程中变量间多重共线性的问题。当然，也可以对连续型的自变量和调节变量进行标准化（如使用z分数），作用基本相同。

（2）构造乘积项

构造乘积项时，只要把经过处理以后的自变量和调节变量相乘即可。

$Y=b_0+b_1X+b_2M+\bar{X}b_3\times\bar{M}$

如果使用了虚拟变量，那么每一个虚拟变量都应该有一个相应的乘积变量。

$Y=b_0+b_1X+b_2D_1+b_3D_2+b_4\bar{X}\times D_1+b_5\bar{X}\times D_2$

（3）构造方程

构造出乘积项后，把自变量、因变量（这里要使用未中心化的自变量和因变量）和乘积项都放到回归方程中就可进行检验了。这里我们最关注的是乘积项的系数是否显著。如果显著，就可以说明调节作用的存在。

（4）调节作用的分析和解释

当检验中发现一个显著的调节作用存在时，下一个重要步骤是分析它的作用模式。这时，如果调节变量和自变量都是定类变量，就可以在不同的组别中分别计算因变量的均值，然后用得到的值来作图，直观地表示出调节作用的模式，如图7-8所示。第二种方法是在按调节变量所分的不同组中，检验自变量对结果变量回归的斜率。

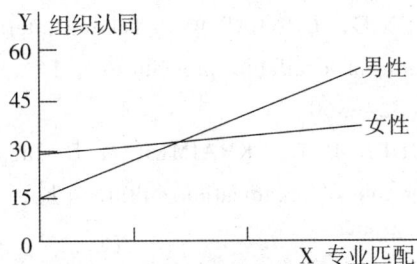

图7-8 调节作用的表示方式

但是，当调节变量是连续变量的时候，我们如何划分呢？一般有两种方法：一

种是找到调节变量的中位数，对低于中位数和高于中位数的两组分别回归，来观察自变量与因变量关系的不同作用模式。另一种是找到调节变量的均值，然后在均值左右各一个标准差的区域之外各作为一组（即大于 $\bar{X}+\sigma$ 的数据作为一组，小于 $\bar{X}-\sigma$ 的数据作为另一组），在两组中分别回归。

需要注意的是，我们这里分组的分析仅仅是为了直观地表示调节变量是如何作用的，而不是为了检验调节作用是否存在，检验的步骤已经在前面的调节回归中完成了。

●● 7.2.4　进一步阅读建议

通过本节的学习，希望你对线性回归分析的知识有一个大体的了解，相信这一十分常用的研究工具对于很多读者来说，他们已经非常熟悉。但是，对于从没有使用过线性回归模型的人来说，本节的内容是远远不够的，你可能需要进一步参考其他资料，你也可能想要参阅更多使用线性回归模型进行研究的例子。

对于这种情况，我们建议你可以阅读以下资料：

古扎拉蒂 D N，波特 D C.经济计量学精要［M］.张涛，译.4版.北京：机械工业出版社，2010.

LAW K S，WONG C S，WANG K D. An empirical test of the model on managing the localization of human resources in the People's Republic of China ［J］. The International Journal of Human Resource Management，2004，15（5）：635-648.

MACKINNON D P，LOCKWOOD C M，HOFFMAN J M，et al. A comparison of methods to test mediation and other intervening variable effects ［J］. Psychological Methods，2002，7（1）：83-104.

关于调节变量的验证，本节介绍了方差分析和调节回归的方法，这是检验调节作用最常用的方法。在不同性质的研究中，我们也可以使用其他方法。这里为想进一步学习的读者列出相关文献。除了使用回归方法外，本章所介绍的另外两个研究工具结构方程模型和多层线性模型都可以用来检验调节作用，感兴趣的读者可以阅读下列文章：

CORTINA J M，CHEN G，DUNLAP W P. Testing interaction effects in LISREL：examination and illustration of available procedures ［J］. Organizational Research Methods，2001，4（4）：324-360.

ERODOGAN B，LIDEN R C，KRAIMER M L. Justice and leader - member exchange：the moderating role of organization culture ［J］. Academy of Management Journal，2006（2）：395-406.

关于中介变量的验证，存在着很多争议。例如，MacKinnon 等（2002）总结了14种不同的方法来验证中介变量。至于详细的步骤，我们这里不再详谈，感兴趣的读者可以自行参阅：

MACKINNON D P，LOCKWOOD C M，HOFFMAN J M，et al. A comparison of methods to test mediation and other intervening variable effects［J］. Psychological Methods，2002，7（1）：83-104.

另外，有两位专家的网页都对中介变量讲得很详细。第一位是 David A. Kenny（http：//davidakenny.net/cm/mediate.htm），第二位是 David P. MacKinnon（http：//www.public.asu.edu/~davidpm/ripl/mediate.htm）。有兴趣的读者可以参考。

》 7.3 结构方程模型

●● 7.3.1 结构方程模型在管理学研究中的应用

结构方程模型（structure equation modeling，SEM）是应用线性方程系统表示观测变量与潜变量之间，以及潜变量之间关系的一种统计方法。从发展历史来看，结构方程模型起源很早，但是其核心概念在20世纪70年代初期才被相关研究人员提出，到了今天，这一统计建模及分析方法已获得了巨大的发展，不仅拥有专属期刊《结构方程模型》（Structure Equation Modeling），专门刊登结构方程模型领域的理论与实证研究，在心理学、管理学、社会学等社会科学领域中，也已经有越来越多的相关讨论和应用实证文章。在国内，结构方程模型研究方法则刚刚兴起，相当多的人文社科类实证研究论文中都已开始采用这一建模方法。在未来，随着中国学术研究的国际化发展，这一研究方法的发展将大大提速。

在社会科学领域研究中，结构方程模型的应用之所以如此广泛，这是由社会科学研究的特点和要求所决定的。社会科学研究的根本目的是通过探讨变量之间的因果关系来揭示客观事物发展、变化的规律及特点，但是很多在社会科学领域中所涉及的变量都不能被准确而直接地测量（潜变量），例如，个人的成就感、企业的品牌意识、某一观念的社会认同感等，这就为直接研究这些变量与其他变量之间的关系造成了操作上的困难。结构方程模型可以在一定程度上解决这一问题，通过为难以直接测量的潜变量设定观测变量，用这些可以用于统计分析的观测变量之间的关系来研究潜变量之间的关系。

1）结构方程模型的优点

结构方程模型在近年来的管理学研究中受到追捧，是由它下面的几个优点决定的：

（1）允许回归方程的自变量含有测量误差

在传统统计方法特别是计量模型中，自变量通常都是默认可直接观测的，不存在观测误差。但是，对于管理学等社会科学领域很多研究课题来说，一般而言，从问卷调查得来的观察变量都是由真实值和测量误差组成的，这时结构方程模型可以帮助我们准确估计出测量误差的大小和其他参数值，从而大大提高整体测量的准确度。

（2）可以同时处理多个因变量

在传统计量模型中，方程的因变量一般只有一个。但是，在管理学等社会科学领域，因变量常常可以多个，例如员工素质，可以影响企业文化，也可以影响企业绩效。这样，在结构方程模型中，允许同一模型中出现多个因变量，在模型拟合时对所有变量的信息都予以考虑，可以增强模型的有效性。特别是应用于中介效应的研究，如在组织理论中，变量 A 不是直接影响到变量 B，而是通过变量 C 作为中介而影响的，结构方程模型会给这些问题以综合恰当的分析。

（3）可以测量潜变量

在管理学的研究中，很多构念都是不可直接测量的，例如人的态度、认知、心理等，我们称这些变量为潜变量。一般的做法是以观察变量来间接度量潜变量，如用逐条问卷题答案的平均值作为潜变量的数值。传统的方法不能准确处理这些变量，而结构方程模型则可同时分析潜变量及其观察变量之间的复杂关系。

（4）允许更具弹性的模型设定

在传统建模技术中，模型的设定通常限制较多，例如，单一指标只能从属于一个因子，模型自变量之间不能有多重共线性等。结构方程模型中则限制相对较少，例如，结构方程模型既可以处理单一指标从属于多个因子的因子分析，也可以处理多阶的因子分析模型；在因素结构关系拟合上，也允许自变量之间可能存在共变方差关系。

2）结构方程模型应用的几个新趋势

（1）第一个大方向是测量等同 （measurement equivalence/invariance， ME/I）概念的拓展与延伸

实际上，测量等同旨在探讨如何跨组比较结构方程模型中的各个参数值。这种比较研究也可更深入地设计不同组别之间均值结构方程模型的平均值比较。上面的论述如果觉得难以理解，看了下面几个具体的例子可以让你觉得容易些：

①结构方程模型在不同文化组别之间进行比较，可以对跨文化研究工作大有裨益。

②跨性别研究，因为男性和女性对某些问题的看法会有所差异，如对领导风格这个问题所体现出的差异。

③在360度绩效评估中，研究表明，员工与上司对其本人的工作表现评价会有所出入，从而导致了一系列问题的产生。

经验表明，结构方程模型在以上这些研究方面，都有它擅长的一面。

（2）第二个大方向是潜增长模型（latent growth model）

许多研究是在观察研究对象随着时间轴的变化程度，如人们的认知和态度的发展和变化。具体来讲，一个员工在步入职场之前对未来的工作会抱有一定的期望，

一段时间以后，当他有了进一步的认识后，期望会变得更实际些，同时对公司的观念也会有所改变。6个月后，这种改变会逐渐趋于稳定。所以我们说，一个人对一个机构的认知和观念会随着时间发生变化。同样，许多相似的概念和理论都是关于发展的，如上司与下属的关系、培训的效果等，在解决诸如此类问题时潜增长模型具有优越性。

（3）第三个大方向是多层次因子模型（multi-level factor model）

图7-9为一个多层次因子模型，它包括四个变量（subject），每个变量由三个题目（item）来测量，这四个变量又同时属于一个大组别（group）。这个例子充分说明了有时我们搜集来的数据之间不是相互独立的，虽然分为四个变量，但它们相互之间都存在着一定的关系。在结构方程模型中，我们可以将观察来的变量之间的协方差矩阵分拆成两个层次研究：变量组间协方差矩阵（between-group covariance matrix）和变量组内协方差矩阵（within-group covariance matrix），从而可对组间和组内的模型进行分别测量，进一步就可以比较这两个层次之间的异同。

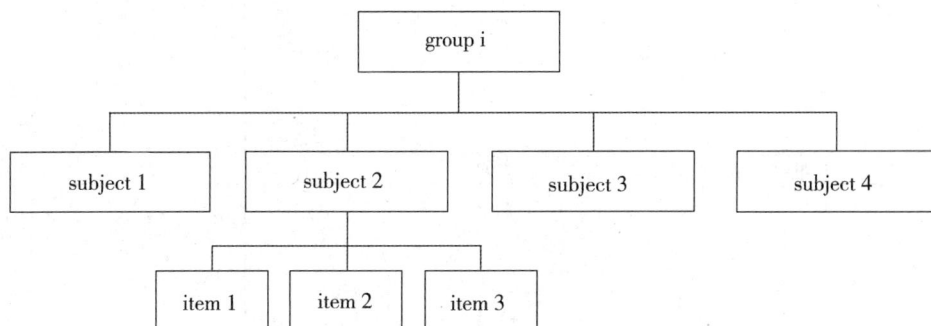

图7-9　多层次因子模型

●● 7.3.2　结构方程模型的原理

1）结构方程模型的原理介绍

基于本章的写作目的，我们这里不打算使用复杂的数学公式来说明结构方程模型的原理，虽然那样肯定会更简洁。我们打算用比较直观的形式来使你了解结构方程模型是怎么回事，即使这将花费更多的精力。

如图7-10所示，此图被虚线分为上下两个部分：虚线上面的部分代表的是总体（population）信息，是我们不知道从而需要估计的，而虚线下方则是来自样本（sample）的真实信息。

首先我们来看虚线上方来自总体的信息。左上角代表来自总体数据的一些变量，虽然我们不知道它们之间的相互关系，但是却可以用相关矩阵来度量这种关系，即协方差矩阵$\sum_0$。右面是在基于不同假说基础上所产生的描述各变量之间关系的不同模型，根据不同的假说模型可以估算每个模型的近似协方差矩阵$\sum_k$。比较$\sum_0$与$\sum_k$的不同可得到Δ_{pop}，即总体不一致（population discrepancy）。Δ_{pop}越小，说明$\sum_0$与$\sum_k$之间越接近，继而说明之前所假说的代表变量之间关系的模型 k 越接近真实总体变量之间的相互关系，即最初的操作模型（operating model）。

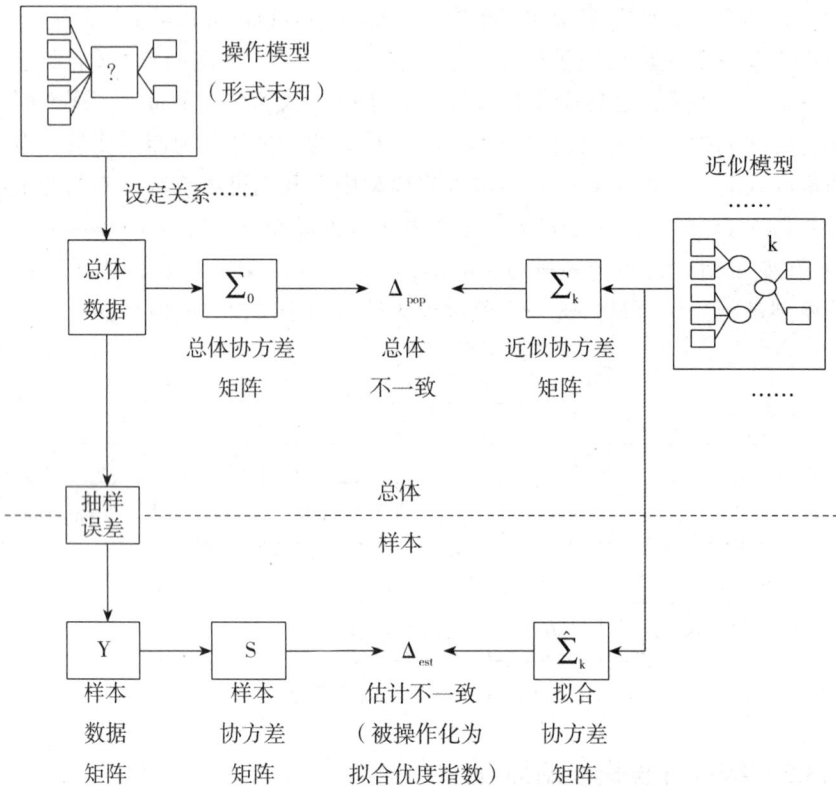

图 7-10　结构方程模型原理图

下面我们讨论虚线下面的部分。就像此图左面显示的那样，由总体到样本之间要通过抽样的过程，并且伴随着误差的产生，即总体数据+抽样误差=样本数据矩阵（Y）。从 Y 中我们可以计算出样本的协方差矩阵 S。相应地，基于假说的模型，可以产生拟合协方差矩阵$\sum_k$。由于总体中的$\sum_0$、$\sum_k$与Δ_{pop}是不知道的，所以实际上我们要做的是比较样本中的 S 与$\sum_k$的大小，即Δ_{est}的大小。在结构方程模型中用不同的拟合指数（fit index）来代表Δ_{est}的大小，其中最常用的拟合指数为χ^2（Chi-square）。

经过比较，Δ_{est}越小，则说明拟合协方差矩阵$\sum_k$越接近样本协方差矩阵 S，表示我们提出的模型 k 与操作模型的拟合程度高。

2）结构方程模型的基本类型

简单来说，结构方程模型主要有以下三个大类：测量模型（measurement model）、路径模型（path model）和全模型（full model）。

（1）测量模型

图7-11基本构造了测量模型的面貌。这里，我们用八个观察变量来测量两个潜变量，其中前四个观察变量测量第一个潜变量，后四个观察变量测量第二个潜变量。如图7-11所示，这两个潜变量是相关的，而潜变量与观察变量之间的关系可以用因子负荷（factor loading），即 λ 来表示，每个观察变量的测量误差用 δ 来表示。另外，在结构方程模型常用图标的表示法中，圆或椭圆表示潜变量或因子，正方形或长方形表示观察变量。

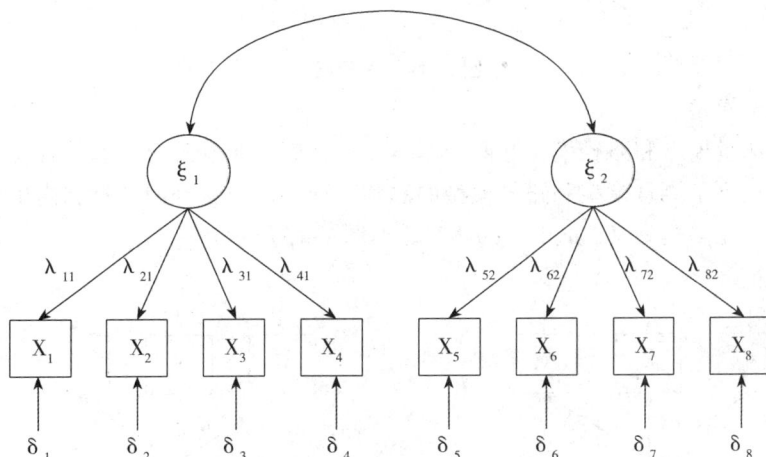

图7-11　测量模型

测量模型的主要用途是通过验证性因子分析来帮助检验我们提出的理论假说，即如图7-11所示的因子模型是否与数据吻合，是否为一个可靠的模型，同时对各因子参数作出估计。

（2）路径模型

如图7-12所示，模型包含了三个自变量和两个因变量，它们之间有着复杂的相互关系。结构方程模型可以同时将所有这些关系一起估算，从而避免了考虑一个因变量时，忽略了其他因变量的存在及其影响。路径分析的主要作用是了解各个变量之间的关系，其中包括直接关系和间接关系两大类。直接关系（direct effect）是指某一变量对另一变量产生直接影响，如图7-12中从变量 X_1 到变量 Y_1 或从变量 X_3 到变量 Y_2；而间接关系（indirect effect）则是某一变量对另一变量的影响是通过其他变量而形成的。这个中间变量被称作干扰变量（intervening variables），如图7-12所示，X_1 是通过 Y_1 而影响到 Y_2 的。

综上所述，总效果（total effect）是指某一变量对另一变量的直接效果加上间接效果的总和。例如，X_3 与 Y_2 之间存在着直接关系，同时通过 Y_1 也存在着间接关系，那么，X_3 与 Y_2 的总效果就是以上直接效果和间接效果之和。虽然传统的回归分析可以将变量间复杂的关系分拆成直接关系和间接关系，但是结构方程模型为我们提供了一个简单的方法，即可同时分析各变量之间的关系，省去了先前逐条分拆的烦琐。

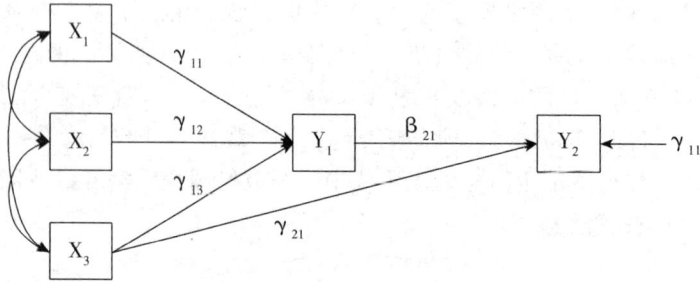

图 7-12　路径模型

（3）全模型

有了测量模型和路径模型这两个基本模型，就不难理解全模型的含义了，全模型是同时包含了测量模型和路径模型的总和，即同时包含外源变量和内生变量的模型，也称为完整模型（complete model），如图 7-13 所示。

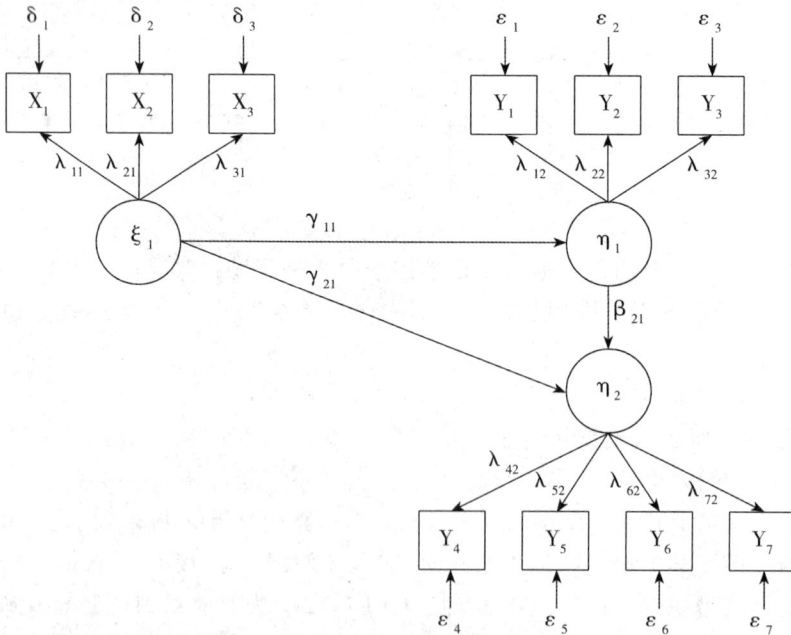

图 7-13　全模型

3）结构方程模型分析的步骤

结构方程模型分析过程通常包括四个主要步骤：

（1）模型设定

在进行模型估计之前，研究人员先要根据理论分析或以往研究成果来设定初始理论模型，也就是初步拟定上述方程组，同时对于方程组中需要固定的系数予以相应的设置。

（2）模型识别

要决定所设定的模型是否能够对那些待估计参数求解，在一些情况下，由于模型设定的问题，造成了模型不可识别的问题，即上述方程组中待求系数太多而方程数目太少。

（3）模型估计

对模型参数可以采用几种不同的方法来估计，通常的方法包括最大似然法（maximum likelihood method）和广义最小二乘法（generalized least squares method）。

（4）模型评价与修正

模型估计之后，研究人员须对模型的整体拟合效果和单一参数的估计值进行评价。如果模型拟合效果不佳，则可以对模型进行修正来提高模型拟合效果。

7.3.3 使用结构方程模型的例子

为了说明如何应用结构方程模型进行管理研究，这里举一个简单的示例对结构方程模型的建模、拟合以及评价过程予以说明。示例来自 AMOS 软件（结构方程模型的应用软件之一）自带的 example 5-a（在各个版本的 AMOS 安装文件中都能找到，包括学生版），该模型实质上是对 Warren 等（1974）的实证研究模型的改写。

Warren 等（1974）的研究样本为 98 个美国艾奥瓦州农场企业。Warren 假设农场企业管理者的行为因素主要包括四个方面：对于企业以及产品的管理方面的知识（knowledge）；对于获取的经济收益的评价，即管理者的价值导向（value）；管理者从管理行为中所获取的满意度（satisfaction）；管理者曾接受的正式教育水平（education）。Warren 主要研究这些因素对于管理绩效（performance）的影响。其中，前三个独立变量（knowledge、value、satisfaction）和因变量（performance）都通过调查问卷的主观指标予以测量，假定带有测量误差，其误差满足正态分布。第四个自变量（education）则是以客观指标（管理者曾受过教育的年数）予以测量，因此假定没有测量误差，在 AMOS 的示例中没有纳入模型。Warren 将问卷中的指标通过折半法（split halves procedure）分为两组，对应于每一个潜变量有两个观测变量，最终所设定的模型如图 7-14 所示，模型的零假设为该设定的模型拟合程度良好，模型分析工具为 AMOS 4.0。

从图 7-14 中可以看出，knowledge、value 和 satisfaction 构成了 performance 的预测变量，它们分别由两个测量变量予以测量。三个预测变量之间也存在着一定的共变方差。图 7-14 中部分路径系数被固定为 1，是为了设定回归结果的测度比例。模型整体拟合效果见表 7-4（为简单起见，仅列出几个常用的统计指标）。

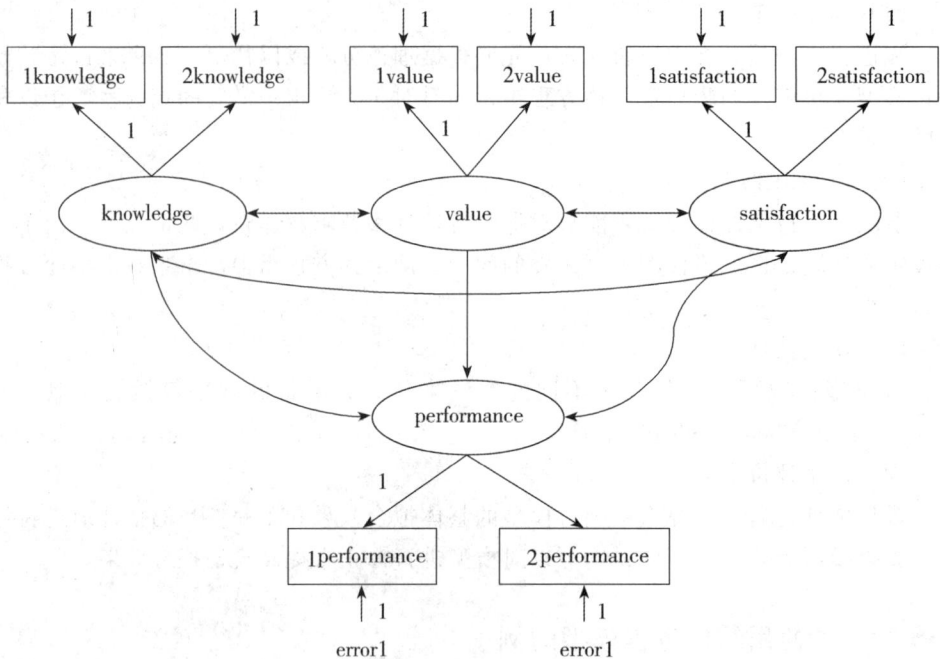

图 7-14　管理者行为路径图

表 7-4　　　　　　　　　　　模型整体拟合效果统计量

fit measures	CMIN	DF	P	GFI	AGFI	NFI	RFI
your model	10.335	14	0.737	0.975	0.935	0.958	0.915

CMIN 为模型拟合的卡方值，在自由度（DF）为 14 的情况下，P 值为 0.737，因此没有拒绝零假设。GFI 为模型的契合度指标，AGFI 为调整的 GFI 指标，一般在 0.9 以上才具备理想的拟合度。NFI 和 RFI 也是两个常用的模型拟合度指标，它们也须大于 0.9 才具备较强的拟合度。从拟合结果可以看出，该模型拟合结果良好，也就是说管理绩效可以用这三个因素予以预测。

结构方程模型的拟合结果可以用路径图来显示，如图 7-15 所示。

通过这一示例，可以看到结构方程模型在管理研究实证分析上的优势所在，通过将难以直接衡量的知识水平、价值导向、满意度和绩效以调研打分为测量变量予以概念化，进而通过测量变量之间的协方差关系研究潜变量之间的关系，拟合结果可以清晰地显示出知识水平、价值导向和满意度对管理绩效的预测关系，同时自变量之间的协方差设定也使得模型设定上更为灵活，研究人员可以自由地设置不同管理要素之间的关系，当然这应当取决于理论基础的坚实性。

作为一种新兴的统计建模分析技术，结构方程模型在心理学、社会学、管理学等研究领域得到了越来越广泛的应用，在国内，这一统计技术仍在蓬勃发展之中，已经有部分研究人员开始尝试用这种方法处理实证研究。在管理学中，结构方程模型的应用尤其广泛。本书对结构方程模型的特征和优势进行了介绍，并且通过一个

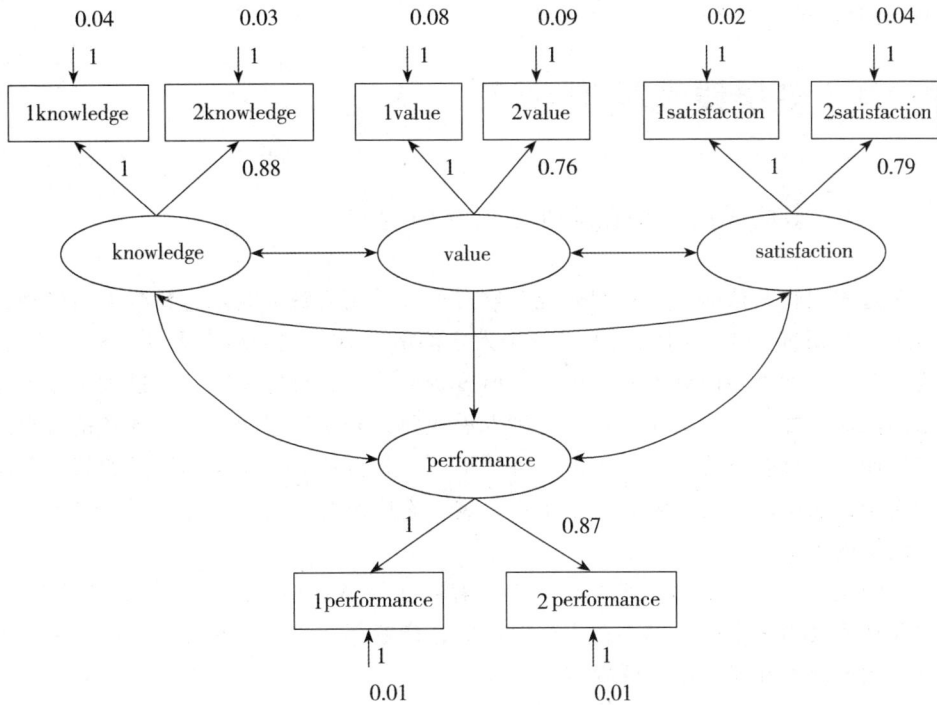

图 7-15 模拟结果路径图

实证研究的模型示例，对结构方程模型在管理研究中的应用进行了说明。未来的研究，可以在管理领域对结构方程模型理论进行发展，同时结合中国的企业数据，开发具有中国特色的管理实证研究。

7.3.4 进一步阅读建议

通过本章的学习，希望你能够对结构方程模型的知识有一个大体的了解，对于初学者来说，可以让他们对于这一工具不再感到畏惧，并且可以在相应的研究中运用这一工具。但是，对于从没有使用过结构方程模型的人来说，本章的内容是远远不够的，你可能需要进一步地参考其他资料，你也可能想要参阅更多使用结构方程模型进行研究的例子。

对于这种情况，我们建议你可以阅读以下资料：

侯杰泰，温忠麟，成子娟. 结构方程模型及其应用 [M]. 北京：教育科学出版社，2004.

CHEUNG G W, RENSVOLD R B. Assessing extreme and acquiescence response sets in cross-cultural research using structural equations modeling [J]. Journal of Cross-Cultural Psychology, 2000, 31 (2)：187–212.

WONG Y T, NGO H Y, WONG C S. Antecedents and outcomes of employees' trust in Chinese joint ventures [J]. Asia Pacific Journal of Management, 2003, 20

（4）：481-500.

》》7.4 多层线性模型

●● 7.4.1 多层线性模型在管理学研究中的应用

在过去很长一段时间，组织研究者常常要么采用宏观的观点，要么采用微观的观点来进行研究。宏观的观点不重视个人之间的差异，且忽略个人的人格、情感、行为及互动，而微观的观点不重视个人所置身的情景，可能忽略此情景对个人差异效果的限制。如今，多层次的观点逐渐发展成熟，确认了组织既是宏观又是微观的观点，而且在综合方法上应该考虑两种情形：一是群体、组织及其情景如何由上而下影响个体层次的结构变量；二是个人直觉、态度及行为由下而上以形成群体、部门与组织的现象。

组织是一个多层次的系统结构，个人存在于团队之中，团队存在于部门之中，部门存在于公司之中，公司存在于产业之中，产业存在于一定的社会文化之中。类似这样的情况，在研究中广泛存在。

1）横截面数据的多层结构特征

在社会科学中，很多研究问题都体现为多水平的、多层的数据结构，如在教育心理学研究中，为保证研究的效度，常常需要在不同的学校或不同的班级中进行取样，这时学生镶嵌于班级中，而班级又镶嵌于学校的背景中，因此可以将学生作为数据结构的第一层，班级和学校则分别作为数据结构的第二层和第三层，从而构成多层嵌套的数据结构。传统的线性模型中，如方差分析或回归分析，往往只能对其中某一层的数据进行描述或提出一系列的研究问题和假说，却不能对涉及两层或多层数据的问题进行综合性的研究。随着科学研究的深入，目前研究者更感兴趣的则是学生层的变量与班级或学校层的变量之间的交互作用。比如，学生间个体特征的变异水平在不同班级或学校之间是否相同，即作为"背景"的班级或学校层变量是否对学生层变量的变异水平具有显著的影响。同时，在学生数据层中，不同变量之间的关系也可能因班级或学校的不同而发生变化，因此，这些学生层变量的变异便可以解释为班级或学校层变量的函数。

相似的数据结构在管理学研究领域中也经常出现，例如，在实证分析中为了符合研究对样本数量的要求，研究者经常会在不同的企业中对其员工发放问卷或统计相关信息，而员工又镶嵌于不同的团队或部门，有着不同的团队或部门领导，同时这些团队或部门又镶嵌于不同的企业。企业或团队层中不同的领导风格或激励机制，往往对员工行为的选择有着重要的作用。因此，员工层变量结果中的差异，或者变量之间的关系的差异，可以解释为团队层上或企业层上的预测变量的函数。例如，在研究组织文化和组织管理者的领导风格时，我们就很想了解组织成员的某种行为或特征与其工作绩效间作用关系的差异，有多少可以被组织文化或领导风格所解释。

2）纵向研究数据的多层结构特征

另一种类型的两层镶嵌数据结构来自纵向研究或重复测量研究。在纵向研究中，以不同观测时点的追踪记录结果为第一层数据，以样本的个体特征或不同的实验处理为第二层数据，从而构成两层数据结构。与传统的统计分析方法相比，多层线性模型在数据的基本假说和研究问题的范围上都有显著的扩展。传统统计分析方法在进行纵向研究时，是以样本数据的同方差和无自相关为前提假说的，如方差分析和多元回归分析。但是，在实际研究中，这些假说很难成立。例如，同一个体的多次追踪数据之间往往具有更多的相似性，在同一时间点观测到的数据也可能存在共同方向上的系统误差，这使得随机误差项的无自相关假说受到了威胁。同时，随着时间的推移，误差项的方差也会发生一定的变化，从而影响同方差的假说。多层线性模型（hierarchical linear modeling，HLM）则不需要以同方差和无自相关为前提假说，因此该方法更适合于进行纵向研究。传统统计方法主要用于比较各次观测结果间差异性是否显著，或前期观测结果对后期观测结果的预测程度，而多层线性模型则可以对多层结构的样本数据进行更广泛的研究，尤其是不同层变量之间的交互作用，例如，个体间某些特征的差异是否显著地解释了其发展趋势的不同。

同样，在进行团队研究的过程中，团队发展过程的研究已经成为该领域的前沿问题，这种对发展过程进行动态研究的问题能够在 HLM 纵向研究中得到很好的分析和解释，探究团队的组织结构、制度安排和沟通模式等团队层变量如何解释团队成长过程和团队绩效。

7.4.2 多层线性模型的原理

1）多层线性模型的基本原理

跨层级变量间的作用关系，在管理学、社会科学研究中常被称为背景效应，因为在社会科学研究的基本假说中，认为个体并不是生活在真空中，个体的行为既受到其自身个体特征的影响，也受到其所处背景环境的影响。研究者一直试图把个体效应与背景效应加以区分。多层分析采用"回归的回归"（regression of regression）的运算原理，对这种个体效应和背景效应进行分离，基本分析思想是这样的：首先对个体层变量进行回归，保存下回归系数，并将这些统计量与在第二层所观察到的变量混合在一起进行回归分析。例如，X_i 为个体层的自变量，Y_i 是个体层的因变量，W_j 是第二层上的变量，对第一层变量来说，建立回归方程：

$$Y_{ij}=\beta_{0j}+\beta_{1j}X_{ij}+r_{ij}$$

其中：i 是第一层个体编号；j 为第二层组织编号；r_{ij} 为残差项。在每一组内进行同样的回归后，得出 β_{0j} 和 β_{1j}，并将其当作因变量，W_j 作为自变量，即再建立两个新的回归方程。

虽然多层线性模型的参数估计方法在概念上与进行多次回归的方法十分相似，但是两者的统计估计和验证方法却是不同的，并且多层线性模型的参数估计方法更加稳健。传统线性分析使用的是普通最小二乘法（ordinary least squares estimation，OLS）进行参数估计。多层线性回归所使用的是收缩估计（shrinkage estimate），它比使用 OLS 进行"回归的回归"更为稳定或精确。这是因为，当在某些第二层单位中只有少量的个体样本时，比如在研究样本中，由于某种原因某些团队中只有几个成员，而其他的团队则有很多成员时，以小样本为基础的回归估计则是不稳定的。在这种情况下，多层线性模型采用两种估计方法的加权综合值作为最后的估计结果：其一是来自每个工作小组的 OLS 估计；其二是来自第二层或小组间数据的加权最小二乘（weighted least squares，WLS）估计。最后的估计根据不同团队的样本大小进行加权，以上这两种估计中，样本规模较小者更为依赖第二层的 WLS 估计，而样本规模较大者则更为依赖第一层的 OLS 估计。

2）多层线性分析的基本形式

与结构方程建模相似的是多层分析同样具有一个完整模型（full model），即模型中包含第一层的预测变量，也包含第二层的预测变量，这样就可以通过理论构建来说明或解释因变量的总体变异是怎样受第一层和第二层的因素影响，而其他的模型，如零模型、随机效应回归模型和发展模型则都是根据具体的研究需要由这一完整模型变化而来的。

为了更好地理解前文的"统计原理"，这里给出最简单的完整模型，即只有一个第一层预测变量和一个第二层预测变量。

Level-1 Model：$Y_{ij}=\beta_{0j}+\beta_{1j}X_{ij}+r_{ij}$

Level-2 Model：$\beta_{0j}=\gamma_{00}+\gamma_{01}W_j+u_{0j}$

$\beta_{1j}=\gamma_{10}+\gamma_{11}W_j+u_{1j}$

Y_{ij} 指个人 i 在 j 群体中的结果变量；X_{ij} 是个人 i 在 j 群体中的预测因子之值；β_{0j} 与 β_{1j} 是每个 j 群体分别被估计出的截距项与斜率；r_{ij} 为残差项。W_j 是群体层次的变量；γ_{00} 与 γ_{10} 为 Level-2 截距项；γ_{01} 与 γ_{11} 则是联结 W_j 与 Level-1 公式中的截距项与斜率项的斜率；u_{0j} 与 u_{1j} 为 Level-2 的残差项。因此，在 Level-1 Model 中，可检验出 Level-1 变量和 Level-1 变量之间的关系，而在 Level-2 Model 中，可检验出 Level-2 变量和 Level-1 变量之间的关系，以及 Level-2 变量如何干扰两个 Level-1 变量之间的关系。

●● 7.4.3 使用多层线性分析的例子

也许前面的内容太过理论化，我们用一个具体的例子来说明使用多层线性模型的具体步骤，相信这可以让你对多层线性模型不再畏惧，并对它的具体操作步骤有一个清楚的了解。因为我们所关心的是多层线性模型的使用，所以文章的分析结论并不属于我们关注的范围。

我们使用的例子是Liao和Chuang（2004）发表在AMJ上的一篇优秀论文。

1）研究概述

文章的作者认为，服务业中顾客的满意度与组织的绩效息息相关，而服务人员在服务过程中与顾客的互动会影响到顾客所感受到的服务品质，因此有必要进一步探究什么原因会影响员工的服务绩效，从而提升组织绩效与顾客满意度。Liao和Chuang建立了一个多层次的研究框架，来验证个人层次的因子与店层次的因子对员工服务绩效的影响，以及店层次的因子如何干扰个人层次的因子与员工服务绩效之间的关系，图7-16为简化了的研究框架图。

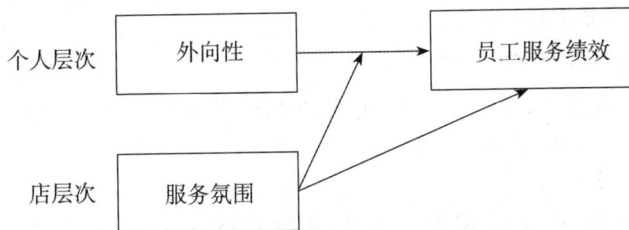

图7-16 简化了的研究框架

在本例中要检验的是与员工个人服务绩效（employee service performance）相关的自变量，此服务绩效是指员工在服务与帮助顾客的过程中，所表现出的满足顾客的需求与爱好的行为，因此因变量为个人层次的服务绩效。在概念上，员工的服务绩效取决于员工的个人差异与情景因子。本例中，个人层次的因子即为外向性（extraversion），而情景因子为服务氛围。外向性是五大人格因子之一，与个人善于社交、合群、健谈、积极的特质有关，而服务氛围是指员工们对于政策、惯例以及受到的奖励、支持与期望的顾客服务程序的共同知觉，因为服务氛围是"共同的"知觉，所以将其设定为群体层次的概念。

文章提出了三个假说：

假说1：个人层次的外向性与员工的服务绩效呈正相关。

假说2：群体层次的服务氛围与员工的服务绩效呈正相关。

假说3：群体层次的服务氛围调节外向性与员工服务绩效之间的关系，以至于越正面的服务氛围，越会降低其正向的相关性。

文章使用的数据为美国中西部25家连锁餐厅搜集到的257位员工的样本，使用的分析软件为HLM。

2）分析步骤

Step Ⅰ：零模型（null model）

由于假设个人层次的员工服务绩效可由个人层次与群体层次的变量来预测，所以必须显示出服务绩效在个人层次与群体层次上皆有变异存在，因此，第一个步骤要使用方差分析（ANOVA），将服务绩效的方差分成组内与组间方差。在此使用的HLM估计的零模型是没有预测因子的，其模型如下：

Level-1 Model：服务绩效$_{ij}=\beta_{0j}+r_{ij}$

Level-2 Model：$\beta_{0j}=\gamma_{00}+u_{0j}$

在上述模型中：

β_{0j}=第 j 个群体的服务绩效平均数；

γ_{00}=服务绩效的总平均数；

r_{ij}的方差$=\sigma^2$=服务绩效的组内方差；

u_{0j}的方差$=\tau_{00}$=服务绩效的组间方差。

由于服务绩效的总方差$=\sigma^2+\tau_{00}$，我们由此可以计算出 ICC（1），即服务绩效组间方差的百分比，其公式如下：

ICC（1）$=\tau_{00}/(\sigma^2+\tau_{00})$

此步骤分析结果为$\tau_{00}=0.35$，且卡方检验的结果表明组间方差是显著的，$\chi^2(24)=58.45$，$p<0.001$。此外，$\sigma^2=2.52$，ICC(1)$=0.12$，表示员工服务绩效的方差有 12% 来自组间方差，88% 来自组内方差。

由于服务绩效具有显著的组间方差，接下来就可进行假说检验。

Step Ⅱ：检验假说 1 或 Level-1 的主效果

为了检验假说 1，我们将外向性加入 Level-1，并估计以下模型：

Level-1 Model：服务绩效$_{ij}=\beta_{0j}+\beta_{1j}$（外向性）$+r_{ij}$

Level-2 Model：$\beta_{0j}=\gamma_{00}+u_{0j}$

$\beta_{1j}=\gamma_{10}+u_{1j}$

在上述模型中，γ_{00}与γ_{10}分别代表 Level-1 的系数（β_{0j}与β_{1j}）跨群体的平均数，其中γ_{10}表示外向性与服务绩效跨群体的关系，因此可用来检验假说 1。另外，HLM 亦对γ_{00}与γ_{10}进行 t 检验，由此便可检测这两个参数的显著性。

此步骤的分析结果为$\gamma_{10}=0.58$，$t(24)=43.68$，$p<0.001$，因此，假说 1 得到支持。

在 Level-1 模型中，可通过加入外向性后组内方差减少的程度来计算R^2，换言之，我们可以计算出零模型中的组内方差有多少百分比可被外向性解释，公式如下：

R^2 for Level-1 Model$=$（σ^2 from Step Ⅰ$-\sigma^2$ from Step Ⅱ）$/\sigma^2$ from Step I

在这个例子中，R^2 for Level-1 Model$=0.12$，表示服务绩效的组内方差有 12% 可被外向性解释。

此外，在加入外向性后，$\tau_{00}=4.52$，卡方检验的结果显示此组间方差显著，$\chi^2(24)=33.24$，$p<0.10$，表示在 Level-2 模型中有可能存在群体层次的因子，因此，我们接下来检验假说2。

Step Ⅲ：检验 Level-2 的主效果

为了检验假说2，我们将服务氛围加入 Level-2，并估计以下以截距作为结果变量（intercepts-as-outcomes）的模型：

Level-1 Model：服务绩效$_{ij}=\beta_{0j}+\beta_{1j}$（外向性）$+r_{ij}$

Level-2 Model：$\beta_{0j}=\gamma_{00}+\gamma_{01}$（服务氛围$_j$）$+u_{0j}$

$\beta_{1j}=\gamma_{10}+u_{1j}$

在上述模型中：

$\gamma_{00}=$Level-2 的截距项；

$\gamma_{01}=$加入外向性后，服务氛围对服务绩效的影响效果（用来检验假说2）；

$\gamma_{10}=$外向性对服务绩效的影响（用来检验假说1）；

r_{ij} 的方差 $\sigma^2=$Level-1 残差的方差；

u_{0j} 的方差 $\tau_{00}=$截距残差的方差；

u_{1j} 的方差 $\tau_{11}=$斜率的方差。

上述模型中，γ_{01} 表示控制了 Level-1 的外向性后，服务氛围与员工服务绩效之间关系的估计数，对 γ_{01} 进行 t 检验可用来检验假说2。

此步骤的分析结果显示 $\gamma_{01}=0.74$，$t(23)=0.74$，$p=0.012$，因此，假说2得到支持。

同 Step Ⅱ，我们可以计算有多少百分比的服务绩效组间方差可以被服务氛围解释，其公式如下：

R^2 for Level-2 main effect model= （τ_{00} from Step Ⅱ $-\tau_{00}$ from Step Ⅲ）/τ_{00} from Step Ⅱ

结果显示，有10%的服务绩效组间方差可以被服务氛围解释。

此外，HLM 亦估计了斜率的方差（τ_{11}），并以卡方检验来检验卡方差的显著性。结果显示，$\tau_{11}=0.19$，$\chi^2(24)=22.23$，$p>0.10$，表示外向性与员工绩效之间的关系在各群体间没有显著的变异，换言之，假说3将无法得到支持，因为检验假说3的前提是斜率的方差要显著。

这里，为了示范，我们将仍然进行调节效果的检验。

Step Ⅳ：检验假说3或调节效果

一般说来，为了检验 Level-1 变量与 Level-2 变量的交互作用，我们可以估计一个斜率作为结果变量（slopes-as-outcomes）的模型，换言之，我们将以 Level-2 的变量作为斜率系数（β_{1j}）的预测因子，以此得知 Level-2 的变量是否可以解释斜率的变异。其模型如下：

Level-1 Model：服务绩效$_{ij}=\beta_{0j}+\beta_{1j}$（外向性）$+r_{ij}$

Level-2 Model：$\beta_{0j}=\gamma_{00}+\gamma_{01}$（服务氛围$_j$）$+u_{0j}$

$\beta_{1j}=\gamma_{10}+\gamma_{11}$（服务氛围$_j$）$+u_{1j}$

在上述模型中：

γ_{00}=Level-2 的截距项（以 Level-1 Model 的截距为因变量）；

γ_{01}=Level-2 的斜率；

γ_{10}=Level-2 的截距项（以 Level-1 Model 的斜率为因变量）；

γ_{11}=Level-2 的斜率，即服务氛围对外向性与员工服务绩效之间的调节效果（用来检验假说3）；

r_{ij} 的方差 σ^2=Level-1 的残差的方差；

u_{0j} 的方差 τ_{00}=截距残差的方差；

u_{ij} 的方差 τ_{11}=斜率残差的方差。

假说3预测服务氛围与外向性之间有负的交互作用，以至于当存在高程度的服务氛围时，外向性与员工服务绩效之间的正相关会较低。上述模型中，γ_{11} 表示服务氛围与外向性之间交互作用项的估计数，对 γ_{11} 进行 t 检验可用来检验假说3。

此步骤的分析结果显示，γ_{11}=-0.25，t(23)=-0.864，p>0.10，虽然交互作用的效果与假说3预测的方向一致，但统计上不显著，因此，假说3未被支持。

●● 7.4.4　进一步阅读建议

通过本章的学习，希望你能够对多层线性模型的知识有一个大体的了解，对于初学者来说，可以让他们对于这一工具不再感到畏惧，并且可以在相应的研究中运用这一工具。但是，对于从没有使用过多层线性模型的人来说，本章的内容是远远不够的，你可能需要进一步参考其他资料，你也可能想要参阅更多使用多层线性模型进行研究的例子。

对于这种情况，我们建议你可以阅读以下资料：

张雷，雷雳，郭伯良. 多层线性模型应用［M］. 北京：教育科学出版社，2005.

CHEN G，BLIESE P D. The role of different levels of leadership in predicting self- and collective efficacy：evidence for discontinuity［J］. Journal of Applied Psychology，2002（87）：549–556.

DESHON R P，KOZLOWSKI S W，SCHMIDT A M，et al. A multiple-goal，multi -level model of feedback effects on the regulation of individual and team performance［J］. Journal of Applied Psychology，2004（89）：1035–1056.

SIEBERT S E，SILVER S R，RANDOLPH W A. Taking empowerment to the next level：a multiple-level model of empowerment，performance and satisfaction［J］. Academy of Management Journal，2004（47）：322–349.

》7.5 社会网络分析

●7.5.1 社会网络分析在管理学研究中的应用

社会网络是指行动者（social actor）及其之间关系的集合，社会网络分析（social network analysis，SNA）就是对网络中的个体、群体、整体的关系或结构的分析。用节点（nodes）和线（ties）来表示社会网络是其通用的形式化呈现。20世纪70年代社会网络分析被引入管理学后，以网络视角研究管理问题成为发展最快的领域之一。国外顶级期刊 Strategy Management Journal、Academy of Management Journal 和 Academy of Management Review 分别在2000年、2004年和2006年出版专刊，使社会网络分析方法在管理学领域内制度化。Borgatti 等（2009）在 Science 上发表文章揭示社会网络的重要性，指出网络理论是一个"金矿"，可解释从心理学到经济学等广泛学科领域内的现象。随后国内顶级管理学期刊《管理世界》在2011年以专题形式刊登3篇译文系统回顾20世纪80年代以来社会网络在管理学中的应用，将"网络范式"引入本土管理学研究领域，网络范式的管理学研究逐渐兴起。

社会网络是一组行动者以及连接行动者的关系所组成的集合，是由行动者构成的"节点"（nodes）和行动者之间的关系构成的"边"（connections）所组成的。社会网络经常用图论的方式来表示，一个社会网络就可以得出一张图，图中既包含"节点"又包含"边"，图是二者的集合。其中"节点"可以代表一个人、一个组织、一个团体，甚至一个国家，而"节点"之间的连线——"边"——则可以代表朋友关系、投资关系、合作关系、国际贸易关系等各种关系。社会网络的研究方法正是基于这样的"节点"和"边"所构成的图，来研究社会关系（social ties）以及网络结构（network structure）的。近几十年来社会网络越来越受到学术界和公众的广泛青睐，以"社会网络"为关键词的研究论文和出版物呈指数级增长，网络分析已然成为一种制度化的跨学科研究视角，其基本概念被应用在社会学、管理学、经济学、心理学、生物学、复杂科学等多个学科领域。

1) 社会网络分析方法的独特性

社会网络分析的独特性是建立在如下假设之上的，即互动中的单元之间的关系是非常重要的，关系是社会网络分析的基础。随着社会网络分析的普遍应用，学者们就如下基本原则达成共识。

（1）社会网络分析的本体论

社会网络分析认为社会结构是真实存在的，坚持一种实在的本体论。社会网络分析认为虽然网络行动者之间的"关系"不能脱离行动者本身而存在，但是这些

"关系"可以作为"外在物"对行动者本身产生影响。而社会网络分析就是对这种社会结构的分析，运用量化的方式对"关系"进行衡量，对行动者所在的社会结构、行动者所处的网络位置、行动者和其他行动者之间的关系等进行描述和计量，进而分析网络特征和行动成效之间的关系。

（2）社会网络分析的认识论

世界是由网络构成而非"群体"或"个体"构成的，所以对于世界的认识不能从"群体"或者"个体"等行动者角度出发来看待。我们应该根据行动者之间的关系模式来理解行动者的属性特征。当我们从网络分析视角出发，就可以把世界看成网络的结构，把行动者之间的关系看作资源输送的渠道，进而可以通过复杂的资源流动网络，对行动者进行深入分析。行动者所遵循的规范，产生于社会关系结构中的位置。因而，有的网络分析者认为，行动者之间的关系居于首要地位，而行动者的属性居于次要地位。

（3）社会网络分析的方法论

社会网络分析是新的社会科学研究范式，具备独特的方法论原则。首先，网络理论是把解释建立在关系模式之上的，认为从社会网络视角进行的社会学解释，要优于仅从个人属性的视角进行的解释。许多主流研究将重心放在对个体属性的分析之中，并没有考虑到其所处的关系结构。其次，社会网络分析方法，通过构建关系性的理论、关系性的数据、关系性的假设，将"关系"的视角补充在各个学科普遍存在的"个体主义"的分析方法之中。而"个体主义"是指，仅仅从"行动者个体"的角度看待事物的一种认识论原则和立场。社会网络分析其实是将个体特性与其所处的社会结构和网络关系等进行融合。最后，社会网络分析可以对社会结构等进行模块化的本质探索，从而补充或超越主流的统计分析方法。如网络分析者可以通过图论工具、代数模型技术描述关系模式，并探究关系模式对网络行动者的影响。这些网络行动者可以是个体、组织、群体、国家等。此外，网络分析还可以进行整体网络数据特征的分析和探索，这些都是传统研究方法所不具备的。

社会网络分析在方法论上具有其独特的优势，它可以有效地将微观、中观及宏观的研究联系起来；同时数据来源客观，能在一定程度上避免同源误差；并且有一整套的科学分析范式，包括各种行动者及网络指标、图论等，能挖掘组织内不同的非正式群体。此外，社会网络分析的两大特点也是其受到广泛关注的原因：一是社会网络分析源自联系社会行动者的关系基础之上的结构性思想；二是社会网络分析非常重视关系图形的绘制、依赖于数学或计算模型的使用。常用的网络分析软件有UCINET、Pajek、ORA、Gephi、STRUCTURE、NetMiner、MultiNet、R 等，其中UCINET是应用最为广泛的软件包。UCINET的版本不断更新，并为网络分析提供了综合性的解决方案，如多种形式的文件输入和输出、网络数据操作、网络聚类和统计分析、网络图形绘制和网络数据计算等。

2）社会网络分析的应用及几个新趋势

20世纪90年代以来，社会网络分析在领导力、权力、员工离职意愿和行为、工作满意度、创新创业、企业家精神、知识管理、利益相关者关系等多个传统研究领域均有所展现。《管理世界》曾发表对12个国际顶级管理学期刊的254篇论文应用社会网络方法的综述，得出在管理学中社会网络占比最高的前三个领域为战略管理（36.67%）、人力资源和组织行为（23.62%）、创新与创业（13.00%）。其中实证研究（77.56%）和理论研究（13.78%）成为主要的研究方法（91.34%），而案例研究（3.937%）比重相对较低。社会网络的研究方法应用在管理学领域，用以解释和研究管理学领域内的现象和问题，从而推动管理学研究中各个领域的深入发展。未来社会网络研究的几个新趋势将从以下几方面展开：

（1）从"静态网络"向"动态网络"转变

社会网络的动态性要求我们从动态的视角进行网络研究，因为社会网络并不是一成不变的，而是不断变化的。因此，社会网络研究需要改变静态分析模式，迈向动态的、纵观的研究设计，进而更加深入解读网络的形成和发展过程，以及在此过程中个体、群体、整体网络的变迁。例如，对企业创新网络联盟的构建和持续过程进行纵向动态研究，可以帮助研究者了解其创新绩效产出的网络特征和内在网络演化机制。此外，借助动态网还可以探索集群或生态系统的演化和整体网络的兴衰等。

（2）从"单一网络"向"多重网络"转变

不同网络之间并不是相互独立的，相同节点间可能存在多种网络关系，研究一种网络时要控制其他相关网络才能得出正确结论。例如，多重职场友谊（multiplex workplace friendships）是一种广泛的组织现象。工作环境中的朋友关系网络是取决于单纯的朋友关系，还是和为获取工作相关信息、帮助行为而构建的工具性网络（instrumental network）交织在一起的？对于该问题的解读就需要运用多重网络方法。可以将朋友网络和工具网络相结合，建立多重网络关系。研究表明忽略多重网络之间的效应，可能得出混杂（confounding）结果。所以多重网络研究是未来的研究方向之一。

（3）从"单一层面"向"跨层分析"转变

网络分析作为一种实证研究方法，由于具备结构分析的视角和网络运算和分析能力，从而能从多个分析层次解决研究问题。可拓展的跨层分析功能，使得社会网络分析方法迅速流行。由于社会网络结构影响到个体层次分析和系统层次分析，所以社会网络研究本身是可以涵盖单一层面和跨层分析研究对象的变化和结果的。今天，大数据的不断涌现，也为该方法从单一层面向跨层面转变提供了新的可能。

（4）从"网络结构"向"结构与属性相结合"转变

社会网络研究认为是行动者在网络中的位置，而不是个体属性，决定了其行为。这虽是网络研究的独特之处，却常受批评和诟病。现有主流研究忽略行动者的属性而关注网络的结构模式，为社会网络未来研究拓展带来独特的利基（niche）研究视角。有研究将行动者的属性和网络特性相结合，得出在集权化程度高的团队中男性领导更有魅力，而在凝聚力高的团队中女性领导更有魅力的结论，这是将结构和行动者属性相结合的有益探索。因此，未来将行动者个体属性和网络结构结合将会成为关注的热点。

●● 7.5.2　社会网络相关理论和基本网络概念

1）社会网络相关理论及主要内涵

（1）强连接与弱连接

弱连接理论是由格兰诺维特（Granovetter）在1974年提出的，通过对找工作的社会网络的研究发现，紧密的朋友没有弱连接的关系更能发挥作用。虽然该理论在提出之初被《美国社会科学评论》拒之门外，但多年之后，该研究得到认可，并成为现代社会学最有影响力的论文之一。Granovetter认为，弱连接（weak ties）虽然没有强连接（strong ties）那样坚固，但是有着低成本和高效能的传播效率。人们接触的亲人、同事、朋友等是强连接，无意间听到的人或是在自组织中偶然认识的人等都是弱连接。

关于强弱连接的区分，Granovetter设置了四个指标来衡量，分别是互动时间、情感强度、亲密程度和互惠行动。强连接关系通常代表了行动者之间的高度互动，通过强连接产生的信息通常是重复的，进而容易形成一个封闭的系统。而弱连接则能在个体或团体之间传递非重复性信息，使得网络成员能获取新信息并具有对原有观念进行修正的机会。弱连接可以担当个体在社会网络中建立关系的桥梁，个体一生仅能维系较少的强连接，但是可以维系广泛的弱连接。社会网络中的局部桥（local bridge）关系一定是弱连接，因此，弱连接发挥着极其重要的作用。

（2）社会资本理论

社会资本理论（social capital theory）是指个体通过社会互动或与他人的联系，在个体、群体和组织层面获得有形或无形的资源。该理论认为社会资本所指的资源是网络关系之中的，个体、群体或者组织可以通过社会网络关系去获取。社会资本与其他类型的资本获取方式不同，社会资本的获取，取决于社会网络的结构以及网络成员在社会关系网络中的位置。社会资本是基于信任、制度、惯例、规则等而存在的。人与人、人与组织、组织与组织之间的网络关系等构建，可以减少组织在经济运行中的沟通成本、交易成本和信息成本。

社会资本的概念源于社会网络观点，社会资本的研究可以与资源获取、利益回报、经济效益、创新绩效等管理学相关问题联系起来。对于社会资本的来源有众多解释，如社会资本是个人的资产；社会资本是个体及其社会关系的资产；还有研究认为社会资本属于群体资产等。拥有社会资本可以获得众多优势，例如，更容易获得工作、更多的资源交换、更好的职业薪酬待遇、更快的组织成长、更低的员工流失率、更低的组织失败率等。可见拥有社会资本对个体、群体或者整体而言都是有利可图的。

（3）结构洞理论

结构洞理论是伯特（Burt）在 1992 年提出的，结构洞用来表示非冗余的信息，Burt 认为"非冗余的联系人被结构洞所连接，一个结构洞是两个行动者之间的非冗余的联系"。如图 7-17 和图 7-18 所示，A、B、C 任何两个点之间的关系都存在一个结构洞，A、B 都与 O 相联系，但是两者之间没有联系，相当于存在一个空洞（hole）。在图 7-17 中，当 O 把信息传递给 A、B 的时候需要分别与二者进行联系，而在图 7-18 中 O′ 只需要把信息传递给 A′，A′ 即可把信息传递给 B′。也就是说，对于图 7-17 中的 O 而言，A 与 O 的关系和 B 与 O 的关系是非冗余的；而对于图 7-18 中 O′ 而言，A′ 与 O′ 的关系和 B′ 与 O′ 的关系是冗余的。所以，图 7-17 中的 O 是结构洞的中间人或占据者。

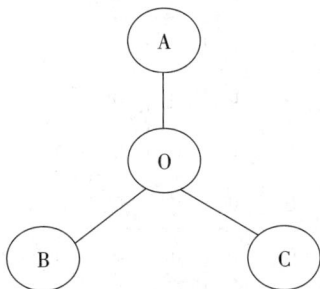

图 7-17　信息流动网络（1）　　　　　图 7-18　信息流动网络（2）

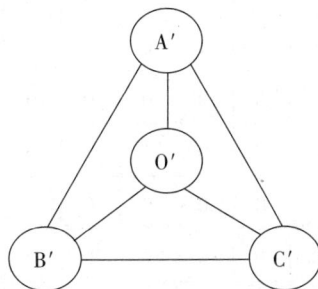

"结构洞"是指社会网络中的空隙，在社会网络中某个体或某些个体之间有直接联系，而和其他个体或是其他一些个体之间不发生直接联系，进而出现了关系上的缺失。这种间接关系在网络整体看，好像网络结构中出现了洞穴，因此被形象地称为"结构洞"。处于结构洞位置的行动者，是将没有直接关系的两者相结合起来的第三者，具有信息和控制优势，能够获取"信息收益"与"控制利益"，并能在网络中提供优质的信息和资源通道。因此，结构洞的占据者比网络中其他位置成员拥有更强的竞争优势。

2）社会网络分析的基本概念

社会网络是由一系列节点/行动者（nodes/actors），以及节点之间的关系（ties）所组成的。在节点和节点之间构建关系并用矩阵形式呈现，这是社会网络分析常用的表达方式（见表 7-5）。

社会网络的研究中很多概念起源于图论（graph theory），图论是在一张空白的图纸上可以描绘出点和连接点之间的连线。图论应用于社会网络有如下原因：第一，图论可以直观标记节点的属性；第二，图论可以通过数学运算对属性进行量化和测量；第三，图论允许研究者证明定理并验证推论等。当一个图被运用于社会网络研究时，点代表的是行动者，而线代表的是行动者之间的各种联系，如图 7-19 所示。

表7-5 社会网络的矩阵示例

	A	B	C	D	E	F	G	H	I	J	K	L	M	N	O	P
A	0	0	0	0	0	0	0	0	1	0	0	0	0	0	0	0
B	0	0	0	0	0	1	1	0	1	0	0	0	0	0	0	0
C	0	0	0	0	1	0	0	0	1	0	0	0	0	0	0	0
D	0	0	0	0	0	0	1	0	0	0	1	0	0	0	1	0
E	0	0	1	0	0	0	0	0	0	0	1	0	0	0	1	0
F	0	1	0	0	0	0	0	0	0	0	0	0	0	0	0	0
G	0	1	0	1	0	0	0	1	0	0	0	0	0	0	0	1
H	0	0	0	0	0	0	1	0	0	0	0	0	0	0	0	0
I	1	1	1	0	0	0	0	0	0	0	0	1	1	0	0	1
J	0	0	0	0	0	0	0	0	0	0	0	0	1	0	0	0
K	0	0	0	1	1	0	0	0	0	0	0	0	0	0	1	0
L	0	0	0	0	0	0	0	0	0	0	0	0	0	0	0	0
M	0	0	0	0	0	0	0	0	1	0	0	0	0	0	1	1
N	0	0	0	0	0	0	0	0	1	1	0	0	0	0	0	0
O	0	0	0	1	1	0	0	0	0	0	1	0	1	0	0	0
P	0	0	0	0	0	0	1	0	1	0	0	0	1	0	0	0

图7-19 社会网络的图论示例

（1）节点/行动者（nodes/actors）

社会网络中的节点可以是个人、团队、组织/企业、地区、国家等。节点的属性维度可以有多种概念内涵，如果是个人层面作为节点，节点属性可以有性别、年龄、性格等；如果是组织层面作为节点，可以是所有权性质、企业年龄、企业规模等；如果是团队层面作为节点，节点的属性可以是团队凝聚力、团队创新能力、团队规模、团队多样性等；如果是国家或地区层面作为节点，节点的属性可以是GDP、区域创新能力、区域创新人员数量等指标。

（2）关系（ties）

行动者之间的关系常代表关系的具体内容（relational content）或在现实中实际发生的关系。行动者之间的关系是多种多样的，可以有朋友关系、上下级关系、创新联盟关系、国际贸易关系等，也可以是距离关系、邻里关系等。具体关系的内涵可以根据研究问题而进行界定。迄今为止，社会网络研究中的关系包含但不限于：个体之间的评价关系，如喜欢、信任、尊重等；参加协会等的隶属关系，如参加某协会、隶属于某俱乐部等；正式关系，如权力关系、师生关系、医患关系、上下级关系、创新联盟关系等；地位的变动关系，如职位晋升、地位流动等。

有的研究者关注行动者之间的多元关系，即个体之间可能同时存在信任关系、同学关系、友谊关系等，组织之间可能同时存在创新联盟关系、贸易关系和母子公司关系等。对于多元关系的研究是社会网络分析的热点和前沿领域。研究者所关注的点不同，其关注的关系也会有所变化。如果研究整体网（the whole network），就会关注所有行动者之间的关系，即网络的整体特征，如互惠性、关系的传递性、网络的密度等。如果研究关注的是网络中的个体，就会关注个体的相关指标，即个体行动者的特征，如个体的中心度、结构洞、同质性等。

（3）中心度（centrality）

中心度是重要的结构位置指标，用来衡量节点重要与否，是否具有地位的优越性和社会声望等。其中，点度中心度（degree centrality）是刻画行动者的局部中心指数，测量网络中行动者自身的交易能力，并不考虑其是否控制其他人；接近中心度（closeness centrality）是行动者在多大程度上不受其他行动者的控制；中介中心度（betweenness centrality）是行动者在多大程度上居于其他两个行动者之间，体现的是该行动者的控制优势和能力；特征向量中心度（eigen vector degree centrality）测量的是一个节点的影响力大小，它的测度是通过与其直接相连的其他行动者的中心度大小来判定的。如果研究关注的是交往活动本身，则可以采用点度中心度；如果研究关注的是分析信息传递的独立性或有效性，则可以采用接近中心度；如果研究关注的是对交往的控制，则可以采用中介中心度；如果研究关注的是节点的影响力，则可以采用特征向量中心度。点度中心度又分为出度中心度（out-degree centrality）和入度中心度（in-degree centrality），其矩阵及所呈现的无向网和有向网如图7-20至图7-23所示。

图7-20　无向网矩阵

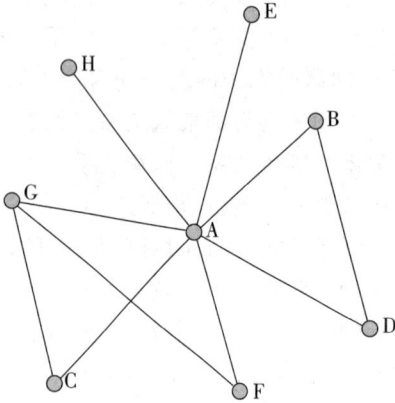

图7-21　有向网矩阵

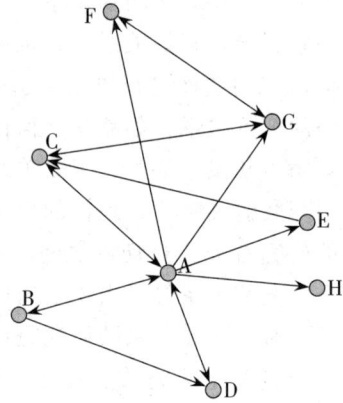

图7-22　对应的无向网

图7-23　对应的有向网

（4）结构对等性（structural equivalence）

如果网络中的两个参与者，与其他所有参与者有相同的联系，那么它们在结构上是等价的。当两组或两组以上的行动者与第三个行动者具有相同的关系时，即为"结构对等性"。这里强调的是在同一社会网络中所谓的"等效点"必须与同一个点保持相同的关系，如图7-24中的B和C，D和E就具有结构对等性。网络中等效点的数量将对网络的驱动力产生很大的影响。

（5）结构洞（structural holes）

社会网络中某个或者某些个体，与某些个体发生直接联系，但与其他个体不发生直接联系，即没有直接关系，或者关系间断，从网络的整体看好像网络结构出现了洞穴，被称为"结构洞"。对结构洞可以用有效规模（effect size）、效率（efficiency）、限制度（constraint）和等级度（hierarchy）来衡量。

（6）密度（density）

密度的定义是，图中实际连线的数量与最多的可能的连线数之间的比值，表达式为2L/N（N-1）。密度的概念描述了图中各点之间关联的紧密程度，其中L为图中实际存在的连线数量，N为节点数量。图7-25中每个图都包含了4个点，点之间最多可以拥有6条线。密度的测量取值范围为［0，1］。一个完备的图的密度为1，

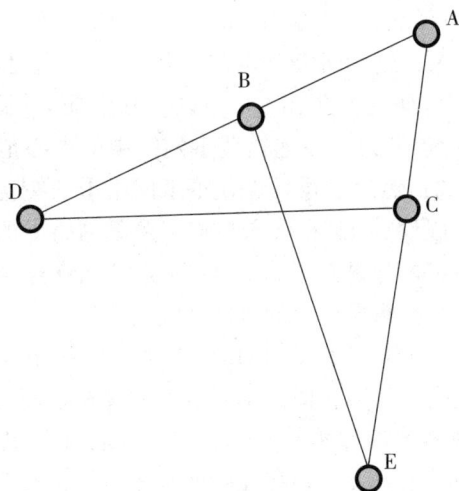

图 7-24 结构对等性

完全独立的点构成的图形的密度为 0。完备的图是指所有点之间都直接相互关联，网络的密度依赖于图的内含度和图中各个点之间的度数总和，图中的线就是对内含度和各点度数的直接反映。

	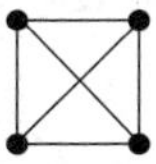	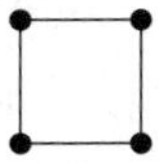	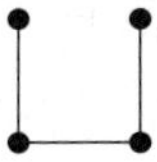		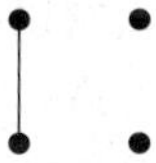	
相连的点数	4	4	4	3	2	0
内含度	1.00	1.00	1.00	0.75	0.50	0
度数总和	12	8	6	4	2	0
连线数	6	4	3	2	1	0
密度	1.00	0.67	0.50	0.33	0.17	0

图 7-25 6种4点图的密度比较

由于篇幅所限，本节并不能将所有社会网络分析相关指标和测度悉数呈现，如派系、聚类、组元、二模网络、结构平衡与传递性、块模型、Logit 模型、隶属网络等，也会是社会网络中可能涉及的相关知识点或指标概念。对此感兴趣的读者可以参阅本节后的研究拓展部分进行深入学习和探索。

●● 7.5.3 使用社会网络分析的例子

为了举例说明如何运用社会网络指标进行研究，我们在此举一个发表在管理学战略领域顶级期刊 Strategic Management Journal 上的研究的例子。对从研究假设、数据选择、网络边界界定、社会网络生成，到网络指标分析等过程和内容予以详细说明。

Markóczy 等（2013）的研究，运用 7 618 个中国上市公司的年度观察数据，构建上市公司连锁董事关系，进而研究公司在社会网络中的结构位置与其从事边界延伸实践程度之间的关系。研究共提出 5 个假设，其中前 4 个假设与社会网络相关。这 4 个假设是，假设 1：焦点公司在连锁董事网络中的中心地位越高，其首席执行官的薪酬就越高。假设 2：焦点公司在连锁董事网络中的结构洞指标越高，其首席执行官的薪酬就越低。假设 3：焦点公司在连锁董事网络中的中心地位越高，焦点公司成立薪酬委员会的可能性越低。假设 4：焦点公司在连锁董事网络中的结构洞指标越高，焦点公司成立薪酬委员会的可能性越高。

该研究采用社会网络分析软件 UCINET 6 对上市公司组建的社会网络进行具体分析，得到公司层面的社会网络，即由于董事的交叉任职而构建企业基于连锁董事的企业间网络关系。该研究的样本是 2001—2006 年在上海和深圳证券交易所公开上市的公司，剔除了金融服务公司和相关企业集团。指标运算具体运用到两个社会网络相关指标——网络中心度和结构洞。在进行结构洞生成时，该研究指出一家公司自身的连锁董事在访问自我网络效率方面的得分越高，该公司在结构洞方面就越丰富。如果网络呈现严重的支离破碎状态，则上述网络测量可能不合适。因此，该研究进行了碎片测试。结果表明，公司构建的连锁董事网络在 6 年内的平均碎片化水平为 0.48，该网络不是高度碎片化的，因此，上述网络指标测量是合适的。该研究同时展示了 2006 年的整体网络，碎片化指数接近平均水平（约 0.50）。2006 年形成的网络中最大的组成部分包括 992 家公司，占当年 1 433 家公司总数的百分比为 69%，如图 7-26 所示。

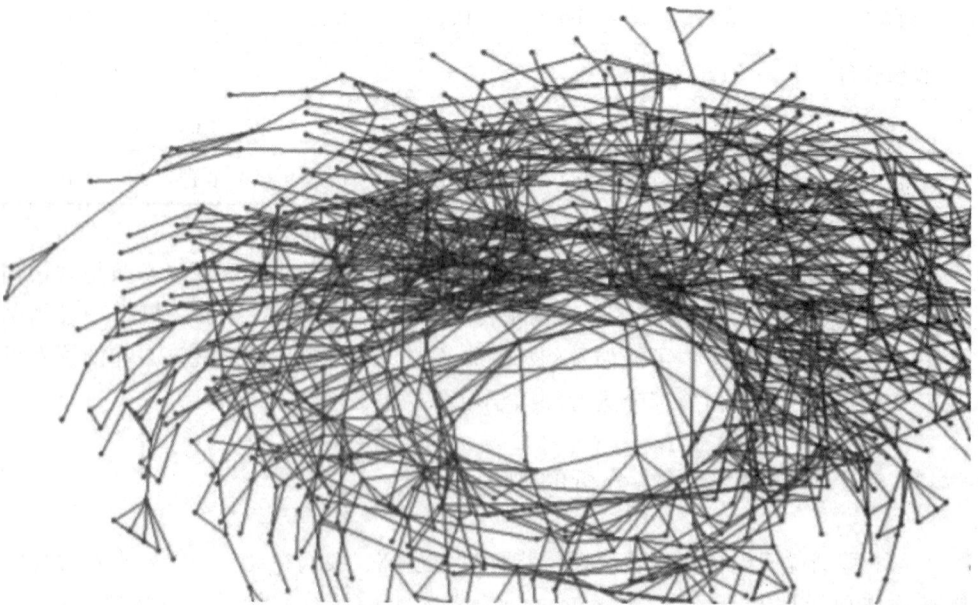

图 7-26　连锁董事网络中的最大组成部分

社会网络的构建和分析步骤：

（1）选定网络的节点和连线内涵

该研究关注的研究问题是在公司网络中的结构位置（structural position）可能会影响其从事边界延伸实践（boundary stretching practices）。企业间构建连锁网络关系可以抵抗外力，具体而言，企业在社会网络中的结构位置——是否占据中心位置或结构洞位置——反映了它们利用网络协调力量和缓解外部威胁的能力差异。因此，为了衡量企业的边界拓展，该研究决定构建公司间连锁网络关系（连锁董事网络关系），即一家公司的董事会成员同时在另一家公司或多家其他公司的董事会任职。构建的社会网络关系中，网络中的节点是企业，网络中的连线是企业由于董事连锁任职而构建的企业间连锁网络关系。

（2）确定研究的社会网络边界范围

在该研究中构建了一个独特的上市公司关联数据集。网络研究的范围限定为在深圳和上海证券交易所公开上市的公司，并根据已有研究将所有金融服务公司和相关企业集团从样本中排除。研究样本包括2001—2006年这6年间的7 618个公司年度观察结果。公司数量从2001年的1 097家到2006年的1 405家不等，占所有上市公司的92%。样本数据来自国泰安（CSMAR）数据库和Wind数据库，这两个数据库在管理学研究中被广泛使用。

（3）社会网络构建、指标运算和生成

该研究从选定的样本边界内，在所涵盖的每家公司的年度报告中，手动收集了首席执行官和董事的背景信息，研究者收集董事数据，编制董事名单，识别其在多家企业任职的情况，分年度构建网络关系。由于董事连锁任职而构建的企业间连锁关系构建完毕后，采用常用的UCINET软件分年度构建企业的网络。关于社会网络指标的中心度和结构洞的生成和计算：具体中心度指标——通过使用UCINET 6中"Network ...Centrality ... Degree"命令，对公司所处的连锁董事网络的中心度进行计算；结构洞指标——通过使用UCINET 6中"Network ... Ego Network ... Structural Holes"命令，对公司所处的公司连锁董事关系中的结构洞进行计算，从而生成每一个研究企业的中心度和结构洞指标。

（4）运用统计分析方法对其进行分析

将该研究所关注的网络指标，interlock network centrality和interlock structure holes，与其他核心变量CEO compensation和setting up compensation committee进行GLS回归和稳健性检验。

社会网络分析作为新兴的跨学科研究工具，已经在管理学、心理学、社会学、经济学等各个领域内得到越来越广泛的认可和应用。数字时代的广泛连接关系愈发普遍，这使得社会网络分析这个研究方法，仍在国内外的科研领域内呈现蓬勃发展态势，相关研究在管理学AMJ、AMR、SMJ、JAP等顶级期刊不断涌现。本节对社会网络分析从其独特性、网络分析应用和新趋势、相关理论与主要内涵、网络分析基本概念、社会网络分析的实例，以及社会网络分析的构建和分析步骤均进行了相应简要说明。随着数字技术的不断更迭，伴随大数据的不断产生和网络社会的崛起，未来社会网络分析与各领域研究的深度融合，将会以全新的视角探索原有的研究方法不能解决的与"关系"相关的问题。中国是典型的"关系型"社会的文化背景，运用社会网络分析对我国数据进行的研究，将有可能形成具有中国特色的实证研究新成果。

●● 7.5.4　进一步阅读建议

通过本节学习，希望你能够对社会网络分析相关理念和方法有一个大致的了解。对于社会网络初学者而言，最重要的是进行思维的转变，由原来的原子思维向关系思维转变。本节的内容只是对社会网络分析的运用进行的一个初步解读，想要深入研习社会网络研究方法的同学，可以进一步阅读国内外相关参考资料。对此我们提供如下拓展阅读资料：

BIGGART N W, DELBRIDGE R. Systems of exchange [J]. Academy of Management Review, 2004, 29 (1): 28-49.

BORGATTI S, EVERETT M, JOHNSON J C. Analyzing social networks [M]. Thousand Oaks: Sage, 2013.

BURT R S. Toward a structural theory of action [M]. New York: Academic Press, 1982.

GULATI R, NORHRIA N, ZAHEER A. Strategic networks [J]. Strategic Management Journal, 2000, 21 (3): 203-215.

KOGUT B. The network as knowledge: generative rules and the emergence of structure [J]. Strategic Management Journal, 2000, 21 (3): 405-425.

WASSERMAN S, FAUST K. Social network analysis: methods and applications [M]. Cambridge: Cambridge University Press, 1994.

刘军. 整体网分析讲义：UCINET软件实用指南 [M]. 上海：格致出版社，2009.

罗家德. 社会网分析讲义 [M]. 3版. 北京：社会科学文献出版社，2020.

朱丽，柳卸林，刘超，等. 高管社会资本、企业网络位置和创新能力——"声望"和"权力"的中介 [J]. 科学学与科学技术管理，2017（6）：94-109.

▶▶ 关键词

概念／构念／概念化／指标／量表／鲍格达斯社会距离量表／李克特量表／语义差异量表／保守假说／显著性检验／线性回归分析／自变量／因变量／调节变量／中介变量／结构方程模型／测量模型／路径模型／全模型／多层线性模型／节点／关系／中心度／结构洞／结构对等性／密度／UCINET／社会网络分析／强连接与弱连接／社会资本理论／结构洞理论

参考文献

[1] BARON R M, KENNY D A. The moderator-mediator variable distinction in social psychological research: conceptual, strategic, and statistical consideration [J]. Journal of Personality and Social Psychology, 1986, 51 (6): 1173-1182.

[2] CHATTOPADHYAY P. Beyond direct and symmetrical effects: the influence of demographic dissimilarity on organizational citizenship behavior [J]. Academy of Management Journal, 1999, 42 (3): 273-287.

[3] FINDLEY H, COOPER M. The relation between locus of control and achievement [J]. Journal of Personality and Social Psychology, 1983, 44 (2): 419-427.

[4] JOHNSON M D, MORGESON F P, ILGEN D R, et al. Multiple professional identities: examining differences in identification across work-related targets [J]. Journal of Applied Psychology, 2006, 91 (2): 498-506.

[5] LAW K S, WONG C S. Relative importance of referents on pay satisfaction: a review and test of a new policy capturing approach [J]. Journal of Occupational and Organizational Psychology, 1998, 71 (1): 47-60.

[6] LIAO H, CHUANG A. A multilevel investigation of factors influencing employee service performance and customer outcomes [J]. Academy of Management Journal, 2004, 47 (1): 41-58.

[7] WARREN R D, WHITE J K, FULLER W A. An errors-in-variables analysis of managerial role performance [J]. Journal of the American Statistical Association, 1974 (69): 886-893.

[8] WOODWORTH, R S. Dynamic psychology [M] // MURCHISON G (ed.). Psychologies of 1925. Worcester, MA: Clark University Press, 1928.

[9] 巴比 A. 社会研究方法 [M]. 邱泽奇, 译. 10版. 北京: 华夏出版社, 2005.

[10] 陈晓萍, 徐淑英, 樊景立, 等. 组织与管理研究的实证方法 [M]. 北京: 北京大学出版社, 2008.

[11] 黄炽森. 组织行为和人力资源研究方法入门 [M]. 北京: 中国财政经济出版社, 2006.

[12] 李丹. 管理研究方法与定量分析技术 [M]. 成都: 四川大学出版社, 2005.

[13] 李怀祖. 管理研究方法论 [M]. 3版. 西安: 西安交通大学出版社, 2017.

[14] 刘军. 管理研究方法: 原理与应用 [M]. 北京: 中国人民大学出版社, 2008.

［15］唐盛明. 社会科学研究方法新解［M］. 上海：上海社会科学院出版社，2003.

［16］严辰松. 定量型社会科学研究方法［M］. 西安：西安交通大学出版社，2000.

［17］BORGATTI S P，MEHRA A，BRASS D J，et al. Network analysis in the social sciences［J］. Science，2009（323）：892-895.

［18］BORGATTI S，EVERETT M，JOHNSON J C. Analyzing social networks［M］. Thousand Oaks：Sage，2013.

［19］BURT R S. Structural holes［M］. Cambridge：Harvard University Press，1992.

［20］GRANOVETTER M. Society and economy［M］. Cambridge：Harvard University Press，2017.

［21］GRANOVETTER M. Economic action and social structure：the problem of embeddedness［J］. American Journal of Sociology，1985，91（3）：481-510.

［22］HARRIS J K. An introduction to exponential random graph modeling［M］. Thousand Oaks：Sage，2014.

［23］KILDUFF M，TSAI W. Social networks and organizations［M］. Thousand Oaks：Sage，2003.

［24］MARKÓCZY L，SUN L，PENG M W，et al. Social network contingency，symbolic management，and boundary stretching［J］. Strategic Management Journal，2013，34（9）：1367-1387.

［25］WASSERMAN S，FAUST K. Social network analysis：methods and applications［M］. Cambridge：Cambridge University Press，1994.

［26］刘军. 整体网分析讲义：UCINET软件实用指南［M］. 上海：格致出版社，2009.

［27］罗家德. 社会网分析讲义［M］. 2版. 北京：社会科学文献出版社，2010.

［28］张闯. 管理学研究中的社会网络范式：基于研究方法视角的12个管理学顶级期刊（2001~2010）文献研究［J］. 管理世界，2011（7）：154-168.

［29］周雪光. 组织社会学十讲［M］. 北京：社会科学文献出版社，2019.

拓展阅读：Mediation

第8章　研究论文撰写

第8章 研究论文撰写

研究论文通常包括学术期刊论文和申请学位的毕业论文。学术期刊论文和毕业论文虽然在规范性、创新性和逻辑严密性等方面的要求是一致的，但它们在表述形式、篇幅、结构等方面存在一定差异。本章分别讨论学术期刊论文和毕业论文（包括本科、硕士、博士）的撰写流程和规范性要求，同时针对论文写作过程中出现的常见问题进行剖析。

8.1 本科学位论文的撰写

8.1.1 论文要求

本科生毕业论文（设计）是个人从事科学研究的起始阶段，也是对学生逻辑思维能力、书面表达能力、运用基本概念和知识能力的重要训练途径，同时还是培养学生创新意识和创新能力的重要手段，有助于学生养成良好的研究习惯，为以后的科学研究奠定基础。

通过本科毕业论文写作过程的训练，应该达到以下几个目的：

①综合运用专业基本理论、基本知识、基本技能的能力；

②独立提出问题、分析问题、解决问题的能力；

③理论联系实际的工作作风和严肃认真的科学态度；

④运用专业手段及科学方法获取信息和处理信息的能力；

⑤培养学生开展调查研究、处理实验数据、利用文献和书面表达等综合能力。

针对管理学科的特定专业性质，结合上述培养目标，管理类本科学位论文应该符合以下要求：

1）实践性

管理学专业具有很强的实践性和操作性，管理理论是对现实实践的高度总结和概括，管理研究应该与现实实践紧密联系，针对管理实践过程中所产生的问题、困惑及关键领域进行分析和指导。对本科学生而言，要在有限的学习期限和知识基础上，撰写基础理论开发的学术文章具有很大难度。从实际情况来看，近年来有相当数量的管理学专业学生尝试撰写纯理论的文章，但基本是教材、文献资料的简单堆砌和观点罗列，缺乏理论和实践价值。

随着中国企业的发展壮大及现代管理模式的探索性前进，中国管理实践的现实课题非常多，这就为毕业论文的选题提供了很大的选择空间。无论是市场营销、战略管理、组织理论，还是人力资源、财务管理等都应强调微观应用价值，强调现实可操作性。一篇合格的毕业论文应该针对某一特定领域（或某一个点）的现实问题展开研究，力争为管理实践提供有价值的参考和指导。本科毕业论文可以针对实践中某一特定的、小范围的问题展开研究，而且就算论文最终并没有能够对某一问题进行深入的研究，关注实践同时能提出有价值的问题，并在此基础上进行了规范的学术训练，这就已经是一个非常了不起的成就。

2）规范性

规范性指研究的程序和步骤都是有序、清晰和结构化的，并能为其他科学研究人员所理解。本科毕业论文的规范性强调的是能用文字和语言清楚地报告取得研究结果的整个过程，包括概念、名词、术语、变量等要素的准确使用，使用专业性的学术语言，论文结构符合学术规范等。本科毕业论文的规范性要求有着极其重要的意义，通过严格的规范性训练，为培养学生严谨的学术态度奠定基础，无论对于以后从事科学研究还是走上工作岗位来讲，都具有关键的作用。

概念、名词、术语、变量等基本要素的表达和运用反映了研究者的基本功和基础技能。在论文写作过程中，很多学生不能对上述基本要素进行准确的区分和定义，随意使用和概念混淆的现象到处可见，同一名词在上下文的含义不一致，让读者一头雾水，不知所云。

毕业论文属于学术研究，需要使用规范的学术语言，要突出其专业性，它与一般的演讲稿、报告、文艺作品在行文风格、用词规范上有着很大的区别，毕业论文要求使用客观、准确、专业、规范的学术文字，同时要求严格的内部逻辑性和一致性。另外，书写格式的规范也有严格的要求，主要表现在对文献的引用、标点符号的使用、图表绘制说明等方面。

毕业论文的框架和内容结构也有严格的学术要求和规范，它遵循"问题的提出—问题解决的过程—问题的解决"的基本逻辑，这三部分构成了比较完整的论文结构，一般而言，不能对其进行随意的删减或增加。论文基本组成部分至少应该包括：论文摘要、关键词、正文、注释和参考文献。摘要是以高度浓缩的方式陈述论文的核心内容，关键词是反映论文最主要内容的术语，正文是报告作者对问题的研究过程和结果，注释主要是对正文的概念、术语、名词等的补充说明、解释等，参考文献是文中观点概述或直接引用的具体出处，其中注释与参考文献都有固定的学术格式。

8.1.2　选题原则

几乎所有强调选题关键性的教科书都会引用爱因斯坦"在科学面前，提出问题往往比解决问题更重要"这一句经典名言。这说明了提出问题是解决问题的第一步，不论对各个层次的学位（本科、硕士或博士）论文，还是期刊上发表的研究论文而言，选好了题目，就预示着有可能作出卓有成效的研究来，选题关系到论文的成败得失。但对不同层次的学位论文来说，由于其培养目标和要求不同，其选题的原则也就存在较大的差异。本科学位论文写作的主要目标是考察和培养学生运用专业基本概念、理论和知识点的能力，引导学生具备研究的基本思维，并养成良好的研究习惯，为以后的研究夯实基础，对其创新性和理论贡献并没有提出太高的要求。因此，针对这样的培养目标，下面提供几条本科毕业论文选题的原则：

1）"新颖性"与"可行性"相结合

"新颖性"与"可行性"在一定意义上是一对矛盾体，题目新颖，意味着论文创新空间大，也更有可能作出较大的研究贡献，但相关研究较少而导致的文献、资料的获取难度大，又会给论文的写作带来很大困难；那些被别人广泛研究的选题，文献资料丰富，可行性高，写作相对简单，但又会由于选题缺乏新意，创新空间较小。因此，本科生在选题的时候要寻找这两者的平衡点，既要避免由于选题过于陈旧而导致的研究价值不大，又要防止为了力求新颖而天马行空地任意选择，这往往造成论文写作困难甚至半途而废。寻找平衡点的有效办法包括：首先广泛浏览相关领域的现有研究文献和成果，对准备研究的问题有全面整体的认识；其次可以向老师或相同研究方向的硕士、博士生请教，并请他们对自己拟研究的题目进行评价；最后可以组织论文选题沙龙或研讨会，与同学进行深入的交流和探讨，请同学对选题提出意见。

2）个人兴趣与指导教师专长相结合

兴趣是个人对某种事物或活动的心理倾向，只有对事物产生了兴趣才会激发内心的动力。论文写作也要充分考虑自己的研究兴趣，只有当自己对某一领域或课题具有浓厚的兴趣时，才会有足够的信心和动力去进行深入的研究和探索。在选题时，尽可能选择那些能发挥自己专长、学有所得、学有所悟的课题。不过，应该引起注意的是，本科是培养学生研究素养的初级阶段，大部分学生还缺乏独立研究的能力，必须在导师的指导下才能完成论文。在选择指导教师的时候，要注意自己的研究兴趣是否与指导教师的专长相吻合。不少学生由于不明确自己的兴趣所在，在选择指导教师的时候非常随意，被动地在教师制定的选题中筛选，论文选题非常勉强，这给论文写作及完成质量带来非常不利的影响。研究兴趣并非与生俱来，后天培养非常关键，在平时的学习中，应在教师的引导下有重点地选择部分与专业相关的具有一定理论意义和实践价值的论题，并注意着手搜集和整理资料，长期坚持下去，很容易培养个人的研究兴趣，并为将来毕业论文的选题提供广阔的空间。

3）题目大小适中，难度适宜

题目大小适中是指题目与论文篇幅相符，与论述的范围相称，与所论水平层次相宜。本科毕业论文一般要求 8 000 ~ 10 000 字，在有限的篇幅内，如果所选题目过大是很难写出高水平论文的。一方面，要想在有限的时间和有限的篇幅内完成大的课题，几乎是不可能的，因为大的题目需要大量的实证资料、严谨的论证过程，往往是要依靠课题团队经过长期的努力才有可能完成的；另一方面，本科生通过几年的基础学习，还只是掌握了一些基本理论，而要独立地研究和分析一些大问题，还显得理论准备不足，再加上缺乏写作经验，往往驾驭不了大量的材料，容易造成材料堆积、空洞无力。总体而言，本科毕业论文的题目宜小不宜大，宜具体不宜抽象，宜限制不宜宽泛。

我们可以通过比较以下几个题目来考察："论企业改革""论国有企业改革""论国有企业产权制度的改革——由××公司股份制改造谈起"。第一个题目显然过大，一方面，企业的种类很多（比如，从所有制角度划分，包括国有企业、集体企业、私营企业；以企业财产组织形式和承担的法律责任划分，包括独资企业、合伙制企业和公司制企业等），而不同类型企业的改革侧重点又存在较大差异；另一方面，改革本身的内涵也十分丰富，涉及产权改革、组织机构改革、管理制度改革等诸多方面。如果面面俱到，则难以突出重点，因此这样的题目难以写出高水平论文。第二个题目将研究范围限定为国有企业，针对性较强，但仍然无法解决第一个题目面临的第二个问题。第三个题目将研究对象限定为国有企业的产权制度改革，并以××公司作为案例进行分析，选题针对性强，内容充实，显然优于前两个题目。现阶段，多数高校一般要求本科毕业论文以实证分析为主，如果涉及题目过大，通过调研获取资料的难度也相应加大。不过，不少学生对此存在认识上的误区，认为题目越大，资料就越丰富，写作难度就越小，因此在选题时倾向于大题目，最终结果往往适得其反。

●● 8.1.3　论文写作过程中的常见问题

1）学年论文、毕业论文、实习报告相混淆

通过对本科论文写作实际情况的观察，我们发现很多人对学年论文、毕业论文及实习报告区别不清，认识上存在混淆，他们往往认为学年论文、毕业论文、实习报告是一回事，这给论文的定位和写作带来了困难。学年论文是大学三年级结束时，初步运用本专业基础理论与基本知识而写作的论文。本科生通过写作学年论文，锻炼独立分析问题和解决问题的能力，取得撰写论文的经验，初步掌握论文的写作方法与过程，学会拟题、搜集资料、构思、谋篇布局以及写作修改等的基本知识，为毕业论文写作奠定基础。其基本要求是题目不宜大，篇幅不宜长，涉及面不宜宽，论述层次与内容也不求很深，写作要求也不太高。毕业论文是应届毕业生在学完所有课程后，综合运用所学的基础理论和基础知识，独立地探讨或解决本学科某一问题而写作的论文，要基本反映运用所学知识解决和分析问题的能力与水平。

其要求的层次比学年论文高，要求有一定的创新，有自己独到的见解，能够较好地解决和分析本学科领域中不太复杂的问题。实习报告是学生在实习结束后，就实习过程中的所思所想所感而写就的非纯学术性文体的文章，是用切身接触的事实材料进行说明和分析。其基本要素包括实习目的、实习要求、实习时间、实习场所、实习方法、实习结果（结论）、实习心得等。写作形式有心得体会、验证式、调查报告式等。由此可见，在写作毕业论文时，必须弄清几个方面的区别，以便更好地明确写作方式和内容以及更好地体现自身的学术素养。

2）毕业论文拟题和新闻稿拟题相混淆

在毕业论文的拟题过程中，一些学生容易混淆这两者的区别，把毕业论文题目拟成了新闻稿的题目，以期突出论文题目的新颖。但这不符合学术研究的一般规范。毕业论文是以研究性、创新性和学术性为其生命力所在，因而在题目上就应突出这一点，其本质是写作者对问题或事物的看法、主张和论证，是自我思想意识的外在表现。新闻是关于新近发生的新鲜而重要的事实的报道，其突出特点是"新鲜""重要"。"新鲜"是指有所发展、创造的新情况、新问题、新经验、新风尚等以及包括不同于常规、常习的异常现象。"重要"是就在社会经济、政治生活中的地位而言的。从技术层面上讲，新闻要求交代清楚有关人、事、时间、地点、事因和结果等；从文风上讲，新闻要求鲜明、准确、通俗、朴实和生动。由此可见，新闻稿的内在要求与毕业论文是有本质区别的，其题目的拟定是直观的，见题知其事。所以，在毕业论文拟题或命题时，要把二者区别开来。此外，二者所处的语言环境也有较大差距。因而，不仅在内容写作上要把二者区别开来，在语言用词上也要区别开来。

8.1.4 论文写作过程中的五个"明确"

论文写作有很多具体的要求和格式，研究者必须予以明确，主要有五个方面。

1）明确第一手资料与第二手资料的区别

写作论文就要使用一定的工具来对所要研究的对象进行分析研究，资料就是研究工具的一种。例如，研究对象是一本书，那么，所使用的工具则是另外一些相关的书。可见，占有资料和把握资料的多少，对问题的研究和毕业论文写作是至关重要的。然而，在毕业论文的写作中，绝大多数学生对资料占有的重要性认识不够，特别对占有什么样的资料，即占有第一手资料还是第二手资料，才能使研究更为准确科学以及研究问题更有深度，更是知之不多。因此，要提高毕业论文写作的质量，区别第一手资料与第二手资料显得尤为重要。

第一手资料也就是原始资料。举例来说，如果以"邓小平经济思想"为题写作论文，那么第一手资料就是《邓小平文选》、邓小平讲话原稿以及邓小平讲话录音等。可见，第一手资料是某一资料的原本属性，没有他人的评述或渗透他人观点偏好，是事物的本来面貌。当然，第一手资料的界定也有相对的一面，如以"邓小平经济思想源泉"为题写作论文，那么，第一手资料则是邓小平从中得到灵感和启发的那些书籍与文章。与上述情形不同的则为第二手资料，概括地讲，就是他人占有第一手资料所得出的研究结果、评论等。从这里可以看出，译文是第二手资料，译文的原版则是第一手资料。摘编是第二手资料，是第一手资料的片段集合。

2）明确提纲与目录的区别

在毕业论文定稿后，一些学生会混淆目录和提纲的区别，认为提纲和目录是一回事，以致论文的格式不规范，不符合要求。因此，对此必须区分清楚。提纲是写作论文之前的构思或拟写作的思路，是写作论文的框架图或设计蓝图，其任务是把谋篇布局结果与素材有机结合起来，形成一个有序的纲要性文件资料，并作为写作的初步依据。可见，提纲是论文写作前的工作内容。在论文写作中，作者根据提纲进行写作，并在写作中不断修改完善提纲，这是一种动态的形式。目录是文章正文前所列载的目次，是全文内容层次的反映，是论文写作完成后的定型表现，是一种静态形式。提纲与目录的区别正如一项写字楼工程，施工前和施工中的施工图为"提纲"，交付使用后的使用功能分布图为"目录"。二者是一个问题的两个层面，是不能混淆的。依此，在论文写作时，其依据只能叫作提纲，论文定稿后，其放置正文前的只能叫作目录。把握这一差别后，就可避免出现论文格式不规范的问题。

3）明确注释中的夹注、脚注和尾注的区别

注释是作者对毕业论文中的相关内容或引用的字、词、句加以必要的解释和注明来源出处。其与参考文献有所不同。注释的方式有三种：夹注、脚注和尾注。夹注就是在要注释的相关内容或引用的字、词、句后加括号，在括号中写明注文。一是在括号中标明作者、年份，例如，慈善事业是建立在社会捐助基础之上的民营社会化保障事业（郑功成，2000）。二是在括号中标明作者、著作或文章名称、出版社、页码。脚注就是在需解释内容所在页面下端加注。一页中只有一处引文的，在引文末端的右上角以小字号标明"注"或者数字符号。引文有两处以上的则要标明序号，必须以页为单位。尾注就是将注释全部集中于文章的末尾或最后一页，但一定要在被注释对象的后面加上①、②、③或（注1）、（注2）、（注3）字样的注释号码。

4）明确论点、论据和论证的区别

大多数同学对这三个概念的含义及关系并不是很清楚，因而在写作论文过程中往往存在着种种问题。因此，必须加以明确。

论点是论文所要表达的主旨，即核心观点。写作毕业论文，关键是要提出一个新颖、鲜明、正确的观点，用以表明作者对所研究问题的看法与主张，反映自己的

科研成果与学术水平。对一篇毕业论文的评判，首先就是看其论点如何。任何一篇毕业论文，如果其论点不明确、不清楚，就必然造成材料不能说明观点、观点与材料互相矛盾。

论据是作者在论文中用来证明论点的根据、事实和道理。毕业论文写作之前，作者总是搜集、占有大量的材料，那些在写作时被选用到文章中来的材料，就是作论据用的。论据分为三类：一是事实材料，指客观存在的事实，包括人、事、物和数字、数据等。二是理论材料，指已为人类社会实践与科学实验所验证了的言论材料，包括经典著作、寓言故事、成语、谚语、俗语、格言等。三是敌论材料，是指在论文写作中供批驳的反面材料。

论证是为了阐明一个主张或者证明一个观点，举出一些事实与道理作为其根据，来证明这一主张或这一观点正确性的思维过程。论证是通过论证方法来实现的，而论证方法就是把论点与论据有机而巧妙地联结起来，使之成为统一的论文整体的手法。论证方法一是立论，就是作者运用各种论据来证明自己论点的正确性的一种做法。二是驳论，就是根据自己已掌握的事实材料与理论材料来分析批判对方论点的虚假性或论证不能成立，从而来确立自己论点正确的一种论述方法。在整个论证过程中，论点是统帅、灵魂，提出"要说明什么"，即被说明或证明的观点；论据是基础，回答"用什么来说"，即说明或证明论点的理由、依据；论证是"怎样证明"，是将论点与论据联系起来的纽带与桥梁，是将论点从论据中推导出来的方法和手段。

5）明确论文的格式层次顺序要求

在本科论文评定时，会发现一部分同学对论文的格式顺序不清楚，论文格式就不规范，对此要加以明确。应届本科毕业生毕业论文的格式顺序可分为六部分，每部分都须另起页，即不同部分内容不得设置在同一页。第一部分为封面，设置在首页。第二部分为评语页。第三部分为目录页。一定要注意在目录设置中，凡是目录中的最小层次应该保持一致。第四部分按下列顺序编排：①标题。②作者，在标题的下方署自己的名字。③摘要。④关键词。论文中出现频率最高，对文章内容起决定作用的词语。一般选用3～5个关键词。关键词一般应放置在"摘要"之下、正文之前。作者要在"摘要"下面空1～2行，空两格写上"关键词"字样，然后再分别写出本文的关键词。⑤前言。⑥正文。⑦结论，亦称结束语，是对毕业论文全文的论点作总结性说明。第五部分为注释。第六部分为参考文献，亦称参考书目，在论文正文结束后，一般应列出主要书刊和网页上文章的目录作为参考文献，置于文尾。一般顺序为：作者，著作或文章名，出版社或杂志名称，出版年月或期号。

》 8.2　硕士学位论文的撰写

●● 8.2.1　论文要求

与本科阶段以获取基础知识和理论为主的培养目标不同，硕士生的培养目标主要是开展科学研究和理论探索，硕士学位论文要求学生对所研究的客体有新见解或新成果，并对本学科发展或经济建设、社会进步具有一定的意义，表明作者掌握坚实的基础理论和系统的学科知识，具有从事学术研究或担负专门技术工作的能力。因此，除了本科学位论文的理论联系实际和规范性要求外，硕士学位论文还有一些特定的要求：

1）原创性要求

所谓原创性就是论文中的大部分内容，特别是论文的主要观点是作者自己的研究发现。自己亲自调查或进行实验得到数据资料，自己查阅资料整理出观点综述、观点证据，发现并论证前人没有提出的观点，或者对已有的研究和观点进行补充或修正。原创性要求论文的大部分内容不能是已有知识的重复，不能是别人观点或劳动成果的大量引用和简单堆砌，更不能是对别人观点或劳动成果的抄袭。一般介绍性的文章并不符合学位论文的要求，即使是对新知识的介绍也不适合作为学位论文的内容。学位论文是严格意义上的发现问题、分析问题和解决问题的原创性研究论文。别人的观点和劳动成果只能作为支持证据，而不能作为自己的观点。

2）创新性要求

硕士论文要求具有一定的科研质量，而称得上科学研究成果的论文，一定要有创新性，即有新发现和经过论证的研究假说。学位论文与教材最大的不同在于，教材是知识点的介绍，而论文是新知识的创造。当然，新知识的创造并非易事，创新也有大小高低之分，对硕士学位论文而言，要求其在某一领域作出开创性的知识创造和贡献有些不太现实，只要就某些特定的知识点进行验证、修正、补充，或者针对现实实践提出一些理论假说并进行初步的探索，都称得上是知识的创新。这并不是说硕士论文就应该放弃大创新的努力，现实中不乏在硕士阶段就作出突出贡献和获得新发现的研究者，这为日后的科研工作奠定了良好的基础。

●● 8.2.2　论文选题

硕士论文的选题，与前面介绍的本科论文选题的原则具有相通性，但由于硕士论文与本科论文相比，有更高的创新和原创性要求，而且需要作者针对某一前沿问题进行较为全面、系统的研究，能够将问题研究深、透。硕士学位论文的选题在"创新性"和"题目大小"的选择上应该更加谨慎。新颖的选题需要做到：

①尽量选择别人没有写过的题目，老生常谈的题目除非有重大的新观点，否则就很难有创新性；

②尽量选择别人尚未解决的问题进行研究，认真对文献进行研读和综述，准确把握现有的研究状况及问题分歧所在；

③关注管理现实中所面临的重大问题，特别是那些还没有形成一致的解决方案的问题，这样的研究方向和领域一般具有较高的创新价值。

除了上述要求，硕士论文选题一定要细化。要使题目新颖，避免重复，方法之一就是尽可能地使题目细化。选题过大只能说明对问题把握不准，对相关专业问题认识不深。细化题目的主要方法包括：

①细化研究视角，从一个视角深入研究某一个问题，如"委托代理视角下的会计信息失真问题研究""上网成本对网络购物影响研究"；

②细化研究环境，把某一个问题放到具体环境中去研究，如"家长式领导与组织承诺、组织公民行为关系研究""非营利组织的员工满意度与离职关系研究"；

③细化研究内容，如"英语能力对国际化经营的影响""华人组织忠诚：建构与测量"。

此外，一篇论文最好只写一个问题，这样便于综述，容易创新。当然，写一个具体问题，并不是说就不能涉及其他问题，恰恰相反，要把一个问题写深、写透，就必须广泛联系，从各个角度进行研究，用各种方法进行研究，充分考虑各种具体环境下该问题的解决办法。

● 8.2.3　论文写作

硕士论文的写作可以参照后面章节中博士论文写作的具体要求和规范。总体而言，硕士论文与博士论文在内容框架上大同小异，只是对其理论贡献和创新点有不同层次的要求，因此，在具体的写作要求上，硕士论文与博士论文是相通或者说是一致的。硕士论文的写作内容包括摘要、绪论、文献综述、理论假说的提出、数据搜集与分析、结论与讨论几个部分。

》8.3　博士学位论文的撰写

● 8.3.1　论文要求

博士论文是博士研究生培养的阶段性成果，论文的质量标志着学生的研究能力、学术水平及研究潜能。博士论文的写作，能使得博士生的研究能力得到系统训练和提升，并为未来的研究打下坚实的基础。高质量的博士论文预示着一个良好的开端，那些在日后取得突出成就的研究人员，他们的博士论文就已显示出良好的研究潜质。鲜有低水平的博士论文作者能够成为优秀的研究人员。因此，对于每一位博士生而言，应该珍惜难得的机会，树立精品意识，刻苦钻研，全力以赴地从事博士论文的研究和撰写。

1）创新性

创新性是博士论文最基本的要求，其重要性对每一位博士研究生来讲都是不言而喻的。决定一篇博士论文质量的高低，很重要的一个指标就是创新性的大小。只有在已有研究成果基础上有新的发现或新的探索，才有可能称得上是一篇合格的博士论文。创新性的大小（或多少）决定博士论文质量的高低，而创新的有无决定是否算得上合格的博士论文。那么，什么才算得上是创新呢？有学者指出，论文要完善地论述创新点，一般要能清楚地回答三个方面的问题：

①创新点是什么（what），论文要清楚地表述所提出的新发现及其主体内容；

②为何要提出这样的创新点（why），论文要清楚地交代创新点提出的实际和理论背景，让读者感觉到这样的创新点确实有其理论价值和实践意义；

③回答这个创新点是否成立的质疑（whether true or false），有足够的证据和论据来支持和验证论文所提出的创新点。

博士论文在选题及写作的过程中，都应该紧密地围绕上述三个问题进行展开，只有对其作出令自己和别人满意的回答，论文的创新性才有保证。因此，博士生应该牢记上述问题，容不得一点马虎。

2）贡献性

博士生作为高层次的研究者，其研究成果应该能够对人类知识的积累作出贡献。欧美国家对博士论文的贡献性要求提出了明确的规定，如法国要求各个学科的博士论文都应该对未开发领域进行初步探索，而这种探索必须具有新的内容；德国规定，博士论文必须是博士独立完成的科研成果，是学位候选人个人科研能力的证明，作者应该提出自己的观点，并对某一领域的科学发展作出贡献；英国规定"博士学位是授予对知识有独创性贡献的人的"。博士生培养质量高低很大程度上是通过博士论文所作出贡献的大小来反映的。一般来讲，只有具备以下特征的研究才能算得上是有贡献的：

（1）必须能够为丰富人类知识库作出贡献

人类文明的进步依靠的是研究者对知识的不断更新和积累，博士论文的贡献性首先表现在这一点上；对现有理论的修正或补充、发现新的理论、创建新的学说、为实践提出新的解决方案等都应该是丰富了人类的知识库。

（2）必须具有重大的研究价值和意义

博士论文是一个完整的阶段性成果，在投入很大精力和时间的前提下，博士生应该有信心也有能力选择那些具有重大研究价值和意义的课题。只有那些具有重大价值的研究成果才能为人类知识的积累作出贡献。

（3）必须具有前瞻性和可延续性

研究的价值往往体现在对某一领域作出了前瞻性的研究，很多导师建议博士生选择一个五年甚至十年后才会成为主流的研究课题，这一方面有助于奠定研究者未来的地位和根基，另外，前瞻性也为创新性提供了可能。

（4）必须是一种创造性的研究和学术工作成果

创造性与前瞻性以及知识贡献在很大程度上指的是同一问题的不同方面，需要着重指出的是，那些对现有研究成果进行梳理和归纳、取不同的样本检验已有的理论假说、介绍国外的前沿研究成果等都算不上严格意义上的创造性。

8.3.2　论文选题

选题决定了博士论文能否达到上文所提出的"创新性"和"贡献性"要求，也决定了博士论文的质量高低与成败。博士论文的选题并没有固定的模式或思路，前人的经验也只可参照而很难照搬。一般性原则如"小题目、大文章""需要性、创新性、科学性"等都是每位博士生在选题时应该注意的关键点，而绝大多数人对此也都有深刻的理解，在此不再赘述。这里主要针对现有博士生不太重视的两点作简要介绍：

首先是难度。博士生在选题时应该强调一定的难度。很多博士生在选题时过分关注其可行性和可操作性，如现有文献的获取、数据的可获得性、理论研究的成熟度、理论模型和研究假说的难易程度等。很多人由于畏难的心理而采取就轻避重、避难从易的策略，一提到选题，首先考虑的就是能否顺利地完成论文、能否保证顺利毕业，带有很强的功利主义色彩。这不是科学的研究态度，也很难创造出优秀的研究成果。要想作出高质量的博士论文，成为出色的研究人员，在科学研究的道路上就应该树立披荆斩棘、不畏艰难的信念和勇气，树立勇攀高峰、敢为人先的志向。不经过艰苦努力的奋斗，很难在科学研究上取得卓绝的成果。博士论文对于很多人来说既是一个起跑线又是一个里程碑，博士阶段是培养研究素养和研究潜质的关键时期。另外，能够集中3～5年的精力和时间来专门从事研究，是一个非常难得的机会，值得加倍珍惜。博士生要敢于追求新发现、探索新规律、创立新学说、提出新假说、增加新知识，特别应该就那些对学科发展及实践操作具有重大意义的领域展开深入的探索，在理论构建和实践指导方面作出贡献，这也是确保高质量学术论文的前提条件。选择相对简单的课题，自然能够增加顺利完成论文的胜算，也能大幅度减少工作量和难度，但也难免会留下遗憾。当然，我们这里强调难度并不意味着刻意去追求偏题、难题，为了难度而难度。

其次是谨慎。选题需要谨慎，不要在思考不成熟的情况下，就轻易下手。选题需要对现有的研究成果作系统而全面的了解，对所属领域的关键性文章深入研读，这样不仅能够避免重复研究，而且有助于发现现有研究可能存在的空白，从而确定自己的研究切入点。在论文选题时，不少人拍脑袋行事，对研究领域缺乏深入了解就轻易决定，主意不断，游离不定，表现得浮躁不安，这对论文选题非常不利。正是因为缺乏谨慎的态度，轻率选题，在研究工作开展到一定程度时，发现选题难以进行或意义不大，这不仅造成了大量的时间和精力浪费，而且会导致研究热情的下降。由于不断否定和反复浪费了大量时间，逼到最后阶段为了完成任务，只能草率了事。前面一再强调，选好题目是写好论文的关键点，要做好选题，需要长期的积累、不断的酝酿，王国维讲做学问的三重境界"昨夜西风凋碧树，独上西楼，望尽天涯路""衣带渐宽终不悔，为伊消得人憔悴""众里寻他千百度，蓦然回首，那人却在灯火阑珊处"，套用到博士论文的选题可能也极为恰当，个中滋味，需要个人去亲身体味。这里要说明的是选题一定要具有谨慎的态度，切忌轻率动手。

8.3.3 论文写作

1）摘要

摘要是一篇论文的微型版本，能让读者用最少的时间较快地获得最大量的论文信息，供读者粗略地判断其价值，因此论文摘要必须做到简短扼要。一般期刊英文论文的摘要，不超过200个词，中文论文不超过300个字，而且一般学术论文的摘要不分段落，一段话即完成摘要。博士论文摘要可分段，字数也相对多些，但一般建议不超过1 000字。另外，论文摘要采用陈述性语气，紧扣论文的主旨，摘其精华，写成一篇结构严谨、条理清晰、逻辑性强的小短文，具备完整性、独立性与自明性。其中不宜出现表格、插图、数字公式等。

学位论文摘要的写作要素一般包括研究目的、研究方法、创新点及贡献、主要发现与结论等。研究目的是论文探讨的主旨，可在摘要的开篇交代，常表述为"旨在研究""以期探讨"等形式，开门见山、清楚明了地交代论文的研究目的。研究方法是指进行研究所采用的具体方法与手段，是论文假说检验及研究发现的实现途径。目前管理类学位论文，特别是博士论文都要求有明确可靠的研究方法，常用的研究方法有案例研究法、实验研究法、比较研究法、问卷调查法、数理统计与分析等。创新点及贡献的叙述是摘要的核心和重点。李怀祖对创新点的撰写提出过明确的指导意见，他认为博士论文能贡献3~4个创新点（经过论证的研究假说）就已属不错，每个创新点的阐述内容必须回答四方面的问题：

第一，创新点的定位。论文的创新点不求面面俱到，而是要将自己最有价值、最能体现研究贡献的地方凸显出来，作者的论点以及做的论证工作可能非常多，也存在不同程度上的创新，但一定要挑出其中核心的一个，这就要求作者对论文的创新点进行定位。一般而言，每一个创新说明段落的开始，用一句话来反映创新点的定位，亦即为创新点"命名"。

第二，创新点的主体内容。创新点定位回答创新点是什么的问题，创新点主体内容即围绕该创新点的研究工作内容是什么的简要介绍。创新点需要论证内容及过程的支持。

第三，创新点新在何处，为什么说自己的创新点是新的，其创新的地方在哪里。这就需要一定的参照系来进行说明，选择某一领域内具有代表性的权威文献进行比较，并对其创新点进行说明。这一点非常关键，因为这是让读者信服的重要手段。

第四，创新点能解释或解决哪些问题。创新点不论在理论贡献还是实践指导上，都应该立足于解决现有的理论或实践问题。研究发现应该能解释或解决现有理论尚未解释或解决不了的问题，或者对同一问题赋予新的解释或解决途径，这样才能体现论文创新的理论价值和学术贡献。当然，以上四个方面并不一定要逐条列举，针对某几个关键点进行说明即可，但论文本身一定要能够对上述问题进行完整有力的交代。

要写好一篇论文摘要，需要注意以下事项（这些是在论文摘要写作过程中经常出现问题的）：

①要客观地反映原文内容，摘要不应是正文的补充、注释、总结，也不可加进原文内容以外的解释或评论。

②引导性或支持性的解释词语应尽量少用。所谓引导性、支持性的解释包括研究历史的回顾、研究背景的说明、文献综述的罗列、概念定义或专有名词的定义等。

③摘要不要写成目录式。很多学位论文将各章的内容逐一罗列，基本上是对目录的一个解释，这是不符合摘要的写作要求的。

④对论文的价值应该进行客观的评价，尽量使用陈述性的方式。在使用"作出了重大贡献""是一篇开创性的研究""首次提出了""具有重大理论实践意义"等词句的时候一定要谨慎。

⑤遣词精练、达意准确，不出现空洞之词、模棱两可之语，尽量使用句法结构简单的短句，以便于理解。句子与句子之间要有连贯性，力求衔接紧凑，逻辑性强。

⑥要根据学术论文的类型、篇幅决定摘要写作的篇幅和繁简。对于博士学位论文而言，整个摘要的表达要有独立性与自明性，即读者不看正文，仅看摘要就能抓住论文的精华与核心要素，同时表达形式应有完整性。

2）绪论

绪论的主要任务是界定研究问题，交代研究问题的实际背景。一般而言，绪论主要回答以下几个问题：研究背景、研究目的、研究问题的提出、关键概念的界定、主要研究内容的概述、研究方法的选择以及论文整体框架的交代等。

绪论的开始需要有一个段落叙述论文研究问题的实际背景。一般可以从两个角度切入：一种是从现有研究文献入手；另一种是从观察现象着手。缺乏实际工作经验和实践的博士研究生，惯用的手法是从现有文献分析入手，但管理学作为一门应用性非常强的学科，从管理现象入手可能是更为有价值的方法。管理研究多属于应用研究，要回答和解释现实问题，研究方法应以反映归纳思维的实证研究为主。

总而言之，绪论需要对研究目的及研究问题交代清楚，读者一看完论文的绪论，便应感到作者所提的问题清晰而且有实际意义，产生一定程度上的认同，即产生"为什么自己或者其他研究者没有意识到这个问题"的感触。同时，读完绪论后，读者对文章的整体框架及实现途径有了大概的了解，并能够对论文的价值作进一步的判断。如果能达到上述目的，绪论的使命也就完成了。

3）文献综述

文献综述主要是回答某一问题的研究现状如何。绪论部分"问题的提出"是对问题的实际背景和价值进行说明，文献综述则是对研究问题的理论背景和价值进行详尽的阐释。文献综述之所以构成学术论文的独立篇章，且要占据一定的篇幅（一般占全文篇幅的1/5～1/8），是因为文献综述不仅表明了该文研究的价值及理论背景，还具有以下意义：首先有助于防止重复研究；其次能够辨识本研究领域的前沿，并借此挖掘可能作出的贡献；最后充分借鉴前人的研究成果，并在此基础上作出新贡献。

文献综述的写作，一定要围绕论文的主题和假说进行文献选择，并且要对文献作出相应的评论，借以引出本文研究主题的来龙去脉。撰写文献综述时应该注意以下事项：

①避免讲义式写作。很多文献综述跟教科书一样，将所有能搜集到的相关研究的观点和理论全部搬出来，简单地陈述一遍，不注意区分重点和关键点，也无法体现自己研究的特色，甚至于同一领域的文献综述在不同的作者和文章之间可以相互套用。

②避免重复综述。综述应该从一、二次文献中归纳综合，不宜在别人的综述基础上再做撰写，间接或转引文献尽量少一些，综述的文献资料最好是一次性文献，而且是作者亲自阅读过的。在论文写作过程中，有不少作者为了省事，采取投机取巧的办法，写作时直接将一次性文献资料中的参考文献一一列举出来，这违背了基本的学术道德和原则。

③避免描述性罗列或轻率评价。文献综述经常出现的问题有两种：一种是描述性地将现有的研究文献简单罗列，将所有观点摆出来，缺乏内部逻辑性和整体性，也不对现有的研究作出评价，更不与自己的研究主题紧密结合起来进行探讨，没有指出前人研究对自己的借鉴价值；另一种是轻率地设置"靶子"，动辄贬低别人的观点并进行不客观的批判。

另外，文献综述部分所采用的文献，应主要选自学术期刊或学术会议的文章。一方面，这符合准确及时把握学术前沿的要求；另一方面，这些文章一般都符合严格的学术论文规范，并非简单的观点提出，有可供检验的实证过程，因此可以作为引用的根据。教科书是比较成熟的知识，而且一般都是获得了公认的常识性知识，难以反映学术研究的前沿领域，因此不应成为文献综述的主要来源。而其他的大众传媒如报纸、广播、杂志、网络上刊载的文章，其观点一般不能作为论证问题的依据（当然，对一些权威性的数据或事实可以进行引用）。

4）理论与假说

在文献综述的基础上，作者完成了对所研究问题实际和理论背景的回顾，又在肯定前人工作的前提下提出不足和有待研究的问题，接下来便应提出本论文所要研究的主题。针对文章提出研究主题以及作者对此研究问题给出的主观回答，构成了论文的研究假说。论文假说的提出为后续论证章节提供了基础和方向，假说表述合理的情况下，应该清晰地表达主观预期的变量之间的关系，必须符合可供检验和验证的要求。

通过考察现有的博士论文，"研究假说提出"这一章节是典型的薄弱环节，问题突出地表现在以下三方面：

①没有理论支持的假说。很多博士生在确定研究的变量后，没有对变量的内在关系进行理论上的解释和说明，而是将所有提出的因变量和自变量全部简单地排列组合，通常的做法是将所有自变量与因变量全部用直线连接起来，能够连接多少条直线就提出多少个研究假说。更有甚者，在因变量和自变量连接线的两头都加上箭头，从而提出数量为2倍直线条数的研究假说。对某一变量为什么会对另一变量产生影响以及产生怎样的影响缺乏理论讨论和支持，这样的研究演变成为简单的数据游戏，根本谈不上研究的科学性和严谨性，也不可能对理论和实践作出贡献。任何研究假说的提出，都应有深厚的理论作为支持，即便是主观设想，也应提出合情合理的理论解释。研究假说切忌通过对所有变量采用简单的排列组合方式得出。

②假说不能落实到变量层面，导致操作的困难。研究假说是概念化和操作化的过程，应该落实到变量的层次。假说是对两概念之间可能关联作出的一种待检验的解释，行为或实践之间的前因后果，在表达形式上最终离不开概念和概念之间关系的表述。很多学位论文在写作过程中，因为没有将假说落实到变量层次，导致论文无法继续进行下去，给论文的写作造成了很大的障碍。一般而言，假说陈述是否具体，是否落实到变量层次，可以从两方面来判断：第一，是否能以搜集数据和证据的方式进行验证；第二，变量是否可测量。每个变量应可以分解成为子变量，子变量应能够通过相应的题项进行测量。

③对变量的测量题项缺乏清晰的交代或者生搬硬套。研究结论是否可信很大程度上依赖于用什么样的测量工具去实现。一套具有良好效度和内部信度的测量工具是确保研究论文较高质量的前提，而良好测量工具的获取需要经过科学严谨的开发过程，Hinkin（1998）提出了测量工具开发的规范过程（如图8-1所示）。

1. 题项的产生

↓

2. 问卷设计

↓

3. 原始题项的缩减

↓

4. 验证性因子分析 (CFA)

↓

5. 收敛效度 / 区分效度检验

↓

6. 修订 / 复制

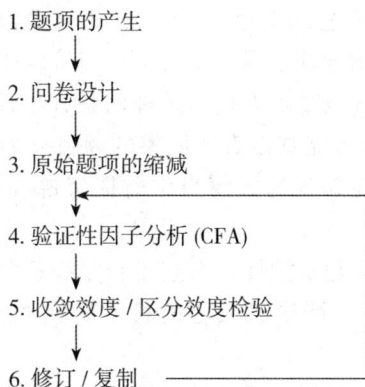

图 8-1　测量工具开发过程

　　根据 Hinkin 的规范，测量工具开发的每一个过程都有严格的要求。考察现有博士论文发现，很多研究缺乏严谨的测量工具开发过程，惯用的手段是直接套用别人的研究工具（尤其是西方学者的），或者是根据自己的需要将数位研究者的测量题项简单地拼凑，得到论文的调研问卷。此外，完全忽视不同文化、社会及制度背景差异带来的问卷有效性问题，也是现阶段博士论文写作中存在的突出问题。

5）数据搜集与数据分析

　　在研究假说确定以后，需要通过搜集数据及相应的数据分析来对研究假说进行检验。

　　（1）数据搜集

　　数据的搜集一般可包括问卷法、访谈法、实地研究法、实验法、二手数据搜集或无干扰观测法等。论文中有关数据搜集的描述应达到这样的要求：其他研究人员可以根据所提供的细节重复作者搜集数据和验证假说的过程。数据搜集章节应该对以下内容进行明确的交代：第一，搜集对象的描述性信息，如调研的数量，企业的规模、成立时间、所在区域、行业特性等。同时，应该对回收问卷和发出问卷、回收问卷与有效问卷之间的差异进行交代。第二，对数据搜集的工具和方法进行说明，这里主要说明数据是通过什么样的手段或工具进行测量和搜集的，如访谈法、问卷调研法等，同时应该清楚地交代抽样的原则（随机抽样或非随机抽样）。第三，对数据搜集的过程进行说明，即搜集的途径、具体过程、经历的时间等。第四，对控制变量搜集的说明。控制变量即研究者对研究主题和环境作出安排，减少外部因素对研究结果的影响，凸显研究变量引起因变量的变化。

　　问卷调研法和抽样方法在实际论文写作过程中运用较为广泛，这里围绕问卷设计的注意事项和抽样方法作简要说明，以供读者参考和借鉴。问卷设计首先要考虑问卷结构问题。问卷一般包括封面语（涉及的内容、调研的目的、保密协定、致谢）、指导语（如何填答及填答注意事项）、问题与答案（一般采用李克特量表）、结束语。在问卷题项的设计过程中，有以下原则值得借鉴：第一，尽可能用短而简单的问题（每道题最好不超过20个字）；第二，语言要通俗、准确，充分考虑到不同填答者的学历层次和理解水平；第三，不可一个问题问两个方面的内容；第四，不可带倾向性，避免诱导或鼓励别人作出某种回答（尽量使用中性词，避免褒义词或贬义词）；第五，不提有可能难以真实回答的题目（如你是否高标准要求自己的工作）；第六，不要把未经确认的事情当作前提假说（如你对去年工资增加是否满意）。

抽样包括随机抽样和非随机抽样，考察是否是随机抽样的标准是总体中每个个体被抽到的概率是否相等。严格意义上的科学研究通常要求采用随机抽样获取数据。

随机抽样包括单纯随机抽样、系统随机抽样、分类随机抽样和积聚随机抽样。

①单纯随机抽样。从拥有5 000人的企业中随机抽取200人，调查其对于去年实施的人事制度改革问题的看法。具体做法：将写有每个人姓名的5 000张卡片放到一个箱子里摇匀，从中抽出200张（其他方法：随机数表的应用、计算机随机抽样）。

②系统随机抽样。从5 000人中随机抽取200人，意味着每25人中抽取1人。因此，可以从5 000人名单的开始25人中随机抽取1人，再从26到50人中随机抽取1人，以此类推（其他方法：抽取尾数为1的人，如1，11，21，…，4 991）。

③分类随机抽样。5 000名员工中，技术部门占60%（男：女=2：1），非技术部门占40%（男：女=1：1）。按照这一比例，从技术部门的男性中随机抽取80人，从技术部门的女性中随机抽取40人，再从非技术部门男女员工中各抽取40人，作为调查对象（优点：精度高，可以比较不同类型的样本的差异；缺点：程序烦琐）。

④积聚随机抽样。从该企业的全国25个分公司中随机抽取一个（海南分公司），然后对分公司的全体员工进行问卷调查（优点：简便易行；缺点：被抽取的调查对象不一定与总体特征相同）。

非随机抽样是指总体中的每个个体被抽到的概率不相等。举例来讲，在各个公司的食堂等员工集中的场所放上调查问卷并设置回收箱，希望员工积极配合问卷的填写（优点：经济简便；缺点：样本的代表性差）。

（2）数据分析

数据分析的具体实现途径在前面章节有详尽的解释，这里不再赘述，这里主要针对数据分析过程中经常出现的问题进行说明。第一个问题是花大篇幅对分析方法的原理和步骤进行解释，尤其是某些作者为了增加篇幅或追求形式上的完美，对研究方法的原理、推演公式进行详尽列举。这种知识性的内容可以不讲或者尽量少讲，除非是运用了一些新的方法或者觉得别人不了解的方法，可以在脚注或尾注中进行说明。第二个问题是只交代采用什么研究方法和得出什么研究结果，而对数据的分析过程没有交代。数据分析不仅应该包括方法的交代、研究结果的呈现（如回归方程运算得到的回归系数、相关系数、解释方差等），还应该交代各个变量的界定和测度、自变量的选择过程和设定、是否存在同源误差及多重贡献性问题、测量工具的信度（Alpha）、效度（如内容效度、建构效度、效标关联效度、收敛性效度、区分效度）等。第三个问题是缺乏对控制变量的考察。

6）结论与讨论

总结文章的研究发现，并对整篇文章的创新点和贡献作出明确的说明，创新与贡献是一篇博士论文的灵魂，因此，必须作出清晰、明确的说明，切忌用一些大话套话（诸如具有重要的理论和实践意义，在理论研究上作出重要贡献等）。另外，针对文章的不足和未来研究方向作出说明。

8.3.4 博士论文写作常见问题

博士论文对每一位博士生提出了很高的要求，但在实际的写作过程中，还是存在各方面的问题，有人曾经对各类问题进行了总结，在此逐一列举和说明，以引起博士生的注意：

1）选题太大

许多博士生的学位论文选题太大，动不动就是"政府的××分析"或"自然垄断产业规制研究"，根本不是一篇论文所能研究清楚的。以前者为例，是研究中国的还是世界的？是历史研究还是现实分析？是中央政府还是地方政府？是广义政府（含立法、司法和行政）还是狭义政府（行政）？是发达国家还是发展中国家？就后者来说，是中国的还是外国的？是全国性的还是地方性的？是转型时期的还是计划时期的？是理论研究还是应用（政策）研究？是一般性的还是针对特定产业的？加副标题是简单的解决办法，如"资源型企业与资源型城市的协同发展研究——以××为例"。这实际上是以具体的案例研究一个较大的问题。必须注意，博士学位论文的选题应该具体而新颖。开始研究时可宽一点，确定题目时则要小。这也是一种"大胆假设、小心求证"的过程。另外，博士学位论文选题要与本专业相关。选题与本专业相关性不强就可能出现这样一种情况，即自己花费较大精力研究出来的成果很可能在他人那里属于常识。从事边缘学科或跨学科研究的好处是容易出成果，缺点是容易掉进"陷阱"。因此，必须明确，博士学位论文应以突破他人（国内外）的研究水平为准，不是以突破自己或本学校的研究水平为准。

2）将学位论文写成研究报告

博士学位论文容易出现的第二个问题是将其写成研究报告，或者只是简单地将有关的研究报告略加调整来顶替博士学位论文。严格地说，将博士学位论文写成专著也是不对的，更不要说写成教材。这里有一种情况值得说明，即一般在申请基金资助项目时，只能明确大概的研究内容和基本观点，具体的结论和政策建议只能在项目结束时才能确立。这样，项目申请时选题较大较宽是很难避免的，而且项目结题时虽然可以细化题目，但又会与原题目不一致。所以，一般情况下，项目选题会宽泛一些。博士学位论文题目则不然，它是研究工作在先，定题目在后。所以，博士学位论文题目要比研究报告讲究得多。

3）缺乏独创性

对博士学位论文创作而言，有两个关键问题：一是在论文创作过程中，要求博士生先从事科研，再写作论文，包括学位论文和一般论文；二是在创作过程告一段落时，要保证最终成果的独创性。对科研与论文的关系，长江大学冯定教授说得好："为论文而论文，出不了真正的好论文；为论文而科研，也很难作出一流的成果。""论文是，而且只能是科研的副产品。"博士学位论文是"创作"过程，不是"写作"，更不是"编写"。博士学位论文的最大特点是注重独创性，一般情况下以拼凑或综述为主的成果不能视为学位论文。为提倡独创性，并起到"警示作用"，有的大学要求博士学位论文首页应有"独创性声明"。

4）缺乏核心章节和基本理论

博士学位论文创作大体可分为"理论研究"和"应用研究"两类。前者可以"就理论理"，后者可以"就事论理"或"实事求是"，但无论如何都不能"就事论事"。博士学位论文既不能写成教科书，也不能编成论文集。学位论文必须有明确的核心章节和基本理论，包括从事方法论研究。整篇论文应以核心章节和基本理论为基点来"谋篇布局"，同时一定要注重论文的体系结构和逻辑关系，使"明眼人"不细看论文就能从论文目录"欣赏"论文的概貌。论文的体系一般有两种：一种是"擀面杖"型，即论文的核心问题涉及大体同样重要或可以并列的几个方面，但又是缺一不可的整体；另一种是"橄榄球"型，即论文基本围绕一个核心问题，先铺垫，再展开、收尾。一篇博士论文的核心内容应该尽量形成清晰、准确、言简意赅的"模型"或"理论"，最好能同时用"文字、公式和图形（表）"三种形式表述，再加上详细的例证或实证。

5）文献索引、序号和附录使用不规范

常见的不规范现象如下：

①参考文献不经典，只是拼凑篇数，甚至把一些档次过低、水平很差的论文或书刊列入文献目录。

②分不清"文中注"、"页下注"与"篇后注"的区别。"文中注"应只列作者名、发表年份，必要时可列著作页数。"页下注"针对的是正文不便说明的事项。"篇后注"是一般意义的文献索引，不列页数。

③中文文献与外文文献混列或混合排序。有的甚至按字母顺序对中文和外文文献混合排序，看上去极其混乱。

④外文文献中人名的"姓"和"名"混合排序。习惯上按姓排序，但外国人名

又往往名在前，姓在后，需要进行技术处理。

⑤文章名、杂志名、书名（有时还有主编者）、出版社名称处理上（标点、斜体）不规范。

⑥论文正文中"章""节""目"的序号不规范。一般而言，论文不应出现教科书常用的"第×章""第×节"字样。

⑦不会正确地使用附录。技术性很强，或与论文体例非常不一致的内容可列在附录之中，但要注意"章后附录"和"篇后附录"的区别。

6）过多引证自身成果

过多地引证自身成果对许多人来说是"挡不住的诱惑"。为此，建议采用下述处理方法：

①除非十分必要，否则不要引证自身成果。所谓"十分必要"是指攻读博士学位之前完成的科研成果，或在读期间从事其他研究工作形成的副产品，而在博士学位论文中又不便详述的内容。在读期间完成，又构成论文正式内容的不必再加以引证，以免"哗众取宠"，反受其害。

②如果博士生在读期间成果较多，可在论文"后记"前实事求是地专门列出"博士生在读期间科研成果目录"。

7）没有明确的研究方法和数据支持

博士学位论文一定要有明确的研究方法。研究方法不当，很难使人相信论文结论的正确性和价值。一篇论文一般应以一种研究方法为主，应在"博士论文选题报告"和"博士论文摘要"中明确说明论文的主要研究方法。对于经济管理类专业的博士学位论文而言，研究方法主要有六种：①博弈论方法；②统计学或经济计量学方法；③应用软件；④优化方法（有时也称狭义的"管理科学方法"）；⑤比较方法；⑥案例方法。由于专业的特点，博弈论是基本的理论分析方法，统计学是分析问题的基本手段，而经济计量学则是主要的实证研究方法。案例研究也是比较常用的研究方法。近年来，实验方法也经常被采用。除特殊情况外，博士学位论文应切忌空谈，观点应建立在大量数据的基础之上。

8）外文注释不规范

常见的现象有：

①专有名词首字母大小写不统一；

②正文中引证的外文人名过于详尽；

③一般的常见名词也加以不必要的英文注释，或非常重要的关键词不附外文注释；

④自己发明的"关键词"不提供规范的英文注释；

⑤不是在十分必要的场合，加上英文以外的其他外文注释。

9）引证不当

①如果不是专门评论或批评某一研究成果，不应在论文中过多引证该研究成果；

②综述部分比重过大也是不合适的做法，论文的集中综述部分以不超过论文整个篇幅的1/5为宜，论文分章论述过程中也应注意这一问题；

③一般情况下，不应直接以个别领导人的言论作为论证的依据，但规范的论著除外。

8.4 学术期刊论文的撰写

8.4.1 论文写作规范

研究论文有严格的写作规范，简单有效的办法是借鉴和参考顶级杂志上优秀论文的行文规范，前期的模仿式训练对于论文写作规范的掌握是必要的。值得指出的是，论文的摘要和引文对能否进入审稿程序非常关键。摘要是审稿人第一直观的印象和认知，通过对摘要的阅读一般就能初步判断文章的价值和意义，决定是否有必要对全文进行阅读。因此，摘要应该对整篇文章高度总结概括，包含待解决的关键问题、一个有关主要假说的简短申明、所采用的研究方法以及主要的观点。大多数期刊要求摘要不超过200字，一定要确认文章的标题和摘要是否捕捉到了文章核心的内容，是否足够简单明了。

8.4.2 寻求同事的反馈

大多数文章都需要经过反复修改和完善，很少有人能用一稿就完成一篇完美无缺的研究论文。自己对文章的反复斟酌是一个非常重要的修改途径，但仅仅依靠自己的思维框架和思维模式，是很难对论文进行全面而完整的审视和完善的。因此，寻求他人的反馈就显得极为重要，而同事又是寻求反馈的最好资源。值得注意的是（正如徐淑英指出的一样），你应该不断地修改你的文章直到觉得如果不通过其他人的反馈你再也没有办法完善它为止，这时你才可以寻求同事的反馈。不要让同事为你文章的写作、风格、参考文献和数据方面非常明显的缺陷提供建议，这只能显得你缺乏专业的素质和敬业精神、不尊重他人。正如Ben强调的一样，在论文写作过程中，全面性和注重细节是必要的美德。在获得同事的反馈之后，应该对其意见进行深入的思考，并尽量针对每一个反馈意见进行讨论，从而达成文章的修改和完善。

●● 8.4.3　养成写作的习惯

写作是一种基本功，要写出逻辑严密、结构完整、语言简洁、表述清晰的文章，需要经过长期的专业训练。因此，养成写作的习惯，对于提高写作水平和能力具有重要的意义。通过考察现有的博士、硕士论文发现，写作水平低下是我国现阶段研究生培养所面临的一个主要问题，具体表现在：逻辑混乱、语焉不详、空洞无物、大话套话、用词不规范、概念满天飞、语病连篇等。这严重阻碍了科学研究理论水平的提高。因此，养成良好的写作习惯，训练基本的写作技巧和能力，对我们写出高水平的研究论文有十分重要的意义。

●● 8.4.4　发表论文的基本流程

一般而言，在国际优秀期刊（包括国内的权威杂志）发表论文主要包括以下几个步骤：提交稿件—评审过程—决定函（审稿意见）—修订—重新审稿—接收函。

（1）提交稿件

当你开始向杂志提交稿件时，需要注意以下几个事项：第一，确保你的文章符合该杂志的格式，当发现作者并没有遵守该杂志的格式要求时，编辑或审稿人会觉得很恼火甚至觉得受到了冒犯。这也表明你缺乏基本的专业素养和敬业精神。第二，要明确掌握杂志投稿的程序和途径，这个可以通过期刊网站或杂志的主页获得。第三，注意匿名审稿的要求，一定要严格按照匿名审稿要求的格式提交稿件。

（2）评审过程

接下来就进入期刊编辑和审稿人的评审过程了，大多数期刊有一个总编辑和几位编辑，你的文章会按照研究领域分配给其中的一位编辑，这个编辑将指派两到三名审稿人来评审文章，审稿人的评审标准一般包括文章的主题、方法、数据有效性、理论贡献等。大多数期刊的审稿人会在四周内完成评审，因此作者一般会在两个月到六个月内收到期刊编辑的决定。

（3）决定函（审稿意见）

执行编辑根据审稿人的意见拟订决定函，一般有三种可能的结果：拒绝、修订重新审稿、有条件的接受。稿件被拒绝一般会因为文章涉及比较大的、难以纠正的"理论性"问题和"技术性"问题。所谓"理论性"问题包括理论发展不足、贡献不足、模型不完整等；"技术性"问题一般为不恰当的样本、数据有问题、方法不合适等。修订重新审稿是编辑觉得你的文章具有可发表的潜在性，只是还存在各方面的问题，评审人会提出明确而详细的修改建议。有条件的接受是指只需要做很少的修改就能发表，这种情况很少出现。

（4）修订

接到杂志修订意见后，首先应该仔细阅读并分析编辑的审稿意见，以便确切了解编辑的关注点与批评，并对每一点修订意见进行有效而认真的回应。你应该不断地修改直到你修正了所有审稿人提出的问题为止。最终的文章应该有更明确的重点、更清晰定义的构念、更强理论支持的假设、更严谨的研究方法以及更充实的讨论内容。

（5）重新审稿与接收

修订好的文章再次向杂志投递，编辑会对你的文章进行再次审议，可能还会提出修订的意见，直到达到编辑认为可以发表的程度为止。

>> 8.5　学术论文写作的几点注意事项

●● 8.5.1　语言与表达

海德格尔讲"语言乃存在之屋"，粗浅的理解，也就是说语言代表了你的思维、你的世界以及你的认知的限度，你有什么样的语言，你就会是怎样的存在，语言是一个极重要的能力。纵观近年来学生论文的情况，我们很多本科生、硕士生甚至博士生提交上来的文字真的是令人担忧，语病连篇、词不达意、逻辑混乱，我们对自己母语的掌握已经衰退到非常严重的程度了。我们的祖先创造了光耀万世、精妙绝伦的文字与修辞，中国文字及文法博大精深，源远流长，古人作文讲求微言大义，于精微细致处彰显要义，司马迁著《史记》，欲究天人之际，通古今之变，成一家之言；刘知几作《史通》，倡"文约而事丰"，对烦琐冗长之文深恶痛绝，所谓"寻其冗句，摘其烦词，一行之间，必谬增数字，尺纸之内，恒虚费数行。夫聚蚊成雷，群轻折轴，况于章句不节，言词莫限，载之兼两，何足道哉！"我们任选《史记》中的一篇如《老子韩非列传》，或韩愈、柳宗元所作的各位能熟读成诵的《师说》、《蝜蝂传》或《捕蛇者说》来考察，无论文法、修辞、叙事还是结构、考据、义理都为我们树立了标杆。如果我们把眼光拉近一点，看看晚近的鸿儒硕学，他们对文字的驾驭同样是炉火纯青，我们可以去读萧公权半文半白写的《中国政治思想史》，钱穆完全白话文写的《师友杂记》《中国历代政治得失》，又或者近年来市面上极流行的黄仁宇写的《万历十五年》，无不以其洗练之文字、精妙之架构、高远之视界将一极复杂深邃的历史讲得通灵透彻。当前的学术界同样存在一批在作文上具有极高修为的学者，都是我们学习的绝佳榜样。

对于论文写作中的语言和表述，我们有一个主张："生活上你可以不需要洁癖，但你要有文字上的洁癖。"文字上的洁癖我们提出了三个标准，第一是干净，第二是准确，第三是有力量。所谓"干净"，也就是刘知几讲的简要，写文章要干干净净，切忌啰唆冗长、不知道自己在讲什么，"叙事之工者，以简要为主"，刘知几举了个非常有名的例子，给我们很好的启示。《汉书·张苍传》里面有一句话，叫作"年老口中无齿"。在刘知几看来，这六个字中"年""口""中"三个字完全是多余的，"老无齿"便已完全表达了意思，认为"夫此六文成句，而三字妄加，此为烦字也"。所谓"准确"，主要指的是要明确无误地表达你想要表达的观点。这一点其实很难做到，虽然我们从小学就开始学习作文，但我们很多时候总是感觉自己词不达意，从来没有体验到写文章时的痛快淋漓之感。要真正做到"准确"，绝非一朝一夕之功，非下一番苦功夫不可。所谓"有力量"，就是你写的东西要直击人心。干净、准确是有力量的前提，但有力量又非做到了干净和准确就能达到，所以说，有力量是文字表达一个更高的要求和境界。"有力量"有的表现为气势磅礴，如贾谊《过秦论》的开篇："秦孝公据崤函之固，拥雍州之地，君臣固守，以窥周室，有席卷天下，包举宇内，囊括四海之意，并吞八荒之心。"有的表现为意义深远，如"一夫作难而七庙隳，身死人手，为天下笑者，何也？仁义不施而攻守之势异也。"有的则感人肺腑，如司马迁的《报任安书》："是以肠一日而九回，居则忽忽若有所亡，出则不知其所往。每念斯耻，汗未尝不发背沾衣也。"有的则直中要害，如黄宗羲的《原君》："屠毒天下之肝脑，离散天下之子女，以博我一人之产业，曾不惨然。曰：'我固为子孙创业也。'其既得之也，敲剥天下之骨髓，离散天下之子女，以奉我一人之淫乐，视为当然。曰：'此我产业之花息也。'"翻开《古文观止》，到处都闪烁着语言之美、辞章之美，不是我们没有学习的榜样，是我们没有学习的意识。所以，在论文写作或重新审视自己研究叙述时，我们需要不断地追问：你为什么要写这句话？这句话的功能和角色是什么？这句话可不可以删掉，可不可以用更好的方式来表达，是不是可以准确表达你想表达的观点？你为什么要写这个段落？到最后我们会问"你为什么要写这篇文章"。

●●8.5.2　方法与方法论

很多学生对方法和方法论无法作出明确的区分，而这将对我们从事科学研究造成极大的困扰。那么到底什么是方法、什么是方法论？我们不妨用一句简单的话来讲，方法是工具、技术或手段，比如说问卷调查的方法、案例研究的方法、统计分析的方法或者文化解释的方法等等。那么什么是方法论？方法论比方法来得更深刻、更复杂，方法论代表的是这套方法背后的前提、本质、原理和基本假设，研究者应该用什么方法来认识他相信是可以认识的对象？是要用"主客二分"的方法来描述外在的客观世界，还是要用互为主体性的方法来构建主观的知识？一个研究者对方法论问题的回答，必然要受到其本体论/知识论立场的限制，任何一种研究取向或研究范式都是一整套彼此关联、不可分割的"本体论/认识论/方法论"体系，这套体系相互联系、环环相扣、连贯一致，它是由研究者的基本信念和秉持的价值观所决定的。譬如说，倘若一个研究者假定我们的世界是实在的，我们的研究对象是客观的、有规律可循的，那么其采用的方法就应该是实证的；而假若研究者假定我们的世界是观念论的，我们的研究对象是建构的、主观的，那么其采用的方法很可能就是诠释的或者批判的。本体论回答我们的世界本质是什么，知识论回答我们认识是否可能以及如何可能，而方法论则要回答我们获得知识的方法是否正当。在西方的文化传统里，至少存在着"客观/主观"两种截然不同的研究路径，它们在"本体论/认识论/方法论"等各方面的主张，都有着明显的分歧。在本体论方面，前者主张的是世界是客观存在的"实在论"，后者主张世界是由人类创造或建构出来的"唯名论"。在知识论方面，前者主张世界是存在普遍规律可循或因果律的"实证论"，后者主张世界并不存在普遍规律的"反实在论"。在方法论上，前者主张对规律获得的"律则论"，以获得对客观规则的解释，后者则主张的是研究个案的个体论，以获得对个体或行为意义的理解。方法论可以说是西方文明特别是现代西方文明的奠基石，是西方文明的精髓，现代西方文明发展史也可视作一部方法论演进史，如果不深刻地理解这一点，我们就无从真正把握科学研究的真谛，这一点我必须提醒各位，正如爱因斯坦说过："认识论同科学的相互关系是值得注意的，它们互为依存。认识论要是不同科学接触，就会变成一个空架子。科学要是没有认识论，就是原始的混乱的东西。"方法论在西方哲学中源远流长，理论体系极庞杂繁复，我们这里没有办法对方法论做一系统的梳理，建议大家对西方传统中的方法论特别是自19世纪中叶孔德实证主义以来的科学哲学思想作深入系统的研习。

拉卡托斯借用康德的思想做过一个著名的论断："没有科学史的科学哲学是空洞的，没有科学哲学的科学史是盲目的。"纵观西方各个学科的建立和发展，包括自然科学和社会科学，一定都有一套坚实、系统的哲学基础。国内目前普遍的情况是重方法而轻方法论，包括经济学、管理学、心理学、社会学等，我们现在用的统计分析工具是越来越复杂，构建的计量分析模型是越来越绚丽，与国际上最前沿先进的技术比起来毫不逊色，甚至是有过之而无不及，同时还有不少研究者以追求技术上的难度和模型的复杂作为学术研究努力的方向，而完全不顾这套方法背后的方法论，或者就是干脆不具备这样的意识，这可能是导致我国社会科学研究低水平发展的重要原因。当然，我前面一直在强调方法论的重要性和优先性，但请各位不要误解，以为方法就不重要了。方法同样重要，方法是我们从事学术研究以及实务工作的必备技能和先决条件，譬如说你要做实证的研究，那么毫无疑问，你首先要具备相当的数学基础，学过统计学的相关知识，并系统学习建模的方法、统计分析软件的操作，以及规范实证研究的一般程序和逻辑等。研究方法至少可以分为定性研究和定量研究两种，定性研究往往是为了获得对现象一种更深的理解，而定量研究更多是为了寻求一种普遍的规律，这两种方法背后所遵循的逻辑、所担当的角色、秉持的方法论立场都截然不同，有时候可以相互补充，有时候又水火难容，且都有一套极为复杂的技术和流程。这些方法的掌握绝非立等可取，它需要一个长期、系统的训练过程。我们周边充斥着方法上的无知，比如说，我看到很多的毕业论文或研究报告在论及研究方法时都会说自己采用了案例研究的方法，但只要稍作考察，就会发现他们其实根本就不懂得到底什么是真正的案例研究，很多人以为举两个例子就是案例研究了，这是很荒唐的，案例研究有着一套严格的规范和流程，并且，不同的研究目的会决定案例研究的不同取径。如果没有认真系统学习过艾森哈特和罗伯特·殷有关案例研究的方法指南和具体操作，那么，所谓的案例研究很有可能存在极大的偏差。又比如说，我们每个人都几乎被要求填答过各类问卷，这里要告诉大家的是，你们填答的所谓问卷很可能是无效的问卷，这些问卷有很多都是某个人拍脑袋式地拼凑出来的。为什么说这些"拍"出来的问卷是无效的？是因为这些问卷设计者根本没有掌握问卷调查的基本原理，问卷的设计和调查的实施同样有着一套严格的规范和技术。一方面，量表开发是建立在准确的概念界定基础上的，量表其实是对概念的操作化，如果概念范畴都没有界定清楚，那么，怎么可能开发出所谓的量表，所以，量表开发一定是概念先行，而概念的界定和操作化又是一个极为复杂的工作，同样有着严格要求。另一方面，量表最核心的问题是它的信度和效度，而对于信度和效度的构建及检验，我们通常又要采用诸如探索性因子分析（EFA）、验证性因子分析（CFA）等专业的量表开发工具。因此，看似一个简单的问卷调查，中间蕴含的技术和规范要求却是非常高的。这里不是要教各位怎么做问卷设计或案例研究，我只是想通过这些常见的错误，提醒各位，方法是一门极专业的学问，同时又是我们必备的一门专业技能，所以，你必须多下功夫尽早掌握。如果你到了研究生，甚至博士阶段才去补方法这些工具性的东西，那你就太落伍了，我们可以说你在学术研究上是先天不足。

●● 8.5.3 经典阅读与理论建构

除了上面讲到的语言表达与方法选择，对于学术训练和论文写作来讲，还有几点非常重要，其一，就是要读经典著作。所谓"取法乎上，得乎其中；取法乎中，得乎其下"，试想如果我们每天吸收的都是垃圾，那我们写出来的一定是垃圾中的垃圾。所以我们如何读书是很有学问、很有讲究的。你应该读什么？你不要总被一些虚假的繁荣所满足，说今天读了三篇论文就很开心，一个星期读了一本著作就很有成就感。在我看来，你读的是什么或许更为重要。我们去考察一个研究生的论文开题，或者评审一个博士生的毕业论文，最简单最有效的方法是，看你的主文献是什么。如果你的参考文献都是那些不入流的、不重要的、低水平的文章或著作，那么我们就要重新审核博士生涯要不要继续进行下去。其二，要善于提出问题。王国维在《人间词话》讲学问的三重境界："昨夜西风凋碧树，独上高楼，望尽天涯路。""衣带渐宽终不悔，为伊消得人憔悴。""众里寻他千百度，蓦然回首，那人却在灯火阑珊处。"极为精到，他这里讲的是古今之成大事业、大学问者必经的三重境界，如果我们有过深究学问的切身体会，就会发现这一比喻同样恰当。我们讲的切身体会主要是指提出一个真问题的经历与体验。我们很多研究生一讲到毕业论文选题，最希望的就是老师给他一个题目，命题作文最好。我们坚决反对这一方式，包括本科生，也不应该给学生指定题目。为什么？在我看来，发现问题、对问题的判断代表着我们培养过程中最重要的环节，它的重要性绝不亚于解决问题的方法或过程。发现一个有价值的问题绝非一件简单的事情，发现问题首先要具有敏感性、洞察力、判断力这一系列的能力，同时还需要足够的理论支撑，使你可以在这样的问题上充分展开，如果没有这些基础，你是不可能提出一个真正的问题的。德鲁克讲过，研究者的任务不是解答问题，而是提出问题。托克维尔在他著名的《旧制度与大革命》开篇就讲述了他提出问题的心路历程："但是选择哪个主题呢？成功机会一半以上就在于提出问题，不仅因为需要找一个公众感兴趣的主题，尤其因为需要发现一个能使自己也为之振奋并为之献身的主题。"我们发现，人类思想史上那些光芒璀璨的论著无一例外地都是由于其提出了一个关键的问题。韦伯穷其一生就是要探究作为一种独特文明形态的资本主义为何在西方世界里出现，而班杜拉对于偶然性的好奇开创了认知心理学理论，成为新行为主义的代表性人物。所以说发现问题、提出问题的能力是不可替代的，不可以省略的，它代表了一种积极、主动思考的训练习惯和意识。发现问题，要在一个自我否定、批判、不断进化的过程中才可以形成对一些问题深刻的理解和真正的把握，我们一定要经历这样一个训练的过程。其三，要重视理论建构。库恩写过一本书《必要的张力》，系统论述了理论如何实现演化和进步，在他看来，理论的发展有两种基本的思维，一个叫作发散性的思维，一个叫作收敛性的思维。发散性的思维强调的是理论的构建，收敛性的思维讲的是实证的检验，两者不可偏废，且只有在保持着一种均衡的张力的情况下，理论才能实现良序的发展和进步。理论的构建一定要有理论的展开，一定要形成你的分析框架，一定要有论证的过程。我们现在最怕看到的本科、硕士、博士毕业论文，通篇就是现象的描述。各位要清楚，我们做的不是研究报告，我们要的是有研究性质的，或者说是学术性质的研究，对简单现象的描述并不构成研究本身。研究要如何展开，就需要坚实的理论基础，我们现在太重技术、太重工具、只关注经验，而忽略了理论和理论构建的可能。那么理论怎么来？你对经典知识或基础理论知识的理论掌握是形成你学术研究脉络的基石。如果你是研究管理学的，那么在管理学特定的专业领域里有哪些最经典的著作你是必须掌握的？比如某一个管理学问题的研究，你需要紧密把握谁是最前沿的，谁代表了最高的水平，最具有冲突与矛盾的地方在哪里。所以说做文献研究可以参照一个"T"型标准，竖代表的是深度和经典，讲的是在某一个特定的研究领域或学科，最具代表性的著作和观点是什么，你需要对这一领域的发展脉络烂熟于胸。横代表的是宽度和前沿，也就是这一研究领域目前最前沿的问题和观点是什么，最具争议和冲突的地方在哪里，同时最有可能创新的地方在哪里。只有这样，我们才有可能抓住问题的实质。我们必须养成阅读经典和前沿文献的习惯。

▶▶ 关键词

实践性／规范性／论点／论据／论证／原创性／摘要／绪论／方法／方法论／语言／理论建构

▶▶参考文献

［1］徐淑英，刘忠明．中国企业管理前沿［M］．北京：北京大学出版社，2004.

［2］陈晓萍，徐淑英，樊景立，等．组织与管理研究的实证方法［M］．北京：北京大学出版社，2008.

［3］李怀祖．管理研究方法论［M］．3版．西安：西安交通大学出版社，2017.

［4］李怀祖．管理学科博士论文撰写探讨［J］．学位与研究生教育，2003（3）：23-27.

［5］徐淑英，张志学．管理问题与理论建立：开展中国本土管理研究的策略［J］．南大商学评论，2006（7）：1-18.

［6］姚凤民，张建华．关于经济类专业本科阶段毕业论文写作应明确的几个问题［J］．内蒙古财经学院学报（综合版），2004（6）：12-15.

［7］余立．博士学位论文创作中的十诫［J］．江西财经大学学报，2002（5）：62-63.

［8］徐尚昆．思维与方法［M］//魏德东，张时坤．思想的探险——哲学的十三堂课．北京：人民出版社，2018：27-73.

拓展阅读：思维与方法

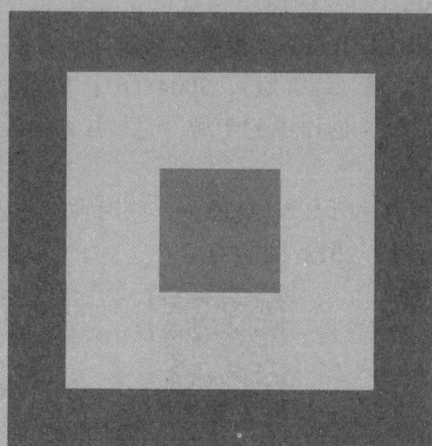

第9章 非学术论文撰写

第9章 非学术论文撰写

前面几章较为详细地介绍了学位论文和期刊论文的研究工具和撰写方法。很长一段时间，学界对管理问题的关心往往以发表成果为导向，但期刊数量的稀缺性、发表范式的局限性和管理实践的丰富性、需求范式的特殊性之间形成了较为明显的矛盾。

企业组织讲跨界或无边界，管理学界也需跨界，产出成果应该具有广阔的效用空间，跨越学位论文和期刊论文的非学术论文撰写也应当引起重视。本章就区别于一般管理学方法论书籍，专门来讨论这一问题。管理研究要知行合一，就要对研究结果继续提出"行"决策或者对策，否则就无从行动。这就是我们在第5章所说的对策性研究的类型。

》》9.1 关注学界之外的管理问题

●●9.1.1 学界之外的管理问题是什么？

非学术论文研究是学术界和实践界的桥梁。

研究的本质是知识创造过程。按照对外的显现程度和传播的难易程度，知识可以分为可言表、可展现和易传达的显性知识和难以言表、难以拷贝和不易传播的隐性知识。

从管理研究来说，企业的文化、价值观，企业家精神，以及企业内部形成文字的规划、制度、指引、通知等都可以被称为隐性知识。管理研究过程就是要将企业经营实践中透露出来的隐性知识经过编码、组织、开发，以一套更容易传播的话语体系形成显性知识来传递给管理者、研究者以及其他利益相关方。管理问题研究的意义也在于帮助企业将显性知识的学习与个性化实践相结合并内化成企业隐性知识来发挥作用。

因此，管理研究的核心任务之一是将企业实践中的隐性知识变为显性知识，将企业的特殊显性知识变为普遍显性知识，核心任务之二是将经过证明的经验性、普遍性显性知识变为适合企业特殊情境的显性知识和隐性知识。跳进企业观察企业，跳出企业服务企业，通过研究者与企业交互迭代的循环，实现研究者知识成果的价值。

在此，简要区分一下学界和非学界管理研究的五点不同。

一是研究目的性的不同。学界重在理论创新和对文献的贡献，研究选题内容往往是文献综述中的空白点，并在很多时候对他人提出的理论和概念进行"本土化"数据检验和经验验证，以拓展理论的适用边界和层次。非学界研究注重从实践需要出发，以解决实际问题为目标。如果他们关注的是前人没有遇到过的新问题，其成果可能比基于理论的创新还创新，会成为推理性理论创新的前提性创新。

　　二是成果传递对象的不同。学界研究侧重在其他研究者，或者说是学位论文和学术期刊的使用者和阅读者，较为聚焦；非学界研究则侧重在管理者、研究者、企业利益相关者（比如政府、媒体、供应商、客户、员工）等，较为宽泛。

　　三是成果载体方式的不同。学界研究大都以学位论文尤其是学术期刊论文的发表、专著的出版为目标，这和当前学生的毕业、学者的考核晋升和职称评定有很大关系。非学界则不限于此，图书、应用杂志文章、媒体评论、调查报告、咨询报告、微博、直播等，种类不一，没有固定的标准，往往是研究者的兴趣、特长和研究对象、传播对象偏好相结合的产物（如图 9-1 所示）。

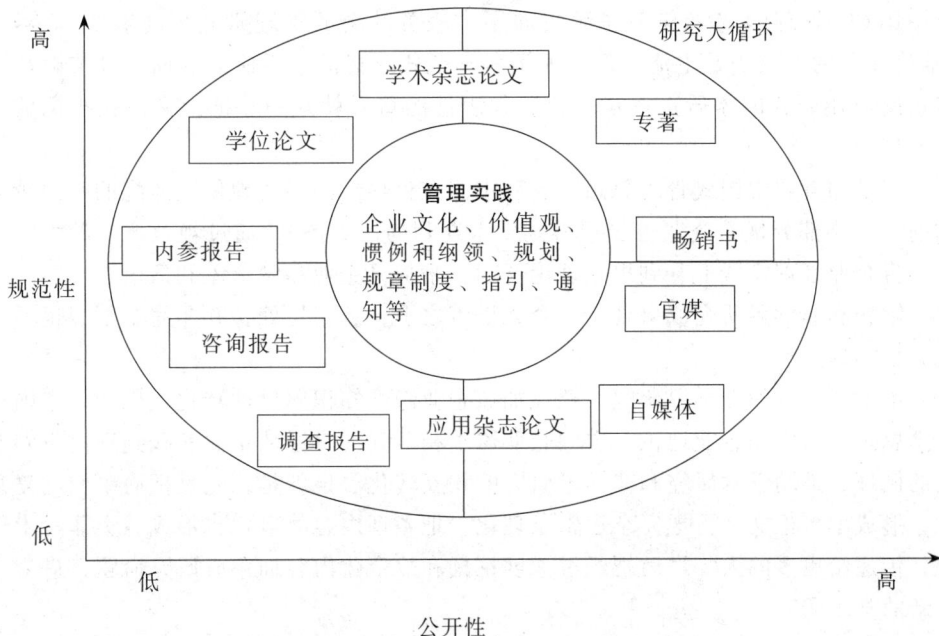

图 9-1　管理研究成果载体的种类

　　四是成果传递逻辑的不同。学界研究更擅长将简单问题复杂化，零散问题条理化。即使研究的是"吃饱了不饿"这样看起来毫无意义的命题，也要弄清楚吃饱了为什么不饿，吃饱了在什么情况下不饿等的内在逻辑性，其思维方式力求穷尽所有要素，寻找到因素之间的关联，获得完整的、体系性的认识和结论。非学界研究则重在将复杂问题简单化、理论问题对策化，要在纷繁复杂的信息中寻找到关键因素，把握关键问题，寻找关键措施。

　　五是成果传递广度的不同，也就是公开性不同。学术论文研究路径固定，范式清晰，行文严谨，往往受众较小，是在一个相对封闭圈子内的小循环。非学术论文成果侧重应用性、对策性、可读性和故事性，因而公开性更高，传播范围更广。其中，媒体评论的公开性最高，咨询报告的实用性最强。

总而言之，学界之外的管理问题，主要是管理者关注的问题，而非管理学者关注的问题，因为现实中有很多跨界的管理研究者兼管理实践者，所以，我们并不能简单地给一个研究者贴上学界或非学界的标签，也不能给所有管理者贴上不关注管理学问题的标签。

一是很多研究者能用不同的话语体系与学术研究和实践应用都建立起良好的互动，并通过不断地循环迭代产出各类成果，著作等身。也有很多管理者比管理学者还关注管理学理论问题，也是著作等身。他们是能跨界，善升维的人才。

二是学界研究正逐步探索，尝试更好融合实践、服务实践，拆掉学界和非学界的藩篱。比如近些年不少人已经不得不从"象牙塔"研究走出来，转变到"现场"研究、"野外"研究中去。2019年，中国首届"服务社会的管理研究"峰会上，10所中国C9+管理学院/商学院携手发布了"服务社会的管理研究行动纲要"。尽管"唯论文"的考核仍是主流，但向所谓科学范式靠拢的学界研究和向管理实践需要走近的应用研究的矛盾正逐步弱化，代表性的口号就是——把论文写在祖国的大地上！

三是随着"中国式管理思想"要和中国在世界经济中的地位相匹配的呼声越来越高，一小部分优秀企业也希望得到学术期刊的"夹持"，通过规范严谨的学术范式，将企业管理实践上升到思想理论层面，来提升企业品牌形象和话语权。

学界和非学界研究成果处于一个光谱带之上，各有用处，并非完全割裂也不可能完全割裂。

本章所讨论的非学界研究，意在加速企业隐性知识向显性转化，推动"中国式管理思想"与中国企业地位、中国企业需求相匹配，贯通从企业实践到理论再到实践的循环，推动学术研究和非学术研究的相互转化。也就是，先是把简单问题复杂化，形成学术论文，再把复杂逻辑条理化，把条理内容故事化，形成各类非学术论文，传递给更多的人，最后把经过深度挖掘和故事化内容抽象成研究命题，进入一个新的学术研究。

这是理想中的研究大循环的建立，需要研究者和实践者围绕管理主题共同努力。对于管理研究初学者而言，单独做好一块内容也是有价值的事情，可以通过训练多种表达方式，不断螺旋迭代。

9.1.2 把握大趋势和新现象

非学界研究要从实践中来，到实践中去，要选择企业真正关心的问题，运用实践领域能听得懂的语言，力争给出对企业有帮助的解决方案。

研究真问题是前提，做"负责任"的研究和"服务社会"的前提就是要选择对企业有价值的研究题目，可以是中国企业群体面临的普遍性问题，也可以是某一个企业的个性化难题，但对它的把握都脱离不开中国情境这一特殊维度和对官产研大趋势的把握。

1）把论文写在中国大地上

中国企业的发展已经由跟跑、并跑到了部分领跑的阶段，很多管理经验是具有中国特色的，是根植于中国历史文化和"改革开放"这个大的制度背景实现的，研究中需要关注中国情境。

中国情境和西方理论产生的环境有很大差别，王利平提出，中国式管理的核心问题是中魂西制，西方管理理论中最经常被企业家借鉴、引入的是具体的管理方法，而管理思想中更深层的哲学和价值观等根基性内容则常常以中国文化和精神为基础。正如徐淑英所说，中国的管理研究处于一个关键时刻：所面对的选择是走康庄大道（中国管理理论），还是羊肠小道（管理的中国理论）。显然，用中国经验来验证西方管理理论正确性这样的研究不符合中国社会发展阶段的需要。经过数十年的发展，在企业实践中，我们也逐步形成了一些中国特色的管理思想和管理模式。

在回答"为谁研究"和"研究什么"这一根本性问题时，我们需要不断总结中国管理经验，完善中国管理理论，建立中国管理的话语体系，走康庄大道，讲好中国企业故事，解决中国企业管理的实际问题。

2）要有大时代的宏观视野

做非学界研究，需要深入企业和管理，又要跳出企业和管理本身，要有宏大视角，要善于从对宏观大趋势的判断中剖析管理的本质。企业是经济发展中的微观主体，其成长方向和节奏受到政策、产业和技术等多个外部因素的影响，企业管理研究的发展变化也是在大时代背景下进行的。

有志于此的研究者可以按照PEST模型中的维度来把握大势。一是政策改革领域，二是宏观经济、产业/行业发展，三是社会文化，四是技术变革。这些因素的变化对管理实践的影响是深刻的，具有明显导向性的。比如在新一代信息技术的发展和应用中，商业模式、组织方式、用工方式、企业制度、领导文化等等都发生了巨变；又如混合所有制改革对公司治理的影响，"共同富裕"对企业社会责任的影响、"3060"（"双碳"）目标对企业绿色发展的推动、数字化发展给企业带来的变革等。了解大时代背景是做管理研究的基本前提，更是有意思、有价值研究命题的出发点。

当然，非学界研究者不是仅仅对宏观大趋势和环境作出被动应对，更能坦然面对和聚焦针对，甚至可以在掌握足够资源的前提下，影响和设计大趋势，特别是通过科技创新主导和管理政策的制定来影响大趋势。这是管理学和很多其他学科所不同的地方。

3）确定一个适度的研究方向和领域

管理研究涉及企业的"大千世界"，研究精力的有限性和个体兴趣的差异性，导致研究者难以面面俱到，研究者需要确定自己的研究方向和领域。需要强调的是，相比学界之内的研究，学界之外的研究领域可以更宽一些。非论文研究对实用性、思想性要求更高，同时没有固定研究范式，且相对容易发表，研究者往往容易跟风热点，陷入到"万金油"中不能自拔。

因此，确定一个大体的研究方向，最好能做到多博一专。多博就是要有大时代的意识和对宏观视野的把握，一专就是要在某一个方向上持续发力，在复杂多变的时代背景中不断明确研究的坐标定位，把一个领域的研究做精做透。

同时要在宏观环境和微观企业两个维度之间就一个问题不断相互验证，持续交互优化。比如研究企业成长，既要看宏观经济增速、产业发展阶段，也要看到具体企业的发展战略和思路。非学术论文研究的核心就是怎么让复杂变得简洁，透过现象看本质，在经济和企业发展实践中找寻迭代出研究的生命力。

4）关注新现象，提出新构想

非学界研究中对新现象的关注和研究尤为重要。

一方面，新现象是企业经营中的最新"苗头"，数据资料往往不充分，难以达到规范性的科学研究范式要求，一时难以获得学术期刊的青睐，但会成为社会热点。非学界的研究一般遵从主观的、思辨的、直觉的非科学研究方法，以应用管理观为价值导向。同时，运用非学术论文的发表方式来阐述新问题、新现象，容易及时地获得相对广泛的关注，能提升研究命题本身的价值。

另一方面，中国管理话语权的建立基础是要提出中国管理的构想，再加以分析和论证，在理论上形成系统模型，给出解决方案。中国企业发展日新月异，新模式、新业态层出不穷，这正是从增量上作出新构想、发展中国管理理论的良好契机。

9.1.3 怎样获得有价值的信息

管理研究的原材料是各类信息，包含数据、文字、声音、视频、实物等。相比学界研究中对信息的要求较为固定和规范，非学界研究往往需要从更为庞杂的资料中抽丝剥茧，提取有价值的信息，进而深入探索研究。因此高质量的、有序的信息是做好非学术论文的关键一环。

在信息大爆炸时代，信息的虚假化、碎片化、粉尘化已经成为显性特质，而破除信息茧房的困扰并不容易，获取有价值信息的成本可能会提高。因此，需要以目标为导向，围绕研究方向去有效地筛选有用信息。

1）持续关注权威信息

管理信息的获取通常有几个途径：官方发布、媒体传播、相关研究和企业访谈。当前，媒体尤其是自媒体的蓬勃发展使得各类素材林林总总，即使有大海捞针之力也难免有遗珠之憾。信息平台和信息渠道的质量，决定了获取的信息的质量。官方发布是权威且有效的一手信息的来源，是首要选择，也是一个研究者具有独立判断、输出有价值观点的基础。

要强调的是，关注权威发布要讲究持续性。一是只有持续关注，才能够构建把握产业界大势的系统能力；二是这个过程并不容易，尤其是对于在校学生来说，这需要很强的功力，研究者不仅要看懂发布内容，还要了解发布内容背后的含义。但这些能力是可以培养的。

官方发布有以下几个类型：

一是党中央、国务院定期发布的重要文件。比如党的二十大报告、"十四五"规划，这些能够全面反映中国经济社会在一个时期内的发展特点和发展方式。又如，每年3月份的政府工作报告和每年12月份的中央经济工作会议报告，还有一般每周召开一次的国务院常务会议。从官方发布的这些信息中，既能看到当时的经济管理热点，又能看到政府的应对措施。

二是国家有关部委发布的重要政策和数据。比如国家统计局每个月、每一季度、每一年发布的经济数据，可以让研究者对宏观经济形势有总体的把握；又如各个部委围绕新一个五年规划作出的具体政策安排。

三是权威机构发布的各类数据和报告。比如中国企业联合会每年发布的中国企业500强系列榜单，有助于全面了解中国大企业的动态。这些文件数据都具有很强的指引性，详细研读，对把握官产学大势非常重要。

官方发布之后是官方媒体解读。单凭字面意思，很难深刻理解官方文件背后的深意。初学者往往需要官方解读的帮助。通常官方解读是由官方引导的，借此可以准确和清晰地看到政策导向和意图。这些官方解读通常出现在人民日报、新华社、经济日报和央视等官方媒体的评论文章中。

除此之外，这几大官方媒体也有政策吹风和引领舆论的职能，具有风向标意义，趋势判断、产业调整、企业转型方向等题目均能从中获得启示。

比如2013年年底，《新闻联播》刊播了一条接近3分钟的新闻，这样的时长罕见，内容是"改革发展新景象：互联网思维带来了什么？"2015年3月份的两会上，"互联网+"和"双创"都被写入了政府工作报告。此后几年，中国经济社会和企业发展中所发生的故事大都与之有关。

带领华西村成为"天下第一村"的吴仁宝，坚持每天看新闻联播，抓住了经济发展的大机遇，做研究同样如此。

2）从三个维度选择重点企业长期跟踪

从企业出发，是应用管理学研究的基本要义。无论是确定有价值的研究命题，还是获得优质的研究信息，长期跟踪企业都是必要的选择，不仅能够清楚这个企业的发展脉络、关键要素和管理经验，还有助于加深对相关产业和宏观经济的了解，并进行宏观和微观不断验证迭代。

那么，如何选择企业进行关注呢？可以从三个维度出发。

一是时间维，即根据研究方向，选择那些可以长期跟踪的企业。比如，被外界称为"华为六君子"的中国人民大学六位教授，就是从起草《华为公司基本法》开始对华为公司跟踪研究了近30年的跨界团队。

二是比较维。有比较才有鉴别，即从技术、政策、社会、文化等外部影响因素出发，选择那些可以"长"出新企业、新业态和新模式的领域，或者行业内的经典企业，至少选择两个企业进行对比跟踪研究。比如，比较联想和华为，腾讯和阿里，一汽和上汽，特斯拉和比亚迪，谷歌和脸书等等。

三是典型维。在具体企业的选择上要有典型性，比如足够大、活得足够久、足够赚钱、足够创新、企业家足够具有成功特质等等。在这方面，可以参考杨杜提出的企业成长的八性模型——规模性、增长性、盈利性、结构性、持续性、竞争性、创新性、社会性——作为典型的维度选择。

企业成长过程中，成功或者失败的表象并不重要，成功了要理清为什么成功，研究对象失败了也能作出《大败局》这样的书籍，重要的是研究背后的逻辑。跟踪企业的过程中，如能够深入调研、访谈获得一手数据，当然是好。如果没有条件，就运用抽象力，做一个旁观者，密切观察企业实践动向，只要你学会了收集和分析信息的方法，在网络时代这就应该不是什么大难题。

》9.2 各类研究形式及写作

各类研究报告的写作是管理类学生必要的一项技能。当你走向社会，如果继续从事研究工作，那么做调查、咨询和案例等各类研究将是学术研究和实践需要之间一个重要的过渡形式，有利于形成学术和实践之间的良性循环。如果你从事企业实践工作，那么有研究思维、会写报告就是加分项，在职业晋升中将发挥重要作用，并有利于拓展更广阔的职业空间。

●● 9.2.1 调查研究

调查研究的重要性不言自明，"没有调查，就没有发言权"。调研报告最后是要写出对策建议的。

大多数研究者和实践对话并不容易，尤其是和企业领导人对话，不仅需要平行的话语体系、深刻的洞察能力，还需要强有力的观点输出。调查研究因有广为接受的合法性而成为研究者和实践对话相对容易的路径，尤其是在做好充分调研准备的时候。从实用性来说，调查研究越来越成为一项基本技能和常规工作。在公文写作中，信息、简报、总结、讲话稿到调研报告，难度依次递增。调查研究能力应当得到足够的重视。

1）调查是基础，研究是升华

总体上说，做好调查研究需要做到三个结合，即理论与实践相结合；调查和研究相结合；问题分析和解决方案相结合。调查研究中，调查是研究的基础，研究是调查的延伸和升华。

调查工作的质量至关重要。

一要有问题意识，坚持问题导向，只有这样，才能够提出解决问题的思路和办法。毛泽东的《湖南农民运动考察报告》作为经典之作，其目的鲜明，有的放矢，为了答复当时党内外对农民革命斗争的责难，毛泽东为此专程到湖南做了32天的考察，用大量的事例就八个问题进行了阐述，在历史的紧要关头，推动了农村大革命运动的继续发展。

二要解剖"麻雀"，力求准确、全面、深透地弄清楚来龙去脉。访谈或者座谈会都是解剖"麻雀"常用的方式，关键在于要有讨论和互动，而不是只听不说。单纯看材料不算调研，走马观花、蜻蜓点水、大而化之看看更不算调研。要掌握调研活动的主动权，避免"被调研"。

三是"麻雀"的选择要有典型性，管理学领域调查研究的"麻雀"自然是企业，企业的选择要讲究分类思想，地域、行业、规模、所有制、发展的质量差异程度等都可以作为分类的考量。

通过深入实际调查研究，把大量和零碎的材料经过去粗取精、去伪存真、由此及彼、由表及里的思考、分析，加以系统化、条理化，透过纷繁复杂的现象抓住事物的本质，找出其内在规律，由感性认识上升为理性认识，在此基础上作出正确的决策。这便是调查研究的要义。

2）撰写调研报告有道可循

撰写调研报告，是调查研究的展示环节。调研报告一般由三部分构成，即序言、主体、结尾。

序言紧随调研报告标题之后，在正文之前，也称为"帽子"，这里主要是简明交代调查的目的和意义、调查的对象、调查的方式和过程等等。结尾可以是调研的启示或者是调研成果的运用建议。这部分视具体情况而定，可有可无。

报告主体是重点和核心，通常包含三部分。

一是所调查问题的基本情况，由描述性表述组成，有调研的定性说明和定量数据作支撑。

二是调查分析，是调查主题，或者调查对象所面临的主要问题、主要矛盾、主要机遇挑战等。这一部分要对大量调研资料进行整理分析，找出构成问题的基本要素，哪些是主要矛盾，哪些是矛盾的主要方面和主干，进而梳理分析出形成问题的主要原因。

三是调查建议，就是针对存在的问题及产生问题的原因进行分析，对症下药、有的放矢地提出解决问题的思路、办法和措施、建议。这部分是整个调研报告的关键和亮点。这部分内容质量的高低，也是整篇报告质量高低、价值大小的重要体现。

一份有情况、有问题、有分析、有建议的高质量调研报告，是充分调研和深度思考的结果。思考基于框架体系产生，框架体系也用于指导报告写作的全过程。框架体系可以基本遵循以下几点：一是要有大局观，要站在国家大局、产业大局的高度来分析具体问题；二是要有逻辑力度，归纳和演绎、分层和架构、个别和一般等要逻辑分明，理论要和具体实践形成互动，理论要指导报告写作，更要从实践中汲取营养来丰富自身；三是要有时间跨度，要用过去的、现在的和未来的时间观来动态、客观地剖析实践，洞察大势和主流。

3）报告标题要有形式设计感

基本情况、存在问题和建议思路这三大部分的大标题相对程序化，每一部分的小标题却要下功夫。小标题力求完整准确阐述大标题，数量一般有3~5个。要想小标题取得好，既要讲究这些要点之间的内在逻辑自成一体；又要字斟句酌，讲究形式的设计感。小标题可以是一句话，也可以是两句话。具体可以有以下几个思路：

一是"四六八句"，注重形式上的贯通，不需要与传统骈文一样讲究声律，但同样讲究对偶或字数相称。比如，领导要有思路，企业就有通路，干部则有出路，员工才有活路。这类表述逻辑清晰、结构明了，有节奏感，较为常用。但是如果"四六八句"形式和题义准确性出现冲突，应以准确性为主。

二是"数字组合"，对下级标题或从属内容进行数字归纳。比如，构建"四大体系"、实施"六大工程"，研究六大目的，管理工作六大特点等，这种方法相当于创造专有代词，便于宣贯和记忆。

三是"一词到底"，同级标题用相同的动词或形容词串联。比如，坚持中国共产党领导，坚持客户至上，坚持技术创新，坚持持续成长，坚持自我变革。做组织人，要么负责，要么出智，要么流汗，要么领导，要么服从，要么离开。

四是"同维类比"，用类比逻辑实现标题间的呼应。比如，找准亏损根源，在"止血"上下功夫；加大政策扶持，在"输血"上下功夫；坚持客户导向，在"造血"上下功夫。这类标题脉络清晰、目的明确，能够通俗易懂地传达主旨。

●● 9.2.2 案例研究

案例研究是打破学界禁锢的一个突破口，是学界之外和学界之内研究紧密交叉互动的形式。案例研究的内容一定是具体的实际的管理事例，案例研究基本是在讨论如何出对策，以及对策的种类和对策的有效性。

在学界研究中，尽管有定性和定量两类研究方法，但在期刊论文的发表中往往还是遵从收集数据、优化模型的科学范式，不但对改进管理实践的作用越来越小，就是对理论本身，也因为对管理实践难以用数据量化、难以用中国新现象论证西方理论，而导致贡献非常有限。从鲜活实践出发的案例研究获得了学界越来越多的重视，被期待成为探索当前中国管理现象、履行管理研究使命、形成中国管理理论的"非精致但有灵气"的方式。

2021 年 3 月，《管理世界》《经济研究》等 26 家国内管理类、经济类核心期刊共同发起成立中国案例研究期刊联盟，推动广大研究工作者深入开展中国案例研究。这是学界案例研究的里程碑事件。

在本书的第 6 章已经介绍过案例研究的方法和基本的写作范式，而且案例研究方法的专著也很多。这里更多讨论的是如何让案例研究产生多类研究成果，连接学界之外、学界之内，推动学界之内和之外研究循环的建立。读者可以尝试做到以下三个关注：

第一，要关注企业对理论贡献的需要，将企业实践形成理论思想已经成为企业品牌建设、竞争力提升的重要抓手。

案例研究的起意往往是基于研究者的兴趣和企业的意愿，甚至有时候是企业品牌部门、市场部门有意推动的结果。企业确实有这样的动力，研究认同相比媒体软文更有说服力。

通常来说，龙头企业会致力于制定其所在行业的技术、产品、行为等标准，以此来提升话语权和影响力。福特的科学管理、丰田的精细化管理理论的形成和推广，令福特、丰田这些冠名企业的品牌形象极大提升。过去这几年，海尔是最受我国研究者关注的企业之一。从"日事日毕、日清日高"的 OEC 管理法到"人单合一"的生态模式，海尔在管理上的创新赢得了世界管理界的高度评价。而初创企业可能会因为商业模式得到学界的认同，受到研究者有理有据的案例研究的肯定，而在估值融资、招兵买马等方面得到很大助力。

企业作为中国经济社会快速发展的基本的微观存在，是中国特色社会主义道路自信、理论自信、制度自信、文化自信"四个自信"的实践贡献者和传播者。中国管理理论是"四个自信"在企业管理领域的具体形式。这样一个时代背景又加速了企业从实践探索上升到理论贡献的需求。

第二，要关注案例研究和案例展现平台，这是理论和实践、学界和非学界之间的重要桥梁。

一是中国企业管理案例与质性研究论坛，由中国人民大学商学院和管理世界杂志社主办。

二是中国管理案例共享中心，在全国工商管理专业学位研究生教育指导委员会的支持下成立，日常工作机构设在大连理工大学，每年评出的"全国百篇优秀管理案例"具有很高的学术价值和实践影响力。

三是各类案例研究中心和案例研究会议。现在很多大学都设立了案例中心，产出教学案例、研究案例等各种形式。各类期刊杂志也出于服务实践、扩大影响力的需要举办了诸多案例研讨会。

第三，要关注案例研究的团队建立。因为案例研究工作量大、开展艰辛，需要一个好的团队来协作完成，团队成员要发挥各自优势，扮演不同角色，以及相互激励。案例研究的成果具有广泛的出口，仅是学术期刊，一个案例就可以产生多个选题方向。案例研究还适合在内参、非期刊杂志、媒体和图书等多个媒介上做发表。如果研究团队中的成员有多种成果发表的经验，各种发表方式的异质性更容易碰撞出火花，对企业而言也是"一揽子"服务方案。

●● 9.2.3　咨询研究

相比调查研究和案例研究大都由研究者主动发起，咨询研究往往是由企业从实践的角度发出邀请，由管理学者或管理咨询公司从商业需求和解决问题的角度出发进行的。研究过程往往隐藏在整个咨询过程当中，有时候甚至被忽视，但咨询研究是研究者思想理论、挖掘提炼、沟通表达等多种能力的综合体现，是和实践互动性最强、受实践检验度最高的一种研究形式，对研究能力的提升是全方位的。管理学科的学生如果有机会，都应去咨询行业历练一下，或者接受咨询式研究的训练。

1）咨询服务过程三阶段和成果

从咨询服务的过程来看，大概可以分为三个阶段，并形成相应的文件成果。

第一阶段挖掘客户真实需求，形成项目建议书等招投标文件。

第二阶段提出项目整体计划和进度安排，以及问卷、访谈、对标研究等工作计划。其中，访谈环节是和客户互动、了解客户、帮助客户解决问题的重要一环，考验的是研究者的沟通能力和洞察力，尤其是对关键信息的把握能力。这一阶段形成的文本包括调研问卷、访谈提纲、优秀实践对标报告等。

第三阶段是形成咨询成果和展示汇报环节。成果文件的形式千差万别，一般包括项目要解决的问题、如何解决和具体方法、路径。汇报展示可谓"临门一脚"，也是研究者能写能说的综合体现。

2）咨询的方法论和能力

能请咨询、认识到咨询价值的企业一定不会是太差的企业，因为买咨询服务一般比买现有技术对企业的理解水平要求更高。买技术还可以谈谈价格，买咨询的企业一般是不谈价格的。能为这样的企业提供助力和贡献，胜任咨询工作的咨询师，毋庸置疑，也必须是很有方法和能力的人。咨询需要特定的方法论和能力。

首先，要有一套用于指导咨询全过程的体系框架和解决问题的方法论。方法论可以来源于管理学理论和模型，比如被广泛使用的波士顿矩阵，也可以来源于身经百战的咨询师的经验总结，恰恰这些来源于实践的方法论更受欢迎，也往往能令咨询研究者和咨询研究机构声名鹊起。比如麦肯锡的七步法分析商业机遇和金字塔思维模式，又如知本咨询在国企改革领域的"P+7"系统模型都得到了广泛应用。

其次，要有快速的归纳、总结、提炼和创新能力。咨询研究者往往会遇到全新的课题，仅仅靠几种经典方法是不够的。与企业沟通互动所得到的信息往往是琐碎无序的，咨询研究者不仅要善于引导信息获取和项目的相关性，还要挖掘信息背后的价值。

最后，要有持续优化和迭代能力。咨询研究者所接触到的企业实践相比任何其他方式都更真实、具体和全面，积累的案例库背后所蕴含的思想、方法和工具，无论是对学术研究还是对实践指导都是很有价值的，研究者要善于利用企业实践以不断优化既有的思维框架和方法工具，咨询过程往往是咨询师和客户企业共同成长的过程。

≫ 9.3 扩大研究成果的影响力

非学术论文的优势恰恰在于传播范围更广，普及性更高，所以研究者要有意识地通过多种途径扩大研究成果的影响力。

● 9.3.1 图书的写作和出版

徐淑英指出，所有发表文章的最顶尖期刊中，三分之一到一半的研究结果是无法出书的。因为是一次性的个别主题研究的结果，不能保证它的应用产生效果，缺乏可靠性和可复制性。而图书往往是一系列研究成果的系统展现，其理论分量和社会影响力一般要比一篇论文大，其所受到的评判、审视也比论文更多，图书更侧重于系统性、实用性和普及性。

图书写作，其内容可以来源于日积月累的深度思考，也可以来源于上述各种形式的研究过程中已经形成的结论。图书的出版，有些是研究者主动寻求的，有些是研究者受到出版商或企业的邀请完成的。图书出版涉及出版管控，书号逐渐稀缺，出版商从商业利益出发希望出版的图书能够有更大的市场，研究者也应该秉承出书要出精品、出书要有人看的价值观。

管理类图书大概可以分为两个类别：

一是面向学术研究领域，将博士论文、期刊论文等集结成册，用相对专业化的术语和表达方式，为其他研究者提供思想和方法借鉴；也有些是将研究思考系统整理，做成反映学科内容的教材，为本学科的初学者提供指引和帮助。

二是面向实践市场领域，研究者通常将研究的过程结论、思想体系等用更为大众接受的语言作出阐述，为实践领域提供营养。

出版的过程中，研究者要做到两个充分沟通：

一是和出版商沟通，出版商掌握市场需求，了解选题价值，能够很好地策划并帮助研究者将研究成果转化成更为读者接受的话语体系。

二是和研究对象充分沟通。管理研究必将涉及企业实践，有些企业希望借此扩大影响力，有些企业也会出于发展特殊时期或者企业文化风格等考虑希望保持低调的风格。因此，对于展现企业经营实践的边界和尺度必须和企业达成共识。

9.3.2 杂志发表的几个思路

非学术性管理学研究论文可以发表在财经类杂志中，后者也是实践中管理者阅读的重点。

1) 杂志的类型

发表的杂志可以考虑以下几类：

（1）国家部委和相关机构主导的

比如国家发改委的《中国经贸导刊》、国务院发展研究中心的《中国经济报告》、国资委的《国资报告》等。这些杂志具有很强的官方属性，大都定位于服务机关系统，在内容上和主导机构有很大的相关性。

（2）协会社会主办的

比如中国企业联合会主办的《企业管理》杂志，中国品牌建设促进会主办的《中国品牌》杂志，这类杂志兼顾市场影响力、可读性和引导性。

（3）媒体主办的

比如国家经济日报社下属的《中国企业家》杂志、财讯传媒下属的《财经》杂志。它们具有很强的媒体属性，重视传播和公众影响力。

2) 发表的方式

杂志大都有一定程度的媒体属性，媒体属性越强的杂志，自身拥有的记者数量会越多，外部文章接收的可能性就会越小，但还是可以通过以下方式发表研究观点：

（1）投稿

在深入了解杂志的导向性、杂志的受众、杂志的栏目、文章的风格以及字数等之后，向杂志投稿。

（2）专栏

在杂志和研究者相互充分了解的基础上，可以根据杂志的需要和研究者的研究领域开设专栏，按照杂志出版的周期，每期一个专栏或者每几期一个专栏。

（3）采访回答

研究者发表文章的价值在于呈现观点，而不是阐述事实。因此，可以和杂志的记者合作，以采访回答的形式，就一些管理问题发表观点。

3）注意事项

在财经类杂志发表文章，需要注意以下几个事项：

（1）语言风格

研究者不仅要具有思想和观点的独立性，还可以尝试形成独特鲜明、具有辨识度的语言风格，但一定要具有可读性。

（2）文章有价值

不是为了发文章而文章，要么对实践有价值，要么对理论有价值，要么对杂志有价值，如果都能有价值，当然更好。

（3）保持和杂志的互动

一是杂志通常会对接受的文章有所改动，作者要知晓并明确修改的边界。二是在互动中可以了解杂志的近期选题，这些选题一般紧贴实践需要，研究者可以借此深入研究并多发表成果。

9.3.3 善于做好媒体传播

媒体大爆炸时代，每一个个体都有了表达的机会。研究者在具有多样化表达机会的同时，也让其专业能力转化为更容易被看得见的价值输出。

对管理初学者而言，一方面要充分利用自媒体时代表达的低门槛，通过公众号、微博、B站、抖音等各种新媒体途径输出观点，另一方面也要珍惜"管理学知识分子"的羽毛，做尽量专业、有思考、有观点的表达，要时刻自省，不在互联网浪潮中随波逐流，更不能乱喷。

新媒体繁荣的当下，很多知名的管理学者都纷纷开设公众号，定期分享思想和观点。很多学术期刊、财经杂志也都选择先在网上传播，而后再发行刊物。传播方式在改变，研究者也要紧跟步伐。本章的参考文献也有些来源于新媒体或者期刊杂志的网络首发。

同时，研究者也不能忽视运用传统纸媒发声，其发表方式和注意事项，和上述杂志类似。只是和杂志相比，文章较短、频率更高。读者可能会问，传统报纸和杂志不是日渐式微了吗，发表何用？日渐式微的不是传统媒体本身，而是其运作方式、发行方式，是人们阅读习惯的改变，而优质内容永不落幕，反而在传统媒体转型中愈发珍贵。对于管理研究者而言，要尽可能写出精品，同时也要尽可能利用权威媒体，也就是那些"影响因子"大的媒体发声。

最后需要强调的是，图书、杂志、媒体都是一种表达载体，而不是表达本身，有价值的研究是表达载体、表达形式和表达内容皆优的研究。随着时代的进步，无论表达方式多么丰富，表达的门槛降低到何处，管理研究者都应该回归到研究价值本身，从企业实践出发，解决问题或理论创新都可，学术成果或非学术成果皆宜。

▶▶ 关键词

非学术论文／学界／非学界／成果载体／权威信息／长期跟踪／调查／案例／咨询报告／专著／杂志／自媒体

▶▶ 参考文献

［1］王利平. 中国人的管理世界：中国式管理的传统与现实［M］. 北京：中国人民大学出版社，2010.

［2］苏勇. 中国"管理学本土化"研究所面临的问题［Z］. 勇说管理（微信公众号），2018-07-06.

［3］徐淑英，李绪红，等. 负责任的管理研究：哲学与实践［M］. 北京：北京大学出版社，2018.

［4］毛泽东. 毛泽东选集［M］. 北京：人民出版社，1991.

［5］杨杜. 现代管理理论［M］. 2版. 北京：经济管理出版社，2013.

［6］韩毅. 三大锦囊让公文写作简单明了［J］. 企业管理，2021（10）：94-98.

［7］杨杜. 成长的逻辑：杨杜管理思想精粹［M］. 北京：经济管理出版社，2014.

［8］高蕊. 破局：中国服务经济15年崛起与突破之路［M］. 北京：中国友谊出版公司，2021.

拓展阅读：中国"管理学本土化"研究所面临的问题

第10章 跟管理学大师学研究

第10章　跟管理学大师学研究

唯有站在巨人的肩膀上才能看得更高，除非你是盲人或者故意闭着眼睛！

本章旨在通过对管理学大师成果的分析，反推其思维方法和研究工具，来推动我们对于研究的有效进程。通过研究大师们的著作，我们不仅能够学习他们在管理领域的新成果，同时还能够了解他们如何观察现实、得到假设并创造新概念和新理论——这是一个双重学习的过程。

本章讨论的内容包括管理学大师的思维方法、研究立场和工具以及表述形式，这实际上包含了管理学大师们站在管理实践的立场、由无到有的创意和概念的生发，再到通过有效工具输出成果的一个完整的创作性研究过程：思维方法是大师们认知的角度和有关如何想问题的途径；研究立场是其价值观，对思维方法有着重要的影响作用；研究方法和工具是关于其如何观测、收集和处理数据的方法；而表述形式则是大师们思想输出的载体。我们将在下面各节一一展开讨论。

》》10.1　谁是管理学大师

关于管理学大师的认定，目前似乎并未得到一个统一的标准，但是凡被认为对管理及管理学的思想进程作出巨大贡献的人，往往被人们冠以"大师"之名，想必"管理学大师"的桂冠是给予这些贡献者们的最高荣誉吧。既然没有公认的标准，我们不妨反而推之，从那些被人们奉为大师的人物身上总结他们的共性特征。

如何认定管理学大师？这是一个极其重要的问题，关键是认定原则。

原则之一，大师的地位应有较长的历史证明。大师不能是这一两年突然冒出的风云人物，过两年又不知所终，或者理论观点出了什么大纰漏就不好了。

原则之二，拥有大师地位的人数不能太多。既然是大师，就是站在金字塔顶端的人，能创造划时代管理学理论的机会并不是很多的。我们在以前的研究成果——《现代管理理论》一书中（11～13页），曾经列举了近百位管理学界的大人物，但这未免太多。

因此，我们认为，几十年前的管理学经典大师已被大家所公认，比如泰罗、法约尔、巴纳德、西蒙、韦伯、马斯洛等应该算，再加上2003—2004年分别由英国《金融时报》和世界经理人网站所评选出来的25位管理学大师共30多人，以此为样本进行分析（名单详见表10-1），具有一定的合理性。近年来新出现的，暂且不表。

紧随欧美之后，日本企业管理和管理学也自成系统，形成了自己的管理学特色，尽管近三十年是日本经济失去的"三十年"，日本式管理也"日薄西山"，但管理学历史上的成果还是不应该被忘记的。在第四版我们只提到了知识管理领域的野中郁次郎，我们认为在日本能称得上管理学大师的，还应该包括学者中的伊丹敬之、加护野忠男，咨询专家中的大前研一和企业界的松下幸之助、稻盛和夫等。

表 10-1　　　　　　　　　　　欧美日中管理学大师的学界定位

管理学大师	管理学界的定位
弗雷德里克·温斯洛·泰罗	科学管理理论之父
亨利·法约尔	管理过程学派之父，他的一般管理理论对管理学的发展产生了巨大影响，成为管理过程学派的理论基础
切斯特·巴纳德	现代管理理论之父，其著作《经理人员的职能》，开创了组织管理理论研究，形成组织管理流派，对当代管理学体系产生了重要影响
马克斯·韦伯	被公认是行政组织理论最重要的创始人。学术界对他在社会学界、管理学界、历史学界、文化研究等领域的贡献评价极高
赫伯特·西蒙	决策管理大师，诺贝尔经济学奖获得者，在管理学、心理学、信息科学、科学理论、应用数学、运筹学、经济学等方面都有造诣
亚伯拉罕·马斯洛	需求层次理论创始人，其理论观点流传甚广，是行为科学的理论之一
彼得·德鲁克	现代管理学之父，著述颇丰，《纽约时报》赞誉他为"当代最具启发性的思想家"
查尔斯·汉迪	管理哲学之父，欧洲最伟大的管理思想大师，屈指可数的"管理哲学家"，被评为仅次于彼得·德鲁克的管理大师
迈克尔·波特	竞争战略之父
约翰·科特	领导学大师第一人
沃伦·本尼斯	领导艺术的指导者，组织发展理论创始人，被誉为"管理学十大发言人""领导学大师们的院长"
罗莎贝斯·莫斯·坎特	被称为"管理学的理论女王""大公司的舞蹈老师"
阿里·德赫斯	长寿公司模式的创造者，"学习型组织"概念的重要创始人
吉姆·柯林斯	著名的管理专家及畅销书作家，影响中国管理十五人之一
海尔特·霍夫斯泰德	不同文化比较的创始人
克莱顿·克里斯滕森	美国知名创新理论大师，颠覆性创新理论的创始人
克瑞斯·阿吉里斯	行为科学的创始人，组织学习理论的主要代表人物之一，奠定了学习型组织的理论基石
约瑟夫·朱兰	现代质量管理"教父"
戴维·诺顿	平衡计分卡创始人，平衡计分卡协会的创始人

管理学大师	管理学界的定位
罗伯特·卡普兰	平衡计分卡创始人，作业成本法的创始人之一
菲利普·科特勒	现代营销集大成者，被誉为"现代营销学之父""营销界的爱因斯坦"
汤姆·彼得斯	商界"教皇"，管理领袖中的领袖，后现代企业之父
彼得·圣吉	学习型组织之父，当代最杰出的新管理大师之一
亨利·明茨伯格	经理角色学派的主要代表人物，最具原创性的管理大师，离经叛道的代表人物
丹尼尔·戈尔曼	情商之父
加里·哈默尔	世界一流的战略大师，当今商界战略管理的领路人
哥印拜陀·克利修那·普拉哈拉德	核心竞争力理论的创始人之一，国际上公认的公司战略和跨国公司管理领域的专家
克里斯·祖克	哈佛商学院技术与经营管理和综合管理的双料教授，其著作《回归核心》被誉为管理界第一部对战略性扩张行动进行深入研究的著作
诺尔·迪奇	世界知名的领导力变革专家，"有效教学循环"理念的实践者
苏曼特拉·戈沙尔	知名战略领导力教授，被认为是对欧洲管理思想体系最有影响的人物之一
野中郁次郎	知识创造理论之父，知识管理的拓荒者
伊丹敬之	日本企业系统论、场的管理创立者
加护野忠男	组织认识论，日本式经营学家
大前研一	企业策略家，知性力、思考型管理创立者
松下幸之助	松下管理观创立者
稻盛和夫	敬天爱人管理思想，阿米巴经营模式创立者
李占祥	矛盾管理学创立者
苏东水	东方管理学创立者
席酉民	和谐管理学创立者
任正非	华为管理思想家、灰度管理
宋志平	国企改革思想者，央企市营，改革心路，企业心语
张瑞敏	海尔管理思想创立者，人单合一模式
宁高宁	管理思考者，管理模式创新者，五步组合论

另外，中国现代管理学虽然比欧美日更为后进，但四十多年来的改革开放，中国已经涌现了一大批世界级企业和拿得出手的管理学成果，其背后自然有可以称为管理学大师的人物，所以第四版我们要加上中国的管理学大师。管理学是社会科学，文无第一，武无第二，但我们至少不能文人相轻。

我们无从给出大家都认可的中国管理学大师名单，但可以仿照国际通用的原则，在我们所熟悉的范围之内作出初步评价。比如，创立了矛盾管理学的李占祥，创立了东方管理学理论体系的苏东水，创立了和谐管理理论的席酉民，创立了各自企业管理思想和模式的任正非、宋志平、张瑞敏、宁高宁。中国有这么多好大学，有那么多世界 500 强企业，应该还有很多够得上管理学大师资格的人，不过，这个任务留给后人或亲爱的读者们去做吧，我们只是在此起个头。

我们把欧美日中管理学大师及其学界定位建议列在表 10-1 中。

我们可以发现，一个国家的管理学大师早期都是企业管理者，如泰罗、法约尔和巴纳德等，后期才出现了学者。在日本，人们推崇的也先是松下幸之助、稻盛和夫等人，然后才有了伊丹敬之、加护野忠男等学者型大师。中国也一样，先是靠几十年优秀的管理业绩证明的任正非、宋志平、张瑞敏、宁高宁等人被称为实践界的管理学大师，然后才是靠独特的管理学理论和专著的学者被称为学界的管理学大师。当然，优秀企业家并不能都被称为管理学大师，他们必须有丰富且系统的管理学思想问世，而不仅仅是办好了企业。

通过比较分析这些管理学大师的成就，我们发现，他们所具有的共同特征有如下三点：

●● 10.1.1　具有洞察力和独创性的思想

正如德鲁克在《不连续的时代》一书中所说："我们不是预测连续的趋势，而是处理非连续的变化；我们不是在预测明天，而是在直面现状；我们不是询问未来会怎么样，而是询问为了创造未来今天应该怎么办。"

管理学大师们的思想和成果往往能够为管理学界带来突破性的进展，并对管理的未来具有近似"巫术"的洞察力，但他们绝不是喜欢预测房价、股价的"算命先生"。英国著名管理学者查尔斯·汉迪这样写道："我所谓的大师，就是要能从现状看出趋势发展并提出说明，协助人们及时应对。"人们公认的大师中的大师彼得·德鲁克也同意这样的说法：大师的角色就是诠释、说明与预先提出警告。

如果按照前面对研究的四种分类①做一个归类的话，管理学大师们被人们称道的贡献大多集中于探索性研究②。这类研究的特点要求他们的思想具有前瞻性和独创性，敏锐的洞察力和丰富的多领域知识能够使他们先于一般人看到发生在现在的

---

① 按研究的性质或目的可将其分为四种类型，即探索性研究、描述性研究、解释性研究和对策性研究。

② 由于探索性的问题很难用定量的方法找到和解答，甚至不能用完全归纳的方法来解释，更不用说用演绎方法了，因此大师们似乎并不钟情于统计分析的研究方法。我们在后文再详细讨论这一问题。

未来，为了描述这种新的发现，他们不得不为此创造新的概念予以说明。他们的创新过程可能是：①洞察新现象；②生成新观点；③创造新概念。

管理学大师们研究的往往是"有没有"和"是不是"的课题，其前瞻性和开创性研究成果往往成为后来研究者对"为什么"的解释性研究或者"在中国如何"的情境性研究的基础命题、前提，尤其是成为进行数量分析或统计方法研究的学者的"细化研究"或"科学研究"的引导。这好比曹雪芹写了《红楼梦》，其成为后面不少的红学家们的工作和"饭碗"一样。

●● 10.1.2 知识创造以成果价值为导向

大师们的研究与写作，大多针对的是管理界而不是学术界，其目的是提高管理水平，而不是单纯为了积累和发展学术知识。正因为他们具前瞻性的思想和成果在管理实践中产生了深远的影响，他们才被人们尊称为"大师"。正如德鲁克在《成果管理》中所讲："企业经营的是顾客。"德鲁克告诉企业经营者，只有通过顾客的检验才能知道我们所做的是正确的事情，这使我们受到启发：学者的研究工作也只有让读者满意，通过读者的检验、能够促进和启发他们的工作，才是真正有价值的成果——管理大师最重要的读者对象自然是企业家和管理者——而不是在学者圈子里自娱自乐，形成"知识空转"。因此，成为大师的管理学家不太关注学界或学术圈是否接受其成果，比如德鲁克就是个有争议的人。某些学者认为他只会写书，没有在所谓学界顶尖期刊上发文章，也没有运用所谓的科学研究方法和工具，所以不能算管理学家。德鲁克对此似乎不大在意，继续写他的书。而一些人一边批评他，一边又在不自觉地验证他提出的思想。

管理学大师们很少有老老实实长期待在研究室里并不厌其烦地处理问卷数据，他们和管理者、领导者的生活方式一样，在一个地方或现场待很短的时间，但他会见很多的人；在一个学科领域很快地浏览，但接触很多的领域；他似乎在蜻蜓点水、浅尝辄止，但头脑在飞速运转，深入思考，在众多的苗头和偶然中发现未来的趋势。就像人们评价宋志平：极爱思考、极爱总结是他的明显特征之一。遇事情他总会反反复复地想，做决策总是穷极否定之否定地想。每天早上五六点钟、晚上十点左右，都是他深度思考和阅读的时间段，每有新思考、新思想，他都会认真记录下来，一点一滴汇成了那么多厚厚的书。做企业40年，出书18本，他说所有这些书都不是写出来的，而是做出来的。

因此，这些管理学大师们通常不只是在商学院授课，往往同时拥有自己的咨询公司，在许多知名跨国公司中担任顾问，是管理畅销书作家，游走世界做培训讲座等等。他们心中时时想着他们所服务的管理实践者，永远不会脱离实践，但又总会高于眼前的管理现状；他们的思想灵感来自对实践的洞察，同时又服务于对实践的促进。管理学大师们善于进行知与行的循环转化。

世界很奇妙：大师们研究管理，却成为管理学大师；非大师们研究管理，却成为管理学教师或论文作者。看来，就管理学研究管理学出息不会太大。二者的区别在于各自的立场或价值观。德鲁克关注管理，他认为："管理是一种实践，其本质不在于知而在于行；其验证不在于逻辑，而在于果。"反过来也是对的，有人关注管理学，认为（把德鲁克的话重组一下）："管理学是一种知识，其本质不在于行而在于知；其验证不在于果，而在于逻辑。"这就是唯实论和唯知论的区别。

◖◗ 10.1.3　擅长管理与销售知识

大师们不仅擅长创造知识，也擅长管理和销售知识。从大师们的成长历程不难看出，他们大多有着跨专业的丰富经历，这有助于他们获得新的视角和感悟，练就高人一等的"第三只眼"。彼得·圣吉就是其中一位。他在斯坦福大学获得航天及太空工程学士学位后，进入麻省理工学院斯隆管理学院学习管理。这期间，圣吉被导师佛睿思特（Jay Forrester）教授的"系统动力学"所吸引，并试图提出整体动态的管理新观念。他所发展的一整套"学习型组织"的操作方案，就得益于对系统动力学与组织学习、创造原理、认知科学、群体深度对话、模拟演练等方式的"异种杂交"和有机融合。学习型组织并非圣吉的首创，但被他推广，因而他被称为"学习型组织教父"。

那些能够熟知多个领域、轻松驾驭不同专业的人，更容易成为大师中的大师，最为典型的应属德鲁克。德鲁克每隔三四年都会选择新的主题进行研究，不仅是管理学，他还广泛涉猎心理学、社会学、政治学、历史、哲学和文学等多个领域，因此我们在他的文章当中看到更多的是一种开放的思考。他擅长于运用历史的、动态的发展观和系统的角度去讨论问题，擅长于从人性、人的成长的角度去理解企业经营与管理问题，这也是德鲁克的思想能够对管理实践产生深远影响的重要原因之一。

身为大师，还要懂得如何有效地将思想和知识"销售"出去。所谓"既要会生，又要会养"，采用何种方式、如何生动地把思想和成果传播出去，让更多的人注意、理解和认同，这也是管理学大师们的能力所在。因此，我们看到的大师们很少使用艰涩的学术语言——否则职业经理人们恐怕也很难有时间捧着管理学的词典去拜读管理大师的文章——并通过各种渠道传播他们的理论：演讲、培训、论文、专著等。同时，这也是他们在不断整理自己思想的过程。德鲁克曾经说："我靠着倾听学习……聆听我自己。"许多大师都是通过著书与演讲来发展他们的管理学理论。比如宋志平，在经营企业的同时就一直在高校讲课和做讲演，退休之后更是忙着整理出版自己的管理思想和到处讲演。他把自己工作之外的生活叫作"读书、教书、写书"的三书模式。再比如法约尔，从 1918 年退休后到 1925 年去世这段时间里，法约尔致力于普及自己的管理理论。他创办了一个管理学研究中心。这个中心每周都要举行一次有作家、哲学家、社会活动家、工程师、政府官员和实业界人士参加的会议。法约尔的许多权威著述都是在这里逐步形成的。他的理论体系还特别有利于形成教科书的结构，因而有太多的教科书采用了法约尔有关五项管理职能的结构，这对他的思想观点的普及起到了重大作用。

难怪托马斯·达文波特在讨论管理理念如何发挥作用的《最优理念》一书中总结道，这些大师们"不论他们出身于哪个领域，作为管理大师，他们做的基本上是三个方面的工作：与公司交往，思考与写作，在大小会议上提出自己的理念"。

本节讨论了有关管理学大师的三个特征。洞察力和独创性贡献是大师能够被称为大师的根本；成果价值导向说明了大师们的立场，回答了他们的文章为谁服务、成果为谁而用的问题；同时这也决定了他们的思维方法主要是以事实为开端的归纳法，并相应地采取案例研究和实地研究的方法以从实践中观测数据——因为，在管理界，理论落后于实践是一种常态，大师们通过对事实的洞察所提炼、发掘出的新理论可以促进更多企业的管理。善于管理知识，则是大师们跨越多学科所形成独特思维方法的结果；要使成果为更多人所了解，一种恰当有效的表述形式也十分必要。

所谓"成功无法教，有效可以学"。尽管大师们的智慧难以言传，但如果能够理解和掌握他们所依赖的思维和研究方法，一定会有助于确定我们的研究立场和方向，提高我们的研究成效。本节在分析这些大师的研究历程和成果时，就如同大师们对企业所做的研究一样，查找文献、搜集事实和证据、思考、小心地得出结论。我们没有做统计分析，结论不可能全面，这只是一种探索，但至少应当有所启发。我们的目的不是准确评价谁是否够大师的资格，而是深入探讨管理学大师具有什么特征。因此，除上述三点之外，我们下面更深入地分析他们的思维特征、立场特征和工具特征。

》》 10.2　管理学大师的思维方法

好的成果会有好的方法支持。尽管大师们多是天才级人物，但我们一直想探寻的问题是：大师们究竟采用什么样的思维方法获得划时代的创新成果？在所列大师中，我们总结了三种典型的思维方法。

●● 10.2.1　洞察思维法：基于理性的旁观者

形式逻辑思维法中有演绎法、归纳法和类比法，洞察思维法多使用类比法和不完全归纳法形成观点。

就德鲁克所使用的思维方法而言，他经常用到的，也是非常高产的一种方法可能是洞察思维法。德鲁克曾在《成果管理》一书中向管理者推荐了有助于提高企业效率的三种"屡试不爽的和经过检验的方法"[①]，正是这些方法，让通用汽车、爱

[①]德鲁克所指的这三种方法：一是理想化企业，即企业可以在充分了解市场的前提下，按照市场的需要来设计"理想化"的企业模式；二是机会最大化企业，即把可利用的资源集中在最有吸引力的希望上，并运用这些资源，以便获取可能得到的最大成果；三是资源最大化企业，即让企业可利用的高质量的资源产生最大的可能效果，从而发现机会。

迪生和洛希尔家族拥有领先地位，运用他们的能力抓住了时间与历史赋予他们的机会——而德鲁克本人也是如此，通过对社会发展规律、人性的深刻洞察，"以惊人的智慧将商业、管理与社会变迁统一在一起看待"①，"系统化地、有的放矢地"洞察现在并帮助我们思考和创造未来。

德鲁克能够运用今天的工作来洞察未来的方法具体有两种②。一是洞察已经成为现实的"未来"，通过"发现和利用经济和社会中出现的不连续性与它所产生的全部影响之间存在的时间差"；二是促使未来成为现实，即"靠新观念影响迄今为止未出现的未来，这种新观念为即将出现的事物指引方向和规定具体的形态"。他通过全面系统地了解社会的发展进程和规律，在大系统发展的规律下对企业的未来作出合理的推断，也就是他所说的，作出一个理想化的描绘，从而创造和设计未来，同时将他依靠敏锐的洞察力得出的预言不断宣讲推广，进而影响这一进程。社会和组织的发展进程是一个人为进程，关键人物是可以影响这一进程的。德鲁克对此认识得极其深刻。因此，德鲁克创造了许多个"第一"，成为具有前瞻性的大师，这与他使用这两种方法以及前面提到的洞察思维法不无关系。也正是因为德鲁克的思想具有前瞻性，他的许多想法仅靠目前的概念显然无法达意，因此他必须创造许多新的概念，而这些新的概念恰恰是德鲁克创新思维的载体和成果。

比如，在《公司的概念》一书中，他提倡分权的概念，从对人性的探讨到组织发展的需要（培养管理者），再到社会文化与阶层、未来社会发展的需要，以及整个社会的经济政策等等，几乎不受任何限制，将他犀利的目光落在整个社会系统——凡是涉及人和组织的地方——范围内，并在此基础上提出对未来的洞见（德鲁克的若干洞见都已成为现实）。他强调企业这个系统应当放之于更大的社会系统当中去思考，比如在《成果管理》当中，他一再强调企业的成果只有在企业外部才能够实现，就好比企业最重要的人不是员工而是客户一样。在《公司的概念》一书中，德鲁克又不断地在强调大企业对社会发展所产生的深远影响。

查尔斯·汉迪也曾这样评价自己："我把自己看成一个诠释者，说明正在发生的现象；我也曾指出人们若不采取行动加以改变，这个现象可能把我们带向何方。我只能以概括的说法点出这些变迁，因为细部影响要视各个组织的差异而定。"概括地点出变迁，这就是洞察而不是全面考察和完全归纳。

洞察思维法的另一个方面表现是，关注理论和论断的基本假设，并注意当前的环境是否依然符合这一假设，这也是创新的一个来源。德鲁克的方法论就坚持的是特定历史-社会维度（historic-social dimensions）的思想。换句话说，在对复杂的社会人按逻辑上前后一贯的方式作出的管理决策进行评论时，德鲁克一贯把它放在一个具体的社会历史背景中加以考察，假定一个特殊的问题情境（problematic context），这就是所谓的社会（历史）维。③德鲁克（1999）指出："社会科学……

---

① 科特，赫斯克特. 企业文化与经营绩效 [M]. 李晓涛，译. 北京：中国人民大学出版社，2004.
② 德鲁克. 成果管理 [M]. 朱雁斌，译. 北京：机械工业出版社，2009.
③ 罗珉. 德鲁克管理学方法论述评 [J]. 外国经济与管理，2005，27（12）：2-11.

重要的假设不像自然界的自然定律是恒久不变的；它不断地变化，昨天成立的假设，今天可能不能成立，甚至可能在很短的时间里就变为完全错误的。因此，审视过去的假设是否已经发生变化，创立一套新假设作为研究基础，才能应对 21 世纪的挑战。"[①]这也正是管理学面对的困难，处于不同时代的假设并非恒久不变。[②]这种探索现有观点前提假设的习惯，使德鲁克常常能够发现新的视角，提出令人耳目一新的观点。

汤姆·彼得斯在写《追求卓越》一书时认为，当时美国已经被狭隘的理性主义所控制，人们过度依赖分析和财务工具，不注重产品、员工和顾客，这种理性主义取向会"使各种情况里的活性元素破坏殆尽"。而这种旧有的理性模式可以提炼成三个词：数字、官僚主义和控制，它直接源于泰罗的科学管理学派。这个学派在当时的美国[③]已经不合潮流——大多数卓越企业不是靠这些成功的。汤姆·彼得斯和他的伙伴在《追求卓越》中抨击了科学管理法告诉管理者要找到"一种最好的方式"的做法，认为新型商业状况下企业的重点可以提炼成：人、顾客和行为。后来，彼得斯[④]又反省了自己在《追求卓越》一书中的绝对言论："我们的书抨击了这种看法，但在抨击的过程中，我们又以上帝的口吻说出了我们认为什么是最好的标准，并认为它们是永恒不变的……我们忘记加入一个警示牌：没有任何东西是可以永恒的，过期的就变成毒药……最好的东西都是静态的，但这个世界变化太快了。"任何原则都只适用于某一段时间，新的管理原则总是与时俱进。

彼得·圣吉在《第五项修炼》一书中摒弃了前人对人性的假设，提出了"学习型的人"之人性假设，认为学习是人的天性，每个人都是能不断进行系统思考、自我超越、改善心智模式，并能积极参与组织学习以及在共同愿景下努力发展的；组织中的每一个人、每一群人对组织都有价值。因此，他认为人（特别是那些掌握丰富知识的人）是组织的第一资源。在"学习型的人"之假设下，圣吉认为，组织中的人都是能够学习和授权的，因此，管理的过程实际上就是一个通过学习修炼来创造机会、挖掘潜力、排除障碍、鼓励发展和帮助引导的过程，也是一个充分吸纳个人愿景，通过"分权与授权""扩大工作范围""参与制与协商式管理""鼓励员工对自己的工作成绩进行评价"等方法来不断鼓励组织成员去发挥和自愿使用其能力、知识、技能，从而在工作中寻求人的价值实现的过程。

通过洞察新现象，改变前人观点的大前提，从而提出新概念和新观点，是大师们的基本思维方法。

◐● 10.2.2　融合思维法：基于实事的求是者

所谓融合思维就是一种使黑白、左右原本看似对立的两极同时存在，实现对立

---

① 德鲁克. 21 世纪管理的挑战［M］. 朱雁斌，译. 北京：机械工业出版社，2009.
② 这是以德鲁克为代表的经验学派的基本思想。
③ 1982 年的美国。
④ 彼得斯. 汤姆·彼得斯的真实忏悔［J］. 梁光严，译. 环球管理，2002（1）.

统一，并通过"合"（融合、结合、混合、整合、综合）的方式使这两个事物、观念或一个事物的两个方面成为全新的第三种思维方式。简而言之，融合思维就是使黑白并存，且融黑白为灰色过渡的光谱状态（如图 10-1（a）和图 10-1（b）所示）。

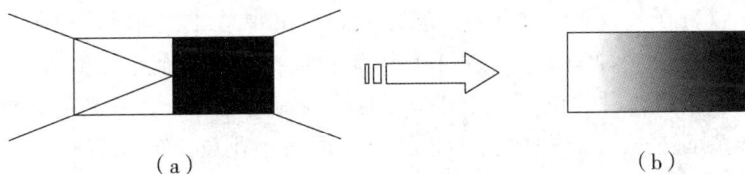

（a）　　　　　　　　　　　（b）

图 10-1　融合思维示意图

资料来源　杨杜. 现代管理理论［M］. 北京：经济管理出版社，2008.

融合思维者认为事物就像一条光谱，在纯白与纯黑之间有一段相当长的灰色空间，这意味着我们可以有很多种解决问题的方法。融合思维不但强调了对立统一，还强调其中的度——不否定别人，而是在别人的研究基础上增加关于"尺度"与"维度"的思考，本质上应该是一种权变的思维方式。

本书在第 4 章 4.3 部分讲到灰度创想思维时，就简单介绍了任正非的灰度思想方法。这种思想集中体现在了任正非 2010 年写的《开放、妥协与灰度》一文中："一个清晰的方向是在混沌中产生的，是从灰色中脱颖而出的，而方向是随时间和空间而变的，它常常又会变得不清晰。并不是非黑即白，非此即彼。合理地掌握合适的灰度，是使各种影响发展的因素在一定时期里达到和谐。这种和谐的过程叫妥协，这种和谐的结果叫灰度。"他的这种比喻方式，似乎把管理看成一种色彩或一种感觉，这和学者把管理看成一种知识，德鲁克把管理看成一种行为都有不同，但同样能把他认为的管理思想传递给你。

野中郁次郎在《创造知识的企业》一书中大量运用了融合思维，超越西方惯用的"两分法"，从而达到创造新知识的目的。用他的话来讲，就是"不是在二元论的对立两极中择一（即要么 A，要么 B）"，而是"综合 A 和 B 之精华"来创造C——"C 独立于 A 和 B，它不是'夹在'A 和 B'中间'或'位居中间'"，即倡导"博采两个世界之精华，透过它们之间的动态互动来创造新生事物"的方式，这也正是知识创造的本质所在。

野中郁次郎认为，西方认识论的历史可以视为知识种类（暗默知识与形式知识）之间的持续论争，西方人倾向于强调形式知识的重要性，而日本人则重视暗默知识。野中郁次郎通过二者之间的社会相互作用动态地将它们统一起来，这些相互作用形成了四种知识转换模式，每一种模式都可以产生一种独具一格的新知识：共同化过程产生"共感"知识，表出化过程诞生"概念"知识，联结化过程催生"体系"知识，内在化过程生成"操作"知识。

继而，野中郁次郎又提出了适合对知识创造过程进行管理的"承上启下"方式，这种方式是通过集被长期视为对立的"由上至下"式和"由下而上"式两种管理之所长创造出来的。相应地，通过综合官僚式和任务团队式两种对立的组织结构的优势，野中郁次郎又创造出促进组织创造的"超文本"式组织结构。对于新产品开发过程中按顺序进行的"接力赛"式方式与重叠的"橄榄球"方式的对立，野中郁次郎则倡导使用"美式橄榄球"这种新方式综合二者的优势。

约翰·科特在其《企业文化与经营绩效》一书中总结了当时三种典型的有关企业文化的理论。第一种理论（理论Ⅰ）认为"强力型"的企业文化①与企业经营的优秀业绩相关。第二种理论（理论Ⅱ）则针锋相对地提出，企业文化要想对企业经营业绩产生正面影响，就得团结企业员工，调动企业员工的积极性。第三种理论（理论Ⅲ）则认为，那些能够使企业适应市场经营环境变化并在这一适应过程中领先于其他企业的企业文化，都会在较长时期内与企业经营业绩相互联系。尽管经过科特的调查与论证，以上三种理论仍缺乏真实具体的验证，但科特认为这三种理论观点本身并不存在任何根本的冲突。科特解释道："它们为我们阐释为什么现今经济实业界存在的部分企业经营业绩要优于另一部分企业的问题，提供了重要的线索。强力型企业文化模式（理论Ⅰ）阐释了企业文化中价值观念和企业规范在调整、激励、管理一个企业的员工中的某种作用。团队型企业文化模式（理论Ⅱ）指出了一个企业采取与企业文化运作的市场环境相适应的经营方式的重要意义。灵活适应型企业文化模式（理论Ⅲ）则提示了企业文化中某些特定具体的价值观念和行为方式可以推动一个企业和它的企业文化进行变革。"

最终，科特与他的合作者将这三种理论观点结合生成了一种更强大、更具说服力的新模式。管理学大师们的融合思维使他们的理论不过度科学化，也不过度简单化。他们在进行明确的定性分类的基础上，微妙地处理着动态的、个别的前提，以使自己的观点不至于僵化。

●● 10.2.3 距离思维法："第三只眼"看管理

一般人做研究习惯于揭开黑箱，善于做细化研究，但管理学大师们似乎是故意和研究对象拉开距离，远观、宏观或跳出管理看管理。

野中郁次郎就是站在哲学的认识论和社会学的远距离来研究知识管理的。他在《创造知识的企业》一书的序言中对两位作者的知识背景进行了介绍。他们在加利福尼亚大学伯克利分校，先是受到教授产业组织理论的格雷瑟的启发，随后又师从斯梅尔舍和斯汀奇康姆，并都以社会学作为辅修科目。"从作者贯穿全局的引经据典中可以看到，我们继承了古希腊哲学和认识论哲学传统。我们还承袭了伯克利分校博士课程以建立新理论为导向的知识传统。我们对建立组织知识创造的一般模型

---

① "强力型"的企业文化具有如下特点："在这样一个强力型的企业文化中，几乎每一个经理都具有一系列基本一致的共同价值观念和经营方法。企业新成员们也会很快接受这些观念、方法。在这种文化中，新任高级经理如果背弃了公司的价值观念和行为规范，不仅他的老板会纠正他的失误，他的下级同事们也会纠正他……这些公司常常将公司的一些主要价值观念通过规则或职责规范公之于众，敦促公司所有经理人员遵从这些规定。"（科特，1997）

的尝试就是这种理论传统的佐证。"作为一位受过西方教育的学者，野中郁次郎对古希腊哲学和现代组织理论具有广博的学识，这使得他对现代管理理论中的认识论和方法论驾驭自如。野中郁次郎利用东方的辩证思考方式来探讨波拉尼的知识两分法，即形式知识和暗默知识，以及两类知识之间的相互作用，形成了"知识创造"的理论体系。野中郁次郎理论研究的一个特征是，"在每个阶段，充分利用已经确立的认知方式及理论来发掘新的意蕴、创造新的意境，从而揭示出他人没有看到的新意"。①

前面简单提到，彼得·圣吉是站在系统动力学的远处来发现管理的新现象的。他被导师佛睿思特教授的系统动力学所吸引，并以此为基础提出整体动态的管理新观念。不仅仅是《第五项修炼》，《变革之舞》也综合了系统论、控制论、行为科学、生态学、管理科学等多种学科和领域的研究成果，借用多种工具对管理领域进行探索，练就了"第三只眼"。圣吉擅长以生态的观点看待管理问题，他认为世界万物皆在变动，但世界又皆成一体，从而将管理组织系统与管理环境视为一个有机的整体统一起来。其基本观点有：系统思考是正确处理管理组织系统与管理环境关系的基本工具。与古典理论通过一些前提假设将环境的不确定性转化为可以分析的状态不同，学习型组织理论承认这种不确定性并积极地面对。彼得·圣吉认为，"内"和"外"总是相对的，我们要防止将"系统"切割，要以一种系统的观点来看待组织的发展。而系统思考就是这样一种工具，它不仅引导人们从看局部到纵观整体，从看事物的表面到洞察其变化背后的结构，以及从静态的分析到认识各种因素的相互影响，进而寻求一种动态的平衡，而且它也是我们看清动态性复杂并了解应如何有效地掌握变化、开创新局面的重要工具，是"认清那些存在于'内'和'外'互动关系中的许多问题及其解决之道"的唯一途径。②

总而言之，管理学大师们好像都是三只眼看三个世界，一眼看现实世界，一眼看理论世界，一眼还能看到思维世界；并且用独特的思维方法和视角，洞见另外两个世界，从而创造新理论和推动新现实。

》》10.3　管理学大师的立场和工具

在讨论谁是管理学大师时我们已经提到：大师们的研究成果是为管理者而作。就像野中郁次郎所言，"我们希望做到理论与实践相结合，套用莱温的话，'没有比好的理论更实际的东西'"③。为了完成对未知领域进行探索的使命，大师们有着独特的立场和工具。

① 野中郁次郎，竹内弘高. 创造知识的企业：日美企业持续创新的动力 [M]. 李萌，高飞，译. 北京：知识产权出版社，2006.
② 宁国良. 论彼得·圣吉的管理哲学 [J]. 广州大学学报（社会科学版），2003（11）：50-52，56.
③ 野中郁次郎，竹内弘高. 创造知识的企业：日美企业持续创新的动力 [M]. 李萌，高飞，译. 北京：知识产权出版社，2006.

●● 10.3.1 研究对象的明显偏向：着迷于"人与人性"

综观大师们的关注点或者说主要贡献，大多集中于与人密切相关的领域，如人性假设、文化、领导、行为、动机、需求、创新、变革、组织和学习型组织等。这可能与我们目前所处这个知识经济时代的大背景密切相关：正是由于他们对于"人"和"人性"孜孜不倦地探索，他们才得以被人们奉为"大师"吧——所谓"时势造英雄"。

管理学中有多种人性假设，这些假设构成了管理理论的基石。比如经济人、社会人、自我实现人、复杂人、竞争人、XYZ人、决策人、善恶人、奋斗人等等，不同假设，产生不同学派，形成不同管理模式。

华为公司任正非就认同奋斗人的人性假设。这个假设来自三个根基，一个是中华民族奋斗抗争的文化传统，一个是中国共产党提倡的艰苦奋斗的革命精神，一个是华为公司以奋斗者为本的核心价值观。华为据此把员工分为奋斗者、劳动者和惰怠者，分别采取不同的考核奖惩模式。

查尔斯·汉迪点出了大师们对人性求索的缘由："尽管世界在某些方面改变甚多，但我不相信人性会变。管理学的目的一直是寻找最佳方法，让拥有不同技能与立场的人，为了共同的目标，同心协力完成任务。在这个比过去更危险、更复杂，也更紧密联系的世界中，这项宗旨的重要性远超出过去任何一个时代……激励人性才是管理真谛。"

德鲁克也一直在强调同样的观点："管理绝不只是运用层级和特权，也绝不只是做生意而已。管理影响人们与人们的生活。"[①]德鲁克在《我认为我最重要的贡献是什么?》一文中阐明了他毕生追求的目标："我围绕着人与权力、价值观、结构和方式来研究这一学科，尤其是围绕着责任。管理学科是把管理当作一门真正的综合艺术。"[②]在多年的研究中，德鲁克对人性的基本假设一直未变，从一开始他就敏锐地洞察到人是需要承担责任，并具有思考和创造力的。他在《企业的概念》（1945）当中就提出了自我管理的思想。他在这本书中建议企业应该培养"有管理能力"的、有"责任感"的员工和一个"自我管理的工厂社区"。在该书的"跋"中，德鲁克写道："至于我，我一直认为，有经理观念的责任员工和自行管理的工厂是我最重要和最有创意的思想，也是我所作出的最大贡献。"在《管理实践》（1954）一书当中，德鲁克提出了目标管理。这一管理理念的提出，正是基于他对人性的认识，每个人都期望能够实现个人的理想和目标，如果这一目标能够在组织当中实现，岂不一举两得。继而，在《明天的里程碑》（1959）一书中，德鲁克正式提出了知识工作者（knowledge workers）这一概念，并在《21世纪管理的挑战》

---

① 汉迪. 大师论大师：汉迪解读13位管理大师［M］. 汪芸，译. 北京：中国人民大学出版社，2007：27.

② 那国毅. 百年德鲁克［M］. 北京：机械工业出版社，2010.

（1999）一书中专门为个人的发展提供了建议：如何进行自我管理。这也是德鲁克一再强调的一点：我最关注的是人。

被称为"管理学的理论女王"的罗莎贝斯·莫斯·坎特也曾表示，她不确定人类是否会继续进化演变，她所提出的问题关切的不是科技，而是人，是我们的人性与价值观。她认为，我们可以作出抉择，促使社会以人性方式往前推进。

以《追求卓越》一炮走红的彼得斯认为重要的核心价值是人、科技、速度与创造力。他不断传播这样一个信息，即企业中人占90%，科技只占10%。

约翰·科特和沃伦·本尼斯均被视为领导学领域的大师。科特认为，管理者能否进行有效管理，很大程度上取决于他们能否与他人建立某种联系。他有一句耳熟能详的名言是："取得成功的方法是75%～80%靠领导，其余20%～25%靠管理，而不能反过来。"本尼斯以人道主义者自居，他表示："我认为每个人的生命都该有所贡献，工作就是贡献的主要方式；我深信领导者创造的人类社会，最终会成为最完美的组织。"他对人性寄望很高。

就连以理性分析著称的竞争战略大师迈克尔·波特，在其《竞争战略》一书的最后也写道："成功关键在于创造力与洞察力以及强有力的领导，管理者必须充满干劲地作出困难抉择，勇于坚持立场，不怕抵触产业的传统智慧。"

●● 10.3.2　研究数据的获取途径：案例研究和实地研究

本章所列大师多为强调经验、实证和归纳的英美学派。案例研究和实地研究是他们经常用到的两种方法。

以德鲁克为代表的经验学派，强调自然科学与社会科学在研究方法上的区别，认为自然科学是探寻自然界的一般规律，而管理科学则是说明组织及其管理中的具体事物的联系，具有不可重复性，也没有一般规律可循，因而他们反对将自然科学的概括性规律方法运用于管理科学，提倡在管理学研究中必须注重对个案的考察，管理科学的主要方法应当以描述性的历史方法说明组织及其管理现象。因此，以德鲁克为代表的经验学派的方法论可以概括为"以问题为导向，以案例为基础"[①]。我们可以在大师们的著作当中看到大量以事实和案例进行说明和解释的篇章。

大师们的重要任务之一就是运用他们敏锐的洞察和独特思维来揭示现实中企业成败的机理，在此基础上形成能够为更多企业带来福音的新的理论指导，并指明未来发展的方向。而案例研究和实地研究恰好能够使大师们亲临现场，了解目前所发生的一切——二手数据将泯灭大师们的独特认知视角。案例分析的目的经常是开拓性地发掘，这种方法从本质上属于探索性或者是描述性的，特别适合创新的研究领域、还没有形成理论体系或者现有理论无法充分说明的研究领域。[②]正如德鲁克在《成果管理》中所言，"成果的取得是靠挖掘机会，而不是靠解决问题"。大师能够

① 罗珉. 德鲁克管理学方法论述评 [J]. 外国经济与管理，2005，27（12）：2-11.
② 李建明. 案例分析方法在管理学研究中的应用 [J]. 上海经济研究，2004（2）：76-79.

获得殊荣，原因就在于此。

汤姆·彼得斯深信，实实在在发生在企业当中的管理实践，其价值百倍于经过复杂推理和计划而产生的"管理理论"。他同合作伙伴严格筛选了43家典型的样本公司，对其中21家进行深度访谈，其余22家进行一般访谈，主要是去"采访那些聪明、杰出和顶尖的管理者"。同时对属于"？"这个类别的12家公司也进行了深度访谈，并对此前的25年间有关这些公司的文献进行了深入研究，在调查的基础上，总结优秀公司的经验，并上升到理论，从中总结出具有共同规律性的最佳管理实践，最终写出了《追求卓越》一书。

约翰·科特的《总经理》一书试图回答以下一系列问题：管理者是谁？他们都是干什么的？他们如何工作，要处理哪些信息，要和谁一起工作，以及要扮演哪些角色？科特也对一群掌握全面技能或掌管综合管理工作的经理们进行了描述和分析，对被选取的15名经理人进行了长达5年的追踪采访。这些经理年龄从36到62岁不等，学历有硕士和学士，有不同的宗教信仰，出生地遍布美国各地，行业涉及审计咨询、商业金融、杂志出版、零售百货、投资管理等。科特试图通过对这些经理人中典型个案的解读，对什么是真正的管理、经理人究竟是如何开展工作的，做一番全景式的描绘。

野中郁次郎与其合作者先后访问过近20个组织，其中大部分是日本企业——佳能、本田、松下、NEC、日产、花王、夏普、马自达、富士施乐、新卡特彼勒-三菱和富士通公司，也拜访了几家美国组织——3M公司、GE公司和美国海军陆战队。为了收集所需的现场数据，它们对这些组织中大约130位管理者进行了深入的专访。通过长期深入的调查研究，形成了知识创造的理论，开发出一个具有普遍性的、用以解释企业如何进行知识管理的模型，形成了《创造知识的企业——日美企业持续创新的动力》一书。

吉姆·柯林斯和杰里·波勒斯的《基业长青》耗费了5年时间，他们阅读并系统整理了近6 000篇文章，创建了3.84亿字节的电脑数据，对1965年以来《财富》杂志历年500强排名中的每一家公司（共1 400多家）逐一分析。书中描述的18家"理想型企业"（visionary companies）都是在1945年之前的150年中成立的。两位作者发现，他们调查的18家公司拥有超越利润之上的核心目标。由于秉承这一目标，虽然有时候要舍弃短期财务盈利，但公司得以创造出更高的长期股东回报率。

沃伦·本尼斯在领导方面的开创性著作《领导新论》一书，也是通过访问和研究美国的90位领导者而写出来的。这90人中有60人来自企业，其他30人来自多种非营利组织，包括首次登上月球的宇航员阿姆斯特朗与空中绳索特技家瓦兰达。本尼斯的这项研究是基于印象所得，而非来自统计数字，用以获得活生生的真实感受。他并未要求受访的领导者填写问卷或勾选答案，而是要他们坐下来与他对谈，每人通常花四五个小时，有时对一人连续访谈数日。他说，这个过程很像钻油井，这里扎一下，那里刺一回，盼望突然涌出石油。

●● 10.3.3　研究数据的分析方法：分类而非定量

管理大师们更多使用的是定性的或偏向于定性的研究方法，因为事实是连续的，很难使用一些间断的点表述清楚（即定量方法），管理大师们通过对事实的观察、大量案例的研究，最终得到超越数据的感悟和思想——数据本身并没有思想，只有看到数据背后深层的东西、超越数据才有思想。而这些大师，已经将这个对大量事实和样本研究的过程内化于心，从而得到独创的观点。

科学研究最基础的工作便是分类。因为大师们更多是在从事探索性的研究工作，作为未知领域的拓荒者，看似简单的分类，却能够带来最接近事实的说明。对事物进行分类是一种权变的思考方法，不是统而概之，而是具体问题具体分析，分成不同类别加以研究和说明。因此我们看到大师们对于资料和信息最典型的处理方法便是分类，而不是数理统计。正如汤姆·彼得斯在《追求卓越》一书中所言："我们反对方向错误、复杂无用、僵化的分析，反对对未知数进行详尽分析。"

二分法可以说是管理理论表述方法中运用最多的方法了。阿吉里斯把人性分为不成熟与成熟两种，野中郁次郎将知识分为暗默知识与形式知识。本尼斯把领导者分为两类，一种是原生型领导者，另一种是再生型领导者。素有"管理哲学家"之称的查尔斯·汉迪把世界上的问题分为两种，一种是"收敛性问题"，即可以找到"唯一答案"的问题；另一种是"发散性问题"，即无法找到唯一答案的问题。进而他认为，平庸的商人通常为了寻找固定答案而奔波，然而，真正的商业问题都是发散性的，没有固定的答案，这正是商业的困难之所在，也是其魅力之所在。但是，大师们只是将二分法作为界定概念的一种方法，作为更深层分析的一个步骤，而没有停留在两分法之上。

多分法比二分法更复杂地表述了事物的层次，解决一部分不能简单用二分法表述的问题。更为复杂的多分法是超越线性分类的散点式分类，这样的分类表述往往是对现实企业的研究归纳，不追求科学和精确，但与组织现实情况比较接近。如《追求卓越》一书，汤姆·彼得斯将卓越公司归纳出八大特征：崇尚行动、贴近顾客、自主创新、以人促产、价值驱动、不离本行、精兵简政、宽严并济。

在20世纪90年代最为畅销的《领导变革》一书中，约翰·科特总结的组织常犯的八个错误已成为使企业保持生命力的至理名言。这八个错误分别是：①自满情绪太高；②变革领导团队不够强；③低估愿景的作用；④愿景沟通不足；⑤放任种种障碍阻挠新愿景；⑥没有创造进程战果；⑦太早宣布成功；⑧没有将改变深植企业文化中。[①]

彼得·圣吉在《第五项修炼》中指出，系统思考有五种方法，即自我超越、改善心智模式、建立共同愿景、团体学习和系统思考。

---

① 科特，赫斯克特. 企业文化与经营业绩［M］. 李晓涛，译. 北京：中国人民大学出版社，2004.

阿里·德赫斯的《长寿公司》就是通过研究，不断地对他所发现的事物进行分类而一步步完成分析的。他先将现实中的公司分为两类，一类是经济型公司，另一类是生命型公司（又称为学习型公司或河流型公司），并比较二者在以下一系列核心问题上存在的根本差异：目标、成功标准、组织结构、学习方式、工作观念以及员工与企业的关系各方面。接着，德赫斯认为，学习型组织具有区别于传统企业的鲜明特征，包括：①强调学习，适应能力强；②鼓励创新，允许失败；③组织结构扁平化，强调自我管理；④尊重个人，强调个人和企业的共同成长。

德赫斯发现，"长寿公司"都有如下四项特征：①对于环境变化非常敏锐；②有高度凝聚力与认同感；③保守的财务策略；④高包容度与分权想法。就最后一点而言，我们可以将公司管理方式就其状态简单地分为宽容型与非宽容型两类。德赫斯通过研究得出：能长期生存的公司都是宽容型公司。

宽容型管理的理念与方法，包含以下一些基本内容：①公司的决策与管理结构是能够充分发挥各层次各部门主观能动性、同时授予全体员工创造性权力的分散的结构管理模式；②公司把争取长远经济利益作为最高标准；③公司与分公司、各部门之间的关系，是在保持完整的前提下采取多元化的经营战略；④不仅营造出有利于分公司、各部门和全体员工创新的环境、条件，而且对公司与分公司、各部门及全体员工在经营理念、策略和方式的差异性上具有极大的忍耐力；⑤宽容型管理是一个开放性系统；⑥实施宽容型管理的公司的最高领导层，把建立"智囊团"放在决策工作的重要位置，并为其创造良好的环境与条件。

实施宽容型管理，必须具备相应的条件，大体需要如下三项：第一，企业要有一个稳定持久的核心素质。第二，企业要有实施宽容型管理的足够空间。第三，企业要具有宽容与控制的平衡能力。这种分类法，和法约尔提出的管理过程中的5项职能、14项管理原则的做法基本一致。

≫ 10.4 管理学大师的成果表述方式

正因为大师们的作品大都属开创性的成果，拓展了一块新的领域，是一个典型的知识创造的过程，所以他们往往需要借助于适当的表述法向人们说明他们的新奇想法。正如野中郁次郎所言，这是一个将"暗默知识明示化"的过程。这个创造新知识的过程，恐怕很难通过列举统计数字来完成，而实现这一过程的有效途径，可以是创造新概念，借助比喻、类比、模型[①]以及站在巨人肩膀上的方式。当然，我们更普遍看到的，还有大师们利用现实中发生的故事与案例作为基础，来支持他们的新观点。[②]

---

① 往往是以图形的方式表达更有效。
② 这一点我们就不在本章讨论了。

●● 10.4.1　概念创造法

为了能够将其开创性的思想表述清楚，大师们不得不经常性地创造一些从未被使用过的新概念，而这些新概念往往成为引领管理理论潮流的关键词。

正如哈默尔在其著作《引导革命》中所述，企业的创新"是要产生'新概念'"，概念上的创新要优先于技术上的创新，概念创新可能更有效果。管理学大师们的研究也是如此。

德鲁克在《管理实践》（1954）中首次提出了目标管理，在《明天的里程碑》（1959）中正式提出了知识工作者这一概念，在《不连续的时代》（1969）中提出了知识社会的概念等。在管理的发展史上，他提出了若干足以被视为里程碑的新概念，但德鲁克认为自己最引以为豪的贡献是："我创建了管理这门学科。"[①]

哈默尔在《公司的核心竞争力》（1990）一文中首次提出了"核心竞争力"的概念，标志着企业核心竞争力理论的正式提出。该理论较好地解释了成功企业竞争优势长期存在的原因。哈默尔思想的中心是行业的预测、战略意图和核心竞争力等概念。

多数大师们都提出了具有预见性的若干新概念，这包括菲利普·科特勒的"反向营销""社会营销"，克里斯·祖克的"核心战略"，诺尔·迪奇的"领导力循环""有效教学循环"，野中郁次郎的"知识变换"、"知识螺旋"、"自组织团队"以及创造性混沌，丹尼尔·戈尔曼的"情绪智力""情感汤"，克莱顿·克里斯滕森的"颠覆性技术"，诺顿和罗伯特·卡普兰的"平衡计分卡""战略地图"，查尔斯·汉迪的"联邦制组织""三叶草组织""权力补贴（逆向授权）"，阿里·德赫斯最有创见性的突破则是他建立了公司长寿的视角，提出了"学习型组织"概念。伊丹敬之提出了与安索夫不同的"三要素"说，加护野忠男创造了"组织认识论"，李占祥提出的"矛盾管理"概念将毛泽东哲学层面的矛盾论方法引进了管理学，席酉民的"和谐管理"概念适应了和谐社会的时代声音。后人的研究基本是在这些新概念上追加定语，或者变换研究样本，进行细化研究，从而形成一个新领域和学派。

●● 10.4.2　比喻或类比法

由于大师们所创造的新知识、新结论不是完全确定的，因而难以用准确、科学、抽象的概念或符号表述清楚。因此，比喻或类比的方法就显得格外有效。用形象的语言或符号（如图形），反比用生硬抽象的概念更接近所要说明的事物或现象的本质。正如尼斯比特（Nisbet，1969）所表明的，"大多数被迈克尔·波拉尼称之为'暗默知识'的东西皆可以用比喻的手段表现出来，只不过是表现的程度大小不同而已"。

---

① 那国毅. 百年德鲁克 [M]. 北京：机械工业出版社，2010.

野中郁次郎在《创造知识的企业》一书中也讨论了比喻和类比对于创造新知识的作用，实际上这不仅是对于企业的建议，他自己已经在研究中实践着这些做法。他在书中写道：

"比喻或类比是独特的认知方式。它是处于不同情境和具有不同经历的个人通过使用想象力和象征直觉地理解某个事物的方法。它不需要分析或概括。透过比喻的棱镜，人们将他们用新的方式理解的东西整理在一起，并开始表达他们所知道但却没有表达出来的知识。同样，在知识创造的早期阶段，比喻在鼓励对创意过程的直接投入方面非常有效。

"在区分两种思路或两个物体方面，类比方法比比喻方法更具条理性。类比能够阐明两种思路或两个物体之间的异同之处。在这一方面，类比是纯粹想象和逻辑思维之间的媒介。"

在讨论新产品开发过程的管理模式时，野中郁次郎先使用"接力赛"和"橄榄球"等语言来比喻不同的管理过程。紧接着，他又进一步地以类比的方式剖析了两种方式各自的特点：

"按照接力的方式，新产品开发各个阶段是依次进行的——概念开发、可行性检验、产品设计、过程设计、试生产及正式生产，其中一组职能专家将接力棒传递给下一组。在接力赛中，职能被专业化和分解，劳动分工是其规范的做法。不过，这样做的一个弊病是开发产品的前置时间较长。另一方面，按阶段依次进行的过程可以使每个阶段里各个职能小组做到精益求精、尽善尽美，往往会产生较高的绩效标准。

"在橄榄球方式下，产品开发过程源自多职能团队（其成员自始至终齐心合力一同工作）的持续相互作用……对于追求迅速且灵活地开发新产品的企业，橄榄球方式是必不可少的。团队成员之间持续互动，鼓励他们挑战现状，实行'试与误'过程以及创造新的学习形式……但……努力保持小组整体统一与一致会造成对表现的标准作出妥协的危险。"

在将两种方式进行对比之后，野中郁次郎用其擅长的融合思维提出了"美式橄榄球"方式，统一了两种模式。

"通过利用集接力赛和橄榄球两种方式的长处于一身的'美式橄榄球'方式，我们就可以避免在接力赛方式中的表现与橄榄球方式中的速度之间所必须进行的取舍。日产汽车公司在欧洲开发其'霹雳马'时部分地使用了美式橄榄球方式。这种方式既可以获得极高的性能，又能获得较短的开发时间。为了在相距数千英里之遥的两个地点同时开发一款车型，'霹雳马'项目团队成员不可能采用他们在橄榄球方式下开发产品所熟悉的面对面互动。因此，他们不得不在项目启动之前澄清整体（如经营）战略，并开发具体的中间概念（如制造销售）及产品概念。伊始，几位项目主管通过充分的对话作出决策，就好像在美式橄榄球赛中，主教练与进攻和防护教练一起制订整个比赛计划和具体战术一样。

"一旦产品概念确立之后，几个职能部门根据明确的职能分工分头采取行动。

这些部门与美式橄榄球方式中的专门化团队非常类似。每个部门以橄榄球的方式运行，以团队移动的全部距离为单位，将'球'在自己单元内部以及各个小组之间继续传递。当队员开始上场奔跑时，项目负责人开始就对项目成功必不可少的部门间合作彼此交换意见。利用这种方式，美式橄榄球方式不仅充分合并了接力赛和英式橄榄球方式的优势，而且还为产品开发指出一种新方法。"

在探讨有利于知识创造的新型组织结构时，野中郁次郎再次使用了比喻和类比的方式。他认为，官僚式管理和任务团队是两种典型的传统组织结构，往往被人们以对立的两极看待。但实际上，这两种组织方式在促进组织的知识创造方面并不互相排斥，而是彼此互补，这样一种为创造知识的企业提供持续（以循环的方式）且重复地获取、创造、利用和积累新知识的战略能力的新型组织设计就产生了——野中郁次郎把这种结构比喻为"超文本"式组织[①]。

为了说明"超文本"式组织是如何发挥作用的，野中郁次郎将二者的运作过程进行了类比。

"'超文本'式组织的独特之处是在同一组织内部同时存在三个完全不同的'层'或情境[②]。对照《哈姆雷特》的例子，知识可以存在于'业务系统'情境内，它类似于戏剧本身。项目团队提供另一个情境可以让组织成员从截然不同的角度来审视传统的组织情境，这类似于《哈姆雷特》人物的文学分析。第三个情境是知识库里存在的知识本身。正是在这里，另外两个情境中创造的知识被储存起来，并重新情境化。这个知识库类似于不同演员表演相同台词时的场景的影像集。'超文本'式组织的关键特征是其成员在不同情境中'穿梭'的能力。为了适应组织内外变化情况的要求，他们可以在这三个不同层面'移动'。这种能力提供了很大的灵活性，就像计算机操作者通过超文本文件'移动'不同文本一样。"

德鲁克在《新社会》一书中为了说明大生产企业要把工人的具体工作与整体工作联系起来的意义，将现代工厂的社会组织同剧团或交响乐团进行了比较。

"无论一个跑龙套的角色是多么不重要，但是，他的工作与明星的工作具有同样的意义。当一个初出茅庐的年轻演员试图像设计自己的角色那样想象明星的角色时，很可能会被粗俗地误解。但是，他至少认为，他应该明白明星在干什么。在钢板成型和一个完整的涡轮之间、在打孔机上给卡片打孔和银行业务之间可没有这样

---

① "超文本"一词源自计算机科学，野中郁次郎和竹内弘高（2006）在《创造知识的企业》中对此进一步作出了解释："超文本是由多层文本构成的，而传统的文本则只有一层，即文本本身。计算机屏幕上的文本可能是一个超文本文件中的段落、句子、图表或图像，每个文本通常是以不同的文件分别储存的。当需要某个文件时，操作员可以输入指令，同时以连续和逻辑的形式在计算机屏幕上打开所有的文本。操作员通过超文本可以进入多层文本。这一特点让使用计算机的读者不仅可以浏览文本，还可以深入查询细节和背景来源资料。人们甚至可以查看影像之类的不同媒体。"

② 野中郁次郎和竹内弘高（2006）认为，"超文本"式组织是由相互连接的"层"或情境构成的：业务系统、项目团队和知识库。中间一层是执行日常例行运营的"业务系统"，即我们平时常见的官僚制体系。最上一层是"项目团队"层，其成员分别来自各事业部的各个单位，他们被抽出来完成如新产品开发之类的知识创造活动，在任务完成之前他们只为某个团队工作。"知识库"位于最底层，在上面两个层里创造的组织知识被重新分类，并且重新情境化。这一层虽然作为某个实际组织实体并不存在，但是它深植于企业愿景、组织文化或技术之中。

的想象关系。通过构想钢板的成型或打孔流程，只能想象到更多、更大的钢板成型和打更多、更大的孔。

"不是作业的规模，甚至也不是作业的种类，而正是在现代工业生产流程中形成产品的整合的性质造成了困难。这种生产流程本身构成了人脑最伟大、最富有创造性的成就之一，一个非常大胆的构想，一个有序整理和综合的壮举。但是，整体构想、整体产品、整批订货只能通过成品整合在一起。这一点只有高层人士能够轻而易举地做到。这就好比在一个交响乐团里只有指挥能够听到所有的乐器演奏的音乐，而乐手们坐在别人看不见的隔音单元里听不到任何其他乐器演奏的音乐。通过采纳极其严格的协调规则，我们照样能够演奏交响音乐。但是，没有一个乐手知道他在干什么，他们当中没有一个人能够说出自己为最终结果作出什么贡献——也许他们面前连完整的乐谱都没有。"

解决之道也在这个类比之中，当每个乐手都理解要完成的最终作品，了解它的意义，也了解其他人的工作之后，他们能更好地发挥自己的技能。因此，不管是德鲁克的《新社会》这本书所讨论的20世纪50年代前后的工业社会，还是当下这个知识社会，管理都是重要的，管理最重要的职责就是让组织中所有人具有全局眼光、建立管理意识。①

查尔斯·汉迪在其《管理之神：组织变革的今日与未来》中首次对不同文化类型的组织进行了分类和描述。他对四种类型的组织分别冠以希腊诸神的名字。通过影响力构筑放射形"蜘蛛网"，将权力由组织中心传递到整个企业的团体文化被称为"宙斯文化"（Zeus culture）；讲究阶层的角色文化、极为注重规则与程序的团体文化被称为"阿波罗文化"（Apollo culture）；以项目为中心、着眼于提高技艺的任务文化则称为"雅典娜文化"（Athena culture），这种组织文化不但支配顾问公司与广告公司，且逐渐主宰一切创意相关行业；听凭员工自由发挥的存在主义则被称为"狄奥尼索斯文化"（Dionysian culture），在这种组织中，个人能自由发展自己的构想，如大学或艺术家工作室。

查尔斯·汉迪的作品当中充满了隐喻和类比的语言，他影响商界的主要观点包括"大象与跳蚤"②、"联邦式组织"③、"三叶草组织"④、"甜甜圈原理"和"权力补贴"⑤、"中国式契约"⑥等。

坎特擅长运用生动的成语和隽永的格言。她在《e变》中预言，"采取新模式的组织不再是讲究权威、多层次的组织，而是精简扁平的运动员式（athletic）的组

① 方军. 一颗有着管理意识的螺丝钉 [N]. 经济观察报，2006-06-07.
② 世界将日趋个人化、选择化与风险化；这样的世界未必安逸，而且充满风险，但会有更多塑造人生、活出自我的机会。
③ 出于平衡全球化和本地化、平衡规模效应和灵活性的需要，一种类似于联邦制国家的、以自治和合作为特征的组织成为组织演进的趋势。
④ 组织越来越明显地由三部分人员组成：专业核心人员、外包人员和弹性人员。
⑤ 成功的组织确定成功标准，放手信任别人，允许他们用自己的方法达到你要的结果。
⑥ 一种通过为各利益相关方持续不断地创造价值，来播种、培育、维护的，动态的、心照不宣的契约，一种在超越确定性中寻求确定的契约。

织"①。她列出现代企业内众多"商业运动员"（business athlete）需要具备的技能。首先，"商业运动员不靠背后的组织层级的力量做事，而是靠自己做事"。其次，"要用增加与同事合作的方式与人竞争，不可靠削弱同事求胜。换句话说，必须奉行最高的道德标准"。坎特指出其他能力还包括多维度、双管齐下以及从工作成果获得满足感等。坎特还把战略比喻成"一座即兴演出的剧院"，她说，"上台表演时，你心中有的是一个想法，而非一项计划，一旦开始演出，就让戏剧带着自己前进"。

戈沙尔也是一位擅长运用比喻的大师，他的比喻具有唤起热情、激发想象力的强大威力。他指出，"企业有如陀螺，动能一旦减弱，就会倒地不起"。他认为，在第二代组织②中，大公司的创新精神只能用来追求全垒打。若以板球来比喻，管理者必须追求边线得分（boundaries），而非仅得一分的安打（singles）。

任正非更是善于用比喻的思想者。他把华为的市场机制比喻成"狼群"或"狼狈机制"，用狼群的三个特点比喻华为的文化；用"深淘滩，低作堰"的都江堰工程来比喻华为和产业链友商的竞合关系；用"一桶浆糊"把十几万人粘在一起来比喻领导者的作用；用第二次世界大战中被打得千疮百孔还在飞行的苏制伊尔-2 飞机来比喻华为的艰难、不屈。

管理学大师关注的都是探索性问题，形式逻辑中的归纳法、推理法都不太容易表达这类问题，而利用生动形象的比喻法或类比法，大师们将他们对新领域探索得到的抽象概念表达得淋漓尽致。

10.4.3　图示模型法

利用简单的模型可以将现实事物的特点简洁地勾画出来，而如果使用文字可能耗费很大工夫也不容易表述清楚。用查尔斯·汉迪的话来讲，"记住图像比记住概念更容易；画面停留在脑子里的时间，比技术术语更长"。借助图形向人们说明一种陌生的事物，似乎更符合人们的认知习惯——简单易记也是大师们传播思想的重要基础。

汤姆·彼得斯和其合作伙伴在《追求卓越》的研究中发现，要明智地进行组织，必须包括至少 7 项相互依存的变量：结构、战略、人员、管理风格、系统和程序、指导理念和共同价值观（譬如文化），以及企业目前和未来预期具备的长处或是技能。哈佛商学院的安东尼·阿索斯鼓励他们进一步修饰这个概念，统一开头字母，否则不方便人们记忆，以致这套理论可能难以说明，也很容易被遗忘。在他们将这 7 项变量全部以 S 开头的单词表示，并且发明了一个与之配套的标识之后，这个模型成为后来众所周知的麦肯锡 7S 框架（McKinsey 7S Framework），如图 10-2 所示。

① 汉迪. 大师论大师 [M]. 汪芸，译. 北京：中国人民大学出版社，2007：97.
② 戈沙尔，巴特利特. 以人为本的企业 [M]. 苏月，译. 北京：中国人民大学出版社，2008.

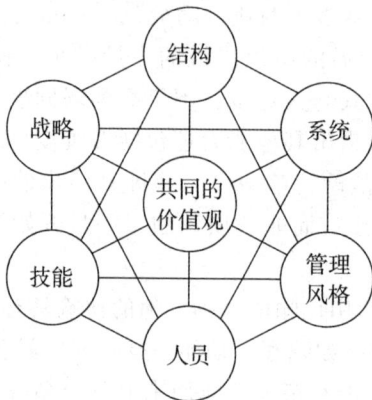

图 10-2　麦肯锡 7S 框架

野中郁次郎在《创造知识的企业》中通过建立知识转换模型（即 SECI 模型，如图 10-3 所示）清晰地表明了暗默知识与形式知识之间相互作用、转换的四个模式，说明了新知识的创造过程。野中郁次郎把从暗默知识到暗默知识的过程称为"共同化"，即共享体验并由此创造诸如共有心智模式和技能之类暗默知识的过程。"表出化"就是从暗默知识到形式知识的过程，即将暗默知识表述为形式概念的过程，这是知识创造过程的精髓。"联结化"是将各种概念综合为知识体系的过程，这种知识创造模式涉及将不同的形式知识彼此结合，个体通过文件、会议、电话交谈或计算机通信网络等媒介将知识联结在一起。"内在化"则是使形式知识体现到暗默知识之上的过程。这个过程与"做中学"（learning by doing）有着密切的关系。针对每一个转换过程，野中郁次郎都列举了大量案例予以证明。

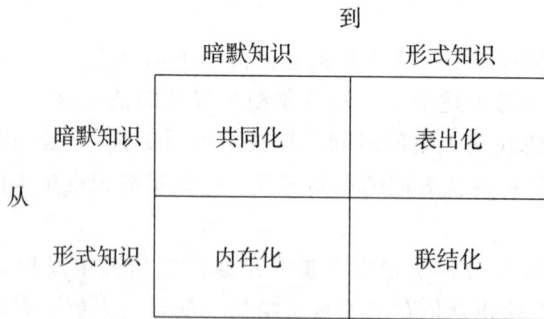

图 10-3　"知识转换"模型（SECI 模型）

在我们所列的大师中，最擅长运用模型的恐怕应当是迈克尔·波特教授了。"我全心投入竞争研究达 20 年，试着掌握企业与产业的复杂状况，借以形成理论，再把理论活化，供人们实行。"他在《竞争战略》中提出的概念既简单又发人深省。他提出行业结构分析模型——五力模型（如图 10-4 所示）：行业现有的竞争状况、供应商的议价能力、购买者的议价能力、替代品的威胁、新进入者的威胁这五大竞争驱动力决定企业的盈利能力。在与五种竞争力量的抗争中，蕴涵着三类成功战略思想——总成本领先战略、差异化战略及目标集中战略（如图 10-5 所示）。

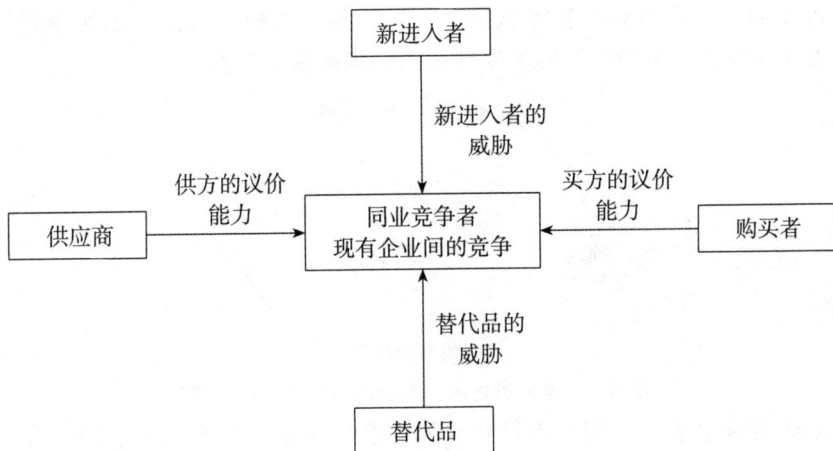

图 10-4 迈克尔·波特的"五力模型"

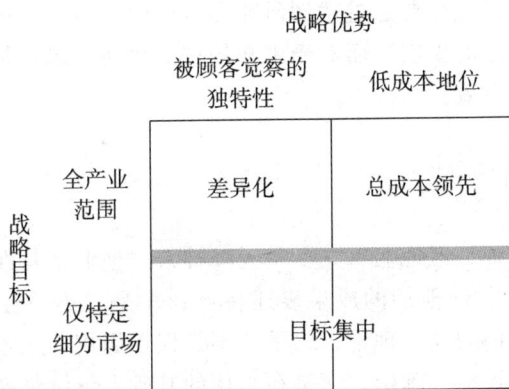

图 10-5 迈克尔·波特的"三种基本战略"

　　波特提出的三种竞争战略、五力模型听起来复杂，但他举出许多范例，带领读者思考公司的处境，进而归结出一份明晰的战略指南。面对纷繁复杂的行业环境，如果找到这样一种简单而好用的分析框架，确实能够让许多管理者爱不释手。正如汉迪所评论的那样，"波特的公式极为成功，几乎给人一种错觉，即相同产业的每一家企业都有可能使用同一套公式脱胎换骨，推出与众不同的产品或服务"。

　　我们常被未觉察的结构所困。彼得·圣吉则利用系统思考的力量，帮助读者把自己从以前看不见的力量中解脱出来，进而拥有熟练运用和改变它们的能力。他在《第五项修炼》一书中介绍了九个系统基模①。这九个基模能够增强人们的洞察力，重新调整认识，帮助人们看出一再重复发生的结构形态，继而弄清楚结构的运作和其中的杠杆点。彼得·圣吉说道："运用系统基模可以发现，各类管理问题有其共通性，有经验的管理者在直觉上都知道这点。"图 10-6 即圣吉所谈到的"反应迟缓调节环路"模型，它所描述的是当个人、群体或组织，在具有时间滞延的调节环路中，不断朝向一个目标调整其行动，如果没有感到时间滞延，他们所采取的改正行

────────────────

① "系统基模"（archetype，系统的基础模型）是学习如何看见个人与组织生活中结构的关键所在。

动会比需要的多，或者有时候干脆放弃，因为他们在短期内一直无法看到任何进展。圣吉在这里用简单的图示模型来帮助人们理解这个环路。

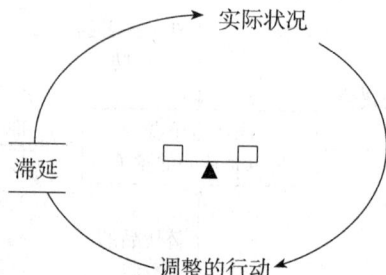

图10-6　彼得·圣吉的"反应迟缓调节环路"模型

从上面的讨论中，我们不难得到这样的逻辑线索：对于大师们的研究工作而言，它们大多是通过独特的思维方法而进行的探索性的研究，这一研究目的的确定，基本上决定了他们往往要通过案例研究和实地研究搜集大量的一手数据，近距离地观测实践当中发生的事实，而对于未知领域的描述，恐怕是通过比喻、类比和图形等表述方法最为有效。

●● 10.4.4　巨人肩膀法

虽说是管理学大师，但他们也并不是天降神人，他们也是在前人成果的基础上才作出划时代贡献的，但他们的成果表述特点：一是，不关注和综述一般人的理论，而关注管理大师们的经典理论；二是，不是仅仅引用前人理论，而是拓展前人理论；三是，不是批评前人理论，而是在承认的基础上继续创新理论。我们认为这很像"站在巨人的肩膀上"的做法，于是把这种方法叫作"巨人肩膀法"。

比如西蒙，可以说他是站在泰罗和法约尔的"肩膀上"创新管理决策理论的。科学管理大师泰罗等人认为，人是坚持寻求最大价值的经济人，具有最大限度的理性，能为实现组织和个人目标而作出最优的选择。西蒙则在此基础上运用社会系统和计算机科学知识，发现人的实际行动不可能是合于完全理性的"经济人"，而是具有有限理性的"决策人"，不可能预见一切结果作出最优解，只能在可供选择的方案中选出一个"满意的"方案。法约尔认为管理是计划、组织、指挥、协调和控制五个职能构成的，西蒙则认为管理是一种决策行为，决策制定过程有情报活动、设计活动、抉择活动和审查活动四个阶段，从而脱胎于法约尔的管理职能学派，创造了管理决策学派。

中国的现代管理学出现晚于西方，因而是从学习西方管理学开始的，西方管理学大师的思想和著作，正是我们进步的巨人肩膀。

我们认为中国的现代管理学的进步阶段，可以分为四个。

第一阶段是完成西方管理学大师思想的中国化。

第二阶段是建成一批世界一流企业和管理模式。

第三阶段是形成具有中国特色的现代管理理论。

第四阶段是形成公认的中国管理学思想及大师。

这里可以用作者本人的研究经历做一说明。在硕士博士阶段，多是学习和翻译国外管理学成果，那时能找到这些书籍都很不容易。这才是第一阶段的前半步，直到现在，走这半步的人也不少，也不可或缺，那就是把西方管理学思想的中文化——翻译、解释和销售，属于知识进口商。然后在青年教师阶段，把这些理论应用于自己的研究、办企业和咨询工作，形成中国化，完成第一阶段。

然后是走出研究室，常年深入企业现场，帮助建设中国企业的特色管理模式，比如华为公司、国网公司等大批民企国企，在这个过程中，验证这些模式的有效性和独特性，这是第二阶段。

第三阶段是开始写作和讲演，系统化总结这些经过检验比较成功的模式，通过观察其普适性，从而走向中国特色管理思想的理论化、学术化。

本人目前处于第三阶段，出版的五十几本学术图书，基本是力图学习"巨人肩膀法"作出管理学贡献。不过，这个"巨人"有两个：一个是西方管理学大师，一个是优秀的中国企业家。

下面介绍两个我们站在"巨人肩膀上"形成的管理学模型。

第一个，我们站在野中郁次郎的"两维模型"的肩膀上提出了知识管理三维模型（如图10-7所示）。尽管野中郁次郎的SECI模型（如图10-3所示）研究用了很多企业中的知识创造的例子，但其主要是研究一般知识创造和转换的，对企业知识的特质并没有给予真正的关注。我们经过长期在企业特别是华为公司这样的高科技企业的研究认为，企业知识必须是具有经济价值或市场价值的知识，因此，完整的知识管理模型必须在知识认知维度和知识存在维度之上，增加知识价值维度。现实管理中如果少了知识价值这一维度，则知识创造的目的则会变得模糊不清。

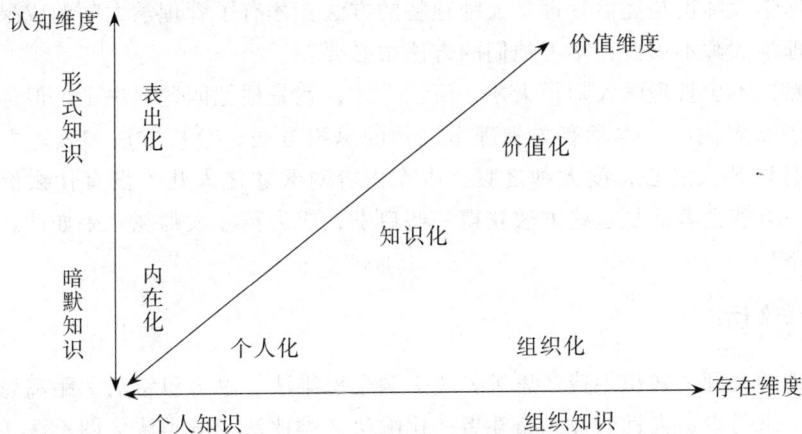

图10-7 从野中郁次郎"两维模型"到杨杜"三维模型"

为此，我们提出了知识价值化的CACA模型，即知识价值四化：商品化（commercialization）、职权化（authorization）、资本化（capitalization）和资产化

（assets）。这个模型是我提出的"知本论"的一部分，是站在华为公司总裁任正非的肩膀上的成果。

第二个，我们站在波特的"五力模型"的肩膀上提出了"七力模型"（如图10-8所示）。我们把"竞争"概念扩展为"竞合"概念，并考虑到企业间的竞争日益成为企业群或企业联盟之间的竞争，以及与企业关联越来越密切的政策和规则因素——比如房地产调控政策变化、利率下调、税收政策变化等，会突然出现危险或机会，可能置企业于死地，也可能带来意想不到的好处，所以把"五力模型"变形为"七力模型"，这尤其符合中国企业目前置身的经营大环境，也符合国际化、全球化企业的竞争现实。

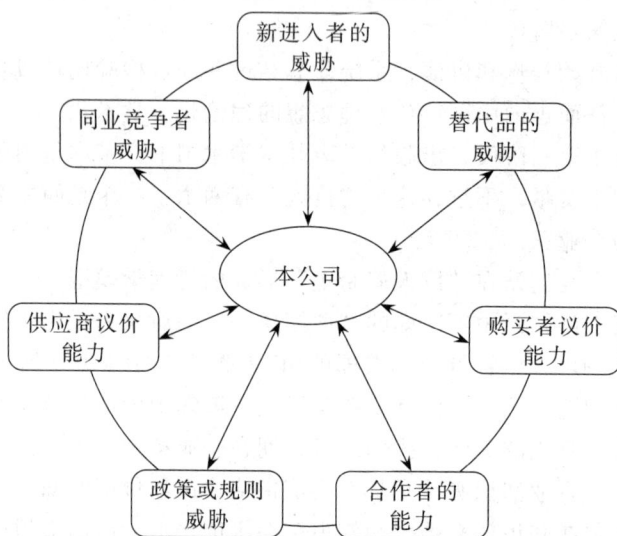

图10-8 从波特"五力模型"到杨杜"七力模型"

管理学大师正是凭借管理学大师独特的方法，才有了管理学大师的成果。是否能成管理学大师不重要，学习他们的方法很必要。

当然，不少管理学大师很天才。所谓天才，就是他把问题解决了，但你却不知道他是怎么解决的。本章有关管理学大师的思维方法、分析方法和表述方法之所见，只是以凡人之心，度大师之腹。本章内容对天才之人几乎没有什么价值，但是，万一有些读者能从这些方法获得一些启发，成为英才大师呢？果如此，我们将无上荣幸！

▶▶ 关键词

管理学大师 / 知识创造 / 思维方法 / 洞察思维法 / 融合思维法 / 距离思维法 / 旁观者 / 求是者 / 人性假设 / 奋斗者 / 比喻法 / 类比法 / 分类法 / 图示法 / 巨人肩膀法

▶▶ 参考文献

［1］德鲁克. 成果管理［M］. 朱雁斌，译. 北京：机械工业出版社，2009.

［2］德鲁克. 21世纪管理的挑战［M］. 朱雁斌，译. 北京：机械工业出版社，2009.

［3］波特. 竞争战略［M］. 陈小悦，译. 北京：华夏出版社，1997.

［4］圣吉. 第五项修炼［M］. 张成林，译. 北京：中信出版社，2009.

［5］野中郁次郎，竹内弘高. 创造知识的企业：日美企业持续创新的动力［M］. 李萌，高飞，译. 北京：知识产权出版社，2006.

［6］PRAHALAD C K，HAMEL G. The core competence of the corporation［J］. Harvard Business Review，1990（5/6）：79-93.

［7］汉迪. 管理之神：组织变革的今日与未来［M］. 崔姜薇，译. 北京：北京师范大学出版社，2006.

［8］科特. 企业文化与经营业绩［M］. 曾中，李晓涛，译. 北京：华夏出版社，2001.

［9］杨杜. 现代管理理论［M］. 北京：经济管理出版社，2013.

［10］西蒙. 管理决策新科学［M］. 李柱流，汤俊澄，等译. 北京：中国社会科学出版社，1982.

［11］黄卫伟. 以奋斗者为本［M］. 北京：中信出版集团，2014.

拓展阅读：企业的现实